U0529293

黄纯艳 ◎著

宋代东亚秩序与海上丝路研究

Studies on Order in East Asia
and Maritime Silk Road

中国社会科学出版社

"汉唐旧疆"话语下的
宋神宗开边

"汉唐旧疆"是北宋对外开拓和展开政治交往的重要政治话语，特别是雍熙战争以后逐步成为对外的主要话语。神宗开边就是在这一话语下进行的。神宗开边是熙丰变法富国强兵的重要举措，古今一直备受关注，且多有分歧。对神宗开边的研究主要围绕熙河之役、宋夏战争、宋辽关系而展开。对开边范围凭何划定、开边的"合法性"依据是什么、各地开边有何关联、开边计划是否包括交趾等问题仍需深入讨论。[①] 本文拟从宋人"汉唐旧疆"的话语对神宗开边作一整体考察，并以神宗开边为中心，探究北宋"汉唐旧疆"话语的形成过程、原因和内涵，及其与现实政治的相互关系。

一 北宋"汉唐旧疆"话语的形成

宋朝建国后延续了后周世宗已经启动的统一事业，各割据政权都看到了太祖的统一雄心，如后蜀宰相李昊就对其主说："臣观宋氏启运，不类汉、周，天厌乱久矣，一统海内，其在此乎。"[②] 以汉唐德运继承者自居的太祖制定了先南后北的统一方针，并使用汉唐旧疆的话语解说其统一行动和对外战略。开宝九年（976），群臣"请加尊号曰一统太平。上曰：

[①] 邓广铭、陶晋生、陈守忠、王曾瑜、赵涤贤、李华瑞、陈峰、曾瑞龙、粟冠昌、陈朝阳、黄纯艳等学者的研究都论及神宗开边，以上学者的研究和观点将随文讨论，此不一一枚举。本文涉及学者较多，为行文简洁，概不称先生，请见谅。

[②] 《续资治通鉴长编》卷四，乾德元年五月丁丑，中华书局2004年版，第92页。

'燕、晋未复，遽可谓一统太平乎？'不许"①。燕指幽燕。可以说，太祖虽无收复幽燕的成算，但视幽燕为汉唐旧疆的观念是明确的。不唯如此，太祖还希望在对辽朝的关系中扭转后晋以来华夷倒悬的格局。他说："自晋、汉以来，北戎强盛，盖由中朝无主，以至晋帝蒙尘，乃否之极也。"②即要改变后晋臣事契丹的状态，理顺宋辽之间的华夷秩序。开宝七年（974）宋辽首次通使时，宋朝称耶律琮为契丹"伪"涿州刺史，称其使为"慕化而来"的"款附使"。③ 这虽是太祖在国内政治场域中的用语，但反映了他以华夷秩序看待宋辽关系。辽朝在宋朝之外实力最强，也就表明太祖是以华夷一统观念看待和处理对外关系的。对于自居正统的宋朝这十分正常，且是中原王朝的政治责任。

太宗前期明确将恢复幽燕提上日程。雍熙战争以前，太宗君臣议论收复幽燕事宜时即使用华夷一统的话语。从田锡的言论中可以一窥北宋君臣对打败契丹充满信心：

> 今北方之戎（指契丹）不来朝贡，幽州孤垒未复封疆。臣以国家兵甲之强，朝廷物力之盛，灭戎人甚易，取幽州不难。④

要契丹朝贡宋朝，恢复封疆，就是华夷一统的话语。太宗为即将到来的对辽决战展开了积极的外交活动，以华夷共主的身份颁赐诏书。东北亚地区，他在"将大举伐契丹"前遣使"赐渤海王诏书，令发兵以应王师"，并"以诏书赐定安国王，令张犄角之势"⑤；令高丽"申戒师徒，

---

① 《续资治通鉴长编》卷一七，开宝九年二月己亥，第364页。王育济和李华瑞指出太祖并未有统一幽燕的成算和行动，先南后北之"南"指南方诸政权，"北"仅指北汉。王育济同时认为太祖虽未将幽燕列入统一计划，但作为中原王朝统治者，仍有收复幽燕故土的强烈政治责任，提出了用金钱"赎幽燕故土"，从而实现"大一统而复幽燕"的新思路；李华瑞认为赎买说无实际意义，只能说明太祖念念不忘燕云（王育济：《宋初"先南后北"统一策略的再探讨》，《东岳论丛》1996年第1期；李华瑞：《关于宋初先南后北统一方针讨论的几个问题》，《河北大学学报》1997年第4期）。
② 《宋会要辑稿·蕃夷一》，上海古籍出版社2014年版，第9712页。
③ 同上书，第9711、9712页。
④ 田锡：《咸平集》卷二四《贺田重进奏捷表二》，巴蜀书社2008年版，第251页。
⑤ 《续资治通鉴长编》卷二二，太平兴国六年七月丙申，第493页；十一月甲辰，第504页。

迭相掎角，协比邻国，同力荡平"①；还"遣使入达靼"及高昌诸国，"诱（高昌）王窥（辽朝）边"。② 遣使高昌诸国的目的就是联络诸国钳制辽朝，为对辽战争做准备。③

给周边诸国和民族势力的诏书中宋朝使用的都是华夷一统的话语。赐高丽的诏书中称"华夏蛮貊，罔不率俾，蠢兹北裔，侵败王略"④，致渤海诏书也称"朕奄有万邦，光被四表，无远弗届，无思不服。惟契丹小丑，介于北荒"⑤。通过一系列的经营，宋朝已经建立了有利的国际环境。高丽和渤海等在雍熙战争中实际都未出兵，这是大国角逐中小国常出现的自保策略，但他们期待宋朝取胜，与辽朝敌对的态度是十分明确的。高丽及东北各族都倾向宋朝，期望宋朝打败辽朝；西北地区的归义军、甘州回鹘、凉州吐蕃等也向宋朝积极靠拢。⑥ 辽朝是东亚地区最大的力量，宋朝如果实现了降服或翦灭辽朝的预期目标，就有可能像汉败匈奴、唐败突厥那样，建立起以自己为中心的华夷一统的一元化政治秩序。

太祖朝和太宗前期华夷一统是对外开拓的主导话语，"汉唐旧疆"作为从属和辅助的话语，用来为开拓行动作解说。太祖明确列入统一计划的南方诸国和北汉都是"汉唐旧疆"，成为当然的统一目标，并称幽燕为"故土"。太宗则明确称"恢复旧疆，此朕之志也"⑦，此处"旧疆"指幽蓟。雍熙北伐前，太宗君臣说道："北燕之地，中国旧封，晋汉以来，戎夷窃据……爰兴师律，以正封疆"；"顷岁吊伐燕蓟，盖以本是汉疆，晋朝以来，方入戎地，既四海一统，诚宜取之"。⑧ 太祖、太宗时期，明确认定为"汉唐旧疆"的不止于南方诸国、北汉和燕云，同时将归义军、

---

① 《宋史》卷四八七《高丽传》，中华书局1977年版，第14038页。
② 《文献通考》卷三三六《四裔考十三》，中华书局2011年版，第9292页。
③ 顾吉辰：《王延德与〈西州使程记〉》，《新疆社会科学》1985年第2期；章睿丽：《王延德出使高昌使命补证》，《西域研究》2003年第3期。
④ 《宋史》卷四八七《高丽传》，第14038页。
⑤ 《宋会要辑稿·蕃夷四》，第9833页。
⑥ 黄纯艳：《雍熙战争与东北亚地区政治格局的演变》，《史林》2010年第6期；陈守忠：《北宋初期对秦陇地区的经营》，《河陇史地考述》，兰州大学出版社1993年版，第99页。
⑦ 《续资治通鉴长编》卷二七，雍熙三年五月，第617页。
⑧ 《宋会要辑稿·兵八》，第8755页；《续资治通鉴长编》卷三〇，端拱二年正月，第672页。

西夏和交趾确定为藩镇，册封以藩镇官衔，也是明确视其为"汉唐旧疆"①，延续了唐末五代的传统格局②。交趾于"汉置交趾刺史，唐交州总管，调露中改安南都护"③。

但太祖和太宗为了渐次实现统一目标，慎提"恢复"，以免广泛树敌。太祖虽视幽燕为"故土"，但为了避免过早与辽朝正面交锋，并未明确提出"恢复"。太宗则不仅发动"恢复"幽燕的战争，而且试图"恢复"西夏和交趾。太宗内徙李继捧，派官接管其地，想如陈洪进和钱俶纳土一样，实现统一。④ 太平兴国五年（980）宋朝对交趾发动战争，称交趾是乘"唐末罹乱，区内剖分"之机，"遂为僭伪之邦"，"未归舆地之图"⑤。战争的解说就是"汉唐旧疆"，目的就是将其"恢复"为郡县。

对于东北和西北其他各族，宋朝此阶段的目标是建立羁縻册封关系。太宗君臣谋划的打败辽朝之后，在东北地区要建立的秩序是"奚、霫、渤海之国，各选重望亲嫡，封册为王……得奚、霫、渤海以为外臣，乃守在四夷也"⑥。太宗给渤海的诏书承诺："俟其（契丹）剪灭，当行封赏。幽蓟土宇，复归中朝，沙漠之外悉以相与。"⑦ 在西北地区除对西夏一次失败的"恢复"尝试外，基本按传统政策，加以册封，许其世袭。⑧ 可见，太宗预想的华夷一统的一元化政治秩序并非实际占领上述游牧民族地区，或改变其政治结构，而是构建宋朝独尊的华夷秩序，犹如唐初打败突厥后的天下秩序。

雍熙战争的失败使太宗放弃了收复燕云，以及降服甚至翦灭契丹的目

---

① 参见黄纯艳《多样形态与通用话语：宋朝在朝贡活动中对"四夷怀服"的营造》，《思想战线》2013年第5期；《宋朝对境外诸国和政权的册封制度》，《厦门大学学报》2013年第4期。

② 唐末五代中原王朝对归义军和夏州政权首领均封节度使等官衔，参见荣新江《归义军史研究》第2章，上海古籍出版社1996年版，第95—121页；《旧五代史》卷一三二《李仁福（附彝超、彝兴）传》，中华书局1976年版，第1747、1749页；卷八《梁书八·末帝本纪上》，第116页。

③ 《玉海》卷一三三《开宝安南都护》，广陵书社2003年版，第2465页。

④ 陈守忠：《北宋初期对秦陇地区的经营》，《河陇史地考述》，第101页。

⑤ 《安南志略》卷二《太宗太平兴国五年八月征交趾诏》，中华书局2000年版，第60页。

⑥ 《续资治通鉴长编》卷二七，雍熙三年正月戊寅，第604页。

⑦ 《续资治通鉴长编》卷二二，太平兴国六年七月丙申，第493页。

⑧ 陈守忠：《北宋初期对秦陇地区的经营》，《河陇史地考述》，第98页。

标。东北女真、渤海等族不久断绝了与宋朝的朝贡关系，994年以后高丽也逐步转奉辽朝正朔。东北亚地区曾经出现的有利于宋朝的政治局势彻底消失。直到北宋灭亡，高丽和东北各族未再恢复与宋朝的朝贡关系。西北地区太祖朝曾出现的有利形势也被太宗的错误政策所破坏①，宋朝对高昌等西域诸国日渐疏远。太宗改变了雍熙以前对这些政权和民族势力积极争取的态度，放任他们脱离宋朝的朝贡体系。与此相应，太宗放弃了建立华夷一统的一元化秩序的梦想。到宋辽签订澶渊之盟，确立了宋辽对等关系，同时也确立了宋辽二元并存的天下秩序格局。② 宋朝对外逐步放弃了华夷一统的话语，而以"汉唐旧疆"作为主导话语。

真宗朝澶渊之盟后直至仁宗、英宗两朝，在经制边疆及处理对外关系时都把"汉唐旧疆"作为主要话语。对交趾，真、仁、英三朝虽在事实上搁置了"恢复"目标，但仍使用"汉唐旧疆"的话语。除了对交趾继续封给藩镇官衔外，还不断有人提出对交趾用兵、重置郡县。景德三年（1006）凌策、邵晔等劝真宗乘黎桓死后交趾内乱之机完成太宗未遂宏图，未得到真宗支持。李日尊即位后连续寇边。嘉祐四年（1059）广西安抚都监萧注又建议出兵攻取交趾③；五年宋朝"悉发荆湖兵"至邕州，结果以李日尊请罪而罢。④ 英宗登基不久，即询问群臣"交趾于何年割据"，称其为"割据"即指其为旧疆，且谋划了恢复的行动，"召左、右江四十五峒将领诣麾下，阅土丁得精兵五万"，使"交趾大恐"。⑤ 可见大规模招纳训练土丁主要是针对交趾。

真、仁、英三朝对西夏在总体上不断退让，但仍未放弃经制行动和"汉唐旧疆"话语。太宗曾将李继捧一族迁至开封，希图借此将其所管四州恢复为直辖郡县。该计划失败后，又对李继迁实行军事打击，目的仍是

---

① 黄纯艳：《雍熙战争与东北亚国际政治格局的演变》，《史林》2010年第6期；陈守忠：《北宋初期对秦陇地区的经营》，《河陇史地考述》，第100页。
② 参见陶晋生《宋辽关系史研究》，台北联经出版公司1984年版，第23—42页。
③ 《续资治通鉴长编》卷六三，景德三年六月庚寅；卷一八九，嘉祐四年二月甲戌，第1407、4550页。
④ 杜大珪：《名臣碑传琬琰之集》（上）卷二三《余襄公靖神道碑》，文渊阁《四库全书》，台湾商务印书馆1990年版，第450册，第188页；《文献通考》卷三三〇《交趾》，第9097页。
⑤ 《续资治通鉴长编》卷二〇三，治平元年十一月己卯，第4923页。

实现对四州的直辖。真宗册封李继迁,已较太宗对西夏恢复郡县的目标退了一步,仁宗与西夏定庆历和议,承认其为"国",比真宗朝又退了一步。所以欧阳修说:"继迁一叛而复王封,元昊再叛而为国主。"① 但仁宗朝仍强调"今羌戎(西夏)乃汉唐郡县"②,而且在西夏吞并河西地区后,所言"汉唐旧疆"除西夏原有四州外,扩及被西夏吞并的灵、甘、肃、瓜、沙,称"贼(西夏)又言九州十三县是其故土,况灵、盐、绥、宥,皆朝廷旧地,若辨封域,犹当归之国家"③。其中包括自太祖、太宗朝即视为"汉唐旧疆"的归义军地区和宋初曾封为可汗、承认其为"国"、不使用"汉唐旧疆"话语的甘州回鹘。两政权被西夏吞并后,宋朝一并明确主张其地为"汉唐旧疆"。④

也有人提出在西夏恢复郡县。如曹玮建议"禽德明送阙下,复河西为郡县"⑤;范仲淹与韩琦曾谋划"收复灵、夏、横山之地"⑥;欧阳修称解决西夏可能的结果有"系累谅祚君臣,献于庙社,此其上也;其次逐狂虏于黄河之北,以复朔方故地;最下尽取山界,夺其险而我守之,以永绝边患"⑦。司马光甚至说,只要用人得当,将帅听命,"虽北取幽、蓟,西讨银、夏,恢复汉、唐之疆土,亦不足为难"⑧。这些言论和计划虽未曾付诸行动,但它反映了宋朝对宋夏关系性质的基本定位。

宋朝强调西夏为"汉唐旧疆",并希望"恢复",首先是保证边防安全,其次是要在对辽关系中免于被动。庆历初,宋朝商议对夏政策时顾虑"朝廷若许贼不称臣,则虑北戎别索中国名分,此诚大患"⑨,担心契丹说

---

① 欧阳修:《上英宗论西边可攻四事》,《宋朝诸臣奏议》卷一三六,上海古籍出版社 1999 年版,第 1524 页。
② 《宋朝诸臣奏议》卷一三三张方平《上仁宗乞因郊禋肆赦招怀西贼》,第 1475 页。
③ 《续资治通鉴长编》卷一四二,庆历三年七月癸巳,第 3409 页。
④ 甘州回鹘政权也因唐后期已封其为可汗,五代沿袭了唐的做法。且甘州回鹘政权与辽朝相互敌对,与中原政权关系更为密切,宋朝与其关系保持了唐末五代的传统(《旧五代史》卷三二《唐庄宗纪六》,第 438 页;卷七八《晋高祖纪四》,第 1027 页。并可参见陆庆夫《归义军与辽及甘州回鹘关系考》,《兰州大学学报》1998 年第 3 期)。
⑤ 《宋史》卷二五八《曹玮传》,第 8985 页。
⑥ 赵善璙:《自警编》卷六《事君类上》,文渊阁《四库全书》,第 875 册,第 330 页。
⑦ 《欧阳修全集》卷一一四《言西边事宜第一状》,中华书局 2001 年版,第 1722 页。
⑧ 《续资治通鉴长编》卷二〇六,治平二年十二月甲辰,第 5010 页。
⑨ 欧阳修:《上仁宗论西贼议和利害》,《宋朝诸臣奏议》卷一三四,第 1492 页。

元昊本称臣于宋、辽,而"今元昊既于南朝不复称臣,渐为敌国,则是元昊与南朝等,惟我契丹独尊矣"①。

太宗朝对吐蕃还是置之度外的态度:"吐蕃言语不通,衣服异制,朕常以禽兽畜之","置于度外,存而勿论"。② 未对其提出"汉唐旧疆"的主张。真宗朝宋夏关系紧张,为"藉其戮力共讨继迁",于咸平四年(1001)封凉州吐蕃首领潘罗支为盐州防御使兼灵州西面都巡检使,两年后晋封朔方节度使。③ 真宗、仁宗、英宗时期给河湟吐蕃封以藩镇名号,明确认定这些地区为"汉唐旧疆"。宋对唃厮啰最初的封号只是殿直、充巡检使。④ 景祐二年(1035)唃厮啰大败元昊,宋朝廷本拟加封其节度使,但因韩亿提出"二虏皆藩臣,今不能谕令解仇,乃因捷加赏,非所以御四夷"而罢。元昊称帝后,为联合唃厮啰抗击西夏,才加封给保顺、河西等军节度使。⑤

视燕蓟为"汉唐旧疆"的观念自太祖以来一直被承袭。如吕中所说:"自太祖积藏之金帛,以为复幽、蓟之谋。此其志至子孙不忘也。"⑥ 雍熙战争以后宋人仍有视燕云为故土的情结。真宗朝朱台符提出"幽蓟之地,实为我疆,尚隔混同,所宜开拓"⑦。真宗曾在宫中指着东壁幽州以北契丹图说:"燕蓟沦陷,深可惜耳。"⑧ 仁宗朝仍一再有人提出恢复燕云。韩琦曾说宋朝"若能练将卒,蓄财用,坐待(辽、夏)二国之弊,则幽、冀、灵、夏一举可图"⑨;张方平也提出"若朝廷有意于远略,幽蓟可图

---

① 富弼:《上仁宗不可待西使太过》,《宋朝诸臣奏议》卷一三四,第1489页。
② 《宋史》卷四九二《吐蕃传》,第14153、14154页。
③ 《续资治通鉴长编》卷四九,咸平四年十月乙卯,第1079页;卷五四,咸平六年二月庚辰,第1181页。
④ 《续资治通鉴长编》卷八二,大中祥符七年五月己酉,第1877页。
⑤ 《续资治通鉴长编》卷一一七,景祐二年十二月壬子,第2766页;《宋大诏令集》卷二三九《唃厮啰保顺河西等军节度使制》,中华书局1962年版,第936页。
⑥ 彭百川:《宋大事记讲义》卷一四《神宗皇帝》,文渊阁《四库全书》,第408册,第272页。
⑦ 《续资治通鉴长编》卷四四,咸平二年三月癸亥,第931页。
⑧ 《续资治通鉴长编》卷四九,咸平四年十月庚戌,第1078页。
⑨ 陈均:《九朝编年备要》卷一二,庆历四年七月,文渊阁《四库全书》,第328册,第323页。

也"①；宋祁提出，宋朝可"出河东以残云、应，出雄州以袭幽、燕"②；郭咨甚至认为宋朝"取幽蓟如探囊中物尔"③。真、仁、英三朝对燕云的基本政策是承认辽朝占有的既成事实，以边防问题处置之，而未曾有实际的恢复计划和行动，这大概就是叶适所说的"至景德约和，而中国之人遂以燕为外物，不置议论之内"④。但以上言论反映了宋朝始终坚持燕云为"汉唐旧疆"的话语和权利，这正是宋朝日后"恢复"燕云的政治合法性和出师之名。

综上可见，从太祖开国到英宗朝，北宋对外的话语经历了"华夷一统"为主导向"汉唐旧疆"为主导的转变。转变的重要节点就是雍熙战争失败和澶渊之盟签订，标志就是宋辽正式互认二元并存的天下秩序。这一过程与宋朝国防战略和战争观的演变相一致。雍熙战争后宋朝改变了此前历史上重视军事武力的传统，追求文治，文官队伍成为政治中坚，推行消极防御的国防战略，并成为宋朝的祖宗家法。⑤宋朝对有选择的政权和地区强调"汉唐旧疆"的名分，这实际是在放弃华夷一统目标、建立与辽朝对等关系的现实状况下，解说本朝正统地位的退求其次的策略。

自太祖至英宗，明确主张为"汉唐旧疆"的地区始终不是汉唐昔日全部郡县，而是作为对外的政治话语，明确主张的"汉唐旧疆"的范围随着现实政治的变化而变化。太祖和太宗时期主要包括南方诸国和北汉、燕云、归义军、西夏和交趾。除统一南方诸国和北汉外，太宗对幽燕、交趾和西夏实施了"恢复"计划。真宗朝以后，为牵制西夏而给凉州和河湟吐蕃首领始封藩镇官衔，视其为"汉唐旧疆"，明确主张的"汉唐旧疆"的范围有所扩大。仁宗朝将被西夏吞并的河西地区都视为"汉唐旧疆"，"汉唐旧疆"的内涵基本固定为幽燕、西夏（含其吞并的河西等地）、河湟吐蕃和交趾。宋初对曾是"汉唐旧疆"的东北地区因联合抗辽

---

① 张方平：《乐全先生文集》卷二二《请延召近臣访议边事》，书目文献出版社1998年版，第50页。
② 宋祁：《又进御敌论表》，《历代名臣奏议》卷三二八，文渊阁《四库全书》，第442册，第205页。
③ 《续资治通鉴长编》卷一九一，嘉祐五年五月己丑，第4623页。
④ 《叶适集·水心别集》卷一〇《取燕一》，中华书局1961年版，第761页。
⑤ 陈峰：《宋代主流意识支配下的战争观》，《历史研究》2009年第2期；《政治选择与宋代文官士大夫的政治角色》，《河南大学学报》2007年第1期。

之故，许以羁縻册封关系，雍熙战争后中断了朝贡关系。对曾是汉代郡县的大理地区，宋人没有忘记"唐亡于黄巢，而祸基于桂林"，"唐六诏为中国患，此前事之师也"①，而"以大渡河为界，欲寇不能，欲臣不得"②，采取疏远的态度。不对这些地区主张"汉唐旧疆"的权利。

这说明"汉唐旧疆"作为宋朝构建对外政治合法性解说的同时，又是随现实政治需要而翕张的、赋有张力的政治话语。总体而言，到神宗朝以前"汉唐旧疆"已经成为宋朝对外的主要话语，其范围也已基本固定，即包括幽燕、西夏（包括河西地区）、河湟吐蕃和交趾，而且在"汉唐旧疆"的话语下北宋官僚中一直存在着"恢复"的议论。

二 "汉唐旧疆"话语与神宗开边的目标

神宗继承了仁宗以来"汉唐旧疆"的话语和内涵，即位后希望大有作为，订立了庞大的开边计划，其确定的开边范围就是仁宗时期固定下来的"汉唐旧疆"的范围，开边的合法性解说就是恢复"汉唐旧疆"。神宗改变太宗后期以来的消极防御、以和止战的国防思想，积极开边，一方面是想扭转长期受制于辽、夏的屈辱局面，改变对外屈辱状况③，这是开边活动的重心所在；另一方面又有更为宏远的目标，那就是恢复包括河湟、交趾在内的"汉唐旧疆"。

在这一背景下，神宗确定的开边目标包括河湟、西夏、燕云和交趾，即司马光所言"及神宗继统，材雄气英，以幽、蓟、云、朔沦于契丹，灵武、河西专于拓跋，交趾、日南制于李氏，不得悉张置官吏，收籍赋役，比于汉、唐之境，犹有未全，深用为耻，遂慨然有征伐、开拓之志"④。其

---

① 《新唐书》卷二二二中《南蛮传》，中华书局1975年版，第6295页；《宋史》卷三三三《潘凤传》，第10718页。
② 《建炎以来系年要录》卷一〇五，绍兴六年九月癸巳，中华书局2013年版，第1978页。
③ 陈峰：《宋代主流意识支配下的战争观》，《历史研究》2009年第2期。
④ 司马光：《传家集》卷四九《请革弊札子》，文渊阁《四库全书》，第1094册，第460页。李焘将此段话置于《续资治通鉴长编》正文（卷三六三，元丰八年十二月己丑，第8689页）。

开拓的目标还包括境内少数民族五溪蛮和泸夷。① 五溪蛮和泸夷的开拓不在宋初以来"汉唐旧疆"的话语之下，本文不作讨论。韩琦说神宗开拓的目标是"尽复唐之故疆"②，就是指其将仁宗朝明确固定的"汉唐旧疆"范围全部纳入开拓的目标，而非全部的汉唐疆域。这也说明神宗开边是在祖宗之法和现实政治格局中展开，而非志在实现华夷一统，至少开拓计划未进行到与辽朝争夺幽燕以前，还是控制于"汉唐旧疆"的范围之内。

神宗为灭西夏而要先取河湟，并将恢复"汉唐旧疆"作为河湟用兵的合法性依据。强调"武威之南，至于洮、河、兰、鄯，皆故汉郡县"③；"古渭，唐渭州也"；"今古渭之西、熙、河、兰、鄯皆汉陇西等郡"，提出"恢复河陇"的计划。④ 连劝神宗二十年不言兵的富弼对恢复熙河也大加肯定，认为这是"开拓故疆，诚为国朝美事"⑤。"恢复河陇"在神宗朝以前未曾明确提出。该计划始于熙宁元年（1068）王韶上《平戎策》，提出"欲取西夏，当先复河湟"，得到神宗的赞许和支持。

对熙河开边的过程陈守忠和曾瑞龙论之甚详。熙宁元年（1068）王韶被委任为管干秦凤经略司机宜文字，四年受命主持秦凤路沿边安抚司，开始"恢复河陇"的行动。该年八月招服洮河以东最大的势力俞龙珂，次年以古渭置通远军，复武胜军（后改熙州），将熙、河、洮、岷州、通远军划为熙河路，熙宁六年复河、洮、岷、叠、宕等州。至此，群臣上表称贺，神宗再御紫宸殿受贺。熙宁七年二月木征合鬼章之兵攻破踏白城，杀知河州景思立，围河、岷二州，河湟形势出现开边以来最严重的逆转。宋军全力反击，该年四月木征降。但此后的河湟形势还是很不稳定，董毡、鬼章时有反叛，到熙宁十年李宪取得六逋宗之役的胜利，宋军大致上稳定了在熙河地区的统治。唃厮啰王朝与宋廷的关系也由对抗重新倾向和

---

① 《续资治通鉴长编》卷三七三"元祐元年三月己卯"有"熙宁以来……王韶以熙河进，章惇以五溪用，熊本以泸夷奋。沈起、刘彝闻而效之，结怨安南"（第9027页）。
② 《续资治通鉴长编》卷二六二，熙宁八年四月丙寅，第6389页。
③ 《宋史》卷三二八《王韶传》，第10579页。
④ 《续资治通鉴长编》卷二三三，熙宁五年五月辛巳，第5645页；《文献通考》卷三三五《四裔考十二》，第9261页。
⑤ 《续资治通鉴长编》卷二七六，熙宁九年六月壬子，第6754页。

好，为元丰灵夏之役的军事合作奠定了基础。①

神宗朝对西夏的战争也以恢复"汉唐旧疆"为旗帜，且包括了西夏吞并的河西地区，强调"今河西李氏据两路皆汉唐旧郡"②。不论是赞同王韶先取河湟，再取西夏的计划，还是元丰四年（1081）宋朝全面展开"恢复"西夏的战争，都可清楚地看到神宗把西夏作为"恢复"目标。那么熙宁年间神宗是否有了"恢复"西夏的打算呢？

神宗初即位，种谔即取绥州，熙宁四年宋朝又谋取横山，此役失败所暴露的问题说明宋朝制服西夏的时机还不成熟。③"恢复"西夏的计划就暂时搁置，而着力于"恢复河陇"。但王安石和神宗仍在积极讨论攻取西夏的问题。熙宁四年讨论攻取西夏人选时，神宗问"王韶能办此否？"王安石认为只要任人得当，不唯王韶能办。神宗"以为然"。④ 熙宁七年二月王韶"自熙州入觐，与二府议夏国事于资政殿"，讨论出兵西夏的问题。王安石事后向神宗分析这次讨论："今陛下欲讨灭夏国，夏国诚为衰弱，可以荡除，然如前日资政计议，即恐平夏国未得"；"陛下必欲经营夏国，直须令王韶以计内间其腹心，非深得其要领，未可轻动"。⑤ 至此河湟开边进展顺利使神宗欲将西夏问题提上日程。讨论结果是采取审慎态度。而就在该月出现了景思立全军覆灭的败局，出兵西夏只能搁置。但知庆州俞充"知上有用兵意，屡请讨伐西夏"。说明神宗确有攻取西夏的打算，这也与他赞成王韶《平戎策》相一致。

元丰四年宋朝得报：西夏内乱，秉常遇弑。神宗以此为名，"决意西征"。⑥ 此战的目的是"直捣兴、灵，覆其巢穴"，"恢复汉、唐两河之地"⑦。但宋朝"五路出兵，问罪夏国"，"无所获而归"。次年再次出兵征讨，也因永乐城之战的惨重失败而结束。此后神宗仍试图寻找合适的突

---

① 参见陈守忠《王安石变法与熙河之役》，《西北师范大学学报》1980年第3期；曾瑞龙《拓边西北：北宋中后期对夏战争研究》，中华书局（香港）有限公司2006年版，第115页。
② 彭百川：《太平治迹统类》卷一六《神宗开熙河》，第426页。
③ 李华瑞：《宋夏关系史》，河北人民出版社1998年版，第69页。
④ 《续资治通鉴长编》卷二三八，熙宁五年九月癸亥，第5800页。
⑤ 《续资治通鉴长编》卷二五〇，熙宁七年二月己巳、辛卯，第6080、6103、6104页。
⑥ 《续资治通鉴长编》卷三一三，元丰四年六月壬戌、壬午，第7584、7594页。
⑦ 《续资治通鉴长编》卷三一二，元丰四年四月丙子，第7566页；卷三一三，元丰四年六月壬戌，第7585页。

破口，以便再战，制服西夏，终因英年早逝而未能实现"取灵、夏，灭西羌，乃图北伐（幽燕）"的最终目标。①

"恢复"幽燕是神宗北方开边的最后一步。与太宗雍熙战争一样，幽燕之战必是宋辽国际地位的决战，这也是神宗在北方为最终"恢复幽燕"，而渐次恢复河湟、攻取西夏，并不冒进或扩大范围的原因。史称神宗"每愤北人倔强，慨然有恢复幽燕之志，即景福殿库聚金帛为兵费"，自制诗："五季失图，猃狁孔炽。艺祖造邦，思有惩艾。爰设内府，基以募士。曾孙保之，敢忘厥志。""每虔夕惕心，妄意遵遗业，顾予不武姿，何日成戎捷。"每字为一库名。② 句句表明其"恢复幽燕"之志。王安石说神宗"以尧、舜、文、武有天下，肯终令契丹据有幽燕否？"③ 一定要收复幽燕。神宗恢复了中断40余年的宋丽关系也是"恢复幽燕"计划的一部分，目的是"掎角契丹，为用兵援助"。④ 也就是朱熹所说的"神宗其初要结高丽去共攻契丹"⑤。经制西夏的失败使"恢复幽燕"的计划也胎死腹中。

北宋一代都以"汉唐旧疆"的名分处理与交趾的关系。自太祖以来就封交趾首领为郡王，并逐步形成交趾郡王、南平王、南越王依次进封的制度，始终认为"安南本交州内地，实吾藩镇"，"非他外邦自有土地人民不尽臣之比也"。⑥ 神宗朝仍视交趾为藩镇，是"汉唐旧疆"。上引司马光言称神宗有"恢复"交趾之志，因"交趾、日南制于李氏"，"深用为耻，遂慨然有征伐开拓之志"。司马光还称"熙宁中，朝廷遣沈起、刘彝相继知桂州，以图交趾"。⑦ 所言是有依据的。

北宋国家安全重心在与辽、夏的关系，恢复交趾对宋朝国家安全的重要性当然轻于经制辽夏，但在"汉唐旧疆"的旗帜下，"恢复"交趾被以

---

① 参见李华瑞《宋夏关系史》，第180—193页。
② 《续资治通鉴长编》卷二九五，元丰元年十二月丁卯，第7192页。
③ 《续资治通鉴长编》卷二三八，熙宁五年九月丁未，第5792页。
④ 苏辙：《栾城集》卷四六《乞裁损待高丽事件札子》，上海古籍出版社1987年版，第1003页。
⑤ 《朱子语类》卷一三三《本朝七》，中华书局1983年版，第3190页。
⑥ 韩元吉：《南涧甲乙稿》卷九《蔡洸等集议安南国奏状》，《丛书集成初编》，中华书局1985年版，第160页。
⑦ 司马光：《涑水记闻》卷一三，邓广铭、张希清点校，中华书局1989年版，第248页。

汉唐德运继承者自居的宋朝视为政治责任和自身合法性的解说。在"汉唐旧疆"的视野下，南北开边不是非此即彼，而是密切相关。北宋对交趾的两次用兵，太平兴国五年战争志在恢复，学界并无争议；而对熙宁战争（熙宁八年十一月）则有不同看法。辨析这一问题对于从整体上认识神宗开边十分重要，其关键在应将之置于恢复"汉唐旧疆"的视野中。需要厘清的主要问题有：一是熙宁战争以前宋朝是否有"恢复"交趾的意图和行动；二是熙宁战争中宋朝的目标是否是将交趾重置郡县；三是不能忽略神宗开边南北关联的整体视野，而孤立地就事论事。关于第二点，熙宁九年二月宋军全面反攻前，神宗的诏书明确指出"交州平日，依内地列置州县"①，宋朝的最终目的是"覆贼巢，俘乾德"，"诛灭其国"。②已有学者对此作了研究③，此不赘述。对于第三点我们将在第三部分展开论述。

在此重点讨论熙宁战争（熙宁八年十一月）以前宋朝是否有"恢复"交趾的意图和行动。事实上，神宗开始策划开边时就有"恢复"交趾的目标。熙宁元年十一月神宗召对曾任知桂州、"将家子"潘夙（潘美从孙），"访交、广事称旨"④，再次委任其为兼任广西经略安抚使的知桂州。李焘对潘夙此次知桂州的出任和离任时间有清楚的考证："潘夙以（熙宁）元年十一月知桂州，四年三月徙河北漕。安石此奏欲易夙，则三年冬夙必在桂州，故四年正月自以萧注代夙。"⑤ 有学者将潘夙出任知桂州的时间误系于熙宁三年十月。⑥ 而弄清潘夙知桂州的出任和离任时间，对认识神宗有否"恢复"交趾的意图十分重要。如果神宗秉承真宗、仁宗

---

① 《续资治通鉴长编》卷二七三，熙宁九年二月甲寅，第6689页。
② 《续资治通鉴长编》卷二七九，熙宁九年十一月癸卯，第6844页；卷三〇〇，元丰二年十月戊申，第7311页。
③ 黄纯艳、王小宁：《熙宁战争与宋越关系》，《厦门大学学报》2006年第6期；陈朝阳：《熙宁末年宋交战争考述》，《中国史研究》2012年第2期。
④ 《宋史》卷三三三《潘夙传》，第10718页。
⑤ 《续资治通鉴长编》卷二一七，熙宁三年十一月乙卯，第5287页。
⑥ 陈朝阳：《熙宁末年宋交战争考述》，《中国史研究》2012年第2期。该文论潘夙知桂州事所为《宋史·潘夙传》，但《宋史·潘夙传》并未言潘夙出任知桂州的时间，不知其"熙宁三年十月神宗任命潘夙为桂州长官"依据为何。据笔者所阅，李焘考证潘夙于熙宁元年十一月出任知桂州是宋代史籍唯一一条关于潘夙第二次知桂州时间的记载。

以来对交趾的隐忍政策不变①，就无必要特意召对潘夙谈交趾问题和令其知桂州。我们先看神宗的旨意是什么。

《宋史·潘夙传》载，神宗得到"交人败于占城"的报告后，

> 诏之（潘夙）曰："……卿本将家子，寄要蕃，宜体朕意，悉心经度。"夙遂上书陈交趾可取状，且将发兵。未报，而徙河北转运使。

潘夙上书乃体察"朕意"的结果，说明神宗之意是令潘夙取交趾。有人报告"交人败于占城"一事的时间是熙宁三年十一月。② 《长编》载：萧注接到管勾麟府路军马的任命时，"会有言交趾为占城所败，众不满万，可计日取也。因命注知桂州"。而萧注由知宁州改任管勾麟府路军马的时间是熙宁三年十一月，也就是神宗得到交趾为占城所败报告的时间。③ 熙宁三年十一月王珪上言称"臣近闻经制交趾事宜"，并献"存取之计"，所言也是此事。此报告人是温杲。神宗对这个报告十分重视，"御批：所说极有可采，宜速相度闻奏"。神宗与王安石就此讨论交趾问题时，王安石建议"易潘夙、陶弼"，做相应的人事变动。"故（熙宁）四年正月自以萧注代（潘）夙"出任知桂州。④

可见，潘夙上任与神宗给他下"宜体朕意"的诏书并非同一时间。神宗下诏及潘夙上奏交趾可取的时间，是神宗得到"交人败于占城"报告的熙宁三年十一月到潘夙改任河北转运使的四年三月之间。他的奏表

---

① 粟冠昌：《宋王朝与交趾关系叙论》（《中国边疆史地研究》1991年第2期）认为"太平兴国五年之后宋朝对交趾采取了退避忍让态度"，直到神宗即位后改变了这一政策，"企图对交趾用兵"。

② 《宋史》卷三三三《潘夙传》，第10718页。

③ 《续资治通鉴长编》卷二一九，熙宁四年正月癸卯，第5324页。

④ 《续资治通鉴长编》卷二一七，熙宁三年十一月乙卯，第5285页；卷二一六，熙宁三年十月丙子，第5260页。前引陈朝阳《熙宁末年宋交战争考述》误认为这次报告交趾事者为杜杞，实则是王珪上言中追述到杜杞，即"臣顷于广西转运使杜杞得所奏交趾事"（《续资治通鉴长编》卷二一七，熙宁三年十一月乙卯，第5285页）。杜杞任广西转运使时间为仁宗朝庆历四年，庆历八年又河北转运使任满，改环庆路安抚使，言交趾事是在其庆历年间广西转运使任上（《续资治通鉴长编》卷一四八，庆历四年四月丁酉，第3578页；卷一六四，庆历八年四月甲戌，第3944页）。

"未报,而徙河北转运使",即宋朝廷在尚未收到潘夙报告的熙宁四年正月任命萧注取代他。原因是潘夙在熙宁三年十月即王安石建议更换他的前一月,奏请撤换"建白欲取交趾"的主管邕州溪峒文字蒋圣俞。① 神宗虽予批准,但显然对他的持重态度不满。由此可以说,熙宁元年神宗决定改变真宗、仁宗朝以来对交趾的隐忍政策,特意起用曾任知桂州且为"将家子"的潘夙知桂州。潘夙本应支持神宗"恢复"交趾的,但他到任后采取了稳沉持重的态度,更换冒进的官员,神宗对此显然不满意。尽管他得到神宗诏书后马上改变态度,上奏表示执行神宗旨意,但奏表尚未送达,朝廷已作出了用萧注取代他的决定。②

神宗换萧注出任广西帅臣的初衷是希望他推动"恢复"交趾的计划,因为仁宗朝萧注任广西安抚都监时就建议"发兵深讨"交趾。《宋史》这样叙述神宗起用萧注的原因:"是时,议者言交趾可取,朝廷命萧注守桂经略之。注盖造谋者也。"③ 更重要的是萧注曾任知桂州八年,有训练十万土丁的经验,曾主张依靠土丁取交趾,有依靠峒丁攻取交趾的设想。④ 上引《长编》也说道:"交趾为占城所败,众不满万,可计日取也。因命注知桂州",并"问注攻取之策"。前后逻辑关系是十分明确的,即因为要攻取交趾,所以任命萧注知桂州。但萧注认为与他主政邕州时相比,此时已形势迥异,不容乐观,"谓其众不满万,恐传者之妄也"。他到任后仍然采取了持重缓行的态度,一方面招抚蛮酋,掌握交趾讯息,"李乾德动息必知之";另一方面"有献策平交州者,辄火其书"。⑤

而神宗"恢复"交趾的旨意是十分明确的。熙宁四年(1071)三月

---

① 《续资治通鉴长编》卷二一六,熙宁三年十月甲戌,第5257页。
② 陈朝阳《熙宁末年宋交战争考述》(《中国史研究》2012年第2期)引用《宋史·潘夙传》神宗诏书时,省去了紧接诏书的"夙遂上书陈交趾可取状,且将发兵"一句,因此断言神宗旨意是令潘夙不攻取交趾。又将潘夙奏罢蒋圣俞事置于神宗给潘夙下诏之后,并作为神宗令潘夙不攻取交趾的辅证,是没有弄清两事的时间先后。陈文误将"夙遂上书陈交趾可取状,且将发兵"视为潘夙刚到任时的行为。同时,在此事上史籍明载取交趾是神宗之意,也不存在归罪于王安石的问题。
③ 《宋史》卷三三四《沈起传》,第10728页。
④ 《宋史》卷三三二《李师中传》,第10677—10678页。
⑤ 《续资治通鉴长编》卷二一九,熙宁四年正月癸卯,第5324页;卷二四二,熙宁六年二月辛丑,第5905页。

他又任命曾上言交趾事的温杲为广西经略司勾当公事。次年八月当"已罢诸路经略安抚勾当公事官,而温杲在广西,实上所命,且方有意图交州,故不即罢"①。温杲对交趾态度强硬,"与交人有隙",以致"交贼切齿,欲食杲肉"。② 同年十一月,宋廷在留用强硬派温杲的同时,将与萧注一样主张持重缓行的广西钤辖和斌调任泾原路钤辖。当时"秦凤帅亦以钤辖辟之,广西固请留斌"。广西留和斌的当然是知桂州兼经略安抚使且意见与和斌相同的萧注。神宗召问道:"议者谓交州可取,何如?"和斌回答:"取之无益,愿戒边臣勿妄动。"和斌的态度不合神宗之意,于是被调离。这些人事调动明确反映出神宗正在谋划攻取交趾。③

萧注态度的转变使他像潘夙一样被神宗视为不能贯彻己意,而再次遭到更换。熙宁六年正月,沈起取代萧注出任知桂州,从《长编》卷二四四"熙宁四月戊寅"条可见沈起是受命经制交趾。该条记载中李焘将王安石《日录》"上令起密经制交趾事,诸公皆不与闻,凡所奏请皆报听"的记载置于正文,在注释中又引否定王安石变法的陈瓘之语:"广西之事,沈起亦受旨于安石。"同时再引王安石《日录》称"沈起经制,皆上密谋,诸公皆不与闻,起所奏乞,上皆许之"。④ 李焘这一段文字的安排,已有学者指出有揭露王安石掠美于己而敛怨于君之意。⑤ 同时,不论是如陈瓘所言受命于王安石,还是如王安石所言受命于神宗,这段史料都说明了沈起是受命经制交趾,也说明李焘在两种记载中更倾向于王安石《日录》,因而将其置于正文。史籍所言"沈起独言交州小丑,无不可取之理。安石喜,乃罢注归,以起知桂州"⑥,除归罪王安石之意外,基本事实是成立的。任用沈起的另一原因是他支持开边的态度。熙宁三年王韶报

---

① 《续资治通鉴长编》卷二二一,熙宁四年三月辛亥,第5393页;卷二三七,熙宁五年八月甲辰,第5782页。
② 《续资治通鉴长编》卷三三一,元丰五年十二月丁未,第7980、7981页。
③ 《续资治通鉴长编》卷二四〇,熙宁五年十一月己巳,第5865页。前引陈朝阳文用和斌与神宗对话说明和斌的看法符合神宗对交趾采取防范为主的政策,并据此称神宗对"边臣一旦不利于双方关系的举动,就立即予以调任"。实则没有弄清和斌的去向及其原因,反而出现主张持重的和斌为什么会被调任的疑问。
④ 《续资治通鉴长编》卷二四四,熙宁四月戊寅,第5933、5934页。
⑤ 李华瑞:《王安石变法研究史》,人民出版社2004年版,第140页。
⑥ 彭百川:《太平治迹统类》卷一七《神宗平交趾》,第443页。

告在河湟开地千顷,李师中等指王韶欺罔,王安石推荐沈起前往调查。沈起支持王韶,反奏李师中等欺罔。① 用沈起代萧注在朝中曾有分歧。冯京等人"攻起尤切",而神宗和王安石认为不过因为沈起曾支持王韶,"故为人所恶"。②

沈起上任以后"遂一意事攻讨,妄言密受旨,擅令疆吏入溪洞,点集土丁为保伍,授以阵图"③。熙宁六年(1073)九月神宗和王安石有一段关于交趾问题的对话:

> 上曰:"交趾可了,但恐沈起了不得。"
> 安石曰:"起自以为易了,然兵事至难,诚恐起未易了。"④

一方面说明神宗和王安石要攻取交趾,另一方面也表现出对沈起冒进的担忧。熙宁七年三月神宗因河湟用兵不顺,令沈起暂停军事行动,沈起依旧放任"都巡检薛举擅纳侬善美于省地"。神宗"以刘彝代起,冀使招辑之",希望他稳定局势,暂缓"恢复"行动。但"(刘)彝乃更妄意朝廷有攻取谋"⑤,"以为安南可取",大治戈船,遏绝交趾的互市和上表。⑥

直到熙宁八年(1075)十一月交趾大规模侵犯宋朝之前,宋朝尚未发动"恢复"交趾的战争。熙宁八年四月富弼说:"五六年来,窃闻绥州、罗兀城、熙河、辰、锦、戎、泸、交趾咸议用兵,惟交趾中寝,其余诸路皆有攻讨。"⑦ 就是指此前对交趾与熙河等地一样有用兵计划,他处都付诸实施,唯交趾中途停罢。所谓"中寝"是指熙宁七年三月神宗令沈起暂取交趾的行动。当然富弼此时还预计不到七个月以后宋朝与交趾

---

① 《续资治通鉴长编》卷二一三,熙宁三年七月己亥,第5176页;卷二二四,熙宁四年六月丙子,第5458—5459页。
② 《续资治通鉴长编》卷二四二,熙宁六年二月辛丑,第5905页。
③ 《宋史》卷三三四《沈起传》,第10728页;《续资治通鉴长编》卷二七一,熙宁八年十二月丁酉,第6639页。
④ 《续资治通鉴长编》卷二四七,熙宁六年九月丙申,第6031页。
⑤ 《续资治通鉴长编》卷二五一,熙宁七年三月庚子,第6108页;卷二七一,熙宁八年十二月丁酉,第6639页。
⑥ 《文献通考》卷三三〇《交趾》,第9097页。
⑦ 《续资治通鉴长编》卷二六二,熙宁八年四月丙寅,第6392页。

将爆发全面战争。

由上可见，神宗先后任命潘夙、萧注、沈起知桂州，都是意在"恢复"交趾的人事安排，熙宁八年十一月交趾侵宋以前宋朝已有实施"恢复"交趾的计划。神宗开边的整体计划包括了河湟、西夏、燕云、交趾，这正基于仁宗朝定型的关于"汉唐旧疆"范围的认识，而且开边活动就是在恢复"汉唐旧疆"的旗帜下进行的。

三　神宗开边活动的联动关系

神宗北方开边活动有两个特点：一是制订了恢复河熙、西夏、燕云，最终制服辽朝的大统一计划；二是确立了首取熙河，次取西夏，最后收复燕云的策略，即"首用王韶取熙河，以断西夏右臂，又欲取灵武，以断大辽右臂"[①]。尽管学者们对北方开边活动中神宗君臣对西夏和辽朝的态度如何、开边是否取得了成功等问题看法迥异，但对上述两个特点并无分歧。[②] 辨析学者分歧的关键是明确开边的相互关联和缓急次序。

神宗在北方开边取熙河以断西夏右臂，又取西夏以断大辽右臂的三部曲中，攻取西夏是核心环节。如李华瑞所说，契丹给宋朝造成亡国威胁远大于西夏，而西夏给宋朝造成的国防压力又甚于契丹；但宋人清楚契丹的强盛，而对契丹采取谨慎的态度，对西夏却认为可通过克服自身的弱点达到制胜的目的。[③] 神宗要彻底扭转受制于辽夏的局面最终取决于围绕燕云与辽朝的决战。解决燕云问题，一方面因为宋朝视其为"汉唐旧疆"，而辽朝视其为合法得自于后晋，双方皆视其为不容退让的领土；另一方面宋、辽这两个东亚最大王朝，各自建立了自己的朝贡体系，两者间的决战必如雍熙战争一样，极有可能导致东亚政治秩序格局的大变局。神宗在

---

①　彭百川：《太平治迹统类》卷一七《神宗平交趾》，第442页，原文"断大辽右臂"之"断"误为"继"，据吕中《类编皇朝大事记讲义》卷一五《开边自此始》改（第288页）。

②　邓广铭：《北宋政治改革家王安石》，河北教育出版社2000年版，第147、247、248页；陶晋生：《宋辽关系史研究》第6章《王安石的对外政策》，台北联经出版公司1984年版，第131—168页；王曾瑜：《王安石变法简论》，《中国社会科学》1980年第3期；赵涤贤：《试论北宋变法派军事改革的成功》，《历史研究》1997年第6期。

③　李华瑞：《北宋朝野人士对西夏的看法》，《安徽师范大学学报》1997年第4期。

"汉唐旧疆"的旗帜下从河湟入手，渐次解决西夏，以期最终形成与辽朝较量的有利局面，而在此前慎重对待燕云问题。这是一个相互关联的整体计划。

有学者认为尽管王安石一再激励，但"神宗始终不为所动，根本不作向西夏进军的打算"①。上文已述，熙宁年间神宗与王安石一样，都有明确的攻取西夏的打算，对何时实施都持按步而行、伺机而动的态度。"恢复"西夏是与熙河开边同时提出的整体开边计划的一部分，在熙河开边尚未完成时，宋朝尽可能避免过早与西夏发生全面战争。第一次取横山失败后，王安石认识到制服西夏时机尚不成熟，不应急于求成，而应通过深化改革，增强国力，伺机而动。② 除整理内政之外，宋朝等待制夏的主要时机就是王韶所说的"欲取西夏，当先复河、湟"，完成断西夏右臂的计划。也就是王安石所说的"今所以招纳生羌者，正欲临夏国"，首先解决河湟事宜，"他时兼制夏国，恢复汉、唐旧境，此乃基本"。③ "非深得其要领，未可轻动"，如不能一举讨灭西夏，就可能出现西夏"求合契丹"，宋朝多路受攻的被动局面。神宗"极以为然"。④ 王安石有攻取西夏满怀信心的明确目标，并不意味着他主张贸然发动对西夏的全面战争。

"恢复"燕云是北方开边计划的第三步。在未完成"恢复"西夏的计划以前，宋朝对辽采取了隐忍的态度。宋朝清楚在解决河湟和西夏问题以前"若有北事（指与辽的冲突），则两面俱受敌"，故此前"未宜有北事"，对辽只能"以静重待之"，暂取守势，避免冲突。元丰四年宋朝出兵西夏时神宗特别下诏：若遇辽军，则称"朝廷遣兵问罪，与北朝不相干涉"⑤，不得与辽朝发生冲突。《太平治迹统类》形象地概括了神宗合王安石北方开拓的三部曲："王安石秉政，首用王韶取熙河，以断西夏右臂，又欲取灵武，以断大辽右臂，又用章惇为察访使，以取湖北、夔峡之

---

① 邓广铭：《北宋政治改革家王安石》，第153页。
② 李华瑞：《宋夏关系史》，第69、71页。
③ 《宋史》卷三二八《王韶传》，第10579页；《续资治通鉴长编》卷二三〇，熙宁五年二月癸亥、己卯，第5596、5605页。
④ 《续资治通鉴长编》卷二五〇，熙宁七年二月辛卯，第6104页。
⑤ 《续资治通鉴长编》卷二四八，熙宁六年十一月戊午，第6047页；卷二二〇，熙宁四年二月庚午，第5351页；卷三一四，元丰四年七月庚寅，第7601页；卷三一五，元丰四年八月丙寅，第7626页。

蛮。于是献言者谓交趾已为占城所取，众不满万，亦可计日取。"① 这就是王安石所谓的"大略"和"远谋"。

宋朝对辽一系列交涉中都采取隐忍态度，是基于有最终攻取燕云的既定计划和打败辽朝的坚定信心，为的是不过早与辽冲突，而能先放手完成断辽朝右臂的计划，然后一举制服辽朝。讨论辽朝可能争两属户时，神宗和王安石都说："若朝廷有大略，即弃此四千余户，亦未有损"；"要是吞服得彼，即弃四千户何伤"。王安石自信以宋朝的实力"何患吞服契丹不得？"不必与其计较小利，最终要改变的是宋帝称辽太后为叔祖母、辽帝为叔父的华夷混乱的秩序。② 辽朝争立口铺时，文彦博等主张"不得已须用兵"，而王安石认为在未做好准备之前"契丹未宜轻绝和好"，不仅"口铺事不足计"，"朝廷若有远谋，即契丹占却雄州，亦未须争。要我终有以胜之而已"，"自古大有为之君，其歙张取与必有大过人者"。③ 所谓大略、远谋就是"欲经略四夷，即须讨论所施先后"，"若能经略夏国，即不须与契丹争口铺"④，完成经制西夏前不与辽朝正面冲突，一旦解决了西夏问题，争口铺乃至让雄州，在最终"吞服契丹"的大局中都会自然消解。王安石的这一"取与"之论在其后宋辽议河东地界一事上也有体现。

邓广铭与陶晋生对宋辽河东议界时王安石有否"将欲取之，必姑与之"的言论作过讨论。邓广铭认为这是邵伯温捏造的无耻谰言。⑤ 陶晋生认为王安石也许确实说过此话，只是本意并非投降，而是要神宗行事分辨轻重次序，不因小事误大谋。他又认为王安石再度为相前后对契丹政策有由"柔静"到积极的转变。⑥ 邓、陶论证王安石在议界上积极态度的直接材料都是王安石的以下一段话：

---

① 《太平治迹统类》卷一七《神宗平交趾》，第442页。
② 《续资治通鉴长编》卷二三五，熙宁五年七月戊子，第5701页；卷二三七，熙宁五年八月甲申，第5762页。
③ 《续资治通鉴长编》卷二三八，熙宁五年九月丙午、丁未，第5787、5791页。
④ 《续资治通鉴长编》卷二三七，熙宁五年八月丁酉，第5772、5773页。
⑤ 这一观点在其人民出版社1975年版的《王安石：中国十一世纪时的改革家》提出（第162—167页），在该书1979年（第174—179页）和1997年的修订版《北宋政治改革家王安石》（第265—271页）中仍然保持。
⑥ 陶晋生：《宋辽关系史研究》，中华书局2008年版，第162、164页。

> 陛下昨日言周世宗以睡王不恤国事，故能胜之。然睡王如此，不过取得三关。陛下今日政事，岂可反比睡王，何至遽畏之？立国必有形势，若形势为人所窥，即不可立矣。就令强盖堡铺如治平中，亦不至起兵。

该段话是针对神宗担心辽朝用兵而言的对辽策略，并非言议界。神宗听后说"如此则不须畏"。王安石接着说"朝廷当修政事而已"。① 当时西夏问题尚未解决，从王安石在争两属户、移口铺上的态度及雄州亦可弃的言论看，他在议地界上持隐忍态度更为合理，且其态度前后并无变化，始终在必胜辽朝的大目标上满怀信心，而在策略上主张柔静持重。

所谓"吞服契丹"始终只是停留于设想，如上文所言，宋朝北方的"恢复"计划并未超越河湟、西夏和幽燕这一仁宗以来所言的"汉唐旧疆"范围，而且仅在西北付诸了实施。王安石对燕云和辽朝的持重态度，不仅是开边计划按步推进的缓急次序，客观上不能避免同时多线作战的风险和压力，而且这一计划也始终遭到众多官员的反对，反对武力战争、以和止战的传统主流意识仍具有很大的影响。② 所以这一依次展开，相互关联的计划从一开始就与太祖和太宗前期华夷一统的目标不同，实际的恢复计划所定最终目标并未突破"汉唐旧疆"的范畴。

不仅北方开边是相互关联的整体计划，南方与北方的开边活动也密切相关。熙宁七年（1074）二月发生景思立全军败殁事件以前，河湟开边进展顺利，特别是熙宁五年、六年先后克复熙、河、洮、岷、叠、宕等州，神宗君臣情绪高涨。神宗对南方的开边也持积极鼓励的态度，一再更换知桂州人选，积极推动"恢复"交趾。不论是任命潘夙知桂州，还是以萧注取代潘夙、以沈起取代萧注知桂州，都是积极推进"恢复"交趾计划的举措。且于熙宁五年闰七月启动了南北江开边，熙宁七年正月命熊本平泸夷。③

---

① 《续资治通鉴长编》卷二六二，熙宁八年四月丙寅，第6385页。
② 陈峰：《宋代主流意识支配下的战争观》，《历史研究》2009年第2期。
③ 《续资治通鉴长编》卷二三六，熙宁五年闰七月己酉、庚戌，第5727、5728页；吕中：《类编皇朝大事记讲义》卷一五《开边自此始》，第288页。

景思立败殁事件对神宗打击巨大，直接改变了他对南方"恢复"交趾和荆湖开边的态度。听到景思立败殁的消息，神宗开天章阁，延访辅臣，商量对策。"论者欲乘此弃河湟，上亦为之旰食。"① 神宗令熙河宋军暂停行动，撤退防线。受命急返熙河前线的王韶未听神宗命令，而是举兵成功反击。同时在得到景思立败殁消息的第二天（即丙申日，神宗熙宁七年二月乙未日得到消息）就下诏给章惇、沈起，令其及早结束行动：

> 熙河边事未有安靖之期，其湖南、广南等处可诏章惇、沈起早务了毕，追还兵马，并力一方，庶几不至乖张，别贻大患。②

即令湖南、广南等地停止用兵，将兵马收回并力投向北方战场。三月又下手诏，令知邕州苏缄"如蛮人敢直来侵犯邕州，仰按兵固守，无得贪功轻敌"③。但沈起也未遵命停止军事行动。三月，"都巡检薛举擅纳侬善美于省地，起不之禁"，仍未停止开拓。神宗针对此事说：

> 熙河方用兵未息，而沈起又于南方干赏妄作，引惹蛮事，若不早为平治，则必滋长为中国巨患，实不可忽。宜速议罢起，治其擅招纳之罪，以安中外。④

又在罢沈起的诏书中称："熙河用兵，未有息期，沈起又于南方造作引惹。"⑤ 沈起被罢职的原因是违抗神宗命令。

刘彝继沈起知桂州，神宗"令以前日付起约束付之，且使彝体量起纳善美事"⑥，即暂停恢复，追还兵马。刘彝按照神宗指示，追查、上报招纳侬善美事，执行了神宗"追还兵马"的指示，"奏罢正兵，而用枪仗

---

① 《续资治通鉴长编》卷二五〇，熙宁七年二月乙未，第 6105 页；卷二五二，熙宁七年四月丁酉，第 6180 页。
② 《续资治通鉴长编》卷二五〇，熙宁七年二月丙申，第 6105 页。
③ 《续资治通鉴长编》卷二五一，熙宁七年三月丙午，第 6114 页。
④ 《续资治通鉴长编》卷二五一，熙宁七年三月庚子，第 6108 页。
⑤ 《续资治通鉴长编》卷二四四，熙宁六年四月戊寅，第 5934 页。
⑥ 《续资治通鉴长编》卷二五一，熙宁七年三月庚子，第 6109 页。

手分戍"。"正兵"即"广西屯北兵二十指挥"。在宋朝枢密院得皇帝旨意方能调兵的军事制度下，将二十指挥（一万人）的正兵调出广西，遣还北方，刘彝必须奏请神宗的同意，而无权擅自调兵。但遣还正兵后他仍"以为安南可取"，"遣官入溪洞，点集土丁为保伍，授以阵图"。① 准备通过招练土丁攻取交趾。

暂停南方开边及调回正兵说明宋朝的开边活动是以北方为重点的，同时也因为神宗和王安石认为经制辽夏最难，而南方事易了："观方今四夷，南方事不足计议，惟西方宜悉意经略"，"经略西方则当善遇北方，勿使其有疑心，缘四夷中强大未易兼制者，惟北方而已"。北方禁军水土不服是太平兴国年间对交趾战争失败的重要原因。王安石和神宗讨论说："经制边防，须先定大计。"所说的大计就是"当先部分百姓，令习兵"，以"减屯戍之卒"。② 保甲法就是贯彻这一大计的重要措施。即神宗"以敌人骄傲，据汉唐故地，有征伐开疆之志，故置保甲"③。

在沿边地区就是编练番兵、土丁、峒丁等民兵。在西边，宋朝深感东兵战斗力差，而大力招训番兵。在南边，王安石指出逐步恢复民兵，减少募兵，"于二广尤不可缓"。因为"今中国募禁军往戍南方，多死"，二广须训练洞丁，使"缓急可用"。神宗合王安石认为编练峒丁是解决广西军事问题的理想办法。赵卨征交趾时，神宗特"谕以用峒丁之法"。④ 如上文所论，神宗用萧注知桂州也是因其曾有训练土丁的经验和以峒丁取交趾的设想。沈起将邕州洞丁"排成保甲，遣官教阅"⑤，刘彝继续实行"宜、融、桂、邕、钦五郡土丁，成丁以上者皆籍之"的旧制，神宗都是同意的。刘彝在调回北方正兵后仍"妄意朝廷有攻取谋"⑥，想通过编练峒丁解决交趾问题的想法也是其来有自的。调回正兵、依靠峒丁，以及相信交

---

① 《文献通考》卷三三〇《交趾》，第9097页；《续资治通鉴长编》卷二七一，熙宁八年十二月丁酉，第6639页。
② 《续资治通鉴长编》卷二三六，熙宁五年闰七月己巳，第5752页；卷二二九，熙宁五年正月己酉，第5582页。
③ 《续资治通鉴长编》卷三五八，元丰八年七甲辰，第8563页。
④ 《宋史》卷一九一《兵五》，第4747页。
⑤ 《续资治通鉴长编》卷二四四，熙宁六年四月壬辰，第5939页。
⑥ 《续资治通鉴长编》卷二五四，熙宁七年六月癸巳，第6216页；卷二七一，熙宁八年十二月丁酉，第6639页。

趾众不满万，导致交趾八万大军轻易攻破钦、廉、邕三州。① 神宗开边北方河湟、西夏、燕云间及南北之间的联动关系，进一步说明神宗开边是轻重缓急筹划有序、对"汉唐旧疆"全面开拓的整体计划。

四　结论

宋朝处理与周边政权和民族的关系与汉唐一样，都是在华夷正朔观念和现实政治的交互作用下，建构自己的解说话语和现实政策。北宋以汉唐德运继承者和中华正统自居，太祖朝和太宗前期企望理顺宋、辽间的华夷名分，建立以宋朝为中心的天下，因而使用华夷一统的话语，并用恢复"汉唐旧疆"作为开拓行动的解说。雍熙战争的失败使宋朝放弃了理顺宋、辽华夷秩序，甚至剪灭辽朝的目标，澶渊之盟宋、辽正式互认二元并存的天下秩序，宋朝逐步放弃了对外的华夷一统话语。"汉唐旧疆"成为宋朝对外开拓和对待西夏、交趾、燕云问题的主导话语。在宋、辽二元并存的格局中，"汉唐旧疆"对于宋朝解说自己的正统地位变得十分重要。

"汉唐旧疆"的实际内涵始终不是指称全部汉唐直辖郡县，而是随现实政治而变化的、有张力的政治话语。到仁宗时期，"汉唐旧疆"的内涵基本固定为燕云、西夏（含其吞并的河西等地）、河湟、吐蕃和交趾。这是一个与宋朝安全直接相关的地理范围，对此外的大理及其他昔日汉唐郡县则并不使用"汉唐旧疆"的话语，更未主张恢复"汉唐旧疆"的权利。雍熙以后至神宗以前，宋朝仅有恢复"汉唐旧疆"的言论和局部活动，而无全面的恢复计划和行动，但这一话语和权利主张的存在，成为宋朝处理与这些地区关系的依据、实施开拓的合法性基础。

神宗继承了仁宗时期"汉唐旧疆"的话语和内涵，并第一次制订了全面恢复"汉唐旧疆"的开边计划。其开边目标完全按照仁宗朝形成的"汉唐旧疆"范围而确定，即为燕云、西夏、河湟和交趾，并用恢复"汉

---

① 前引陈朝阳文称，若宋朝是有意挑衅交趾，应有足够力量，不至于连失三州。这样简单逻辑推理并不能否定宋朝有"恢复"交趾计划。因对形势判断和应对失当而致失败，不仅交趾问题如此，元丰四年、五年对西夏的战争莫不如此，特别是永乐城之战徐禧充满信心，结果惨败。

唐旧疆"来解说对这些地区的开拓行动。神宗开边的主要目的是扭转长期受制于辽夏的屈辱局面，但其志向又不止于攻取西夏和幽燕，而是恢复包括河湟和交趾在内的"汉唐旧疆"。另外，恢复"汉唐旧疆"目标的实现，也就同时达到了扭转屈辱局面的目的。

神宗不仅谋划和启动了北方的开边，而且在熙宁八年十一月交趾侵犯宋朝以前，早有恢复交趾的计划，并在积极谋划和实施。神宗在北方的开边实行先恢复河湟，再攻取西夏，最后恢复幽燕的缓急有序，而整体关联的计划。南方开边虽处于次要地位，但恢复交趾也与北方开边密切联动，而非孤立存在。可以说，神宗开边是一个恢复"汉唐旧疆"的整体计划。

神宗恢复"汉唐旧疆"的开边活动表明，在宋辽二元并存的天下秩序形成后，宋朝对外政策总体转向收缩，"汉唐旧疆"不仅是宋朝正统地位和政治合法性的解说话语，也是对对外政策和开拓活动有实际指导意义的政治框架，神宗的开边目标就是在这一框架中制定和展开的。

宋神宗开边的战争责任与政治解说

——兼谈古代东亚国际关系研究中的历史逻辑与现代话语

宋神宗开边是北宋中后期最大规模的开边活动，以损失兵夫数十万，没有达成任何战前预定目标而结束。战后，宋朝廷追究了若干将领的责任。宋人从不同角度说到此次战争的责任问题，今天的学者对战争起因及其责任问题作了截然相反的阐释（有关观点将随文讨论，此不赘述）。实际上，战争责任很多时候并非客观事实的追究，而是一种政治解说，古人和今人都可能出于不同的政治目的，作出背离历史事实的解说。这需要从历史事实和政治解说两个层面进行综合的辨析，既厘清历史事实，又揭示政治解说的意义，防止作出简单的判断。笔者即从这一角度对宋神宗开边的战争责任问题作一探讨。

一 宋神宗开边的责任问题

宋神宗开边是一个以"恢复"交趾、河湟、西夏，最后夺取燕云为目标的整体计划，是宋神宗在"恢复汉唐旧疆"的话语和旗帜下主动策划、逐次展开、相互联动的统一行动。[①] 从"恢复汉唐旧疆"的目标而言，宋神宗开边以全面的失败而告终。王曾瑜先生认为熙丰军事上唯一胜利是熙河之役，然亦未达到断西夏右臂的效果，宋夏战争中宋朝总体失

[①] 黄纯艳：《"汉唐旧疆"话语下的宋神宗开边》，《历史研究》2016年第1期。

败，宋越战争中宋朝也未达到预定战略目标。① 所言甚是。宋越熙宁战争中"九军食尽矣。凡兵之在行者十万、夫二十余万，冒暑涉瘴，死亡过半，存者皆病瘁"，更未达到将交趾郡县而治之的目的。主将郭逵逼迫撤退时感叹："吾不能覆贼巢、俘乾德以报朝廷，天也。愿以一身活十余万人命。"② 意即他没有完成朝廷恢复郡县的用兵目标，愿冒未完成使命之罪以活将士性命。熙宁战争以后，宋越两国于元丰元年（1078）开始"画定疆界"的边界谈判。经过长达七年的边界谈判，元丰七年（1084）"边界已辨正"，双方划定了明确的边界线。③ 这是宋朝与交趾首次正式议界，标志着宋朝已事实上承认交趾的独立，放弃了"恢复"的目标，同时放弃了北宋初期以来的联合占城抑制交趾的策略。可以说熙宁战争彻底断送了宋朝"恢复"交趾的目标。

宋神宗对西夏的开边也归于失败。元丰四年（1081）宋朝开始"恢复"西夏的战争，当年的灵州之战宋军以失败告终，次年的永乐城之战更遭惨败。永乐城之败，"死者将校数百人，士卒、役夫二十余万"，"而灵州、永乐之役，管军、熟羌、义保死者六十万人"④。两次惨败使宋神宗身心深受打击，"深自悔咎，遂不复用兵，无意于西伐矣"⑤，终因英年早逝未能实现"取灵、夏，灭西羌，乃图北伐"的最终目标⑥。宋哲宗朝也与西夏进行了正式的议界谈判，划定了两国边界。不论从宋神宗"恢复"郡县的目标，还是中华正统的宋朝皇帝应该王者无疆的理论解说，与夷狄议界都是有损宋朝国际声威的。河湟的开边目的是断西夏右臂，西夏战争的失败及"恢复"西夏目标的放弃，使河湟开边的胜利失去了意义，且因占有熙河等地的巨大成本而使这一胜利成了宋朝巨大的负担。

如果从宋神宗开边"恢复"宋朝视为"汉唐旧疆"的河湟、西夏、交趾、燕云的总体目标而言，开边确实遭受了全面和惨重的失败。这样的结果，不论对宋神宗本人身心、宋朝国内的士气，还是宋王朝实际利益、

---

① 王曾瑜：《王安石变法简论》，《中国社会科学》1980 年第 3 期。
② 《续资治通鉴长编》卷二七九，熙宁九年十二月癸卯，中华书局 2004 年版，第 6844 页。
③ 《续资治通鉴长编》卷三四九，元丰七年十月戊子，第 8372 页。
④ 《宋史》卷四六六《夏国传下》，中华书局 1977 年版，第 14012 页。
⑤ 《宋史》卷三三四《徐禧传》，第 10724 页。
⑥ 参见李华瑞《宋夏关系史》，第 180—193 页。

国际声誉和地位，都产生了巨大的负面影响。开边责任便成为一个需要追究的问题。宋神宗是开边活动的倡导者和决策者，然而在古代皇权政治和华夷观念下，责任的判定更多的是一种政治解说，而非对客观事实的裁断。因而，弄清责任判定背后的事实与政治解说是认识相关问题的前提。

宋人关于宋神宗朝开边责任有四种判定，一是王安石，二是宋神宗本人，三是王韶等具体执行人，四是西夏、交趾等被开拓对象。韩琦曾对宋神宗说："始为陛下谋者"一定鼓吹"治国之本，当先有富强之术，聚财积谷，寓兵于民，则可以鞭笞四夷，尽复唐之故疆"①。意指王安石是开边的造谋者。韩琦当然明白宋神宗开边的意图，归责于王安石不过是与宋神宗表达己见的技巧。苏轼也将开边之责归于王安石，称"熙宁以来，王安石用事，始求边功，生隙四夷。王韶以熙河进，章惇以五溪用，熊本以泸夷奋，沈起、刘彝闻而效之，结怨安南"②。其意指在王安石推动下有了王韶、章惇、沈起等人的开边活动。陈瓘也指出是"安石劝神考兼四夷"，"韩绛边事，罪在安石"。交趾战争责任也在王安石："生事者（沈）起，人皆知之，造谋者安石，人不尽知也。"③ 这样的认识在南宋成为流行意见。

另一代表性意见是吕中。他认为王安石"未得政府之时犹未主开边之议"，不是造谋者，开边的决策者是宋神宗，王安石因大力推行而负主要责任，"上自初即位，种谔取地而无功，韩绛用兵而失利，上亦愤西戎之桀傲。安石知其意，故置条例司，讲求财利，厚蓄邦计而为用兵之地。所以新法之行，人言不能入，盖安石有以入上心。故曰安石之兴利亦得以开边用也"。种谔绥州之役与韩绛庆州之役时王安石"犹未主之也"。王安石"自翰林以来，未尝一日言及于用兵"，到"熙宁四年以后始主王韶、章子厚、沈起之说矣"，"启衅于交趾，兴兵于熙河，拓境于梅山"，肇宣和用兵幽燕之祸端，故"安石兴利之罪大于变法，开边之罪大于兴利"，其"开边之罪为可诛"，指其任执政后襄助神宗推动开边。吕中还

---

① 《续资治通鉴长编》卷二六二，熙宁八年四月丙寅，第6392页。
② 《续资治通鉴长编》卷三七三，元祐元年三月己卯，第9027页。
③ 《续资治通鉴长编》卷二三六，熙宁五年闰七月戊申；卷二三四，熙宁五年六月乙亥；卷二四四，熙宁六年四月戊寅，第5726、5691、5933页。

说，"熙宁始务开拓，未及改元，种谔先取绥州"及元丰四年（1081）伐西夏前"上久欲收西夏"①，都是宋神宗之意而与王安石无关的。前者王安石尚未召对，后者王安石已不在朝。

司马光言称开边始于宋神宗不满于幽云、灵夏、河西、交趾为蛮夷占据，于是慨然有征伐开拓之志："及神宗继统，材雄气英，以幽蓟云朔沦于契丹，灵夏河西专于拓跋，交趾日南制于李氏，不得悉张置官吏，收籍赋役，比于汉唐之境，犹有未完，深用为耻，遂慨然有征伐开拓之志"②。他还说："先帝以戎狄骄傲，侵据汉唐故地，有征伐开疆之志。"③ 朱熹也认为开边首先是宋神宗的意图。宋神宗初即位时向富弼征询大政，富弼说"须是二十年不说着用兵二字"，朱熹认为"此一句便与神宗意不合，已而擢用王介甫，首以用兵等说称上旨，君臣相得甚欢"④。宋神宗有开边之意在先，用王安石在后，只是君臣相得。

王韶也是体会到宋神宗有志于天下，乃上《平戎策》，得宋神宗赞赏，然后被委以重任。李焘在记述改古渭寨为通远军时说"上（宋神宗）将恢复河陇，故命建军，为开拓之渐"⑤，指出开边是宋神宗之意。司马光、朱熹、吕中的话语都是认为开边是宋神宗决策，王安石力行。细读《长编》，我们可以看到李焘所描述的开边活动中的王安石目光远大，不为异论所动，理性而坚定，并非无视国家利益。王安石坚信"调一天下，兼制夷狄，何难之有"，"如秉常者虽欲扫除，极不为难"，"契丹无足忧"。⑥ 宋神宗每在困难面前犹豫气馁，甚至想半途而废时，王安石都以对整体计划的满怀信心而使宋神宗坚定初衷。在开拓河湟受挫、西夏交通

---

① 吕中：《宋大事记讲义》卷一《国势论》、卷一四《兵费》、《财用》、卷一五《开边自此始》，文渊阁《四库全书》，第 686 册，台北商务印书馆 1990 年版，第 196、332、333、343、344 页。

② 司马光：《温国文正司马公文集》卷四九《请革弊札子》，四部丛刊初编本，第 838 册。李焘将此段话置于《续资治通鉴长编》正文（卷三六三，元丰八年十二月己丑，第 8689 页）。

③ 司马光：《温国文正司马公文集》卷四八《乞罢保甲札子》，四部丛刊初编本，第 837 册。

④ 朱熹：《朱子语类》卷一三三《本朝七》，《朱子全书》本，上海古籍出版社、安徽教育出版社 2002 年版，第 3190 页。

⑤ 《续资治通鉴长编》卷二三三，熙宁五年五月辛巳，第 5645 页。

⑥ 《续资治通鉴长编》卷二三二，熙宁五年四月壬子；卷二二九，熙宁五年正月己丑；卷二四八，熙宁六年十一月戊午，第 5628、5566、6047 页。

吐蕃、辽朝来争地界等事上都是如此。在庆贺河湟开边的战果时，宋神宗和王安石的相互评价："群疑方作，朕亦欲中止，非卿助朕，此功不成"、"陛下拔王韶于疏远之中，恢复一方，臣与二三执政奉承圣旨而已"①，皆非做作之语。他们的关系就是如此。

第三种就是把开边的罪责归于执行的臣僚。"安南之役，（沈）起实造端，而（刘）彝继之。"②最早被问责的是沈起。熙宁八年（1075）十一月交趾入侵，次月宋神宗即下令追查沈起、刘彝妄生边事罪行。沈起被定了三宗罪：一是妄传密受朝旨，经略交州；二是未得诏书，擅自招纳侬善美；三是在融州和宜州溪峒强置营寨，杀土丁兵校以千数。因而致交趾内侵，"一道生灵横遭屠戮，职其致寇，罪悉在起"。刘彝也被问相继生事之罪：一是请罢屯札（禁）兵，致所招之人未堪使；二是造战船，止绝交趾贸易和文书，使交趾疑惧为变；三是不许苏缄参与边事。③两人都被降职，战争结束后又被追加罪名，加重处罚。熙宁战争宋军总指挥郭逵也"坐贬左卫将军，西京安置"④。

宋朝对交趾的战争付出惨重代价仍无功而还，使追究开边责任的范围进一步扩大。熙宁十年（1077）底，张方平上书说："王韶作祸于熙河，章惇造衅于梅山，熊本发难于渝、泸"，正是在争求边功的氛围中，"沈起、刘彝复发于安南"，"使陛下受此虚名，而忽于实祸"。⑤宋朝在宋夏永乐城之战的惨败更要追究责任。沈括、曲珍等"坐始议城永乐，既又措置应敌俱乖方"，被降官。⑥徐禧虽因战殁而未被问罪，但宋神宗朝以后人们追究开边之罪时，他作为永乐城主谋当然也难脱其咎。范祖禹罗列宋神宗朝开边"罪魁祸首"名单就包括："王韶创取熙河，章惇开五溪，沈起扰交管，沈括、徐禧、俞充、种谔兴造西事，兵民死伤皆不下二十万。"⑦

---

① 《续资治通鉴长编》卷二四七，熙宁六年十月辛巳，第6023页。
② 《续资治通鉴长编》卷三七三，元祐元年三月己卯，第9028页。
③ 《续资治通鉴长编》卷二七二，熙宁九年正月丙寅，第6658页。
④ 《宋史》卷二九○《郭逵传》，第9725页。
⑤ 《续资治通鉴长编》卷二八六，熙宁十年十二月甲辰，第7007页。
⑥ 《续资治通鉴长编》卷三三○，元丰五年十月甲寅，第7948页。
⑦ 《宋史》卷三三七《范祖禹传》，第10798页。

二 宋神宗开边结局的政治解说

宋神宗朝的宋夏战争不论是军事上还是政治上都归失败的结局并无争议,而对于宋越战争的胜负却有不同看法。如上所述王曾瑜先生认为宋神宗开边总体上失败了。黄纯艳、王小宁《熙宁战争与宋越关系》从宋神宗开边目标的角度也论述了宋越战争失败结局。① 有的学者则提出了相反的看法。如,赵涤贤认为熙丰军事改革包括对西夏和交趾战争及对辽政策都取得了全面的成功,对交趾达到了击退侵略,保卫领土的目的。② 陈朝阳认为"宋政府并非是挑起战争的主动方。北宋朝廷则完全实现了战略目标,面对外来入侵者,组织军事力量予以坚决地打击,捍卫国家主权和人民的利益","如果说沈起等人是在宋神宗和王安石的授意之下有意挑衅交趾,那么宋政府至少应该有足够的武装力量保家卫国,而不至于在短短的几十天时间内接连失陷三州,造成极其被动的军事局面。同时也不会对沈起等人严惩不贷"。③

赵涤贤和陈朝阳两位学者都是就事论事地看待交趾问题:一是将宋神宗有"恢复"交趾的计划与交趾首先出兵侵犯宋朝两事置于非此即彼、二元对立的关系上;二是没有将交趾问题放在宋神宗开边的整体计划中来认识。若按这一简单逻辑而言,首先战争获得了全面胜利,应该赏功而非问责,不会出现上述的责任追究问题;其次学界无异议的宋神宗主动谋划的对河湟和西夏用兵,事后也不应处罚受命而行的沈括、曲珍等人,更不应归罪于王韶、徐禧等;再次若有准备就不至于失败,则精心布防的永乐城之战应不至于惨败,而事实都正好相反。这说明复杂的历史并非简单的逻辑可以理解。

事实上,沈起、刘彝等人,包括王安石,有罪与无罪,只能从当时的政治文化中去讨论。交趾入侵导致严重灾难,沈起、刘彝二人自有其操之过急、准备不足、不知己知彼等责任。事后所列沈起、刘彝之罪有的是在

---

① 《厦门大学学报》2006 年第 6 期。
② 赵涤贤:《试论北宋变法派军事改革的成功》,《历史研究》1997 年第 6 期。
③ 陈朝阳:《熙宁宋交战争考述》,《中国史研究》2012 年第 2 期。

"恢复"计划存在的前提下的必然行动,如沈起的第三宗罪及刘彝的第二、第三宗罪。沈起要求授予与陕西四路经略司一样专委处置边事之权及"差人出外界勾当",神宗均依所请,且"令(沈)起密经制交趾事。诸公皆不与闻。凡所奏请皆报听"。① 自熙宁元年(1068)始,至熙宁八年(1075)十一月交趾入侵以前,宋朝已在谋划"恢复"交趾,这是宋神宗开边计划的组成部分,沈起的使命即谋划"恢复",因而就非"妄言"受朝廷旨意。第二宗罪之招纳侬善美,沈起曾奏报宋神宗,说知恩情州侬善美归明,若宋朝"不纳,必为交趾所戮",宋神宗"诏听归明,厚加存恤"②,本已得宋神宗同意,只是执行时已是熙宁七年(1074)二月河湟出现景思立军大败的危局,宋神宗为力保北方开边,下令暂停交趾和荆湖等南方开边活动以后。刘彝的第一宗罪及罢正兵也受宋神宗命令。宋朝的三衙统兵权、枢密院调兵权与皇帝的指挥权相互分离和制衡的军事制度,特别是枢密院得皇帝旨意方可调兵的皇帝最终指挥权使,使调动广西一万(二十指挥)正兵绝非地方官刘彝有权做到,所以陈朝阳文所言刘彝调兵之论显然是对宋代军事制度的缺乏认识。而且调出广西正兵是熙宁七年二月宋神宗下令抽调南方兵力支持北方开边的背景下产生的。陈朝阳文对这一背景和联动关系也缺乏认识。③

沈起和刘彝被指为交趾入侵和熙宁战争最主要责任人不过是诿过之举。一方面交趾入侵造成的惨重损失及宋朝在熙宁战争中的惨败需要有人承担责任,即"沈起与(刘)彝各负天下生灵数十万性命,虽废锢终身犹未塞责"④;另一方面宋朝反击交趾大军出征在即,需要立威警众。惩罚沈起、刘彝是为了"南征将校,知陛下行法之明,有以耸动,则其功不勉而成矣","今平交之师十万,方事之始,罚不自信,何以威怀!"⑤在皇权政治下,责不在君,这事关皇位的神圣合法性,当然不能让圣人天子宋神宗承担责任。

出于同样的理由,宋人也将熙宁开边乃至北宋灭亡之责加诸王安石。

---

① 《续资治通鉴长编》卷二四四,熙宁六年四月戊寅,第5933页。
② 《续资治通鉴长编》卷二五九,熙宁八年正月己未,第6324页。
③ 黄纯艳:《"汉唐旧疆"话语下的宋神宗开边》,《历史研究》2016年第1期。
④ 《续资治通鉴长编》卷三七三,元祐元年三月己卯,第9027页。
⑤ 《续资治通鉴长编》卷二七三,熙宁九年二月庚寅,第6639页。

今天有学者出于对变法的"政治正确"理念，放大了王安石在熙宁政治中的作用和成效。① 近年来学者们对宋神宗和王安石在熙宁政治中的关系有新的反思，指出宋神宗在熙宁政治中居主导地位，甚至在熙丰变法以前宋神宗已经初步形成了富国强兵的变法思想。② 宋神宗是"恢复"熙河、西夏及交趾计划的发起人和决策者，而王安石是宋神宗开边计划的支持者和辅助者。我们在叙述历史事实时需要走出古人和今人的局限，卸掉王安石身上的光环和罪责，看到政治烟幕下的基本事实。在宋朝君主独裁的政治体制下，王韶、章惇、沈起、刘彝、种谔、徐禧等边臣不可能擅自开展长期的、有计划且前赴后继的开边活动，如同刘彝不可能擅自调出广西正兵一样，这是宋代军事制度和政治制度的常识就能使我们明白的问题。如王安石所说"兵虽不可中御，然边事大计，亦须朝廷先自定也"③。边臣或有执行中的各种错误，但他们不是开边大计的决策者。不论是将最终责任归咎于王安石还是其他边臣，都主要是"责不在君"的政治解说。

接下来需要探讨宋朝出师之名和责在蛮夷的问题。北宋以中华正统自居，与诸国的关系中"君臣名号，中国所以辨名分、别上下"，"蛮、夷、戎、狄，舍耶律氏则皆爵命而羁縻之。有不臣者，中国耻焉"。④ 即除了与辽朝的对等地位外，自认为与其他民族和政权都是华夷君臣关系。在此理论前提下，宋朝自我解说中对四夷的开拓是没有过错的。宋神宗开边出师之名有两个，一是伐罪，二是"恢复"。宋神宗说讨伐交趾是因"（李）乾德犯顺，故兴师讨罪"⑤。王安石所拟的讨交趾诏说，交趾"攻犯城邑，杀伤吏民，干国之纪，刑兹无赦，致天之讨，师则有名"⑥。宋朝征讨西夏之名也是伐罪。宋神宗回复辽朝询问时列了西夏三条罪状：一是"夏

---

① 王曾瑜、汪圣铎等学者已对此作了深入的反思。参见王曾瑜《王安石变法简论》（《中国社会科学》1980年第3期）及汪圣铎《王安石是经济改革家吗》（《学术月刊》1989年第6期）。
② 参见崔英超《熙丰变法中宋神宗作用之考析》，《暨南学报》2004年第3期及《熙丰变法的酝酿》，《甘肃社会科学》2002年第5期；李华瑞《宋神宗与王安石共定"国是"考辨》，《文史哲》2008年第1期。
③ 《续资治通鉴长编》卷二一四，熙宁三年八月戊午，第5197页。
④ 尹洙：《河南先生文集》卷八《议西夏臣伏诚伪书》，四部丛刊初编本，第821册。
⑤ 彭百川：《太平治迹统类》卷一七《神宗平交趾》，文渊阁《四库全书》，第408册，台北商务印书馆1990年版，第446页。
⑥ 《续资治通鉴长编》卷二七一，熙宁八年十二月癸丑，第6651页。

国内乱，囚制国主"；二是朝廷圣节朝贡回赐及赐生日物时西夏态度不恭；三是"引兵数万侵犯边略"。①

交趾和西夏都在宋朝发动全面战争以前先出兵侵犯宋朝，这就是宋朝所说"伐罪"之名。但我们也应看到，在全面战争爆发以前宋朝已有明确且积极谋划的"恢复"计划。对于宋朝大张旗鼓的开边活动，以及恢复与久绝朝贡的高丽之交往，"契丹知之，必谓将以图我"②，辽朝明确地感受到"中国若已服夏国，当觎幽燕"的威胁③。宋朝"朝廷遣兵问罪，与北朝不相干涉"的政治说辞当然不会影响辽朝从自己角度的判断。所以辽朝"引先发制人之说，造为衅端"④，不断干扰宋朝的开边计划，在西边插手河湟，"与董毡结姻，于西夏有掎角之势"，遣使帮助夏人求和于董毡，宋神宗称辽朝的行为是"舍己之田而耘人之田"。⑤ 在北边不断以移口铺、争地界等手段干扰宋朝⑥。宋朝南征交趾时辽朝也聚兵边境，"缘（宋）朝廷方事南讨，欲乘时牵制"，"展转邀索不已"，给宋朝施压，宋神宗因此令郭逵"安南之举惟万全速了为上"。⑦ 这些举动即宋人分析的"乘中国有事之时，能挠我权，则其庸多矣"，"见陛下即位以来经略边事，以为更数十年之后，中国安强，有窥幽燕之计，即契丹无以枝梧，不如及未强之时先扰中国"。⑧

大国辽朝如此，作为宋朝开边对象的西夏和交趾更不可能没有反应和准备。周边小政权对宋辽两大国动息的关注度和警觉性要远远超过宋辽对他们的重视程度，交趾、西夏和高丽等莫不如此。在宋朝河湟开边最盛的

---

① 《续资治通鉴长编》卷三一五，元丰四年八月丙寅、卷三二二元丰五年正月癸卯，第7626、7765页。

② 《宋朝诸臣奏议》卷一三七，韩琦《上神宗答诏问北边事宜》，上海古籍出版社1999年版，第1541页。

③ 《续资治通鉴长编》卷二二〇，熙宁四年二月庚午，第5351页。

④ 《宋朝诸臣奏议》卷一三七，韩琦《上神宗答诏问北边事宜》，第1541页。

⑤ 《续资治通鉴长编》卷二五〇熙宁七年二月庚辰、卷三二五元丰五年四月己巳、卷三三八元丰六年八月己卯，第6092、7822、8139页。

⑥ 《续资治通鉴长编》卷二三五熙宁五年七月甲午、戊子、卷二三八熙宁五年九月丙午、卷二四八熙宁六年十一月戊午，第5701、5709、6046、6047页。

⑦ 《续资治通鉴长编》卷二七六，熙宁九年六月壬子，第6757页。

⑧ 《续资治通鉴长编》卷二二〇熙宁四年二月庚午、卷二三八熙宁五年九月丙午，第5351、5787页。

熙宁六年（1073）西夏已大力备战，"恐我（宋）大兵至，修筑于凉州"①。元丰四年（1081）当宋朝西征"所定师期尚远"时，西夏"大点集"，"陕西路缘边诸路累报夏国大集兵至"。西夏先期派二万大军攻击宋朝。宋神宗说，宋朝"未尝侵犯夏国"而西夏"领大兵入寇"，使"我师出境，其名益直"。②意即使宋朝本已启动的"恢复"战争更有出师之名而已。

同样，宋朝在广西积极谋划"恢复"交趾，也使交趾"明言欲见讨伐"。交趾对于自己侵犯宋朝的说辞是所谓"帅兵追捕亡叛者"；"桂管点阅峒丁"；"中国作青苗、助役之法，穷困生民，我今出兵欲相拯济"③；"我本不入寇，中国人呼我耳"，即岭南进士徐百祥劝以"中国欲大举以灭交趾。兵法有先声夺人之心，不若先举兵入寇"。④交趾政治说辞的背后既有对宋朝数年来"恢复"交趾活动的反应，也是自宋仁宗朝以来两国关系恶化的延续。交趾始终谋求控制占城，并与真腊争雄，向北不断蚕食宋朝。⑤交趾的扩张导致两国关系紧张，并率先发动对宋战争，但并不能因此否认此前宋神宗"恢复"计划的存在及其实施，两者不是非此即彼的二元对立关系。

在"汉唐旧疆"的话语下，"恢复"本身就是正当的出师之名。熙河开边就是宋朝在"恢复河陇"的名义下主动发动的。连劝宋神宗二十年不言兵的富弼对"恢复"熙河也大加肯定，认为这是"开拓故疆，诚为国朝美事"。⑥元丰四年（1081）对西夏用兵在"恢复"之名下策划已久，西夏先发动战争不过如宋人自己所说出师之名"益直"，亦即西夏是否先发动战争，都不会影响宋朝"恢复"计划的实施。王安石说过一段

---

① 《续资治通鉴长编》卷二四四，熙宁六年四月丁酉，第5943页。
② 《续资治通鉴长编》卷三一三，元丰四年六月壬午；卷三一五元丰四年八月辛酉、辛未、庚辰，第7593、7621、7633页。
③ 《续资治通鉴长编》卷二七一，熙宁八年十二月癸丑，第6651页。
④ 司马光：《涑水记闻》卷一三，大象出版社2003年点校本，第163页。
⑤ 前引粟冠昌《宋王朝与交趾关系叙论》（《中国边疆史地研究》1991年第2期）也指出熙宁战争的爆发一方面是交趾的扩张和对宋朝侵扰，另一方面是宋朝自皇祐以来对交趾的乖谬举措。黄纯艳、王小宁《熙宁战争与宋越关系》（《厦门大学学报》2006年第6期）在以上原因之外指出了宋神宗"恢复"计划的影响。
⑥ 《续资治通鉴长编》卷二七六，熙宁九年六月壬子，第6753页。

更直接的话:"若力足以制夏国,岂患无辞!""我欲行王政,尔乃擅命一方,便为可伐之罪。如夏国既称臣,未尝入觐,以此伐之,亦便有辞。臣以为不患无辞,患无力制之而已。""上以为然"。① 宋神宗也认可王安石的看法。所以当文彦博认为若与辽朝"交兵须有名"时,宋神宗和王安石都说"患无力,岂患无名!"② 因为宋朝自我占据中华正统的地位,在华夷观念下自然拥有王天下即一统华夷的权力,不论战争性质如何,皆曲不在我。西夏、交趾擅命一方,不归版图,宋朝就可以出师"恢复"。

三 古代东亚国际关系的历史逻辑与现代话语

前引陈朝阳文认为,"沈起和刘彝两人采取了一系列加强边防的举措","作为一个有主权的国家来讲,加强边防,开展军事演练,本无可厚非,但是后来反对王安石的人都认为这二人妄生边事"。"宋方点阅峒丁,作青苗、助役之法,是北宋本国内政,交趾没有权力到宋朝境内'拯济生民',名为拯济,实为屠戮。"意即交趾非议王安石变法是干预宋朝的内政。这里论及两个概念:"政权国家"和"干涉内政"。该文还说到"神宗即位后,李日尊自上帝号,表明交趾已经完全具有独立主权国家的意识和能力"。③ 运用现代"主权国家"和"干预内政"等话语讨论宋越战争并非仅陈朝阳一文。粟冠昌也指出太平兴国年间宋越战争是宋朝"干预交趾内政所造成的"④。其意是指宋太宗太平兴国五年(980)以黎桓擅权为借口,发动对交趾的战争,欲将交趾"恢复"郡县,是干涉交趾内政。这些话语就简单的逻辑而言,似乎是成立的和"正确"的,但实质上是用罔顾历史逻辑的现代话语评说历史。这并非否定作者对宋越战争的是非判断,而是说论述此事应该努力进入历史逻辑理解历史事件。

---

① 《续资治通鉴长编》卷二三七,熙宁五年八月壬午,第 5760 页。
② 《续资治通鉴长编》卷二三八,熙宁五年九月丁未,第 5791 页。
③ 陈朝阳:《熙宁宋交战争考述》,《中国史研究》2012 年第 2 期。另,交趾称帝独立自丁部领始,而非李日尊,对黎桓和李公蕴封号的表述都说明作者未弄清宋朝对交趾的名分规定和"必加三命"的册封制度。
④ 前引粟冠昌《北宋王朝与交趾关系叙论》。

主权国家观念和不干涉内政原则是现代国际关系的基本理念。不干涉内政原则作为国际法基本原则最早出现于 1919 年的《国际联盟盟约》，所谓不干涉内政是指本质上属于一国国内管辖的事件，别国或国际组织不能列入议事日程，也无权介入。[1] 不干涉内政原则是从国家主权原则中引申出来的一项国际法基本原则。而 1648 年《威斯特伐利亚和约》标志着近代主权国家的诞生，1919 年《国际联盟盟约》和 1945 年《联合国宪章》确认和强化了国家主权原则。[2] 在主权国家观念和不干涉内政原则下，无政府状态被认为是国际关系的基本理念或理论假设。在这一理论下，国际关系是水平和平等关系而非垂直和等级制关系。当然今天的国际关系因为军事或经济的优劣差异而存在事实上的等级制，这种事实上的等级制或因为各国交往的需求而形成，或一国因自身拥有的军事、经济等优势而形成"关系型权威"。但这些事实上存在的等级制在理论上与现代国际关系无政府状态的基本理念是相悖的。[3]

而古代东亚中国主导下的国际关系的基本理念是华夷观念。华夷理念实质是华夷之辨，即区分华夷尊卑。自居中华正统的王朝与他国建立的是以自己为中心的朝贡关系，将建立一个华夷君臣的、垂直的和等级制的国际关系体系即朝贡体系认为是合理和必需的。宋朝自认为是汉唐德运的继承者，除澶渊之盟后宋辽确立二元对等关系外，宋朝与其他国家和政权建立的都应该是一元化的华夷君臣关系，其具体体现就是通过朝贡礼仪、册封制度等构建的名分秩序。可见西方近代国际关系理念的主权国家观念和不干涉内政原则与古代东亚中国主导下的国际关系的华夷理念根本区别是前者是水平和平等关系，而后者是垂直和等级制关系。

尽管在现实国际关系中，华夷观念不可能是绝对原则，而是因时变化和具有弹性的。例如，经过北宋初期的多次军事较量，特别是雍熙战争的惨重失败，宋朝认识到理顺宋辽间的华夷关系、建立华夷一统的天下秩序是难以实现的目标，因而转向守内虚外，并在澶渊之盟中与辽朝建立了正

---

[1] 王庆海、张蓝图：《国际法上的内政及不干涉内政原则新论》，《吉林大学社会科学学报》2001 年第 4 期。

[2] 刘蕊：《论国际法上的不干涉内政原则》，《法制与社会》2009 年第 1 期。

[3] 参见熊玠《无政府状态与世界秩序》，浙江人民出版社 2001 年版；[美] 戴维·莱克《国际关系中的等级制》，上海人民出版社 2013 年版。

式的对等关系。华夷理念已经向现实的实力关系屈服。庆历二年（1042）辽朝索要关南地，富弼去辽朝谈判时持国书二、誓书三，准备了几套方案，"姻事合，则以姻事盟。能令夏国复归款，则岁入金帛增二十万。否，则十万"①。说明宋朝是可以接受与夷狄契丹和亲，而并非因华夷之别而不能和亲。同时，西夏、交趾、大理三国在与宋朝交往时遵守宋朝规定的君臣朝贡的名分秩序，而在国内皆行皇帝制度，宋朝并未因此断绝与他们的关系，或武力改变而后已，都说明宋朝的华夷观念是具有弹性和因时变通的。而且宋代朝贡诸国对宋代规定的朝贡秩序的认识也有不同类型：一是与宋朝交往时及在其国内都能一定程度上遵行宋朝朝贡制度；二是与宋朝交往时形式上遵守朝贡制度，而在其国内自行一套，朝贡制度对其国内政治无约束力；三是距离宋朝远、文化差异大、对宋朝无政治需求而对宋朝规定的朝贡秩序不理解和不遵守。但宋朝对所有朝贡国与宋朝关系都规定为华夷君臣的名分秩序。②北宋将交趾和西夏都视为"汉唐旧疆"，宋神宗也正是用"汉唐旧疆"的话语将其列入开边计划。两国对宋朝朝贡秩序的认识都属于内外有别的第二种类型，即在与宋交往时遵守宋朝规定的朝贡秩序而在国内自行皇帝制度。

但是，宋朝与西夏、交趾等国交往时的华夷观念和君臣名分是得到双方认同和遵守的。北宋给予交趾首领最高的封爵是交趾郡王，并逐步形成了初封交趾郡王，再进为南平王，死后追封南越王的册封制度。庆历以前对西夏册封爵位为西平王。而且都封给特进、三公、节度使、上柱国等六种内臣化的官衔。③西夏使节到宋朝觐见皇帝要"跪进表函"、"跪受"礼物、"再拜"、"四拜"、"俯伏兴"，交趾和高丽等朝贡也必须遵行这些标示君臣名分的礼仪。④宋太宗太平兴国五年（980）对交趾用兵，宋神宗元丰四年（1081）对西夏用兵都是以华夷共主的身份，以问罪臣下擅权挟主之名出兵。西夏和交趾，包括高丽在对宋交往时自觉履行上述礼仪，甚至虽顽强抵抗宋朝的进犯，但并未质疑和挑战宋朝站在"中华"

---

① 《续资治通鉴长编》卷一三七，庆历二年九月癸亥，第3291页；《辽史》卷一九《兴宗二》，第227页。
② 黄纯艳：《宋代朝贡体系研究》，商务印书馆2014年版，第462页。
③ 黄纯艳：《宋朝对境外诸国和政权的册封制度》，《厦门大学学报》2013年第4期。
④ 黄纯艳：《宋代朝贡体系研究》，商务印书馆2014年版，第372页。

地位上所使用的话语。

上述关系规定和交往方式以现代主权国家观念和不干涉内政原则看来无疑是侵犯主权和干涉内政的。即使在当时,若以对等(或平等)国家相待,册封也是不能接受的。如,北宋与辽朝在澶渊之盟后互认对等关系,用对等文书格式、互称皇帝、各用本国年号、不册封对方皇帝和使节。宣和元年(1119)金朝使节李善庆、散睹(散多)等至京师后,宋徽宗给李善庆授予修武郎,小散多从义郎,勃达秉义郎,并给全俸。散睹还接受了宋徽宗所封团练使的官职。① 赐封使节就是将其视为臣下或陪臣,同时也就视其主为臣,李善庆等回金后,金太祖"怒,杖而夺之"②。但是,宋朝与交趾及西夏的关系中双方都确认并接受标示华夷君臣名分的册封、朝贡及礼仪,秉持着与现代国际关系中的主权国家观念和不干涉内政原则无关的观念和原则。

在宋朝的华夷观念和"汉唐旧疆"话语中,交趾和西夏都是暂时脱离版图的"中国郡县"和"恢复"对象,从这一角度而言并无根本区别。北宋至神宗朝都有将实现"恢复"交趾和西夏为郡县的目标。宋太宗"恢复"交趾和西夏都告失败。元昊称帝后宋朝坚决以武力讨伐,失败后仍未放弃其为"汉唐旧疆"的表达。宋神宗将"恢复"交趾和西夏再次提上日程,也以失败告终。在宋朝看来自己对"汉唐旧疆"有合法的权利,即使辽朝采取多种手段极力阻扰宋朝的"恢复",也无从质疑宋朝的出师之名。

广而言之,华夷君臣秩序是北宋和交趾、西夏、河湟吐蕃、归义军、高丽交往时双方都认同和遵守的关系形态。宋朝给对内自称皇帝或赞普的交趾、西夏、河湟吐蕃都封以藩镇官衔,这些政权与宋朝交往时亦遵从宋朝规定的名分秩序,这是双方都认同的关系形态。我们不能以今天的主权国家的外交理念,也不能在汉族中心主义下站在维护宋朝的立场来评论朝贡体制下的交往形态,如在评述宋夏关系时简单地认为"西夏更是一个

---

① 《三朝北盟会编》卷三《政宣上帙三》,重和二年正月十日丁巳,上海古籍出版社1987年版,第16页。

② 《金史》卷二《太祖本纪》,中华书局1975年版,第33页。

分裂割据的问题","是非曲直是不难判断的,很显然正义是在宋朝一边"。① 总之,我们要从中华民族历史整体性的角度认识历史,而不能简单地从近代国际关系理念或今天的现实关系出发评说古代国家或政权间的关系。离开当时的华夷观念下的国际关系理念,或因交趾最终成为独立国家而西夏、河湟在中国疆域之内,将宋朝的做法和观念加以区别对待,都脱离了宋代认识和处理与诸国关系的内在逻辑,都是我们讨论宋神宗开边时应该避免的干扰。

四 结论

宋人对宋神宗开边责任众说纷纭,今人也作出了截然相反的评说。认识宋神宗朝宋越战争,或河湟、宋夏战争都不能孤立看待,而须从宋神宗开边的整体视野中去认识。交趾、河湟、西夏和燕云都在"恢复汉唐旧疆"的话语下列入了整体开边计划,并逐步实施。交趾首先出兵侵扰宋朝并不能否定宋朝"恢复"交趾计划的存在。从"恢复汉唐旧疆"的总体目标而言,宋朝对交趾、西夏和河湟的开拓都归于全面的失败。

在开边的整体视野中可以看到,宋神宗是开边计划的发起人和决策者,王安石是最重要的辅助者和推行者,王韶、沈起、章惇、徐禧等边臣只是开边计划的执行人,但在皇权政治和华夷观念下,战争的责任问题本着"责不在君"和"曲不在华"的原则进行政治解说。

尽管在现实关系中华夷观念具有弹性和因时而变,但宋朝与交趾、西夏、高丽等朝贡政权间交往时双方都认同和遵守华夷君臣名分及朝贡礼仪。这些理念及其逻辑与近代才具有的主权国家观念和不干涉内政原则蕴含的逻辑完全无关,因而认识宋神宗开边,乃至古代类似问题,都必须努力进入历史的逻辑,而不能简单地用今天的理念和原则来理解。

---

① 陈守忠:《王安石变法与熙河之役》,《西北师范大学学报》1980年第3期。

北宋东亚多国体系下的
外交博弈

——以外交谈判为中心

北宋国际秩序与春秋战国一样，是一种多国制衡的"多国体系"①。历史环境不同，北宋和春秋战国国际关系中的外交理念、关系形态都各有特点。春秋战国诸侯国之间的基本关系是周天子作为共主的法理上的水平关系②。而北宋既有宋辽、宋金的对等并立，也有宋、辽、金各自建立的垂直的等级制的朝贡体系。在这一格局下，大国的制衡和争锋、小国的图存与发展，构成了错综复杂的国际局势，外交博弈频繁而激烈。北宋各国如何在相互博弈中形成相对稳定的秩序，多国体系下的外交博弈体现了怎样的基本理念和基本关系？这是以往没有回答的问题。本文以外交谈判为中心对此作一讨论。

---

① 贾志扬将宋代多国制衡的国际秩序称为"多国体系"，且指出宋代的多国体系的稳定特点，并指出了多国体系对海上贸易的影响。辛万翔等指出，春秋战国也是"多国体系"，其特点是封建制下的诸侯国构成的多国体系。参见贾志扬《宋代与东亚的多国体系及贸易世界》(《北京大学学报》2009 年第 2 期)、辛万翔等《"多国体系"中行为体的不同行为逻辑及其根源》(《世界经济与政治》2010 年第 3 期)。

② 叶自成：《中国外交的起源：试论春秋时期周王室和诸侯国的性质》，《国际政治研究》2005 年第 1 期。有学者将中国的外交起源追溯到春秋战国，且认为除了名存实亡的周王外的诸侯国是独立国家，他们的外交关系近似于近代的独立主权国家关系。杨宽、王欢：《春秋时期诸侯国是独立主权国家吗？——与叶自成先生商榷》，《中国边疆史地研究》2005 年第 4 期，及上引辛万翔、曾向红文都认为春秋或春秋战国时期诸侯国是周天子为共主的封建制下的诸侯国，不是独立主权国家。

一 北宋东亚多国体系下国际关系的错综复杂

北宋总体上处于宋辽二元并存的格局。北宋建国伊始，继承后周的形势，与辽朝是东亚并立的两个最强大政权。到澶渊之盟，宋、辽双方以条约的形式相互确认了对等关系。双方以正式的外交文书和外交礼仪确立了的对等关系，文书用"书"，而不称"诏""制""敕"，互用皇帝尊号，以亲属关系相称呼，各自使用本国年号，不以陪臣对待对方使节。两国还相互承认各自建立的朝贡体系。西夏、高丽、高昌、河湟吐蕃等政权都是宋辽两大朝贡体系中的双重朝贡国。宋辽互不干涉这些政权与对方的朝贡和册封关系。①

但宋辽双方的制衡和争锋始终存在。主要表现在两个方面：其一，双方始终在争夺对朝贡国的控制权，并利用周边政权牵制对方。雍熙战争后，辽朝对高丽用兵长达30年，迫使高丽转奉辽朝为正朔，不再接受宋朝册封。辽朝自称出兵的理由之一是"（高丽）与我连壤，而越海事宋，故有今日之师"②。致书问罪高丽，"诘其西向修贡事"③，指责其"东结构于女真，西往来于宋国，是欲何谋？"④ 高丽在辽朝的威慑下，自宋仁宗朝至北宋灭亡不再奉宋朝为正朔。宋朝也曾有过争取高丽的努力。宋神宗开边时重启了与高丽的朝贡关系，即"神宗有鞭挞戎狄（契丹）之志"，通过商人招徕高丽朝贡，"结之（高丽）以谋契丹"。⑤ 宋徽宗再次谋划恢复燕云，欲联丽制辽，不断提高高丽的外交待遇。首先是将高丽使节"升作国信，在夏国之上，改隶客省"，后又"特依大

---

① 参见《王赓武自选集》，上海教育出版社2002年版，第71页；陶晋生《宋辽关系史研究》第二章《宋辽间的平等外交关系》，台北联经出版公司1984年版，第23—42页；黄纯艳《宋代朝贡体系研究》，商务印书馆2014年版，第83—89页。
② 《高丽史》卷九四《徐熙传》，韩国国立首尔大学奎章阁藏本。
③ 《宋史》卷四八七《高丽传》，中华书局1977年版，第14050页。
④ 《高丽史》卷八《文宗世家二》。
⑤ 《续资治通鉴长编》卷四五二，元祐五年十二月乙未，中华书局2004年版，第10851页；《宋史》卷四八七《高丽传》，第14046页。

辽国例，隶属枢密院"。① 但在争夺对高丽控制权中，994 年以后辽朝始终胜过宋朝。

宋辽在对西夏和河湟吐蕃的控制上也相互角力。宋朝以唐及五代德运继承者自居，限于中原政权与西夏的传统关系和华夷之辨，不能册封西夏首领为国王，不能缔结和亲，只能给予优厚的岁币，开放互市，以辽朝不能给予的经济手段笼络西夏。辽朝则不仅将王子帐节度使耶律襄之女封义成公主，下嫁李继迁，而且封李继迁为夏国王②，不认可宋朝给西夏所赐赵姓，而复赐姓李。辽朝给予西夏宋朝所不能给的政治待遇，拉拢西夏、使其疏远宋朝，即张齐贤所说辽朝对西夏"置王爵以赐之，遣戎使以镇之。王爵至，则旄节之命轻矣"，"契丹虑迁贼感大国之恩，断右臂之势，防患甚切，其谋甚深"。③ 即使远离辽朝本土的河湟吐蕃，辽朝也实行和亲。宋神宗朝对河湟用兵，而"辽国与董毡结姻，于西夏有掎角之势"，共同钳制宋朝。宋神宗指责辽朝侵入宋朝的势力范围，"不自修其政事，而托婚数千里之外，所谓舍己之田，而耘人之田者也"。④ 宋神宗令"李宪选使臣开谕董毡、阿里骨，以契丹与宗哥相去极远，利害不能相及，令监守前后要约，协力出兵，攻讨西贼"⑤。双方对吐蕃的争夺就是抑制与反抑制的斗争。

其二，抑制对方的扩张。北宋曾数次发动对外开拓。辽朝都给予高度关注，并极力干扰和抑制。开宝二年（969）、太平兴国四年（979）宋太祖和宋太宗分别亲征北汉，契丹都来支援北汉，试图阻止宋朝灭亡北汉。⑥ 太平兴国七年（982），宋朝派王延德出使高昌，欲联合高昌牵制辽朝，辽朝也派使节到高昌，提醒高昌王："高敞（昌）本汉土，汉使来觇

---

① 《宋大诏令集》卷二三七《高丽依大辽例隶密院御笔手诏》，中华书局 1962 年版，第 928 页。
② 《辽史》卷一一《圣宗二》、卷一三《圣宗四》，中华书局 1974 年版，第 119、127、140 页。
③ 《宋朝诸臣奏议》卷一三〇，张齐贤《上真宗论陕西事宜》，上海古籍出版社 1999 年版，第 1438 页。
④ 《续资治通鉴长编》卷二五〇，熙宁七年二月庚辰，第 6092 页。
⑤ 《续资治通鉴长编》卷三三八，元丰六年八月己卯，第 8139 页。
⑥ 《宋史》卷四八二《北汉世家》，第 13939 页。

视封域，将有异图，王当察之。"① 极力防止宋朝势力深入西域。宋神宗朝制订了北方依次"恢复"河湟、西夏和幽燕，南方"恢复"交趾的开边计划。辽朝很快看出宋朝的战略目的，积极阻扰宋朝的计划。辽朝与董毡结姻，与西夏结盟，共同钳制宋朝。为防止"中国（指宋朝）若已服夏国，当觇幽燕"，熙宁四年（1071）西夏向辽借兵，辽调 30 万往西界，想"若乘中国有事之时，能挠我权，则其庸多矣"②。辽朝还三次遣使来议河东地界，王安石说："此不过以我用兵于他夷，或渐见轻侮，故生事遣使"③。都是为了阻扰宋朝的开边计划。元丰年间宋朝对西夏用兵，辽朝应西夏之请，"遣人使夏国及宗哥"，促使西夏与董毡和解，联合对抗宋朝。④

宋神宗对交趾的战争也受到辽朝的牵制。宋越熙宁战争时有臣僚指出："国家锐意南讨，而忽于西边、北边之备设，万一有乘虚掩不备之寇，则其忧又大矣。"⑤ "师出安南，调兵河东，王师南征，而取卒于西北，使蛮闻之，得以窥我。"⑥ 事实确实如此。辽朝来宋使节耶律孝淳从宋朝接伴使朱温其处探得宋朝对交趾用兵的消息，迅速作出了反应⑦。宋神宗给交趾用兵主将郭逵的批示中说道："北人缘朝廷方事南讨，欲乘时牵制。以此观之，安南之举惟万全速了为上。"⑧ 宋朝因此不敢在南方持久作战。辽朝对宋朝在南方军事活动的关注和干扰并非只是宋神宗开边。皇祐间，侬智高叛乱肆略两广，宋朝调集兵马南下平乱，辽朝就曾"于燕代之间点集兵马，声言西讨夏国"。宋朝大臣指出辽朝的用心，讨西夏"恐非其实谋……忽此点集，有可疑虑。兼广南蛮贼狂盛，陷没州郡，朝廷方诛讨用兵之际。契丹不宜有谋。若二寇并兴，四方可虑"⑨。实际是

---

① 《宋史》卷四九〇《高昌传》，第 14113 页。
② 《续资治通鉴长编》卷二二〇，熙宁四年二月庚午，第 5350 页。
③ 《续资治通鉴长编》卷二五一，熙宁七年三月丙辰，第 6122 页。
④ 《续资治通鉴长编》卷三三八，元丰六年八月己卯，第 8139 页。
⑤ 赵汝愚：《宋朝诸臣奏议》卷一四三，杨绘《上神宗论李宪讨交趾》，第 1619 页。
⑥ 《宋史》卷四六四《李评传》，第 13571 页。
⑦ 《续资治通鉴长编》卷二七五，熙宁九年五月丙辰，第 6721 页。
⑧ 《续资治通鉴长编》卷二七六，熙宁九年六月壬子，第 6753 页。
⑨ 胡宿：《文恭集》卷七《论北界点集事宜》，文渊阁《四库全书》，第 1088 册，第 673 页。

想干扰宋朝的军事行动,甚至乘机侵扰。

除了宋辽两大国的扩展与争锋,小国也在宋辽之间纵横捭阖,谋求生存与发展,交织成北宋错综复杂若干区域秩序和三角关系。一是宋—辽—丽三角关系。在此三角关系中,如上所述,宋辽双方都希望控制和利用高丽牵制对方。高丽作为夹于两大国之间的小国,其最根本的追求是国家安全,不得不根据宋辽争锋的结局来决定自己的政策,雍熙战争后逐步由完全靠拢宋朝,奉宋朝正朔,转向靠拢辽朝,奉辽朝正朔。虽然宋神宗朝恢复了与宋朝的朝贡关系,也想借此制约辽朝,但始终不肯改变只奉辽正朔的基本政策。

二是宋—辽—夏三角关系。在这组关系中,宋辽也极力利用西夏牵制对方。辽朝同时抑制西夏壮大,阻止其向宋朝靠拢。对于西夏不听命的行为,辽朝一方面不仅降爵,而且出兵征讨;另一方面又竭力阻止宋朝进攻西夏,为西夏索要侵地,形成联夏制宋的局面。宋朝以军事和经济两种手段制约西夏的扩展和侵扰,同时用经济利益达到西夏不愿完全倒向辽朝的目的。西夏则利用宋辽两大国的矛盾,获取自身的利益,对宋辽一面称臣朝贡,一面在军事上强硬对抗,并积极向西扩张。

三是宋—夏—蕃三角关系。宋朝力图利用吐蕃制约西夏,西夏则始终觊觎吐蕃,吐蕃为对抗西夏的扩张,靠拢宋朝,但宋朝在联蕃制夏的策略中只是以经济利益笼络吐蕃,而从不给予吐蕃实际的军事支持。

四是宋—交—占三角关系。北宋在宋越熙宁战争以前一直以"恢复"交趾为目标,实行联合占城抑制交趾的策略,给予占城诸多特殊的外交待遇,干预交趾对占城的侵扰。占城为制约交趾的扩张,积极臣服宋朝,对抗交趾。熙宁战争以后宋朝放弃了"恢复"交趾的目标,同时放弃了联合占城抑制交趾的策略,交趾乘机迫使占城臣服于己。[①]

在复杂的制衡与争锋中,战争作为外交的极端手段一再使用。宋太宗、神宗和徽宗三朝曾策划并实施了"恢复"西夏、交趾、河湟,图谋幽燕的战争。这些战争都是意在实现重大政治目标,小规模的军事冲突和摩擦则更多。但在北宋160余年的历史中,就任何一组双边关系而言,和平局面始终占大多数。国际制衡与争锋的博弈主要通过使节往来、谈判媾

---

① 关于四组三角关系的论述参见黄纯艳《宋代朝贡体系研究》,第187—245页。

盟、政治联姻等外交方式进行。在和平环境中贺生辰、正旦等"常使"的往来主要是标示两国关系正常化的象征性交聘活动，除特殊情况外，一般不具有外交博弈的性质。围绕重要事件的谈判是外交博弈最直接、最综合的反映。北宋时期外交的制衡与争锋不断，因而重要的外交谈判与外交盟约也较多。宋辽之间重要的谈判有景德元年澶渊之盟、庆历年间议关南地、熙宁年间河东议界，宋夏间的重要谈判有庆历议和、元丰议界，宋越有元丰议界，宋金间有海上之盟、宣和开封和议，辽丽之间有统和议和。这些围绕两国基本关系、领土边界的外交谈判充分反映宋代外交博弈的目的和观念。

二 北宋东亚多国体系下外交博弈的目标

（一）外交博弈的首要目标是名分

现代国际关系的基本理念是国际社会的无政府状态，国家不分大小，都是水平和平等关系。现代国际关系中因军事或经济的优劣差异而存在事实上的等级制，但与国家关系基本理念是相悖的。[①] 平等外交关系在古代东亚并非不存在[②]，但以"中国"自居的宋朝及辽朝，华夷君臣的名分秩序是外交博弈中的首要问题。

宋朝名臣范仲淹、余靖和尹洙等都强调名分是宋朝外交的底线，称"欲速成和好而屈名分，则天下共耻之"。"鸿名大号，天下之神器，岂私假于人哉！"[③] 对外夷"终不能以地与号假之"[④]。"地"是"汉唐旧疆"和祖宗基业，"号"是天下神器，都事关本朝政权合法性即名分。宋夏庆历谈判中，名分即是首要条件。

[①] 参见熊玠《无政府状态与世界秩序》，浙江人民出版社 2001 年版；[美] 戴维·莱克《国际关系中的等级制》，上海人民出版社 2013 年版。

[②] 除了上述澶渊之盟后宋辽关系外，北宋初期的归义军政权、甘州回鹘、于阗等政权间的外交关系都以对等的身份展开。参见黄纯艳《宋代朝贡体系研究》，商务印书馆 2014 年版，第 255—257 页。

[③] 陈均：《九朝编年备要》卷一二，庆历三年正月"元昊请纳款"，文渊阁《四库全书》，第 328 册，第 298 页；范仲淹：《范文正集补编》卷一《论元昊请和不可许者三大可防者三》，文渊阁《四库全书》，第 1089 册，第 804 页。

[④] 尹洙：《河南先生文集》卷八《议西夏臣伏诚伪书》，四部丛刊初编本，第 821 册。

北宋统治者一直将宋夏关系规定为朝廷与藩镇关系。宝元元年（1038）元昊称帝，打破了宋夏名分秩序的底线。宋朝立即决定军事讨伐，并悬赏缉拿元昊。经过数年战争，宋军一再失败，损失惨重，西夏也因战争负担和宋夏经济交往中断而陷入困境。于是双方都有了谈判媾和的愿望。西夏放回囚禁的宋朝间谍王嵩，与西夏教练使李文贵赴宋。而此时宋仁宗也想休兵停战。双方都有和谈的愿望。鄜延经略招讨使庞籍在延州接见夏使李文贵，首先商谈的是名分。西夏提出名分问题，即用皇帝号。庞籍要求西夏去皇帝号，待"名体俱正，当相为奏之"。李文贵回国报告，再入宋仍坚持"用敌国修好之礼"。宋仁宗表示"元昊果肯称臣，虽仍其僭名可也"，而庞籍坚持"僭名理不可容，臣不敢奉诏"。西夏又提出"用小国事大之礼"，文书称"男南面邦国令曩霄上书父大宋皇帝"。庞籍坚持西夏奉表称臣，否则"名体未正，不敢以闻"，拒绝上奏朝廷。宋朝又派邵良佐与夏使贺从勖赴西夏交涉，最终元昊"自号夏国主，始遣使称臣"。贺从勖入宋赴阙，几经交涉，达成最终协议。宋朝册命元昊为夏国主，"岁赐绢茶银彩合二十五万五千，元昊乃献誓表"。①西夏在谈判中看似由皇帝号到父子关系，退而接受国主册封和君臣关系，实则改变了北宋前期以来封节度使、西平王的藩镇名分，升格为"国"，且获得巨额的岁币。

宋朝所考虑的名分问题除了维持宋夏已有的君臣关系外，还顾虑宋—辽—夏关系中的名分秩序。西夏同时与宋辽两国保持朝贡关系，若宋朝接受西夏敌国之礼，则西夏与宋朝并肩，而辽朝居于独尊地位，辽朝将提出"元昊本称臣于我，亦称臣于南朝。今元昊既于南朝不复称臣，渐为敌国，则是元昊与南朝等，惟我契丹独尊矣"②。宋朝将面临与辽朝礼仪名分的改变。辽朝若向宋朝"别求名分，不知此时以何辞答之？"③所以宋夏两国的名分牵动着整体国际秩序，是整体国际秩序的组成部分。

北宋与金朝结海上之盟时，往来谈判，首先也是定名分。宣和元年

---

① 《涑水记闻》卷一一《安边御寇·西夏》，中华书局1989年版，第208页。
② 《宋朝诸臣奏议》卷一三四，富弼《上仁宗不可待西使太过》，第1489页。
③ 蔡襄撰，吴以宁点校：《蔡襄集》卷二〇《乞不与西贼通和》，上海古籍出版社1996年版，第354页。

（1119）金朝使节李善庆、散睹（散多）等到开封，宋徽宗分别封给修武郎、从义郎、秉义郎、团练使等官并给全俸。赐封使节就是视其为臣下或陪臣，同时也就视其主为臣，这是对待朝贡国使节之礼。[1] 散睹等因外交经验不足，无意中接受了宋朝规定的君臣名分，自宋回金后，金太祖"怒，杖而夺之"[2]。李善庆等回金前，宋朝还讨论给金朝回书之仪，赵良嗣主张"以国书礼"，赵有开主张用君臣礼，"止用诏足矣"。宋朝特别征求金使李善庆的意见，李善庆回答说"二者皆可用，惟朝廷择之"。宋朝于是用诏书。阿骨打对宋朝"不以书示，而以诏诏我"大为不满，回答宋朝："若果欲结好，同共灭辽，请早示国书，若依旧用诏，定难从也。"[3] 要求用对等之礼。为了达成灭辽的联盟，宋朝接受了与金朝的对等之礼，金朝国书称"大金皇帝谨致书于大宋皇帝阙下"，宋朝国书称"大宋皇帝谨致书于大金皇帝"。[4] 此次谈判中，金朝迫使宋朝放弃了君臣名分，承认了自己的皇帝名号，取得了与宋朝对等的地位。

辽丽统和议和首要目标也是确定名分。993年，辽朝第一次对高丽用兵。高丽全力抵抗，在安戎镇打败辽军。辽朝不敢进，"遣人促降"。双方议和谈判。辽朝提出的条件是高丽朝贡称臣，"若割地以献，而修朝聘，可无事矣"。高丽谈判使节徐熙最初以对等之礼与辽将萧逊宁相见。萧逊宁要求徐熙"拜于庭"，徐熙辩称"臣之于君，拜下礼也。两国大臣相见，何得如是？"于是两人"分庭揖升行礼，东西对坐"。[5] 若确定辽丽的君臣名分，则徐熙为辽朝陪臣，地位当低于代表辽朝的萧逊宁。徐熙利用自己的外交技巧，使无外交经验的萧逊宁贸然接受了对等礼节，并要求辽朝夺取了鸭绿江东数百里女真地，赐予高丽。[6] 但两国关系最终还是在实力对比下确定了君臣关系。高丽担心"久不修聘，恐有后患"[7]，奉辽朝正朔，994年"始行辽统和年号"，并遣使"如契丹，告行正朔"。[8]

---

[1] 《三朝北盟会编》卷三，重和二年正月十日丁巳，上海古籍出版社1987年版，第16页。
[2] 《金史》卷二《太祖本纪》，第33页。
[3] 《三朝北盟会编》卷四，宣和元年三月十八日、十二月二十五日，第24页。
[4] 《宋大诏令集》卷二二八《报聘大金国书》，第881页。
[5] 《高丽史》卷九四《徐熙传》。
[6] 《辽史》卷一三《圣宗纪》，第143页。
[7] 《高丽史节要》卷二，成宗十二年十月，韩国国立首尔大学奎章阁藏本。
[8] 《高丽史》卷三《成宗世家》。

确立名分实质就是确立等级制的国际关系。在东亚朝贡体系基本理念的华夷观念下，建立一个君臣宗藩而非平等的、垂直而非水平的、等级制的国际关系体系被认为是合理且必需的。宋朝自认为是汉唐德运的继承者，与诸国的关系中"君臣名号，中国所以辨名分、别上下"，"蛮、夷、戎、狄，舍耶律氏则皆爵命而羁縻之。有不臣者，中国耻焉"。① 而辽朝也自认为"本炎帝之后"②，辽圣宗后期明确自称承晋统而为水德，自居"正统"，与宋朝同为"中国"。③ 宋辽各自建立了以本朝为中心的一元化和多层次的朝贡体系。名分是朝贡体系中建立双边关系以及整体秩序的前提。

但是，如同现代认同的国际社会的无政府状态不可能是纯粹原则和实际存在一样，古代东亚的华夷观念也是具有弹性特征和因时变化的，而非固化和教条的，更不可能是所有国际关系的现实存在。宋朝对宋、辽名分关系的认识和变化过程即说明了这一点。北宋初，以实现华夷一统为目标，其最关键是降服甚至翦灭契丹。宋朝称辽朝官职为"伪"，称其使为"慕化而来"的"款附使"。④ 宋太宗发动雍熙战争以前，给高丽、渤海等国家和势力的诏书都明确提出翦灭契丹的目标，并对打败契丹充满信心。⑤ 雍熙战争惨败后宋朝认识到军事上难以与辽朝争锋。澶渊之盟的谈判中，宋朝已放弃了华夷名分的交涉，而直接商讨关南地和经济补偿问题。谈判的结果是以"岁给金帛，助其军费"达成和议，这样不伤名分，于"朝廷之体，固亦无伤"。⑥ 宋辽谈判所争名分问题就是维持对等关系。宋辽熙宁河东议界谈判时，辽使枢密副使、同中书门下平章事萧素欲因官阶更高而正南面坐，宋使坚持以宾主礼。双方会谈官员就礼仪之争交涉三个月，文移往返数十次，直至找到至和元年（1054）辽朝"国信使萧德带平章事与馆接使行马坐次，皆分宾主以报"的故事，才结束了这场旷

---

① 尹洙：《河南先生文集》卷八《议西夏臣伏诚伪书》。
② 《辽史》卷六三《世表》，中华书局1974年版，第949页。
③ 刘浦江：《德运之争与辽金王朝的正统性问题》，《中国社会科学》2004年第2期；赵永春：《试论辽人的"中国"观》，《文史哲》2010年第3期。
④ 《宋会要辑稿》蕃夷一，第9711、9712页。
⑤ 参见黄纯艳《"汉唐旧疆"话语下的宋神宗开边》，《历史研究》2016年第1期。
⑥ 《续资治通鉴长编》卷五八，景德元年十二月庚辰、癸未，第1288页。

日持久的争论。①

在宋辽势均力敌的格局下,看似不可逾越的华夷之辨已有变通。华夷对等的窘境可以通过孔子《春秋》"夷而进于中国则中国之"得到解说,因为契丹"得中国土地,役中国人民,称中国位号,立中国家属,任中国贤才,读中国书籍,用中国车服,行中国法是令","所为皆与中国等","岂可以上古之夷狄视彼也?"②说明华夷问题是一组可以互通和变换的关系。在对辽外交中,宋朝的华夷观念是因时而变的。庆历二年(1042)辽朝乘宋夏交战之机向宋朝索要关南地及提出和亲。尽管在朝中有人主张"和亲辱国,而尺地亦不可许"③,富弼入辽朝谈判时却持国书二、誓书三,准备了几套方案,"姻事合,则以姻事盟。能令夏国复归款,则岁入金帛增二十万。否,则十万"④。宋朝自己制订的谈判方案中并非因华夷之别而不能和亲。即使是土地,宋朝也曾让步。宋神宗用兵河湟时,辽朝乘机遣使来议河东地界,经过四年的谈判,宋朝"东西弃地七百余里(一说五百余里)"⑤。宋朝对西夏、交趾和大理规定了君臣之礼,但并不干预三国在国内行皇帝制度,也说明宋朝的名分追求是可以变通的。

(二) 外交博弈的核心目标是利益

北宋外交博弈中不论大国,还是小国,利益追求都是核心目标。而小国如西夏、河湟、交趾、高丽等在与自诩正统的宋朝和辽朝交往时,不必背负更多的名分追求,对土地、钱帛和市场等利益的追求更加直接。宋夏庆历议和,经过几个回合的谈判,最终宋朝以"岁赐"绢茶银彩合二十五万五千,并许开榷场,换得西夏称臣。993年高丽与辽朝谈判,徐熙在辽朝大军压境的不利条件下,仍提出请辽朝驱逐鸭绿江以东女真,让高丽在其地"筑城堡,通道路,则敢不修聘?"⑥辽朝为了瓦解宋丽联盟,满

---

① 《续资治通鉴长编》卷二五六,熙宁七年九月戊申,第6253页。
② 赵汝愚:《宋朝诸臣奏议》卷一三五,富弼《上仁宗河北守御十三策》,第1502页。
③ 《续资治通鉴长编》卷一三八,庆历二年十月戊辰,第3320页。
④ 《续资治通鉴长编》卷一三七,庆历二年九月癸亥,第3291页、《辽史》卷一九《兴宗二》,第227页。
⑤ 李心传撰、金圆整理:《旧闻证误》卷二,《全宋笔记》第六编第八册,大象出版社2013年版,第385页。
⑥ 《高丽史》卷九四《徐熙传》。

足了高丽的请求。高丽虽转奉辽朝正朔，但得到女真地，且使其北进政策得到辽朝事实上的承认，获得了巨大的实际利益。

宋越熙宁战争以后，两国于元丰元年（1078）开始"画定疆界"的议界谈判。交趾索要广源、机榔等州县，而宋朝提出交趾若归还所掠邕、钦、廉三州人户，则宋许其所乞州县。① 经过长达七年的谈判，元丰七年（1084）"边界已辨正"，"以庚俭、邱矩、叫岳、通旷、庚岩、顿利、多仁、勾难八隘为界，其界外保、乐、练、苗、丁、放近六县，宿、桑二峒"划给交趾。② 宋夏经过元丰大规模交战，至元祐四年（1089）开始划界谈判。该年"画界未定"，次年西夏提出"画疆界者不依绥州内十里筑堡铺供耕牧、外十里立封堠作空地例，以辨两国界"，宋朝表示同意。绍圣三年（1096）双方开战，西夏抗议道："夏国昨与朝廷议疆场，惟有小不同，方行理究，不意朝廷改悔，却于坐团铺处立界"。元符二年（1099）双方再次约定"我疆彼界，毋相侵犯"。③ 宋朝首次与交趾、西夏正式划界，交趾和西夏从划界谈判中获得的不仅是实际的土地，更标志着宋朝放弃了"恢复"交趾和西夏的计划。特别是对交趾而言，意味着宋朝改变了自宋初以来视交趾为旧疆，以"恢复"交趾为目标的政策，事实上承认了交趾的独立地位。交趾完全消除了被宋朝吞并的忧患。

宋辽外交博弈中利益也是一个核心问题。澶渊之盟中，辽朝首先提出索要关南地，表示"今兹引众而来，本谋关南之地，若不遂所图，则本国之人负愧多矣"。宋使曹利用则答以"禀命专对，有死而已。若北朝不恤后悔，恣其邀求，地固不可得，兵亦未易息也"，并表示"北朝既兴师寻盟，若岁希南朝金帛之资以助军旅，则犹可议也"。辽朝见求地无望，退而"欲岁取金帛。利用许遗绢二十万匹、银一十万两，议始定"。辽朝从宋朝获得三十万岁币。④ 庆历二年（1042）宋辽谈判的核心问题也是利益。辽朝又以索要关南地为由头，知让地事关名分，宋朝

---

① 《宋会要辑稿》蕃夷四，上海古籍出版社2014年版，第9793页；《续资治通鉴长编》卷二九二元丰元年九月癸未；卷二八七元丰元年正月乙卯，第7011、7133页。
② 《续资治通鉴长编》卷三四九，元丰七年十月戊子，第8372页。
③ 《宋史》卷四八六《夏国下》，第14016、14017页。
④ 《续资治通鉴长编》卷五八，景德元年十二月癸未，第1290页。

不会轻许，辽朝实则意在增加岁币。富弼深知此意，对辽朝皇帝说"北朝若欲割地，此必志在败盟，假此为名，南朝决不从，有横戈相待耳"。他向辽皇帝说，若战，"胜负未可知。就使其胜，所亡士马，群臣当之欤？抑人主当之欤？若通好不绝，岁币尽归人主，臣下所得止奉使者岁一二人耳，群臣何利焉？""契丹主大悟。首肯者久之"，接受了增加岁币二十万的方案。①

北宋与金朝间海上之盟、开封退兵的谈判中核心问题也是利益。宋金达成的海上之盟除了约定联合灭辽的军事分工外，还约定"银绢依与契丹数目岁交，仍置榷场"②。宋金第一次开封之战危急之时，宋朝派同知枢密院李棁为正使，往金营谈判。身为执政大臣的李棁见金元帅斡离不，"北面再拜，膝行而前，恐怖丧胆，失所言良久"。金人提出的退兵要求是交纳犒师之物金五百万两、银五千万两、绢彩各一千万匹、驼骡驴之属以万计，尊金朝皇帝为伯父，归还在宋境的燕云之人，割让太原、中山、河间三镇之地，以亲王宰相为质。李棁"唯唯不能措一辞而还。金人笑之曰'此乃一妇人女子耳'"③。且不说其他条件，仅索要的金银物资，宋朝倾国也难以支付。

宋朝在外交谈判中，对事关名分的土地尽可能不让步。辽朝两次提出关南地，宋朝都坚决抵制。但是，与辽朝河东议界、与交趾和西夏议界、开封宋金城下之盟割让三镇给，在土地上也作出了让步。在岁币、赔偿等经济利益上，宋朝却一直采取消极退让的态度。从宋辽澶渊之盟、庆历谈判，宋夏庆历议和，到宋金海上之盟和开封议和，宋朝都付出了岁币和赔偿的经济代价。宋人认为钱帛可散而复聚，无损名分。宋真宗评论后晋割地给辽说："晋祖何不厚利谢敌，遽以土地民众委之！遗患至今。盖彼朝乏人故也。"④ 宋人的看法是"岁遗差扰，然不足以当用兵之费百一二焉，则知澶渊之盟未为失策"⑤。宋朝将经济作为万灵之方，"北方以地为请，

---

① 《续资治通鉴长编》卷一三七，庆历二年七月壬戌，第3283—3284页。
② 《宋大诏令集》卷二二八《报聘大金国书》，第881页。
③ 徐梦莘：《三朝北盟会编》卷二九《靖康中帙》，靖康元年正月九日乙亥，第216页。
④ 《续资治通鉴长编》卷五五，咸平六年八月丙戌，第1211页。
⑤ 赵汝愚：《宋朝诸臣奏议》卷一三五，富弼《上仁宗河北守御十三策》，第1501页。

既以赂解之。西方以号为请，又以赂解之"①。以至于有人说宋朝"庙谋胜算，惟以金帛告人"②。

实际上，不论大国还是小国在外交博弈中对名分和利益的追求，背后都是谋求国家安全。宋朝以岁币与辽朝和西夏订盟，目的都是以金帛换取和平和安全，使其贪恋财富而不轻易对宋朝用兵。毕士安针对朝中认为岁给辽朝银绢三十万太多的议论，说到"不如此契丹所顾不重，和事恐不能久"③。西夏一旦侵扰，宋朝就"绝在边和市"，使西夏"上下困乏"，而其国与宋交好，可以"称臣之虚名而岁邀二十五万之厚赐"。④ 而稳定的秩序符合双方对安全和利益的需求。小国的纵横捭阖更是谋求本国安全。苏轼曾说，高丽听命于契丹是因为"契丹足以制其死命，而我不能故也"⑤。嘉祐三年（1058）高丽曾讨论是否恢复对宋朝贡，有大臣认为"国家结好北朝，边无警急，民乐其生，以此保邦，上策也……其于中国实无所资，如非永绝契丹，不宜通使宋朝"⑥。针对宋神宗、宋徽宗再奉宋朝正朔的旨意，高丽解释其苦衷是"当国地接大辽"，"附之则为睦邻，疏之则为劲敌"，有"北顾之忧"，"久已禀行爵命正朔，所以未敢遵承上命"。⑦ 高丽的政治选择只能是国家安全至上。

三　北宋东亚多国体系下外交博弈的条件和手段

（一）综合实力是外交博弈的基础

"无政府状态"的基本理念并不能保证今天国际社会不存在控制与侵犯，古代东亚地区也同样不能空凭华夷观念来建立秩序，即使对于自居中

---

① 尹洙：《河南先生文集》卷八《议西夏臣伏诚伪书》。
② 《欧阳修全集》卷一〇二《论西贼议和请以五问诘大臣状》，中华书局2001年版，第1562页。
③ 《宋史》卷二八一《毕士安传》，第9521页。
④ 赵汝愚：《宋朝诸臣奏议》卷一三六，韩琦《上仁宗论西北议和有大忧者一三大利者一》，第1516页。
⑤ 《续资治通鉴长编》卷四八一，元祐八年二月辛亥，第11438页。
⑥ 《高丽史》卷八《文宗世家二》。
⑦ 《高丽史》卷一三《睿宗世家二》；《宋史》卷四八七《高丽传》，第14046页。

华正统的宋朝也如此。王安石对此看得十分透彻，他说宋朝对外开拓可用中华正统的天然权利，即"我欲行王政，尔乃擅命一方，便为可伐之罪"，但事实上"不患无辞，患无力制之"。① 外交的基础是实力。

宋辽澶渊之盟中，宋朝正式放弃华夷一统、翦灭契丹的目标，作为夷狄的辽朝正式确立了与中华正统的宋朝的对等地位，这是辽朝强大的军事实力决定的。宋辽双方自宋朝建立以来多次冲突、交锋，宋朝与辽"大小八十一战，惟张齐贤太原之战才一胜耳"②，特别是经过太平兴国四年、雍熙三年等大规模战争之后，形成了新的相互认识，并相应调适外交政策的结果，促成了澶渊之盟的格局。澶渊之盟和庆历谈判，辽朝两次以索要关南地为由，向宋朝勒索岁币。宋朝都是慑于双方的军事实力对比，被迫交纳和增加岁币。

上述的宋辽澶渊之盟是打出来的谈判，宋夏庆历议和谈判也是如此。西夏并不认为宋朝自居中华正统就俯首称臣，而是公然用皇帝称号。宋朝毫不犹豫地出兵讨伐，但"大小凡经十余战，每战必败"③，"山外之败，任福以下死者数万人。丰州之战，失地丧师。镇戎之役，葛怀敏以下死者又数万人。庙堂之上，成算安在？"④ 宋朝全无胜算。在此情况下，宋仁宗决定议和并曾想接受元昊的皇帝称号换取停战。而西夏单薄的综合实力也不具备与综合实力远胜于己的宋朝打持久战，何况西夏经济本身对宋朝有强烈的依赖。于是西夏向宋朝称臣朝贡，宋朝将西夏由"藩镇"升格为"国"，并赐给巨额岁币，许开榷场，西夏凭借自己的军事实力赢得了外交上的巨大胜利。

辽朝与高丽的外交博弈也是如此。高丽曾经流放辽朝的使节、饿死辽朝所送的骆驼⑤，对辽采取公然敌对态度，鲜明地站在宋朝阵营。辽朝为迫使高丽臣服，瓦解宋丽联盟，993 年对高丽用兵。面对辽朝强大的进攻，高丽坚决抗击。在安戎镇打败辽军，迫使辽朝主动提出议和。辽朝用

---

① 《续资治通鉴长编》卷二三七，熙宁五年八月壬午，第 5760 页。
② 陈师道撰，李伟国整理：《后山谈丛》卷四，《全宋笔记》第二编第六册，大象出版社 2013 年版，第 105 页。
③ 《宋朝诸臣奏议》卷一三五，富弼《上仁宗论河北七事》，第 1515 页。
④ 《续资治通鉴长编》卷一四〇，庆历三年四月壬戌，第 3368 页。
⑤ 《高丽史》卷二《太祖世家二》。

强大的军力迫使高丽改奉辽朝正朔,而高丽也以顽强的抵抗获得了江东六城。1019 年双方最后一次大战,高丽军队在龟州大败辽军,并乘机与辽朝议和,彻底奠定了两国的和平关系。通过长达三十年的战争,特别是辽朝以强大的军事实力在与宋朝关系中占据主导地位,使高丽认识到与辽朝"若绝交,必贻祸"①,选择疏离宋朝而靠拢辽朝。

北宋与金朝几次谈判也清楚地显示了实力变化决定了谈判双方地位的变化。双方达成海上之盟时,宋朝在金朝统治者眼中俨然是一个大国,而金朝连败辽朝,又被辽朝封为东怀皇帝,宋朝也认识到其实力,于是双方结为对等关系。第一次开封之战时宋使李棁在金朝元帅斡离不面前卑躬屈膝,根本无谈判的资格,被迫接受巨额犒师费及割让三镇等条件。第二次开封之战前,宋朝派李若水往金营商谈以三镇租赋换取金朝罢兵及取消割让三镇的约定。金朝国相厉声呵斥道:"既有城下之盟,许割与他三镇,那租赋便是这里底,怎生更上说也。若如此,便是败盟不割三镇。"李若水虽然比李棁有胆识,逗留金营,反复陈请,但金人态度强硬,表示"若不割得三镇土地人民,决不可和",且将"提兵直到汴京理会"。李若水不得不无功而返。② 开封城破以后,宋钦宗虽向金朝称臣,奉正朔,但已完全丧失了谈判资格。金朝决意灭赵宋而后已,不再理会宋朝的谈判请求。

(二) 对外政策是外交博弈的指针

外交博弈又并非单纯的实力较量,而与交涉双方的对外政策密切相关。澶渊之盟宋辽谈判的结果就与宋真宗的政策导向有直接的关系。宋真宗分析辽朝可能提出的谈判条件是关南地和岁币。曹利用第一次前往辽营谈判时,宋真宗交代道:"契丹南来,不求地则邀赂尔。"③ 辽朝国书中提出索要关南地,宋真宗说,"朕守祖宗基业,不敢失坠。所言归地,事极无名",若"岁以金帛济其不足,朝廷之体固亦无伤"。他面诫曹利用

---

① 《高丽史》卷九四《王可道传》。
② 徐梦莘:《三朝北盟会编》卷五五《靖康中帙》,靖康元年九月十五日戊寅,第 409—411 页。
③ 《宋史》卷二九〇《曹利用传》,第 9705 页。

"地必不可得。若邀求货财，则宜许之"。① 确定了可给岁币，不割让关南地的方针。曹利用第二次赴辽营谈判行前向宋真宗"面请岁赂金帛之数"，宋真宗回答"必不得已，虽百万亦可"。进一步确定了谈判的基调。曹利用最终以三十万岁币达成和议，自辽营谈判归来时，真宗正用餐，派内侍来问所许之数，曹利用"终不肯言，而以三指加颊"。内侍猜测是三百万。真宗先说"太多"，既而又说"姑了事，亦可耳"。当得知是三十万，宋真宗不觉大喜。② 可见以岁币换和平的方案为宋真宗钦定，而且宋真宗心里的岁币额度是一百万。

寇准对此次谈判最初的预期是"邀使称臣，且献幽州地"。宋真宗希望用岁币换得辽朝早日退兵，寇准不得已，服从真宗意见。宋真宗许给曹利用岁币百万的谈判底线，寇准单独向曹利用交代道："虽有敕，汝所许毋过三十万。过三十万，吾斩汝矣。"曹利用果以三十万成约。③ 寇准"邀使称臣，且献幽州地"的谈判期望涉及辽朝名分和安全，无疑是不能实现的。辽朝虽折大将达览，但主力尚在，元气未损。若按寇准的目标谈判交涉，势必导致雍熙战争那样大规模的军事冲突。但寇准的激进态度及交代曹利用所许岁币不能超过三十万，因此被誉为澶渊之盟最大功臣。而往来谈判，实现和议的曹利用的功劳却被遮蔽。

事实上，曹利用忠实执行了宋真宗指示，超额完成了宋真宗交给的任务。在酝酿使辽人选时，曹利用自荐"傥得奉君，命死无所避"。枢密使王继英也推荐曹利用。④ 赴辽营以前，曹利用又向真宗表示"彼若妄有所求，臣不敢生还"。当辽方提出索要关南地时，曹利用断然拒绝，并说"若岁来金帛以佐军，尚不知帝意可否。割地之请，利用不敢以闻"⑤，"禀命专对，有死而已。若北朝不恤后悔，恣其邀求，地固不可得，兵亦未易息也"⑥。态度十分强硬。"契丹度不可屈，和议遂定。"《宋史》史

---

① 《续资治通鉴长编》卷五八，景德元年十二月庚辰，第1288页。
② 《续资治通鉴长编》卷五八，景德元年十二月丁亥，第1292页。
③ 《宋史》卷二八一《寇准传》，第9531页。
④ 《续资治通鉴长编》卷五八，景德元年十月乙巳，第1278页。
⑤ 《宋史》卷二九〇《曹利用传》，第9705、9706页。
⑥ 《续资治通鉴长编》卷五八，景德元年十二月癸未，第1290页。

家评论他"在朝廷忠荩有守,始终不为屈"①,应该是公允的。

自宋初以来宋辽多次交战,宋虽遭几次大败,但双方军事力量都是自我防卫有余,攻灭对方不足。特别是澶渊之盟前,宋军击毙辽朝大将萧挞凛,河北各城皆坚守未下,宋朝实际上已在军事上取得优势,又是辽朝主动请求议和,宋朝不至于非付出巨额岁币以求和平。虽难以如寇准提出的称臣及还燕云,但完全有可能不主动给予岁币即迫使辽退兵。宋真宗的政策是继承了乃父宋太宗守内虚外、消极退让的对外政策。非正常继统的宋太宗顾虑朝中不稳,本欲以外服契丹建立威信,而两次遭遇大败,甚至出现了有人谋立太祖之子的事件,使其深感内政险于外交,产生攘外必先安内的思想,逐步放弃了翦灭契丹,建立华夷一统的一元化秩序的目标。真宗继承了这一基本政策趋向,不惜以岁币换取与辽朝长期的和平。

宋真宗以岁币换和平是基于宋辽间长期外交关系作出的政策决策,而有些外交谈判是受更短期和中期政策的影响。如熙宁年间辽朝乘宋朝西部开边之机,提出河东议界,宋朝根据整体开边计划,作出让步。宋神宗北方开拓的三部曲计划是"首用王韶取熙河,以断西夏右臂,又欲取灵武,以断大辽右臂",最后"恢复"幽燕。②辽朝极力阻扰宋朝的开边计划。而宋朝在未完成"恢复"西夏即断大辽右臂计划以前,为避免两面受敌,与辽朝的争两属户、雄州争置口铺、河东议界等一系列交涉中都采取隐忍态度。这是基于有最终攻取燕云的既定计划和打败辽朝的坚定信心,即"朝廷若有远谋,即契丹占却雄州,亦未须争。要我终有以胜之而已","自古大有为之君,其敛张取与必有大过人者"。③"若能经略夏国,即不须与契丹争口铺"④,一旦解决了西夏问题,争口铺乃至让雄州,在最终"吞服契丹"的大局中都会自然消解。⑤

熙宁七年(1074)三月辽使萧禧来正式商谈河东地界,宋朝组成了刘忱为"河东路商量地界"即正使,萧士元、吕大忠为"同商量地界"

---

① 《宋史》卷二九〇《曹利用传》,第9706、9708页。
② 《太平治迹统类》卷一七《神宗平交趾》,文渊阁《四库全书》,第408册,第442页。
③ 《续资治通鉴长编》卷二三八,熙宁五年九月丙午、丁未,第5787、5791页。
④ 《续资治通鉴长编》卷二三七,熙宁五年八月丁酉,第5772、5773页。
⑤ 参黄纯艳《"汉唐旧疆"话语下的宋神宗开边》,《历史研究》2016年第1期。

即副使的谈判使团，交涉无果。四月辽朝遣枢密副使、同中书门下平章事萧素来议地界。经过数月的礼仪之争后，九月双方在大黄平正式谈判。刘忱与萧素多次会谈于大黄平，没有结果。次年三月辽朝再派萧禧来继续交涉，宋朝派韩缜等与之谈判。"自七年之春至十年之冬，前后历四年，而地界始毕，凡东西弃地七百余里。"①

参与大黄平谈判的吕大忠提出的对策是拖延，即"为今之计，莫若因而困之"，"置地界局于代州"，"来则与之言，去则勿问，在我则逸，在彼则劳"。② 宋神宗与吕惠卿谈论让地时，吕惠卿主张"拒绝亦不可，遽与亦不可"，计策就是拖延，反复派使商谈，"往来须逾年，足以为备矣。必欲其速了，何耶？"③ 可见，拖延之术是宋朝的基本对策。代州谈判时，礼仪和地点之争就延宕了数月。谈判中，萧素态度强硬，坚持以分水岭为界，先是不肯见宋使刘忱等，继以兵万众入代州界侵扰。想以此给宋谈判使节制造压力。未想宋使的办法本是拖延，当萧素邀请刘忱等到横都谷谈判时，刘忱等拒绝前往，又改地方相邀，刘忱等仍然不应。最后在大黄平见面商谈。共商谈三四次。谈判中刘忱及吕大忠态度强硬，吕大忠"屡折（辽使梁）颖，颖不能堪"，以至于"惟以公牒往还，不复会议"④，两国使节没法见面。针对宋朝在河东实地谈判的拖延之术，再入宋谈判的萧禧采取了在开封与宋朝纠缠的策略。宋朝令其与韩缜等到边界实地会谈，"禧不受命"。宋又许以长连城、六蕃岭为界，"禧犹不从，执议如初"。一般使者留京不过十日，萧禧不达目的，拒绝回国，"留京师几一月"。宋朝最后接受了以分水岭为界的要求，"禧乃辞去"。⑤

宋神宗在此次谈判中的另一基本态度是避战。宋神宗与吕惠卿谈论让地时说"不与，须至用兵"，他担心"忽然生事如何，谁能保其无他？"⑥为此，他一再否定坚决反对让地的意见。给萧禧做馆伴的韩玉汝"面陈山川形势，纤悉皆系利害，不可轻许"，坚决反对让地。宋神宗一面称赞

---

① 李心传撰，金圆整理：《旧闻证误》卷二，第385页。
② 《续资治通鉴长编》卷二六〇，熙宁八年二月壬申，第6334页。
③ 《续资治通鉴长编》卷二六二，熙宁八年四月丙寅，第6384页。
④ 《续资治通鉴长编》卷二五八，熙宁七年十二月壬辰，第6306页。
⑤ 《续资治通鉴长编》卷二六二，熙宁八年四月丙寅，第6377、6378、6379页。
⑥ 同上书，第6384页。

"卿言大是",一面威胁道"朝廷已许,而卿犹固执,万一北虏生事,卿家族可保否?"熙宁七年(1074)十月宋神宗就议界事征询于韩琦、富弼、曾公亮、文彦博四人,"四公悉持不予之论"。① 宋神宗对这些看似"合理"的意见并未采纳。谈判正使刘忱反对"委五百里之疆以资敌",表示"当以死拒之",不作让步。谈判副使吕大忠态度也很强硬。宋神宗召回刘忱和吕大忠。宋神宗对刘忱说"敌理屈则忿,卿姑如所欲与之"。"(刘)忱不奉诏"。他又对刘忱和吕大忠说"卿等为朝廷固惜疆境,诚是也,然何以弭患?"刘忱和吕大忠仍不奉诏。宋神宗不惜罢免了两位忠君爱国的谈判正副使之职。②

实际上如吕大忠所分析的,辽朝也会考量与宋绝交的得失,一旦断交,辽朝会损失岁币,加之其实力已非咸平、景德间可比,其国又有西夏和鞑靼外患之忧,不敢轻易断交。③ 韩琦、富弼、曾公亮、文彦博四人也指出,辽朝提出议界,主要原因是见"朝廷诸边用兵","北人见形生疑,谓我有复燕、蓟之意","敌所以先期启衅",辽朝万一进犯,宋朝可"先绝其岁赐","严兵备之"。④ 但是,宋神宗出于谨慎的性格和先灭西夏的战略步骤,还是向辽朝作出了让步。在宋神宗的基本政策下,刘忱、吕大忠等谈判使节的外交努力注定没有实效。

外交博弈的基本影响因素就是综合实力和对外政策。此外,外交使节的谈判技巧对外交博弈也产生一定的影响。如庆历二年(1042)宋辽关南地谈判中,富弼充分掌握了辽朝皇帝的心理,利用辽朝君臣利益差异和辽、夏矛盾,达到了不割地、不和亲,以增加岁币化解危机的目的。宋夏庆历谈判中,庞籍坚持名分为重,在宋仁宗都准备接受元昊用帝号时,扭转局势,只给西夏国主名号。辽丽谈判中,徐熙不畏强敌,为高丽争取了江东六城和北进机会。宋辽澶渊之盟和河东议界谈判中宋使曹利用和刘忱、吕大忠都表现出舍生忘死,维护国家利益的胆识和精神,辽使萧禧也以坚韧的态度和滞留开封谈判的智慧实现了辽朝的外交

---

① 李心传撰,金圆整理:《旧闻证误》卷二,第384、385—386页。
② 《续资治通鉴长编》卷二五一,熙宁七年三月壬戌,第6132、6133页。
③ 《续资治通鉴长编》卷二六〇,熙宁八年二月壬申,第6334—6335页。
④ 李心传撰,金圆整理:《旧闻证误》卷二,第386页。

目的。这些谈判使节的智慧和勇气对谈判产生了一定的积极影响，但不能改变谈判双方实力和对外政策形成的基本框架。赴金营谈判的宋使李若水有胆有识，为国力争，但仍于事无补。而那些谈判胆识和技巧都低劣的使节对实现谈判目标会产生消极影响。金使散睹接受宋徽宗的赐封，无意中将金朝降到宋朝臣下的身份。而宋使李棁赴金营谈判吓得魂飞魄散，乃至失言，不可能为宋朝争取任何利益。当然他们的表现也不能从根本上影响谈判双方的关系。

四　结论

北宋时期，在宋辽两大国制衡与争锋、诸多小国自存与发展的错综复杂的国际关系格局中，外交博弈和外交谈判十分激烈和频繁。在华夷观念作为国际关系基本理念的环境下，建立垂直的等级制的名分秩序被认为是国际关系基本和必需的格局。因而外交博弈中的首要目标是厘清名分，对以"中国"自居的宋朝和辽朝尤其如此。外交谈判的华夷君臣名分秩序不仅事关双边关系，也事关东亚整体国际秩序。但在实际的外交博弈中，华夷观念并非固化、教条的，而是具有弹性特征和因时变化的。不论大国，还是小国，利益都是外交谈判的核心，对于不必背负正统名分的西夏、交趾、高丽等小国尤其如此。而宋朝将经济利益换取政治名分作为基本对外策略。各国对名分和利益的追求实质都是谋求国家安全。

决定外交博弈结果的主要是各国的综合实力，即使对于自居中华正统的宋朝也不能空凭华夷观念建立秩序。宋朝将宋辽关系从宋初定位为华夷关系变成澶渊之盟中的对等关系，并给予丰厚岁币，正式宋辽实力对比导致的结果。宋辽与西夏、高丽、交趾等小国的谈判结果背后也是实力的较量，大部分是典型的打出来的谈判。另外，外交博弈又并非单纯的实力较量，而与一国的对外政策密切相关。宋朝于辽朝的澶渊之盟、河东议界等谈判中都在实力并非基于实力对比，而是基于对外政策导向，作出巨大让步。此外，外交使节的谈判技巧对外交博弈产生一定的影响，但并不能改变大局。

在北宋东亚的多国体系下，外交博弈并非简单的双边关系，往往与错综复杂的多国制衡关系相互联动。北宋外交博弈既有构建华夷理念下等级制的国际关系格局、国家综合实力和对外政策决定外交博弈大局，以及追求国家安全等各个历史时期的共性，也有多国并立格局下华夷观念弹性特征和现实关系复杂多样的特殊性。

朝贡体系与宋朝国家安全

中国古代朝贡体系是中国中央王朝从自己的视角出发，以本王朝为中心规定的以华夷为基本理念、朝贡为基本关系的国际关系垂直秩序。国家安全是指国家政权、主权、统一和领土完整、人民福祉、经济社会可持续发展和国家其他重大利益相对处于没有危险和不受内外威胁的状态，以及保障持续安全状态的能力。当代国家安全包括国民安全、领土安全、主权安全、政治安全、军事安全等10个方面。①古代国家安全的构成略有差异，但基本要素有共同性。对宋代朝贡体系存在形态和运行方式已有学者作了深入研究。②朝贡体系的建构当然不只是满足大国的虚荣和小国的利益，而有更多的现实作用。朝贡体系作为一种国际秩序，与宋朝国家安全多个方面密切相关，同时影响着朝贡体系内诸国的安全。本文试图从朝贡体系和内外关系的视角讨论宋朝国家安全，以宋朝朝贡体系为中心，兼及辽、金朝贡体系，考察朝贡体系建构和存废与宋朝及朝贡体系内各政权安全的关系。

---

① 《中华人民共和国国家安全法（2015）》第2条；刘跃进：《国家安全学》，中国政法大学出版社2004年版。

② 黄纯艳：《宋代朝贡体系研究》，商务印书馆2014年版；《宋代与东亚的多国体系及贸易世界》，《北京大学学报》2009年第2期。章深：《宋朝与海外国家的贡赐贸易》，《学术研究》1998年6月；李云泉：《略论宋代中外朝贡关系与朝贡制度》，《山东师范大学学报》2003年第2期；［韩］金成奎：《宋代における朝贡機構の編制とその性格》，《史観》2002年第146期；［日］土肥祐子：《南宋期の占城の朝贡——〈中興礼書〉にみる朝贡品と回賜——》，《史艸》2003年第44期；《南宋乾道三年的占城朝贡——以大食人乌师点的诉讼事件为中心》，《史艸》46号，日本女子大史学研究会2005年版等。

一 中国古代国家安全观和宋代国家安全观

(一) 中国古代国家安全观

了解中国古代国家安全观的特点首先需要明确中国古代的国家观。而中国古代国家观是以"天下"观为基础的。天下被描述为九州和四海构成的地理空间,即《礼记·王制》所称"凡四海之内九州",这就是"九州—四海"的"天下"结构。"四海"是一个自然地理的概念,即根据五行的原理,九州加东、南、西、北四个海构成自然地理空间的"天下"。同时,"四海"也是民族地理和政治地理相交织的概念。《尔雅·释地》称"九夷、八狄、七戎、六蛮,谓之四海"。"四夷"处"中国"四边,因而被称为政治地理意义上的"四海"。从人文地理和政治地理而言,"天下"也是"中国—四夷"的结构。所以"九州—四海"又是"华夏—四夷",或"中国—四夷"的结构。"中国—四夷"也成为历代王朝构建国家安全的思想基础和基本逻辑。

中国古代国家安全观的基本特点首先是华夷整体安全观。中国古代王朝认为建立四夷怀服的华夷秩序是国家安全的最大保障和理想模式。《左传》说道:"古者,天子守在四夷。天子卑,守在诸侯。诸侯守在四邻。诸侯卑,守在四竟。慎其四竟,结其四援,民狎其野,三务成功,民无内忧,而又无外惧,国焉用城。"① 也就是说天子最理想的安全保障是四夷怀服,即使不能如此,只要做到守卫四境,依靠民众,也不必在国都置城防御。所以国家安全是华夷整体关联的安全。

其次,国家安全的根本是守内制外,认为要做到四夷怀服,其根本是治安"中国"。华夷观念的核心是贵华贱夷、华夷之辨。"中国"或"华夏"是华夷关系中的主体和根本。唐代李大亮说道:"中国百姓天下本根,四夷之人犹如枝叶。"只有根本牢固,枝叶才能依附,所以他又说"九州殷盛,四夷自服"。唐太宗经历了唐朝初年的突厥强盛,唐朝向其称臣,到击败突厥,使其向唐朝朝贡的转变过程。他的感受是:"昔人谓

---

① 《春秋左传注疏》"昭公二十三年八月",文渊阁《四库全书》,中华书局1990年版,第144册,第459页。

御戎无上策。朕今治安中国而四夷自服，岂非上策乎。"马上得天下的他认识到控驭四夷的最好办法不是武力征服，而是治理好"中国"。这一"守内以制外"的安全思想是历代王朝的共同思想。

再次，中国古代的国家安全观是防御为本的国家安全观。中国古代总体上认为保障国家安全方面防胜于攻，文胜于武。孔子就曾说"远人不服，则修文德以来之"①。强调用文德的手段。新莽时期，严尤劝谏王莽时说："匈奴为害所从来久矣，未闻上世有必征之者也。后世三家周秦汉征之，然皆未有得上策者也。周（驱之而还）得中策，汉（深入远戍，疲惫'中国'）得下策，秦（'中国'内竭，以丧社稷）无策焉。"其意是说，不管何种程度的用兵，都不是最理想的上策。唐太宗也曾说，贞观之初有上书者劝告他"宜震耀威武，征讨四夷。唯魏征劝朕偃武修文，中国既安，四夷自服"。他认为魏征的修文以治国，安"中国"以服四夷的办法是上策。

中国古代以防御为本的国防安全观，除了与"守在四夷"，"治安中国，四夷自服"的观念有关外，也与以华夏文明优越感和农业文明思维密切相关。华夏或"中国"自认为经济文化遥遥领先于四夷，而且长期以农立国，四夷常常是农业文明不发达，以游牧或渔猎为主要生计。华与夷在经济形态上的区别很大程度上也表现为农业经济形态与游牧或渔猎经济形态的差异。华夏或"中国"也以农业经济形态审视夷狄，称四夷之地为"无用之地""硗确之地""不食之地""岩田""荒地"等。狄仁杰曾说："（四夷）硗确不毛之地，得其人不足以增赋，获其土不可以耕织。"唐代前期的赋税与秦汉以来都是立足于土地和人口为基础的农业经济，用此标准，则四夷之地不能获得赋税收入，没有经济价值，所以他说"天生四夷皆在先王封疆之外，故东拒沧海，西隔流沙，北横大漠，南阻五岭，此天所以限夷狄而隔中外也"②。华夷是天然分壤。自汉代开边郡就对四夷"以其故俗治，毋赋税"③，而非殖民征服。以此为基础的国家安全思想总体上是对四夷实行防御为本。

---

① 皇侃撰，高尚榘校点：《论语义疏》，中华书局2013年版，第423页。
② 《旧唐书》卷八九《狄仁杰传》，中华书局1975年版，第2889页。
③ 《史记》卷三〇《平准书》，中华书局1963年版，第1440页。

(二) 宋代国家安全观

如上所述，国家安全的构成有多方面的要素，有国内安全要素，也有对外安全要素。朝贡体系与宋朝国家安全主要是从宋朝对外关系的角度考察其安全。从对外防御而言，宋代国家安全观的特点一是由"守在四夷"转向"画疆自守"；二是以和止战和守内制外。雍熙战争前以建立华夷一统的一元化天下秩序为目标，围绕着打败契丹，展开了对东北和西北诸民族的合纵联盟。宋琪向宋太宗勾画战后的格局时说："契丹小敌，克日殄平。其奚、霫、渤海之国，各选重望亲嫡，封册为王，仍赐分器、旗鼓、车服、戈甲，优而遣之，必竭赤心，永服皇化……得奚、霫、渤海以为外臣，乃守在四夷也。"① 可见北宋初期是以建立"守在四夷"的天下秩序为目标，其安全自然也就寓含在华夷整体安全之中。若真能实现制服契丹的目标，建立如汉武帝打败匈奴、唐太宗击败突厥后的"守在四夷"的安全格局是完全可能的。

但雍熙战争的失败是宋朝已不可能建立"守在四夷"的一元化的华夷秩序和安全格局。其国家安全思想随着对外政策的收缩而改变。澶渊之盟后宋朝逐步形成"画疆自守"的国家安全思想。"画疆自守"既是划界，更是放弃"王者无疆"的模糊边界意识和防御意识，也是华与夷的自觉和觉他，内外之分日益走向明确的表现。因而"画疆自守"不等同于不生事，而是也有主动开拓。澶渊之盟承认了宋辽之间的现实边界，约定"沿边州军，各守疆界"。② 既有以两属地为界，也有以河流为界。与其他政权的划界自宋神宗朝始。熙宁四年，宋神宗和王安石令鄜延路等与西夏交界诸路"立封沟"，"缘边封土掘壕，各认地分"。立封沟就是挖掘界沟，划分边界线。范育指出，按《周礼》，只有"中国"诸侯间立封沟，与夷狄蕃国间不立封沟。吕大忠又说："自来沿边多以两不耕种之地为界，其间阔者数十里，狭者亦不减三五里，出其不意尚或交侵。今议重定地界，相去咫尺，转费关防。"③ 范育和吕大忠实际上就是指宋人的做

---

① 《续资治通鉴长编》卷二七，雍熙三年正月戊寅，中华书局2004年版，第604页。
② 《续资治通鉴长编》卷五八，景德元年十二月辛丑，第1299页。
③ 《续资治通鉴长编》卷二二八，熙宁四年十二月甲寅，第5549页。

法既不合古制，也违反宋朝立国以来的传统，且加大了边防的难度。

熙宁划界改变了以往依自然地理或民族地理分界的惯例，勘定了边界。熙宁七年与辽朝，元丰年间与交趾，元丰和元祐年间与西夏又进行了勘界。勘界除河流处以河为界，个别地方"立沟"外，也有划出边界地带。例如，与西夏"分画界至处，许于蕃界内存留五里空为草地，汉界草地亦依此对留五里，为两不耕地"①。绍兴和议以后，南宋与金朝分画地界，"以画淮为界""自盱眙至唐邓画界""以大散关为界"。② 以点和线划分边界。南宋曾下令"两淮诸将各画界分，使自为守"，淮北新复州军"画疆自守"。③ 即守卫明确的边界线。华夷一统的国家安全观下，国家安全最大的保障是"四夷怀服"，虽然有现实的此疆彼界，但正式商谈划界极少。宋代一再与举行划界，甚至与"汉唐旧疆"内的西夏和交趾正式划界，是观念的一大变化。

雍熙战争后，宋朝推行以和止战的消极国防战略，并成为宋朝的祖宗家法。④ 宋朝与周边政权签订了一系列和议，如宋辽间的澶渊之盟、庆历和议、河东议界；宋金间的海上之盟、绍兴八年和议、绍兴十一年和议、隆兴和议、嘉定和议；宋夏间的景德和议、庆历和议、元丰议界、元祐议界；宋越间的元丰议界；等等。以和约的背后就是以经济利益换取国家安全。对宋朝而言，在推行以和止战的消极国防战略的大背景下，以经济代价换取议和成为既可以得到安全，又可以保持"名分"的最好选择。因而宋人对立和约以保国家安全持肯定态度。范育就说："保疆场不如立约，立约不如崇信。"其意就是武力防卫不如签订和约，而忠实地遵守和约比和约本身更重要。富弼也说过"岁遗（指给辽朝的岁币）差优，然不足以当用兵之费百一二焉。则知澶渊之盟，未为失策"⑤。李纲对澶渊

---

① 《续资治通鉴长编》卷四四九，元祐五年十月乙未，第10787页。
② 《金史》卷九八《完颜匡传》，中华书局1975年版，第2169—2170页；《宋史》卷三〇《高宗七》，中华书局1977年版，第556页。
③ 《建炎以来系年要录》卷一八五，绍兴三十年四月辛卯，中华书局2013年版，第3579页；吴泳：《鹤林集》卷二十《边备札子》，文渊阁《四库全书》，中华书局1990年版，第1176册，第195页。
④ 陈峰：《宋代主流意识支配下的战争观》，《历史研究》2009年第2期。
⑤ 赵汝愚：《宋朝诸臣奏议》卷一三五，富弼《上仁宗河北守御十三策》，上海古籍出版社1999年版，第1501页。

之盟的评价则同时也为南宋和议作了肯定的解说:"自秦汉以来,制御戎狄未有得上策者。惟本朝与契丹为澶渊之盟,守之以信,结之以恩,百有余年边境晏安,兵革不用,和好之笃古所未有。"① 都是算国家安全的经济账。澶渊之盟后立和约以换和平成为宋朝的祖宗之法。

宋朝国家安全还需辨析如何对待内外关系的问题,也就是如何看待影响国家安全的国内因素与国外因素之间关系的问题。"攘外必先安内"和"守内虚外"被认为是宋朝的基本国策,且皆认为宋太宗是始作俑者。事实上,"攘外必先安内"和"守内虚外"皆非宋太宗原话,而是从"国家若无外忧,必有内患。外忧不过边事,皆可预防。惟奸邪无状,若为内患,深可惧也。帝主用心,常须谨此"一段言论引申而来。② 宋人未见说过"攘外必先安内",相近的说法仅见于南宋王十朋的"治外必先安内",建议欲"复祖宗之境土",应先平内寇。③ "守内虚外"一词仅见于吕祖谦论屯田:"入敌境为国守,取敌地为国圉者,古人之所以置屯也。斥地与敌,守内虚外,以常为变,以易为难,今世之不得守兵也。"④ 吕祖谦是批评南宋置兵于内地的边防策略,而非谈边防战略思想。宋人从未说过的话被视为宋朝的基本国策,研究者各自的观察视角和"春秋"之义,我们在这里不作进一步辨析和讨论。而如近有学者对该问题所作的反思和梳理,宋太宗的话确实反映了宋太宗后期消极的对外防御观。李合群、纪雪娟等指出从北宋军力部署而言,"'守内虚外'之说有悖于北宋史实";"守内"是可理解为如何在中央内部防止"奸邪","虚外"应理解为对外以不生事为原则的消极防御态度。⑤ 更准确地说,我们可以用一个今天总结的词"守内制外"取代同样非宋人原话的"守内虚外"更能体现宋朝对待国家安全中内与外的关系。

---

① 李纲:《李纲全集》卷四六《论守御札子》,岳麓书社 2014 年版,第 535 页。
② 《续资治通鉴长编》卷三二,淳化二年八月丁亥,第 719 页。
③ 王十朋:《王十朋全集》奏议卷二《论广海二寇札子》,上海古籍出版社 2012 年版,第 620 页。
④ 吕祖谦:《历代制度详说》卷一〇《屯田》,文渊阁《四库全书》,中华书局 1990 年版,第 923 册,第 975 页。
⑤ 李合群:《北宋"守内虚外"国策质疑》,《史学月刊》2009 年第 12 期;纪雪娟:《北宋"守内虚外"国策的再认识》,《山东师范大学学报》2013 年第 5 期。纪雪娟回顾了"守内虚外"问题的学术史,本文不再赘述。

南宋实行防御型国防部署，不论其本意，还是实际上都无法做到"守在四夷"，但四大战区分区布防，军需总体上就地供给，各战区内财、兵、政既统一又制衡的防御设计其运行较北宋由中央统筹、远距离运输的供军体制成本更低，效率更高，总体上也是成功的。更不见南宋统治者主观轻视边防的制度设计和思想意识，但存在着其边防措施是否得当、防卫是否得法的问题。王十朋谈澶渊之盟后的宋辽关系时说："制御之术曷尝一日弛备耶？财用充足，粮储有余，士马精研，将帅用命，则彼虽欲窥边徼，而封疆无隙可投，欲不守盟，何可得也。"这番话客观地反映了若非宋朝重视边防，力能御边，岂有国家安全可言。辽朝不侵犯，也是以此保障的。不论北宋，还是南宋，都十分重视对外防御的武备，其所谓"内"，是言固根本（民本）、去内患，与"治安中国而四夷自服"为同一理念。宋朝的国家安全观总体仍是华夷整体、守内制外和防御为本的国家安全观。只是日趋消极和保守，出现了与夷狄"画疆自守"的被动防御的做法。

二　朝贡体系与国内安全

（一）朝贡体系与国内政治安全

在中国古代政治中，名分，即政治合法性是需解决的首要问题，也就是孔子所谓"名不正，则言不顺。言不顺，则事不成"①。宋王朝的政治安全首先需要解决政治合法性，即正统问题。欧阳修《正统论》称："正者，所以正天下之不正也。统者，所以合天下之不一也。"② 正统是对"天下"地位而言的。如上所述，"天下"是包含华夷的空间，因而正统包含两个方面：一是正，即所承继的德运和道统；二是统，即华夷一统。宋人还说："君天下曰天子，言天下者外薄四海，兼夷狄之称也。古者于中国称天王，于夷狄称天子。"③ 宋朝皇帝要证明正统，必须证明其是君

---

① 《论语义疏》，第326页。
② 《欧阳修集·居士集》卷一六《正统轮》，中华书局2001年版，第267页。
③ 卫湜：《礼记集说》卷一一，文渊阁《四库全书》，中华书局1990年版，第117册，第232页。

临华夷的天子。建立包括四夷在内的朝贡体系就成为证明皇帝和王朝合法性的重要方面,即既是王朝的皇帝,也是华夷天子。

欧阳修说:"大宋之兴,统一天下,与尧舜三代无异。臣故曰不待论说而明。"① 事实上宋朝的正统并非"不待论述而明",而需要大力营造和证明。宋朝不仅未能统一"天下",而且常被夷狄置于被动屈辱的境地,特别需要在国内进行解说。正统解说一方面是在国内通过定德运,立正朔,行皇帝制度;另一方面是建立华夷一统的朝贡秩序,证明皇帝亦天子。宋朝皇帝的诏书都是用华夷一统的朝贡话语。如宋太宗诏书称"奄有万邦,光被四海,无远弗届,无思不服","华夏蛮貊,罔不率俾"。② 国内对皇帝地位的营造也是朝贡体系的共主。如宋高宗"功德疏"称"疆戎索以御四夷""宗社妥安,蛮夷率服"等。③

宋太宗和宋真宗的封禅,以及南宋的南郊突出了反映了朝贡体系的营造对国内政治安全的重要作用。司马光曾阐述了太平盛世的标准,其中有"君明臣忠,上令下从……四夷怀服,家给人足,此太平之象也"④。宋太宗自己也说"朕闻封禅之仪,皇王大礼,苟非功格天地,泽被昆虫,虽力行于一时,终取笑于千古"⑤。宋太宗和宋真宗显然没有达到此标准。但宋太宗有非法继统的隐患。太平兴国五年(980)高梁河之战溃退中,宋太宗一时与臣下失去联系,臣下有立太祖之子赵德昭之议,表明宋太宗得位不正,其合法性并没有得到彻底认可。宋真宗有澶渊与夷狄结城下之盟的耻辱,经王钦若和丁谓等人的"提醒",觉得是亟须掩盖之事。宋太宗和宋真宗策划华夷拥戴的封禅大礼都因其需要大力营造四夷怀服的朝贡体系,以增强政治安全感。

宋太宗太平兴国间策划封禅的吁请阶段就有"蕃夷酋长之徒,耆艾缁黄之辈,共排阊阖,三贡表章",请求封禅。⑥ 还假造了《批答南诏国

---

① 《欧阳修集·居士集》卷一六《正统轮》,第 266 页。
② 《宋会要辑稿》蕃夷四之一〇三;《宋史》卷四八七《高丽传》,第 14038 页。
③ 张纲:《华阳集》卷一三《高宗天申节功德疏》。
④ 《资治通鉴》卷二四四,太和六年十二月乙丑,中华书局 1956 年版,第 7880 页。
⑤ 王禹偁:《小畜集》卷二七《批答南诏国王东封表》,文渊阁《四库全书》,中华书局 1990 年版,第 1086 册,第 268 页。
⑥ 《宋大诏令集》卷一一六《宰相三上表答诏》,中华书局 1962 年版,第 393 页。

王东封表》，称"卿勤王岁久，望阙情深，特推北拱之心，远有东封之请"①，营造大理国请求封禅的虚象。王钦若劝说宋真宗只有举行封禅，才"可以镇服四海，夸示戎狄"②，其封禅的吁请和举行中都有夷狄参与。宰相王旦曾率包括蕃夷、僧道等在内的二万多人五次上表请封禅。泰山封禅时有大食国、占城等国贡使会于泰山之下。③ 南宋朝贡大为减少，但营造宋朝皇帝为华夷朝贡体系共主的三年一次南郊大典必须有夷狄参与。宋高宗诏书中说："日后郊祀，外国加恩，可令先次检举，庶知朝廷不忘怀远之意。"④ 南郊大典上都有夷狄的朝贡和册封的环节，完全是为了向国内臣民演绎朝贡体系以维持国内政治安全。因而朝贡体系的构建是证明宋朝皇帝作为华夷天子必需条件，而在"天下"的语境下华夷天子与其在国内成为皇帝的政治合法性又是一体两面的关系。

（二）北宋朝贡体系瓦解与国内安全危机

朝贡体系稳定与否直接影响着宋朝国内安全。陈寅恪曾论述过唐代外族盛衰之连环性及外患与内政之关系，指出："某甲外族不独与唐室统治之中国接触，同时亦与其他之外族有关，其他外族之崛起或强大可致某甲族之灭亡或衰弱……中国与其所接触诸外族之盛衰兴废，常为多数外族间之连环性，而非中国与某甲外族间之单独性也。"他还说到吐蕃和唐朝衰落使南诏失去约束，不仅成为唐朝边患，而且影响到唐朝的覆亡。⑤ 宋朝东亚诸民族政权的互动和连环性与其所论原理相近，国内安全与外部国际环境变化密切相关。

通常朝贡关系比较稳定时，宋朝国内安全受到威胁较小；朝贡体系遭到破坏时，国内安全受到威胁就大。宋太祖和宋太宗前期以收复幽云为目标。幽云问题并非区域问题，意味着宋辽间必将围绕幽云而有一最终地位决战。一方面宋朝积极联络高丽、渤海、高昌等政权和民族；另一方面这

---

① 王禹偁：《小畜集》卷二七《批答南诏国王东封表》，第 268 页。
② 《续资治通鉴长编》卷六七，景德四年十一月庚辰，第 1506 页。
③ 黄纯艳：《多样形态与通用话语：宋朝在朝贡活动中对"四夷怀服"的营造》，《思想战线》2013 年第 5 期。
④ 《宋会要辑稿》蕃夷四，上海古籍出版社 2015 年版，第 9830 页。
⑤ 陈寅恪：《唐代政治史述论稿》，上海古籍出版社 1997 年版。

些政权和民族在宋辽即将到来的决战中看好宋朝，因而与宋朝保持朝贡关系。这样的朝贡关系营造对宋朝是十分有利的国际环境和安全保障。

澶渊之盟后，东亚地区总体形成相对稳定的国际秩序，即宋辽两大朝贡体系并存，宋朝朝贡体系内也保持了比较稳定的关系。宋朝在与本国安全直接相关的诸国中，西北实行联合吐蕃抑制西夏，在南方实行联合占城抑制交趾，同时用经济手段维持与辽、夏的稳定关系，收到了较好的效果。有小规模局部危机，但未构成国内安全的严重威胁。

自宋神宗开边始，既有的相对稳定的国际秩序逐步松动、瓦解，甚至成为导致北宋亡国的重要原因。一方面是宋朝的开边计划牵动了东亚国际局势的变化。宋神宗启动了先取河湟，再灭西夏，最后夺取幽燕的开边计划。实际最终要吞服辽朝。另一方面在南边重启"恢复"交趾的计划，导致宋朝与交趾的熙宁战争。宋神宗开边以全面惨败告终，不仅损兵折将数十万，大大降低了宋朝的国际地位和国际影响，从宋朝朝贡体系的角度看，还使比较有序的朝贡关系变为疏离和敌对关系。如宋神宗朝开始，西夏和辽朝势力都渗入了河湟吐蕃，阿里骨时期甚至与夏国联合对抗宋朝。

宋神宗朝晚期对外政策开始转向收缩，元祐时期采取了相对保守的政策。但"绍圣绍述"又转向对外开拓，特别是宋徽宗再次酝酿大规模开边。在西北"神宗始用师于四方，历哲宗、徽宗，遂渐夺其横山之地，又旁取熙河湟鄯以制之"①。宋徽宗朝从崇宁二年到宣和元年，开边活动基本结束，在青唐吐蕃辖区置州四、军一、关一、城六、寨十、堡十二，收西夏地数千里，筑军一、城七、寨五、堡垒二十四。② 西北开边的"巨大"成果刺激了宋徽宗君臣建立更大功业的野心。如明人陈邦瞻所言"既得志于西羌，遂谓辽亦可图，因请使辽以觇之"③。崇宁年间，童贯、蔡京等人既在谋划收复燕云，主动向辽朝寻衅滋事。崇宁四年，宋派林摅和高俅使辽。"时蔡京欲启边衅，密谕摅令激北虏之怒。"授意林摅主动向辽朝挑衅，其目的是刺激辽朝用兵，宋朝借机完成"恢复"幽云的

---

① 李心传：《建炎以来朝野杂记》乙集卷一九《西夏扣关》，中华书局2000年版，第846页。
② 王应麟：《玉海》卷一九四《定功继伐碑》，广陵书社2003年版，第3565页。
③ 《宋史纪事本末》卷五三《复燕云》，中华书局2015年版，第539页。

目标。因而林摅在辽朝"悖慢不逊","虏甚骇,绝其饮食,几欲杀之"。①政和元年(1111)童贯等又"奉密旨使觇其国",出使的主要目的是了解辽朝动向,为用兵做准备。童贯得辽人马植,相告"契丹为女真侵暴,边害益深,盗贼蜂起,知契丹必亡"。马植后来入宋,宋徽宗接受了他"结好女真,与之相约攻辽"的建议。②主动派人联络女真,结成海上之盟,形成了对辽用兵的必然之势。

另一方面,臣服于辽朝的女真族在12世纪初开始壮大,并起兵反辽,于1115年正式建国。马植对女真崛起、辽朝衰亡的趋势的判断是准确的。东亚国际政治格局正孕育着巨大变化。宋徽宗君臣认为这一机遇完全契合了自己早已确立的开拓计划,而积极主动作为。高丽劝告宋朝"辽,兄弟之国,存之足为边扞。女真,狼虎耳,不可交也"③。高丽作为生存于辽、宋两大国夹缝中的小国,且长期与女真交往,受到女真的侵扰,对女真比宋朝更为了解,对国际局势也比宋朝更为敏感。高丽从自身安全着想,希望宋朝维持与辽朝既有关系,即维持东亚国际秩序既有的稳定和平衡。辽朝出于自身利益,也希望宋朝不要与女真联合攻辽,劝说宋朝道:"今射一时之利,弃百年之好,结豺狼之邻,基他日之祸,谓为得计,可乎?"④宋朝国内也有反对意见:"灭一弱寇而与强敌为邻,恐非中国之福","异日女真决先败盟,为中国患,必矣"。⑤事实证明高丽、辽朝和国内反对派的意见都是理性而准确的,但宋徽宗和蔡京等决策者被开拓前景所迷惑,影响了其对联金灭辽可能给宋朝国家安全带来威胁的预判,不听取各方维持现状的意见,执意联金灭辽。

女真崛起不仅从内部瓦解了辽朝朝贡体系,而且打破了宋辽两大朝贡体系平衡和稳定所构成的东亚整体国际秩序,最终导致宋朝为金朝所灭。如果北宋始终保持澶渊之盟后宋辽相安及本朝朝贡体系的均衡格局,在女真反辽的变局中应对得当,或最终并不能阻止金朝灭亡辽朝,但一定可以

---

① 《皇宋十朝纲要校正》卷一六,崇宁四年五月壬子,中华书局2013年版,第450页。
② 《三朝北盟会编》卷一"政宣上帙",政和七年七月四日,上海古籍出版社1987年版,第1页。
③ 《宋史》卷四八七《高丽传》,第14049页。
④ 《宋史》卷三三五《种师道传》,第14049页。
⑤ 赵汝愚编:《宋朝诸臣奏议》卷一四二,宋昭《上徽宗论女真决先败盟》,第1603页。

享国更久。这从另一面说明，北宋开拓之心不断膨胀，打破朝贡体系和宋辽关系的稳定格局，对金朝崛起的判断和应对失当，是加速其亡国的重要原因。

北宋政权的灭亡只是赵宋王朝国内安全危机的第一幕。随着北宋王朝覆灭的是宋朝境内的统治失序和人心离散。南宋建立伊始国内统治几乎完全失序。全国风起云涌的民变。湖北有杨幺，湖南有邓装、胡元奭，福建有范汝为，江西有王念经，广东有吴忠，两浙有居正、徐明、何三五等等。宋朝旧臣纷纷反叛。先有张邦昌被立为傀儡（楚），后有接替张邦昌的刘豫（齐），又有李成、孔彦舟、曹成等数以万计的溃兵游窜各地。金人、民变、溃兵交相为祸，如朱胜非所说"方今兵患有三：曰金人、曰土贼、曰游寇"①。国内的统治几乎完全失序。

其次是人心离乱。石介说："善为天下者，不视其治乱，视民而已。民者，国之根本也。天下虽乱，民心未离，不足忧也。天下虽治，民心离，可忧也。"他还说"自古四夷不能亡国，大臣不能亡国，惟民能亡国"，"夫四夷、大臣非不能亡国，民心尚在也"。② 国家安全的根本是民心，如果民心离散，四夷未必不能亡国。扬州溃散是南宋人心溃堤的开始。宋高宗接到金人陷天长军的消息，仅带五六骑出逃，百姓见之，"城中大乱。上与行人并辔而驰"。黄潜善、汪伯彦等朝臣得知高宗已逃，也仓皇南逃。在混乱的逃命之中，君臣关系不免失序，在扬子桥上宋高宗亲手刺杀出语不逊的卫士。渡过长江"百官皆不至，诸卫禁军无一人从行者"③。南逃途中，宋高宗还经历了两次警卫部队的兵变，即苗刘兵变和明州的班直卫士哗变。苗刘兵变不仅强迫其退位，而且仅有的一子也因此次惊吓，不久去世。在越州，吕颐浩奏令从官以下去留从便，各自选择。宋高宗还说"士大夫当知义理，岂可不扈从。若如此，则朕所至乃同寇盗耳"。事实却是"郎官已下或留越，或径归者多矣"。④ 事实并非如宋高宗所期待的，群臣能与他生死与共。

---

① 《建炎以来系年要录》卷四二，绍兴元年二月乙酉，中华书局2013年版，第905页。
② 杨士奇等：《历代名臣奏议》卷一〇六"石介上言"，文渊阁《四库全书》，中华书局1990年版，第436册，第73、74页。
③ 《建炎以来系年要录》卷二〇，建炎三年二月壬子，第454页。
④ 《建炎以来系年要录》卷二九，建炎三年十一月己巳，第677页。

从杭州奔逃时，隆祐太后一行往江西疏散。金人至吉州，知州杨渊弃城逃走。隆祐太后连夜逃离吉州，至太和县，随行的卫兵万人皆溃散，以至于随卫不满百，朝官也奔溃山谷，从官仅中官何渐、使臣王公济、快行张明跟从。乘舆服御之物、所带金帛几乎被盗抢一空。至虔州，该州府库已被抢尽，不能发卫兵伙食费，导致了卫兵作乱。当地地方势力和乡兵并未舍身救主，护卫隆祐太后。相反，乡兵与卫兵发生冲突，虔州城众烟焰亘天。隆祐太后性命受到威胁，大为震恐。她下旨赦免乡兵，希望平息乱局，但作乱的乡兵不听赦罪，宰执、将领坐视其乱，附近官军闻难不救。

在当时的皇权政治下，如果宋高宗和隆祐太后命丧金军或本朝乱军之手，赵宋王朝也就彻底断绝了重建的可能。随着原有国际秩序的打破，不仅国家安全毫无保障，宋高宗和隆祐太后的生命安全都悬于一线。南宋的领土安全、政权安全、政治安全、军事安全都受到严重威胁，皇室权威、国家认同，高宗所言士大夫之义理几乎荡然无存。国民安全更是完全失去保障。扬州溃散，"金游骑至瓜洲，民未渡者尚十余万，奔迸堕江而死者半之……比敌至，皆相抱沉江"，金人所过掠杀，在洪州、鼎州等地屠城①，民众更遭受了惨绝人寰的灾难。

（三）金朝朝贡体系的重建与南宋立国

自金人攻陷开封，掳掠二帝，宋朝的国内安全已失去有效保障。君与臣不相顾，民与君不相保。宋高宗如惊涛骇浪中的一叶小舟，金人如狂风，乱局如巨浪，安全感荡然无存。金朝对南宋采取不承认态度，意味着双方处于战争状态。在金人强大的军事攻势下，宋高宗要重建国内秩序和国家安全的前提就取决于是否能建立与金朝的稳定关系，取得金朝承认，重建新的国际秩序。

在奔逃过程中心理近于崩溃、安全感荡然无存的宋高宗所想的已不是"恢复"中原，报亡国掳父之仇，所迫切祈望的是金人同意接纳其归入金朝朝贡体系。他向金人哀求道："古之有国家而迫于危亡者，不过守与奔而已。今以守则无人，以奔则无地，此所以鳃鳃然惟冀阁下之见哀而赦

---

① 《建炎以来系年要录》卷二〇，建炎三年二月癸丑；卷三〇，建炎三年十二月乙未；卷三二建炎四年三月癸卯，第456、693、731页。

已。故前者连奉书，愿削去旧号，是天地之间皆大金之国，而尊无二上。"① 为换取金朝停止战争，承认南宋政权，宋高宗不惜杀岳飞，向金人表示求和决心，以求得国内安全，同时收夺兵权以重建国内秩序。

宋高宗祈望重建的国际秩序是金朝一统的朝贡体系。绍兴八年（1138）和议宋朝与金朝之间正式形成君臣关系，宋朝奉表称臣，受金朝册封，宋朝皇帝需再拜亲受金朝诏书。在绍兴八年和议以前，金朝已经"定齐、高丽、夏朝贺、赐宴、朝辞仪"，与周边诸国都形成了朝贡关系。南宋正式纳入了这个朝贡体系。而宋高宗此前早就用实际行动以金的臣下自居，"宋人畏之（指金朝），待（刘齐）以敌国礼，国书称大齐皇帝"②。与西夏也建立敌国之礼。西夏于1124年向金称臣。1128年宋夏约和"更用钧敌礼"，绍兴元年宋高宗"诏夏国历日自今更不颁赐，为系敌国故也"③，正式承认了敌国之礼。这两个政权与金朝都是君臣关系，宋朝与其行敌国礼，就是主动表示愿做金朝臣下。

绍兴和议之时，宋高宗这往日大宋的天子向夷狄行臣下之礼，"军民见者往往流涕"，宋高宗却"辞色俱厉"地说"士大夫但为身谋。向使在明州时，朕虽百拜亦不复问矣"。④ 这是宋高宗抒发在金人追击下，臣下离散，民心不附，自己想向金朝称臣换取安全尚不可得的恐惧和怨恨。这些令其胆寒的不安全感形成了他渴求安全的迫切心态。

隆兴和议宋金关系有所改变，宋朝得以免奉表称臣、称名、再拜，双方关系名义上从君臣之礼变为叔侄之礼，取得名义上的对等关系，但在外交文书和外交礼仪上仍未改被动屈辱的局面。宋朝总体上仍处于金朝主导下的国际秩序中。直到嘉定八年（1215）宋人终止了给金朝的岁币前，此间东亚格局总体上是金朝主导的国际秩序。南宋的朝贡体系相较于北宋已大为萎缩，态度上也更为消极。西北诸国、高丽、大理都已逐步完全脱离南宋的朝贡体系。与宋朝有朝贡往来的只有交趾、占城、三佛齐、大食、真腊、真里富、罗斛诸国，仅交趾与南宋保持着比较稳定的朝贡和册

---

① 《建炎以来系年要录》卷二六，建炎三年八月丁卯，第524页。
② 《金史》卷七七《刘豫传》，第1760页。
③ 《建炎以来系年要录》卷一六，建炎二年六月己卯；卷四六绍兴元年七月壬辰，第332、838页。
④ 《建炎以来系年要录》卷一二四，绍兴八年十二月戊寅，第2024页。

封关系，其余朝贡最多的占城也仅6次，主要是贸易关系。南宋王朝与境外诸国中仅与交趾保持了较为稳定的政治朝贡关系，且限制其赴阙。南宋一朝交趾的29次朝贡中只有绍兴二十五年（1155）和乾道九年（1173）两次被允许赴阙，其他都在广西交割。① 虽然构建本朝朝贡体系对于南宋王朝在国内解说自己的政治合法性仍然必不可少，是国内政治安全的一个不可忽视的因素，但由于金朝主导国际秩序的现实及自身的实力，南宋无恢复朝贡体系的可能和愿望。甚至可以说，南宋朝贡体系似有若无，对国家安全的影响也较北宋大为削弱。

三　朝贡体系与安全共同体

如上所述，中国古代，包括宋朝的国家安全观是华夷整体安全观。宋朝，特别是北宋，十分重视构建华夷秩序下的整体安全。刘安世反对宋朝修京城时说："天子有道，守在四夷。今帝王之都而为受敌之具，则在外屏翰将安用？"② 余靖和范祖禹都曾用"守在四夷，义不如此""天子守在四夷""国焉用城"反对修京师城墙。③ 他们一方面是反对修造京城劳民费财，另一方面也都是在强调建立四夷怀服的朝贡体系才是国家安全的根本保障。这一整体安全观涉及"华"即中国和"夷"即"朝贡"诸国两个方面。宋朝建构朝贡体系就是建立对本国安全有利的国际秩序，同时这一国际秩序的稳定也有利于朝贡体系内诸国的安全。由此而言，朝贡体系就是国际安全体系，朝贡体系内诸国构成为一个安全共同体。

宋朝构建朝贡体系首先是保障本国安全。宋朝建立以本朝为中心的朝贡体系，作为这一秩序的主导者，朝贡体系的稳定即是宋朝国际环境的安全稳定。宋朝通过军事和经济的手段维持朝贡体系，增强本国安全。宋朝在与西夏朝贡关系中：一方面利用西夏牵制辽朝，减少来自辽朝的威胁。

---

① 参黄纯艳《宋代朝贡体系研究》之"南宋朝贡体系的构成"，商务印书馆2014年版，第125—140页。

② 刘安世：《尽言集》卷六《乞罢修京城》，文渊阁《四库全书》，中华书局1990年版，第427册，第241页。

③ 赵汝愚：《宋朝诸臣奏议》卷一二六，余靖《上仁宗乞罢修京城》、范祖禹《上哲宗乞罢修京城》，第1392、1393页。

宋仁宗朝，辽朝将伐西夏，希望宋朝停止对西夏的册封，并出兵西夏。宋朝采取的态度是不介入辽夏战事，且保持了宋夏朝贡册封关系，以图"存元昊之和，则契丹未敢轻绝中国而为患也"，可"使元昊得以专力东向，与契丹争锋。二国兵连不解，此最中国之利"。① 另一方面，在宋夏朝贡和册封的背后是双方的榷场和贡赐贸易。如果西夏破坏朝贡关系，宋朝则对其"绝岁赐，禁和市"。② 宋朝在与西夏武力角力中胜少败多的情况下，用"岁赐"和划界等让步维持双方的朝贡关系。宋朝还保持与吐蕃的朝贡关系，使其牵制西夏，认为"此乃以蛮夷攻蛮夷，古今之上策也"③。"自元昊拒命，终不敢深入关中者，以唃厮啰等族不附，虑为后患也。"④ 消减来自西夏的安全威胁。此外，宋朝发展与高丽、吐蕃、西域诸国的朝贡关系还具有瓦解西夏和辽朝国际秩序的作用："北方诸国则臣契丹，其西诸国则臣元昊，而二虏合从以犄角中国之势。""宜度西戎诸国，如沙州、置勒、明珠、灭藏之族，近北如黑水女真、高丽、新罗等处皆旧通中国。今为二虏隔绝，可募人往使诱之来朝。如此则二虏必憾于诸国矣。憾则为备，为备则势分，此中国之利也。"⑤

对朝贡诸国而言，保持与宋朝的朝贡关系不仅可以在"厚往薄来"的贡赐贸易及商业贸易中获得巨大的经济利益，而且也有利于本国的国家安全。如果宋朝对西夏"既绝岁赐，复禁和市。羌中（西夏）穷困，一绢之值，至十余千"，甚至"衣食并竭，老少穷饿，不能自存"⑥，引起国内的不稳定。西夏自李德明归顺，与宋朝形成了常贡制度，"每岁旦、圣节、冬至皆遣牙校来献不绝"⑦。每年可用"称臣之虚名，而岁邀二十五万之厚赂"⑧。加之榷场贸易利益，作为一个小国，从宋朝获得的巨额经

---

① 杨士奇等：《历代名臣奏议》卷三二六《御边》、卷三四二《四裔》，文渊阁《四库全书》，中华书局1990年版，第442册，第160、577页。
② 《续资治通鉴长编》卷四七九，元祐七年十二月丙子，第11412页。
③ 《续资治通鉴长编》卷六八，大中祥符元年四月己未，第1538页。
④ 《宋史》卷二九五《孙甫传》，第9840页。
⑤ 《宋朝诸臣奏议》卷一三三，贾昌朝《上仁宗备边六事》，第1483页。
⑥ 《续资治通鉴长编》卷四〇五，元祐二年八月戊申，第9863页。
⑦ 《宋史》卷四八五《夏国上》，第13992页。
⑧ 赵汝愚：《宋朝诸臣奏议》卷一三六，韩琦《上仁宗论西北议和有大忧者三大利者一》，第1516页。

济利益不仅可以增强西夏国力，而且满足了宋朝所需的形式上的臣服，也消除了其来自宋朝的威胁。同时，西夏与宋朝保持朝贡关系还可解其抗御辽朝的后顾之忧。西夏另一方面又保持与辽朝的朝贡关系，利用辽朝制约宋朝，"缓则指为声势，急则假其师徒。至有掎角为奇，首尾相应"①。辽朝多次在宋夏交战时发兵威胁宋朝，帮助西夏索回土地，坐取渔人之利。加入宋朝和辽朝两大朝贡体系，正是西夏纵横捭阖之术。

高丽作为夹在宋辽两大国间的小国，其处理与宋辽关系的最高原则是本国国家安全。高丽在北宋初期，奉宋朝正朔。雍熙战争前，宋太宗令高丽发兵夹击辽朝，高丽与东北诸族一样，期待宋朝的胜利，站在宋朝一边，以期获得宋辽决战后的安全保障。雍熙战争后，高丽受到辽朝武力侵犯，"累年贡奉（宋朝），朝廷终不许，遂决志事契丹"②，在得不到宋朝保护的情况下，又逐步转奉辽朝正朔。高丽选择宋辽两大朝贡体系的标准就是保障本国安全，正如其国君臣讨论对宋辽政策时所言"国家结好北朝，边无警急，民乐其生，以此保邦，上策也"③。

北宋前期占城对宋朝的朝贡关系也成为其国家安全的重要保障。北宋前期以"恢复"交趾为目标，联合占城，抑制交趾。朝贡中多次给占城回赐其他国家不能得到的战马弓剑等军用品，调解和制止交趾对占城的侵扰。这些特殊待遇提高了占城在周边诸国中的地位。占城王说："自前本国进奉未尝有旌旗弓矢之赐。臣今何幸，独受异恩。此盖天威广被，壮臣土疆"，"邻国闻之，知臣荷大国之宠而各惧天威，不敢谋害"。淳化元年（990）占城"诉为交州所攻，国中人民财宝皆为所略。上赐黎桓诏，令各守境"。④ 宋朝的大国威望及交趾对宋朝的经济诉求使宋朝能在一定程度约束交趾对占城的侵扰。熙宁战争后，宋朝放弃了"恢复"交趾的目标，也同时放弃了对占城的优待和保护。元祐七年（1092），占城向宋朝表示"如天朝讨交趾，愿率兵掩袭"⑤。政和六年（1116），占城请求

---

① 《续资治通鉴长编》卷一二四，宝元二年九月丁巳，第 2927 页。
② 赵汝愚：《宋朝诸臣奏议》卷一三五，富弼《上仁宗河北守御十三策》，第 1507 页。
③ 《高丽史》卷八《文宗世家二》，西南师范大学出版社 2014 年版，第 218 页。
④ 《宋史》卷四八九《占城传》，第 14081 页。
⑤ 《文献通考》卷三三二《占城》，第 9161 页。

"臣身縻化外，不沾禄食，愿得薄授大朝俸给，壮观小蕃"①。宋朝都未予理会。占城逐步完全被交趾控制，对交趾"执藩臣礼，贡奉不缺"，接受交趾册封为"占城王"。②

当然，朝贡关系并非解决国家安全的万能良药。有些政权与宋朝朝贡关系正常时能各安境土，有的则一面保持朝贡关系，一面不断侵扰和蚕食宋朝。宋朝与交趾的关系就是如此。宋人说"交趾虽奉朝贡，实包祸心，常以蚕食王土为事"③。天圣中宋朝与交趾的边界在云河洞，嘉祐四年云河洞"乃入蛮徼数百里"④。淳祐二年宋朝还与交趾约定"一无犯边；二归我侵地；三还卤掠生口；四奉正朔；五通贸易"⑤。对于高丽、占城等对受到朝贡体系所构成的国际秩序影响较大的国家，朝贡体系也只是成为保障其国家安全的因素之一，而且受到朝贡体系主导国政策变动的影响。

四 结论

以华夷观念为基本理念的宋、辽、金建立的国际秩序都表现为朝贡体系。"九州—四海"或"中国—四夷"的天下观及其影响的国家安全观下，中国古代国家安全观是守在四夷的整体国家安全观、守内制外的"中国"中心观，以及防御为本的国家安全观。宋代国家安全观也基本如此而更为消极。

朝贡体系的稳定与破坏与宋朝国内安全密切相关。北宋后期对外主动开拓，导致了本朝朝贡体系的松动和离散；另一方面女真崛起，从内部瓦解了辽朝朝贡体系，动摇了既有的东亚国际秩序。宋朝对国际局势变动应对失策，最终导致了北宋灭亡和南宋初期国内安全的严重危机。南宋归入金朝重建的朝贡体系，成为其得以立国的重要原因。

---

① 《宋会要辑稿》蕃夷四，第9814页。
② 《大越史记全书·本纪全书》卷三《李纪二》、卷四《李纪三》，西南师范大学出版社2014年版，第230页。
③ 《宋史》卷三三四《萧注传》，第10733页。
④ 《续资治通鉴长编》卷一九〇，嘉祐四年九月戊申，第4593页。
⑤ 《宋史》卷四一四《董槐传》，第12403页。

朝贡体系是一个国际安全体系。朝贡体系对体系内的宋朝和诸朝贡国的安全都有很大关系，构成了一个以经济和军事等手段维持其存在和平衡的安全共同体。这个安全共同体是一个出入变动、多层次、多形态的，同时又不是简单的垂直体系，而是交织着纵横参差的复杂体系。朝贡体系内诸国既有共同利益，也有利益冲突，既有对抗和相互角力，也有合作和相互利用，构成动态的安全。

古代朝贡体系并非只是满足大国虚荣，作为一种国际秩序，也是维持国家安全的重要因素和整体而复合的国际安全机制，既有关区域安全，也有关国内安全；既是政权安全，也是国民安全等多方面的安全。同时，国家安全包括多种形式的安全，其影响因素也是多方面的，永远是整体关联而非单一性的。朝贡体系对宋朝国家安全的影响是其中的重要方面。

雍熙战争与东北亚政治格局的演变

雍熙战争是北宋前期规模最大、影响最深远的一次战役。对这次战役的过程、失败原因及其对宋朝内外政策的影响等已经有了比较充分的论述。[①] 这次战役也奠定了北宋东亚政治秩序的基本格局，其影响不止于宋朝内外政策及宋辽关系。已有学者对辽朝与高丽及东北各族关系，以及宋丽关系的研究涉及雍熙战争前后东北亚政治格局的变化[②]，但还远非有意识地进行的系统和整体的研究。本文试图论述自五代后期到宋朝初期东北亚政治格局的演变，考察雍熙战争对这一格局演变的影响，并借以管窥宋代东亚世界政治秩序形成的过程之一斑。

一 宋朝建国前夕东北亚政治格局

宋朝建立前夕，东北亚政治格局正在发生着此起彼伏的变化，也可以说正是东北亚政局风起云涌的时期。唐末五代中原离乱，契丹迅速强盛，从臣属于中原政权的部族，到称帝建国，太祖阿保机时期契丹逐渐成为东亚世界的强国。契丹经过20多年的征战，于926年灭亡当时东北地区最强大的政治势力渤海国，得"地五千里，兵数十万，五京、十五府、六

[①] 可参见张其凡《从高梁河之败到雍熙北征》，《华南师范大学学报》1983年第3期；顾全芳《评北宋雍熙北伐》，《中州学刊》1984年第2期；漆侠《宋太宗雍熙北伐》，《河北学刊》1992年第2期；曾瑞龙《经略幽燕：宋辽战争军事灾难的战略分析》，香港中文大学出版社2003年版等。

[②] 可参见金渭显《契丹的东北政策》，台北华世出版社1981年版；陶晋生《宋辽关系史研究》，台北联经出版公司1986年版；杨渭生《宋丽关系史研究》，杭州大学出版社1997年版等。

十二州，尽有其众，契丹益大"①。其后又改渤海国为东丹国，命太子耶律倍为东丹王。而此前，契丹太祖已于911年亲征东、西部奚，悉平之，于是"尽有奚、霫之地。东际海，南暨白檀，西逾松漠，北抵潢水，凡五部（奚）咸入版籍"②，征服了东北另一大势力奚，并于923年将奚编为六部，任命奚王进行统治。在契丹的武力征讨下，"东北诸蕃多臣属之"③，女真、室韦、霫、铁骊等都臣服于契丹。灭渤海国以前，契丹已经与高丽及其前身泰封国建立了通使关系。契丹灭渤海后，高丽与契丹关系破裂，契丹联合后百济对付高丽。尽管存在高丽这样的敌对势力，但总体而言，契丹太祖时期已经取得了东北亚地区政治关系的主导地位。

到后晋石敬瑭向辽朝称儿称臣，接受辽朝册封，割让幽云十六州，断绝了中原政权与奚、女真、高丽等交往的陆路通道，东北各族进一步为辽朝所控制，如使一度南属的"奚之部族复隶于契丹。自后常为契丹之所役属"④。而且也使辽朝势力得以深入中原。甚至江南的南唐、吴越都积极交通辽朝。南唐在后晋建立第二年（937年，即辽天显十二年，后晋天福二年）即遣使向辽朝朝贡。自天显十二年至应历七年（937—957）21年间，南唐共向辽朝遣使朝贡24次，其中会同元年（938）和应历二年（952）分别遣使4次，会同四年（941）遣使3次。南唐的朝贡除了向辽朝表示臣服而外，也怀有借辽朝之势觊觎中原的野心，即《宋史》卷四七八《南唐世家》所说，"南唐李景袭位之初，南唐物力富盛，而中原多故"，"颇有窥觎中土之意"。例如，会同三年（940）南唐遣使就曾"奉蜡丸书言晋密事"，天禄二年（948）南唐又遣使"奉蜡丸书议攻汉"，天禄五年（951）北汉为后周所攻，向辽朝求援，南唐也遣使"乞举兵应援"。⑤ 吴越交通契丹较早。契丹太祖九年（915）吴越即遣使朝贡，此后至会同六年（943）共向辽朝遣使朝贡12次。⑥ 由此可见至后晋、后

---

① 《辽史》卷三四《兵卫志上》，中华书局1974年点校本（以下同），第396页。
② 《辽史》卷一《太祖上》，第4—5页。
③ （宋）曾公亮等：《武经总要前集》卷一六下《边防·奚渤海女真始末附见》，文渊阁《四库全书》。
④ 《五代会要》卷二八《奚》，上海古籍出版社1978年版，第453页。
⑤ 分见《辽史》卷三《太宗上》、卷四《太宗下》、卷五《世宗》、卷六《穆宗一》。
⑥ 分见《辽史》卷一《太祖上》、卷二《太祖下》、卷三《太宗上》、卷四《太宗下》。

汉时期，中原政权丧失了国际权威，辽朝已经成为东北亚无可争议的霸主。

但是，如宋太祖所说："自晋汉以来，北戎强盛，盖由中朝无主，以至晋帝蒙尘，乃否之极也。"① 中原政权与辽朝关系中的不利地位已经达于极点。后周建立以后，中原政权的从属局面得以回转。后周一改后晋、后汉屈服于辽朝的局面，不称臣于辽朝，在外交上与辽朝取得平等的地位。在辽朝眼中也是如此，辽自认与晋为"父子一家"，而"（后）梁、（后）唐、（后）周隐然一敌国"。② 后周世宗柴荣英武有为，958 年南取淮南十四州，次年又北下瓦桥、淤口、于津三关。后周世宗严厉指责南唐交结契丹，觊觎中原的行为："蠢尔淮甸，敢拒大邦，盗据一方，僭称伪号。晋、汉之代，寰海未宁，而乃招纳叛亡，朋助凶逆……勾诱契丹，入为边患。"李景最初还希望与后周"陈兄事之礼"，后周世宗不理会，不得已奉表称臣，但仍想像以前一样借助契丹以抗衡中原，"遣人怀蜡丸书走契丹求救"，到使者"为边将所执"③，南唐才"始禀周之正朔，上表称唐国主"，"称臣于中朝"放弃了曾经梦想过的联合契丹问鼎中原的计划，彻底臣服于后周。④ 此前，中原政权致南唐国书称"书"，自此改称"诏"，南唐国皇帝改称国主。⑤ 后周取淮南十四州，使南唐臣服，"诸国皆惧"，以至于荆南高保融致书后蜀相约归属后周。⑥ 南唐和南方诸国的反应说明了后周国际地位相对于后晋、后汉得到显著提高。

在后周积极有为，国家实力和国际地位不段上升之时，东北亚地区也正暗潮涌动。宋太宗时，宋琪曾分析东北各部的情况："奚、霫部落当刘仁恭及其男守光之时，皆刺面为义儿，服燕军指使。人马疆土少劣于契丹，自被胁从役属以来，常怀骨骸之恨。渤海兵马土地盛于奚帐，虽勉事契丹，俱怀杀主破国之怨。其蓟门泊山后云、朔等州沙陁、吐浑元是割

---

① 《宋会要辑稿》蕃夷一之二，中华书局 1957 年影印北平图本（以下同）。
② 《辽史》卷三六《兵卫志下·属国军》，第 433 页。
③ 《新五代史》卷六二《南唐世家》，中华书局 1974 年点校本（以下同），第 773、774 页。
④ 《宋史》卷四七八《南唐世家》，中华书局 1977 年点校本（以下同），第 13855 页。
⑤ 《续资治通鉴长编》卷二，建隆二年九月壬戌，中华书局 1992 年点校本（以下同），第 53 页。
⑥ 《新五代史》卷六四《后蜀世家》，第 805 页。

属,咸非叛党。"① 这基本反映了五代后期到宋朝初期的情况。

渤海国被灭后,渤海遗民也在积极从事复兴运动。金渭显先生对此作了论述,他将渤海遗民的复兴运动分为三个时期:第一期是渤海灭亡后,旧渤海地方势力与契丹的抗争时期;第二期是从辽太宗到辽圣宗统和年间,渤海遗民零星组织成的定安国、兀惹(又称乌舍)等,与五代及宋朝联合抵抗契丹势力的时期;第三期是已经附于契丹、仕于契丹的渤海臣民,因为不满契丹的酷政而起义拥众建国的势力。② 辽太宗将东丹国迁于东平府,对东北各族的控制削弱,渤海遗民建立了定安、兀惹国,对辽朝完全持敌对态度。其他渤海遗民势力也仍以渤海国之名与中原政权交通,从事反辽复国运动。女真诸部也非常活跃,总称三十六部,特别是鸭绿江女真占据鸭绿江口,具有通过水路与中原政权的有利位置,曾以女真国之名向后周朝贡③,也在积极发展势力,伺机而动。

高丽更是视辽朝为劲敌。高丽曾经于922年开始与契丹有使节往来,但契丹积极东扩,926年灭渤海国,与高丽的北进方针相冲突,而且使高丽门户洞开,暴露在契丹的直接威胁之下。于是高丽"舍辽事(后)唐,尊中国而保东土"④,转而对契丹采取疏离和敌视态度。高丽自927年派人出使契丹国后(这次出使仅见于《辽史》,而不见于《高丽史》),直到993年,其间有六十余年未曾向辽朝派遣使节。933年高丽"自是除天授年号,行后唐(长兴)年号"⑤,并接受后唐的册封。942年,辽朝欲对后晋石重贵用兵,遣使高丽,送骆驼五十匹,以争取高丽,稳住后方。但高丽"以契丹尝与渤海联和,忽生疑贰,背盟殄灭,不足远结为邻。遂绝交聘,流其使三十人于海岛,骆驼万夫桥下,皆饿死"⑥。以强硬的姿态断绝了与契丹的交往。943年,高丽太祖王建在临终《训要》中嘱咐子孙:"契丹是禽兽之国,风俗不同,言语亦异,衣冠制度,慎莫效

---

① 《宋史》卷二六四《宋琪传》,第9124页。
② 前引金渭显《契丹的东北政策》,第33页。
③ 《旧五代史》卷一一九《周世宗纪六》。
④ 《高丽史》卷首,奎章阁藏本(以下同)。
⑤ 《高丽史》卷七《世家·文宗一》。
⑥ 《高丽史》卷二《世家·太祖二》。

焉。"① 高丽还曾向后晋表示："渤海，我婚姻也，其王为契丹所虏，请与朝廷共击取之。"② 后周建立后，高丽仍行后周年号，接受后周册封，与后周结为正式的宗藩关系。

二 宋初东北亚政局与宋朝的外交活动

宋朝继承和发展了后周国家实力和国际地位，立国之初即给周边政权示以勃勃向上的全新气象。蜀宰相李昊言于蜀主曰："臣观宋氏启运不类汉周。天厌乱久矣，一统海内其在此乎。"③ 荆南大臣孙光宪劝谏高保勖和高继冲道："宋有天下，四方诸侯屈服面内"，"中国自周世宗时已有混一天下之志。圣宋受命，凡所措置规模益宏远"。④

宋朝建立后，东北女真、渤海也不断遣使朝贡。宋太祖朝，女真先后于建隆二年（961）、建隆三年（962）、乾德元年（963）、开宝三年（970）、开宝五年（972）等共 8 次朝贡宋朝⑤。女真国多贡名马，乾德元年（963）宋朝还特意"蠲登州沙门岛居民租赋，令专治舟渡女真所贡马"⑥。开宝三年（970）定安国王烈万华也随女真国使节附表贡方物⑦。太平兴国四年（979）渤海酋帅达兰罕率小校李勋等十六人部族三百骑降宋⑧。

高丽在宋朝建立后的建隆三年（962）即遣使入贡，次年开始行用宋朝年号，宋朝沿袭后周之制，册封高丽国王为开府仪同三司、检校太师、玄菟州都督、充大义（后为大顺）军使、上柱国、高丽国王，并加食邑

---

① 《高丽史》卷二《世家·太祖二》。
② 《资治通鉴》卷二八五《后晋纪六》，中华书局点校本，第 9298 页。
③ 《续资治通鉴长编》卷四，乾德元年五月丁丑，第 92 页。
④ 《续资治通鉴长编》卷二，建隆二年九月甲子；卷四乾德元年二月丙戌，第 53、84 页。
⑤ 分见《续资治通鉴长编》卷二，建隆二年八月辛亥；卷三，建隆三年正月庚辰、三月丁丑；卷四乾德元年正月己卯、八月癸巳、九月戊辰；卷一一，开宝三年九月丙辰；卷一三，开宝五年六月戊申。
⑥ 《续资治通鉴长编》卷四，乾德元年八月丁未，第 104 页。
⑦ 《续资治通鉴长编》卷一一，开宝三年九月丙辰。
⑧ 《续资治通鉴长编》卷二〇，太平兴国四年六月庚午。

赐功臣号。① 两国结为正式的宗藩关系。自建隆三年（962）到淳化五年（994），高丽先后25次遣使向宋朝朝贡。②《宋史》卷四八七《高丽传》载，女真曾向宋朝状告高丽诱导契丹侵扰本国："契丹伐女真国，路由高丽之界，女真意高丽诱导构祸，因贡马来愬于朝，且言高丽与契丹结好倚为势援，剽略其民，不复放还。"高丽使韩遂龄入贡时，宋太宗拿出女真所上告急木契，高丽甚感忧惧。宋使韩国华出使高丽时，其国王特意解释原委：契丹因女真寇边而复仇，高丽救济来奔女真，而女真反出兵侵扰高丽，高丽"以其岁贡中朝，不敢发兵报怨。岂期反相诬构，以惑圣听"。高丽表示"当道世禀正朔，践修职贡，敢有二心，交通外国"。这事件反映了东北亚两大势力高丽和女真都将宋朝视为宗主，并表示了疏离辽朝，效忠宋朝的态度。

在宋朝先南后北的战略之下，南方各政权更直接地体会到宋朝咄咄逼人的发展态势。宋朝建立后，南唐朝贡惟谨。李煜即位，"始下诏而不名"，开宝四年（971）又改唐国主为江南国主，唐国印为江南国主印，又上表请所赐诏呼名。下书称教，将国内官制皆作贬损改易，对待宋朝更为恭顺。曾有大臣建议南唐主乘宋灭南汉，千里用师之机收复淮南，或先灭吴越。南唐国主认为这不过是徒取速败。③ 吴越的态度也如此。吴越倾其府库向宋朝朝贡，只做苟延之计，而不敢妄想图存而取速亡。宋朝灭南唐时，李煜贻书于钱俶："今日无我，明日岂有君？一旦明天子易地酬勋，王亦大梁一布衣耳。"吴越协助宋朝攻打南唐时，丞相沈虎子劝谏道："江南国之藩蔽，今大王自撤其藩蔽，将何以卫社稷乎？"④ 钱俶何尝不知唇亡齿寒的道理，但宋朝统一趋势其锋难挡。

而且，宋朝初期的战略目标不仅要统一中原，而且意欲在国际地位上恢复唐朝规模。宋太祖已经启动统一计划，并先后统一了后蜀、荆南、湖南、南汉、南唐等政权，并积极积蓄力量准备解决幽云问题。宋太祖以赋税所余及讨伐诸国所得财富建立封桩库，拟作从辽朝购买或作为收复幽云

---

① 《宋史》卷四八七《高丽传》。
② 参前引杨渭生《宋丽关系史研究》"宋与高丽关系年表"。
③ 《宋史》卷四七八《南唐世家》、《续资治通鉴长编》卷三，建隆三年十二月乙巳。
④ 《宋史》卷四八〇《吴越世家》（第13899页）、《长编》卷一六，开宝八年四月癸丑。

的费用。他还曾说:"若虏敢犯边,我以二十四匹绢购一胡人首,其精兵不过十万人,止费我二百万匹绢,此虏尽矣。"① 开宝九年(976),群臣上尊号,中有"一统"二字,宋太祖说:"今汾晋未平,燕蓟未复,谓之一统,可乎?"虽然宋太祖的大一统仍是唐朝故土的范围,而非剿灭契丹,但也包含了在国际关系中扭转后晋时期的倒悬之势,重建华夷秩序的理想。开宝八年(975)辽朝遣使来议和,宋太祖对左右说:"自五代以来北敌强盛,盖由中原衰弱,以至晋帝蒙尘,亦否之极也。今慕化而至,乃期运使然。"②

宋太宗在位前期,继承了宋太祖的战略目标,并为此展开了积极的外交活动,力图建立打击辽朝的军事联盟。太平兴国六年,"上将大举伐契丹,遣使赐渤海王诏书,令发兵以应王师"。诏书中说道:"所宜尽出族帐,助予攻取。俟其翦灭,当行封赏。幽蓟土宇复归中朝,沙漠之外悉以相与。"③《宋会要辑稿》所载太平兴国六年致渤海诏书还称:"朕奄有万邦,光被四海,无远弗届,无思不服。惟契丹小丑,介于北荒,纠合奸凶,侵扰边鄙。"④ 同年宋朝还因"将讨击契丹,乃以诏书赐定安国王,令张犄角之势"。劝谕定安国"追念累世之耻,宿戒举国之师,当予伐罪之秋,展尔复仇之志。朔漠底定,爵赏有加,宜思永图,无失良便",并向其说明已得渤海等族支持,"况渤海愿归于朝化,扶余已背于贼庭,励乃宿心,纠其协力,克期同举"。⑤ 雍熙北伐前夕,宋朝遣韩国华出使高丽,令其联合灭辽,在赐高丽的诏书也说道:"华夏蛮貊,罔不率俾,蠢兹北裔,侵败王略",敦促高丽"申戒师徒,迭相掎角,协比邻国,同力荡平。奋其一鼓之雄,戡此垂亡之寇,良时不再,王其图之",并许诺"应俘获生口、牛羊、财物、器械,并给赐本国将士,用申赏劝"。⑥ 在雍

---

① 《文献通考》卷三四六《四裔考二十三》(中华书局1986年版)。宋·李攸:《宋朝事实》卷二〇《经略幽燕》(四库全书本)称"以三十匹绢购一敌人之首其精兵不过十万人止费我三百万匹"。

② (宋)李攸:《宋朝事实》卷二〇《经略幽燕》。

③ 《续资治通鉴长编》卷二二,太平兴国六年七月丙申,第493页。

④ 《宋会要辑稿》蕃夷四之一〇三。

⑤ 《续资治通鉴长编》卷二二,太平兴国六年十一月甲辰(第504页);《宋史》卷四九一《定安国传》(第14129页)。

⑥ 《宋史》卷四八七《高丽传》,第14038页。

熙北伐前夕，宋琪上疏称"契丹小敌，克日殄平。其奚、霫、渤海之国，各选重望亲嫡，封册为王，仍赐分器、旗鼓、车服、戈甲，优而遣之，必竭赤心，永服皇化……得奚、霫、渤海以为外臣，乃守在四夷也"①。宋朝致渤海、定安和高丽三国的诏书及宋琪上疏都反映了宋朝打败辽朝，使高丽、定安、女真、奚、霫、渤海臣服于己，重新安排东亚国际秩序，并确立自己在国际秩序中主导地位的设想和决心。

宋朝的这些活动引起的反响不一。定安国的反应最为积极明确："（定安国王）乌玄明亦怨契丹侵侮不已，欲依中国以摅宿愤，得诏大喜。于是女真遣使朝贡，道出定安，乌玄明托使者附表来上，且言扶余府昨叛契丹归其国，此契丹灾祸大至之日也。"定安国王表示："受天朝之密画，率胜兵而助讨，必欲报敌，不敢违命"。② 高丽对宋朝发兵西会的要求"迁延未即奉诏"。宋使韩国华"屡督之"，并谕以"威德"，高丽王才许诺发兵。同时大战在即，辽朝也在积极争取高丽，986年春正月"契丹遣厥烈来请和"。③ 出于本国安全考虑，高丽实际最终并未出兵参战。而渤海"竟无至者"④，对宋朝的诏书也未作出反应。宋初朝贡颇勤的女真也未出兵响应。

尽管如此，我们可以看到，在宋朝勃勃上升的势力和积极有为的行动下，已经形成了对宋朝有利的国际环境。如富弼分析争取高丽的好处时说的："朝廷若得高丽，不必候契丹动而求助。臣料契丹必疑高丽为后患，卒未敢尽众而南，只此已为中国之大利也。"⑤ 高丽、渤海、定安、女真等势力态度明确地站在宋朝阵营之中，已使宋朝在与辽朝的较量中占得有利地位。这些实力较小的势力实际出兵行动的谨慎乃出于正常的小国立场。宋、辽两大势力的决战将决定这些小国的命运乃至存亡，胜负未定之时，即使如高丽这样与辽朝公然敌对的国家也不敢贸然付出实际行动。但

---

① 《续资治通鉴长编》卷二七，雍熙三年正月戊寅，第604页。
② 《续资治通鉴长编》卷二二，太平兴国六年十一月甲辰（第504—505页）；《宋史》卷四九一《定安国传》。
③ 《宋史》卷四八七《高丽传》；《高丽史》卷三《世家·成宗》。
④ 《续资治通鉴长编》卷二二，太平兴国六年七月丙申，第493页。
⑤ （宋）赵汝愚编：《宋名臣奏议》卷一三五富弼《上仁宗河北守御十三策》，四库全书本（以下同）。

是，如果在雍熙战争中宋朝得以实现战略预期，打败辽朝，军事的胜利将带来政治的硕果，东北亚无疑将出现以宋朝为主导的秩序格局。这样的格局也正是高丽、定安，包括渤海、女真诸势力所期待的。

三 雍熙战争对东北亚政治格局的影响

雍熙三年三月，宋朝出兵北伐，由曹彬、田重进、潘美分领三路大军。曹彬率领的东路军直趋幽州，田重进和潘美率领的中路和西路军略地山后，最后与曹彬会师幽州城下，实现全面收复幽云十六州的目标。宋太宗在战后阐述此战的计划和目标说："朕昨者兴师选将，止令曹彬等于雄、霸，裹粮坐甲以张军威，竢一两月间山后平定，潘美、田重进等会兵以进，直抵幽州，共力驱攘，俾蕃部之党远遁沙漠，然后控扼险固，恢复旧疆。此朕之志也。"① 但是由于战役计划的失当，使这次战役成了宋朝的军事灾难。②

在高丽、定安、渤海等积极靠拢宋朝之时，辽朝为打破宋朝构建的联盟，再次东征。982 年至 986 年辽朝屡次东征女真、定安国。雍熙战争爆发前夕的 986 年正月辽朝东征再次大获胜利，将领萧达林等"上东征俘获"，耶律色珍等"上讨女直所获生口十余万、马二十余万及诸物"。③ 金渭显先生认为这次东征主要对象之一就是定安国，在遭受重创以后，定安国国脉已不绝如缕。④ 雍熙战争以后，辽朝更加紧了对东北亚各势力的经营。宋淳化二年（991），女真首领伊勒锦等上言："契丹怒其朝贡中国，去海岸四百里立三栅，栅置兵三千，绝其朝贡之路。"⑤ 辽朝用武力封锁了女真与宋朝的交通。宋淳化四年（993），辽朝又以 80 万大军征讨高丽，在辽朝大军压境情形下，高丽主动遣使议和，向辽"奉表请罪"，辽朝"取女直鸭渌江东数百里地"赐予高丽。⑥ 高丽于次年改行辽朝统和年

---

① （宋）彭百川：《太平治迹统类》卷三《太宗经制契丹》，四库全书本。
② 参前引曾瑞龙《经略幽燕：宋辽战争军事灾难的战略分析》。
③ 《辽史》卷一一《圣宗二》，第 119 页。
④ 前引金渭显《契丹的东北政策》第 70—71 页。
⑤ 《续资治通鉴长编》卷三二，淳化二年十二月，第 728 页。
⑥ 《辽史》卷一三《圣宗纪》，第 143 页。

号,奉辽朝正朔。①

而宋朝在战后逐步放弃了收复幽云的战略计划,其对东北亚各势力的政策发生了巨大转变。面对辽朝在东北亚的咄咄攻势,宋朝采取了退避的态度。雍熙战后,女真并未改变对辽、宋的态度。雍熙四年(987),契丹以书招抚女真,其"首领遣国人阿那乃持其书至,登州以闻"②,向宋朝作了报告。淳化二年(991),女真遭受辽朝征讨时曾"航海入朝,求发兵与三十首领共平三栅。若得师期,即先付本国,愿聚兵以俟",希望宋朝出兵,共同摧毁辽朝对女真与宋朝交通的封锁。但是宋朝并未给予援助,只是"降诏抚谕,而不为出师",使得女真"其后遂归契丹"。这一年"定安国王子大元因女真使上表",此后"亦不复至"。该年宋朝"又以渤海不通朝贡,诏女真发兵攻之,凡斩一级,赐绢五匹为赏"③。此事自然是一厢情愿,但说明渤海也已断绝了与宋朝的交往。

淳化五年(994),高丽国王治"遣使元郁来乞师,言契丹侵掠其境故也"。但是宋朝的态度却是"蛮戎相攻,盖常事,而北边甫宁,不可轻动干戈",于是"厚礼其使而归之,仍优诏答之"。"高丽自是绝不复朝贡矣"④,暂时中断了与宋朝的宗藩关系。但是高丽在辽朝的压力下一方面与女真联合,同时仍寄希望于联宋制辽。咸平二年(999),遣使入宋,"自陈国人思慕华风,为契丹劫制之状"⑤。咸平六年(1003),高丽又遣来请联合抗辽,"乞王师屯境上,为之牵制"⑥。虽然宋朝并未应允,但高丽的行为引起辽朝的警惕。大中祥符三年(1010),辽朝指责高丽"东结构于女真,西往来于宋国,是欲何谋?"⑦并借口康兆擅杀其国王诵,再次征讨高丽,并遣使告宋将征高丽。而对于辽朝用兵高丽,宋真宗与王旦等商量:"契丹伐高丽,万一高丽穷蹙,或归于我,或来乞师,何以处之?"王旦认为:"当顾其大者,契丹方固盟好,高丽贡奉累数岁不一

---

① 《高丽史》卷三《世家·成宗》。
② 《文献通考》卷三二七《四裔考四》。
③ 《续资治通鉴长编》卷三二,淳化二年十二月,第728页。
④ 《续资治通鉴长编》卷三六,淳化五年六月庚戌,第789页。
⑤ 《高丽史》卷三《世家·穆宗》。
⑥ 《宋史》卷四八七《高丽传》,第14042页。
⑦ 陈述主编:《全辽文》卷一《致高丽问罪书》,中华书局1982年版,第13页。

至。"于是宋朝令登州："如高丽有使来乞师，即语以累年贡奉不入，不敢达于朝廷。如有归投者，第存抚之，不须以闻。"① 大中祥符八年（1015）高丽再次向宋朝求援，"告契丹连岁来侵"，希望"借以圣威，示其睿略，或至倾危之际，预垂救急之恩"。② 宋朝却以"彼自有隙，朝廷无所憎爱"的和事佬的姿态将辽朝和高丽两国使节"起居宴会，并合同处"③，放在同一场合接待。虽然该年高丽"复行宋大中祥符年号"④，但宋朝的态度决定高丽必将为辽朝所制。1020年高丽和辽朝结束长达十余年的战争，罢战议和。1022年，高丽复行契丹年号⑤，自此彻底结束了与宋朝正式的宗藩关系。在高丽恢复与宋朝朝贡期间，女真曾于大中祥符八年（1015）、天禧元年（1017）及天禧三年（1019）等多次随高丽使来贡⑥。此外，"女真外又有五国，曰铁勒、曰喷讷、曰玩突、曰怕忽、曰咬里没，皆与女真接境，自天圣后没属契丹，不复入贡"⑦。

从上可见，至宋太宗淳化年间，东北各族相继断绝与宋朝朝贡，辽朝重新控制了东北各族。到1022年高丽彻底转奉辽朝正朔，东北亚地区，乃至西北地区已经形成辽朝占据主导地位的国际政治秩序。如庆历时期富弼所说："今契丹自尽服诸蕃，如元昊、回鹘、高丽、女真、渤海、蘷惹、铁勒、黑水靺鞨、室韦、鞑靼、步奚等，弱者尽有其土，强者止纳其贡赋。"⑧ 而《辽史》则称辽有"属国可纪者五十有九，朝贡无常"，东北有高丽、铁骊、靺鞨、乌舍、室韦诸部、奚诸部、女真诸部等等，西北有西夏、突厥、党项、沙陀、大食、甘州回鹘、于阗、沙州敦煌、沙州回鹘等等。⑨ 这一格局奠定了北宋此后一百余年东亚国际关系的基本秩序。

这一格局的形成原因之一当然是辽朝军事的强大和在东北亚的积极扩

---

① 《续资治通鉴长编》卷七四，大中祥符三年十一月，第1695页。
② 《高丽史》卷四《世家·显宗一》。
③ 《宋会要辑稿》蕃夷二之八。
④ 《高丽史》卷四《世家·显宗一》。
⑤ 同上。
⑥ 《续资治通鉴长编》卷八五，大中祥符八年十一月癸酉；卷九〇，天禧元年十一月癸亥；卷九四天禧三年十一月己卯。
⑦ 《文献通考》卷三二七《四裔考四》。
⑧ 《续资治通鉴长编》卷一五〇，庆历四年六月戊午，第3650页。
⑨ 《辽史》卷三六《兵卫志下·属国军》，第429—433页。

张政策,另一大原因则是雍熙战争以后宋朝实行的收缩退避的外交政策。富弼说,高丽转而依附辽朝的原因是因"高丽四次遣使修贡,每来必言不愿附契丹而愿归朝廷,(宋朝)终不允纳"①。责任完全在于宋朝的退避。其实女真、定安与最后疏离宋朝原因何尝不是如此。雍熙战争以后宋朝政策和态度的转变使后周及宋初以来中原政权勃勃上升的国际地位,以及渤海、定安、女真、高丽等东北亚势力积极靠拢宋朝的有利环境彻底丧失了。

---

① (宋)赵汝愚编:《宋名臣奏议》卷一三五富弼《上仁宗河北守御十三策》。

于阗与北宋的关系

于阗①是与北宋政治经济交往较多的国家。它远处西域,中隔西夏,与北宋朝贡次数和贸易规模却颇为可观。对两国关系的研究是揭示宋代西域与内地联系及西北丝路运行状况的代表性个案。现有研究对于阗国内政治、社会、经济有关问题已有深入的成果,对于阗与宋朝贸易往来的现象和交通路线也有一定的探讨。②对于两国在交往中各自秉持着怎样的政治和经济目的、对双方关系的认识和定位有何异同、宋朝、辽朝、西夏并立格局如何两国关系等问题还尚需进一步探讨。本文针对以上问题对于阗与北宋关系作一考察。

一 两国对双方政治关系的认识

北宋初期曾企图与辽朝争夺西域。雍熙战争前夕,宋朝曾遣王延德、白勋出使高昌回鹘。王延德、白勋太平兴国六年五月离京师,七年四月至高昌,沿途招谕各国,"所历以诏赐诸国君长袭衣、金带、缯帛"。这次遣使目的显然是配合正在筹划的北伐幽云,联络高昌回鹘,对抗契丹。契丹也闻讯派遣使节前往,并对高昌王说:"高昌本汉土,汉使来觇视封域,将有异图,王当察之。"王延德侦知其语,因谓王曰:"契丹素不顺

---

① 本文所论于阗包括宋朝史籍通称为于阗的佛教于阗国和征服于阗后的喀喇汗国。
② 参见张广达、荣新江《于阗史丛考》,中国人民大学出版社2008年版;王欣《唐末宋初于阗王国的社会经济》,《中国历史地理论丛》2004年第1辑;杨瑾《于阗与北宋王朝的贸易路线初探》,《新疆大学学报》2008年第4期;任树民《北宋时期的于阗》,《西域研究》1997年第1期。

中国，今乃反间，我欲杀之。"被高昌王劝止。双方展开了针锋相对的外交战。王延德的招谕不知是否包括于阗。但我们可以看到宋太祖朝由于尚实行积极的对外交往政策，对于阗的遣使持欢迎态度。如乾德三年于阗通过僧善名等"求通中国"，太祖命"以书及器币报之"；开宝二年对于阗国进贡"厚赐报之"。① 在此态度下，形成于阗遣使宋朝的第一次小的高潮。宋太祖朝一朝，于阗来贡6次，是宋神宗朝以前历朝最多的（参见附表）。

开宝四年至大中祥符元年（971—1008）的30余年间，于阗未入贡宋朝。任树民先生认为，其原因是其间于阗因与黑韩王朝抗争而无暇入贡，约在至道年间年（995—997）为黑韩所并，大中祥符二年（1009）才复修朝贡礼；张广达、荣新江先生的研究已经表明，于阗被喀喇汗王朝（黑韩王朝）所灭在1006年前后，其世系甚明。② 1006年（宋真宗景德三年）以后，于阗被喀喇汗王朝控制，又形成相对稳定的局面，但宋真宗、仁宗和英宗三朝于阗朝贡共仅4次。就宋朝方面而言，宋太宗后期已经放弃了北宋初期积极开拓的对外政策。对夏州政权也渐失了削藩的念头，在军事上也转而向内地退缩。宋真宗朝进一步形成了羁縻缓战的政策，放弃了灵州，景德间双方达成和议，宋朝对西夏兼并河西的行为采取消极观望和放任的态度。③ 大中祥符二年，于阗黑韩王遣使正值宋朝西北政策退缩的时期，因而宋朝对于阗也甚为冷淡。于阗请求宋朝"遣使安抚远俗"，宋朝予以拒绝："路远命使，益以劳费尔国。今降诏书，汝即赍往，亦与命使无异也。"④ 此后10余年于阗不通使宋朝，大概与此有关。天圣二年和三年于阗来进贡，宋朝也未见有乾德、开宝时期的热情表示。

宋朝利用各族牵制西夏的基本态度不是联盟，而是"以蛮夷攻蛮夷"，坐收其利。对甘州回鹘及六谷吐蕃的求援或合击的请求，宋朝都是消极敷衍，从未有实际行动。在宋夏关系最紧张的时期，宋仁宗为了联合唃厮啰，"使背击元昊以披其势"，先后于宝元元年和康定元年，派遣鲁

---

① 《宋史》卷四九〇《于阗传》。
② 任树民：《北宋时期的于阗》，《西域研究》1997年第1期；张广达、荣新江：《关于唐末宋初于阗国的国号、年号及其王家世系问题》，载前引《于阗史丛考》。
③ 李华瑞：《宋夏关系史》，河北人民出版社1998年版，第26—39页。
④ 《宋史》卷四九〇《于阗传》。

经和刘涣出使唃厮啰。① 宋朝对唃厮啰的遣使是以自身的政治需求为目的，对唃厮啰的态度如程琳所说："使唃厮罗得地，是复生一元昊，不若用间，使二羌势不合，即中国之利也。"② 在吐蕃与西夏交战时，宋朝并未给予实际支持。宋朝的这一态度，使西北各族入京朝贡者大减。庆历初，吴育针对西域诸国久不朝贡的情况说："元昊第见朝廷比年与西域诸戎不通朝贡，乃得以利啖邻境，固其巢穴，无肘腋之患。跳梁猖獗，彼得以肆而不顾矣。请募士谕唃厮啰及他蕃部，离散其党与，使并力以攻，而均其恩赐，此伐谋之要也。"并上宋真宗时通西域诸蕃事迹。③ 于阗与西夏中隔西州回鹘、黄头回纥、归义军、甘州回鹘和吐蕃诸部，西夏占领河西走廊，兼并归义军、甘州回鹘后两国仍不接壤。对宋朝而言，它不具有直接对抗西夏的作用，所以宋朝从未派遣使节前往于阗。④ 在这一背景下，于阗对宋朝的朝贡也进入最低迷的时期。宋真宗朝有 1 次，宋仁宗朝有 3 次，宋太宗朝和宋英宗朝没有朝贡。

宋神宗、宋哲宗（元祐年间除外）、宋徽宗三朝实行积极开拓的西北政策，对西北各国采取招徕和争取的政策。于阗与宋朝的交往进入最频繁的时期。整个北宋于阗入宋朝贡共计 39 次，其中 29 次就是在宋神宗、宋哲宗和宋徽宗三朝（见附表）。熙宁三年宋朝在古渭设市易司，用 30 万缗为本，以王韶主持。熙宁四年王韶全面主持了秦凤军政，开始实施熙河开边。于阗对宋朝朝贡正是自这一年开始进入最频繁的阶段。宋哲宗亲政后及宋徽宗朝继续推进宋神宗朝的政策。《宋史·于阗传》称："熙宁以来，远不逾一二岁，近则岁再至。"宋朝与于阗交往的主要目的是争取于阗在政治上投向宋朝。灵州失陷以后，张齐贤曾经提醒朝廷警惕西夏向河西扩张，指出，若赵德明"去攻六谷，则瓜、沙、甘、肃、于阗诸处渐为控制矣"⑤。但宋真宗未予重视，瓜、沙、甘、肃终为西夏兼并。宋神

---

① 《宋史》卷四九〇《高昌传》、卷四九二《吐蕃传》。
② 《续资治通鉴长编》（以下简称《长编》）卷一二三，宝元二年六月丙寅。
③ 《宋史》卷二九一《吴育传》。
④ 《宋史》卷四九〇《于阗传》记载了天禧初宋派澶州卒王贵赴于阗取"国王赵万永宝"玉印事，事极荒诞，不可信。宋真宗朝为粉饰太平，多此类事，如杜撰辇国、占城国国书，颂扬真宗朝为至世等，王贵事亦属此类。
⑤ 《宋史》卷二六五《张齐贤传》。

宗熙河开边目的是断西夏右臂，吸取前车之鉴，对于阗采取招徕和争取的政策。

于阗在宋朝经营西北中起了一些作用，甚至一度出兵袭击西夏（见下文）。但是宋朝得到于阗政治上的上述贡献是以巨大的朝贡回赐为代价的。李复《乞置榷场》奏说道："回纥、于阗、卢甘等国人赍蕃货，以中国交易为利，来称入贡，出熙河路，朝廷察知其情，故限之以年，依到本路先后之次发遣赴阙，而来者不已，守待发遣，有留滞在本路十余年者。其所赍蕃货散入诸路，多是禁物，民间私相交易。所赍物货上者有至十余万缗，下者亦不减五七万。"① 从奏章中"今湟州新复"一语可见上奏时间约为崇宁政和间，但朝贡次数之频繁、规模之大是神宗和哲宗朝已经出现的问题。

由于宋朝在政治上并冀望于阗襄助灭夏，只是防止其倒向西夏。因而对于阗不断膨胀的朝贡需求，宋朝采取了限制措施。熙宁以来，于阗朝贡"有所持无表章"②的情况颇多，真假相杂。元丰元年，宋朝规定只有携带国王表书者方可进京，并限制了进京规模，还禁止了乳香进贡和贸易："自今于阗国入贡，唯赍国王表及方物听赴阙，毋过五十人，驴马头口准此。余物解发，止令熙州、秦州安泊，差人主管卖买。婉顺开谕，除乳香以无用，不许进奉及挟带上京并诸处货易外，其余物并依常进贡博卖。"元祐二年，宋朝针对于阗"使至无时"一年数贡和别赐动辄百万的情况规定："于阗国黑汗王贡方物回赐外，余不以有无进奉，悉加赐钱三十万"，但"于阗国岁遣贡使虽多，止一加别赐"，并令"于阗国使以表章至，则间岁听一入贡，余令于熙、秦州贸易"。宋朝特意告诫于阗使节回国将"'间岁一解发赴阙'朝旨丁宁说谕，令报本国"。元祐四年还规定了于阗使节滞留的时间："于阗国进奉人到阙，不得过一百日。"③ 限制朝贡规模的行为也说明宋朝与于阗交往中对经济贸易的需求十分有限，其并非重要目的。

禁止乳香和间岁一贡的规定一度得到很好的执行，如《宋会要》蕃

---

① 李复：《潏水集》卷一《乞置榷场》。
② 《宋史》卷四九〇《于阗传》。
③ 《宋会要辑稿》（以下简称《宋会要》）蕃夷四之一六——八。

夷四之一六载：元丰三年于阗国进奉使携带了乳香，宋朝廷虽然回赐了现钱，但"其乳香所过官吏失察，令转运司劾罪"，处理了失察的官员。元祐六年，于阗使节三蕃并至，熙河兰岷路经略安抚司报告："于阗国进奉人三蕃见在界首，内打厮蛮冷移四唱厮巴一蕃已准朝旨特许解发外，今来两蕃进奉人缘已有间岁许解发指挥，欲只令熙、秦州买卖讫，约回本蕃。"①绍圣中，因知秦州游师雄言："于阗、大食、拂菻等国贡奉，般次踵至，有司惮于供赉，抑留边方，限二岁一进。外夷慕义，万里而至。此非所以来远人也。"取消了间岁一贡的限令。于是"自是讫于宣和，朝享不绝"。游师雄又说："自复洮州之后，于阗、大食、佛林、邈黎诸国皆惧，悉遣使入贡。"②则是自欺欺人之语了。徽宗朝对于阗的朝贡政策更加积极。《宋会要》蕃夷四之一八载：大观元年枢密院奏：知凤翔府王吉甫、通判王仰接待于阗使节表现懈慢，"有失朝廷来远之体"。因而被放罢。由上述来看，史籍所载于阗朝贡次数定有颇多遗漏。

在双方的政治关系上，宋朝的规定是宗藩关系。被喀喇汗国兼并以前的于阗（851—1006）曾接受后晋高祖册封，于阗国王李圣天被册封为大宝于阗国王。③在宋太祖朝朝贡中未见接受册封的记载。嘉祐八年，宋朝册封于阗（喀喇汗）国王为特进、归忠保顺、砳麟黑韩王④。特进是二品的散官，自然表示君臣的颁授，归忠保顺也表示君臣效忠之义，与甘州回鹘同。砳麟和黑韩王皆为其国自请之名，分别为金翅鸟和可汗之义。宋代史籍保存了十余通宋朝致于阗的国书⑤，皆是君臣宗藩格式，题称"赐于阗国×××敕书"，或"赐于阗国×××诏"。国书的用词也是表达君臣之义。如《宋大诏令集》卷二四〇载《赐于阗国砳麟黑汗王进奉敕书》称"卿介居藩服。驰望阙庭。露函奏以致诚。出方奇而底贡"。该卷《赐于阗国黑汗王进贺登位敕书》有"卿守藩西极，慕义中华。远闻践祚之

---

① 《宋会要》蕃夷四之一七、一八。
② 《宋史》卷四九〇《于阗传》、卷三三二《游师雄传》。
③ 《册府元龟》卷九六五《外臣部·封册第三》。
④ 《文献通考》卷三三七《四裔考十四》。
⑤ 计《宋大诏令集》卷二四〇有3通、苏颂《苏魏公文集》卷二四有3通、王珪《华阳集》卷二四有2通、郑獬《郧溪集》卷八有1通、苏轼《东坡全集》卷一一〇有5通。

新，来致梯山之贡"等语①。又如《苏魏公文集》卷二四载《赐于阗国进奉勅书》有"卿守在西陲，心驰上阙。爰遣梯山之使，荐修任土之仪"等语。但于阗并不见奉宋朝正朔，因两者的国家关系定位并不同于高丽奉宋正朔时期比较严格意义上的宗藩关系，也不同于宋朝对交趾和西夏册封郡王、南平王和国主、西平王的程序清晰的君臣关系。即使对宋朝而言，也是松散而广义的君臣关系，并非双方的一致认识。对于于阗则更是徒具虚文。

二 两国在交往中的经济目的

于阗没蕃以前，比较严格地遵循与唐朝的宗藩关系。没蕃以前的于阗地区的汉文文书"除个别用甲子纪年外，大多用唐朝的年号系年，这是于阗作为唐朝的安西四镇之一的反映"，"表明唐朝在于阗人心目中的宗主地位"；"唐朝年号的连续使用，表明当时于阗地区使用的是唐朝历法"；"从唐初到没蕃，于阗许多国王或子弟都曾留宿长安，自然对唐朝的制度和文化十分熟悉，因此，华夏族的制度和文化对于于阗有着深厚的影响"。② 但从有关文书所见复国以后的于阗虽然朝贡中原政权，并接受过后晋的册封，但是在国内却使用自己的年号。③ 于阗统治者在与回鹘交往时有称"汗"的情况，而一般都称"王"，但也可见到于阗统治者称皇帝的情况，如956年《天兴七年十一月于阗回礼使索子全状》中归义军使节书状中有"皇帝幸于暑宫，舞袖称臣。具奏本道回礼进贡大朝"，于阗宣问中还有"于虚受东朝之臣节，为朕国之血属"等语。980年前后及其后的莫高窟第61号窟和榆林窟第25窟的题记有"大朝于阗国天册皇帝"和"大朝大于阗金玉国皇帝"等语④。归义军对宋朝及对于阗和甘州

---

① 该表出自苏轼之手，又载《东坡全集》卷一一〇。
② 张广达、荣新江：《关于和田出土于阗文献的年代及其相关问题》、《关于唐末宋初于阗国的国号、年号及其王家世系问题》，载前引《于阗史丛考》。
③ 可以确知的年号有同庆、天兴、天寿、天尊、中兴，参见张广达、荣新江《关于唐末宋初于阗国的国号、年号及其王家世系问题》，载前引《于阗史丛考》。
④ 参见张广达、荣新江《关于唐末宋初于阗国的国号、年号及其王家世系问题》，载前引《于阗史丛考》。《天兴七年十一月于阗回礼使索子全状》又载唐耕耦等编《敦煌社会经济文献真迹释录》第四辑，第404—406页，标点略有不同，年代取张广达、荣新江观点。

回鹘等交往用的均是宋朝册封的官职，甚至在未正式册封前也按照规定称"权归义军节度兵马留后"等职，用语皆遵君臣之礼。如，曹延禄上宋朝表，自称"权归义军节度留后……"表中称臣，言及其父兄皆用宋朝的册封官职。① 这说明复国以后的于阗虽然向包括宋朝在内的中原政权朝贡，但并不像归义军政权那样严格遵循宗藩关系，而在国内行皇帝制度。

喀喇汗兼并于阗后，与宋朝的交往，即使在正式的外交国书中也看不到其对宋朝自诩的宗藩关系的接受和认同。如《宋史·于阗传》载，元丰四年，于阗遣使上表，称"于阗国偻罗有福力量知文法黑汗王，书与东方日出处大世界田地主汉家阿舅大官家"。将两国关系视为甥舅关系。甥舅关系也是宋朝所接受的处理于西北回鹘、吐蕃等族关系的方式，如宋朝《赐甘州回纥天圣五年历日敕书》称"皇帝舅、问甘州回纥外甥、归忠保顺可汗王夜落隔"②。但是，宋朝的甥舅是以君臣观念为前提的。而于阗的认识却并非如此。如宋徽宗朝于阗国所上表："日出东方，赫赫大光，照见西方，五百国中條贯主阿舅汗黑王。表上日出东方，赫赫大光，照见四天下，四天下條贯主阿舅大官家。你前时要那玉，自家煞是用心，只被难得似你那尺寸底。我已令人寻讨，如是得似你那尺寸底，我便送去也。"③ 表中于阗虽尊称宋朝为"四天下條贯主阿舅大官家"，但并无严格的君臣礼仪概念，所用为"你""我"等词，而非"君""臣""宗""藩"。这也说明，于阗对宋朝并无明确的政治诉求，不需理解和遵循宋朝规定的宗藩关系。

事实上，于阗与宋朝交往主要目的是经济贸易。朝贡贸易对于阗具有特别是吸引力，一是可以在宋朝"厚往薄来"的原则下获得丰厚的回赐，特别是获得大量铜钱和市场不易获得的所需商品中的上乘之物；二是可以深入内地进行贸易。朝贡规模对应更高的回赐，因而于阗的朝贡规模越来越大。《宋史》卷二《太祖二》载，乾德三年甘州回鹘和于阗进贡物品有

---

① 参见唐耕耦等编《敦煌社会经济文献真迹释录》第四辑《权归义军兵马留后曹延禄上表》、《弟归义军曹元忠致甘州回鹘可汗状》，第401、412页；荣新江《归义军史研究》，上海古籍出版社1996年版，第339—343页；张广达、荣新江《于阗史丛考》所引《沙州归义军节度使曹元忠致于阗王书》等三通归义军致于阗国王及宰相书，第295页。
② 《宋大诏令集》卷二四〇《赐甘州回纥天圣五年历日敕书》。
③ 蔡絛：《铁围山丛谈》卷一。

马 1000 匹、橐驼 500 头、玉 500 团、琥珀 500 斤，规模已颇大。熙宁十年于阗国所贡仅乳香就有 31000 余斤，市价 44000 余贯。元丰三年于阗国进奉物品有乳香、杂物等十万余斤。① 因乳香违禁且数量太大，熙州不敢解发。

回赐包括贡物折价（即狭义的回赐）、朝见朝辞的赏赐、别赐（或称特赐、加赐）和国王礼物等。《宋大诏令集》卷第二四○《赐于阗国砺鳞黑汗王进奉敕书》载，该次于阗贡物为马 1 匹、金 50 斤、玉秋辔 1 副、胡锦 18 段事，宋朝回赐钱 200 贯，马 1 匹折价 10 贯，以浙绢充，另有别赐对衣、金腰带、银器、衣着等。《苏魏公文集》卷二四《赐于阗国进奉敕书》所载朝贡贡物就整回赐钱 200 贯，马估价回赐 50 贯，以浙绢充。《赐于阗国示谕勒书》所载的回赐达到 15000 贯。天圣三年于阗朝贡除了"给还其直"，又"别赐袭衣、金带、银器百两、衣着二百，罗面于多金带"。②《宋会要》蕃夷四之一七载，元丰八年于阗进马，回赐钱 120 万，此外又特赐钱 100 万。元祐二年规定于阗国黑汗王贡物回赐外，只给一次加赐钱 30 万，但还有国王礼物，"例赐金带、锦袍、袭衣、器币"。

获得高额回赐是于阗朝贡的主要目的。嘉祐八年还出现于阗使节罗撒温等"以献物赐直少不受，及请所献独峰骆驼"的闹剧，公然以回赐太少索还贡物。宋朝另给了别赐钱五千贯，退还其所贡骆驼，已回赐的骆驼价钱不再追回。③ 这一年于阗使团出境时还大闹秦州：于阗使者"过秦州，经略使以客礼享之。使者骄甚，留月余，坏传舍什器，纵其徒入市掠饮食，民户皆昼闭"④。可见其朝贡并无恭敬宋朝之心，而只有赤裸裸的经济诉求。

除了贡赐贸易外，朝贡使团还可以开展民间的贸易。元祐二年规定间岁一贡时，也同时说明了"余令于熙、秦州贸易"。上文所说元祐六年于阗同时派遣三番使团，虽然只有一番获准进京，但另外两番被允许在熙、秦州买卖。因而于阗愿意多派使团，在边境"守待发遣，有留滞在本路

---

① 《长编》卷二八五，熙宁十年十月庚辰；卷三○九，元丰三年十月丁卯。
② 《宋史》卷四九○《于阗传》。
③ 同上。
④ 《宋史》卷二九八《陈希亮传》。

十余年者",等待进贡的机会。于阗使团携带的商品有珠、玉、珊瑚、翡翠、象牙、乳香、木香、琥珀、花蕊布、硇砂、龙盐、西锦、玉秋辔马、腽肭脐、金星石、水银、安息(香)、鸡舌香,特别是其"地产乳香,来辄群负,私与商贾牟利。不售,则归诸外府得善价,故其来益多"①。宋朝禁止其乳香进贡,即有限制贸易规模的用意。宋朝还担心回赐"如赐见钱,虑以买物为名,未肯进发",长期在境内逗留贸易,除了规定进京时间不得超过100天外,还规定回赐都折成实物,"以绢、绫、锦充"。②

伴随着通使而来的是大量的民间贸易商队。于阗最喜好的宋朝商品除了现钱、绢帛外,就是金银和茶叶。宋真宗时期,因为"(金银)为西戎回鹘所市入蕃",甚至导致"京城金银价贵"。③ 可见贸易规模之大。元丰时期,宋朝曾努力将这些民间商人引导入官方市易务贸易之中,加以控制:于阗等商人入宋交市,"而博买牙人与蕃部私交易,由小路入秦州,避免商税打扑。乞诏秦熙河岷州、通远军五市易务,募博买牙人,引致蕃货赴市易务中卖"④。熙宁以后川茶博马的贸易兴盛起来,宋朝每年向西北各族购买15000—20000匹战马。雅州名山茶专用以博马⑤。于是形成了一条起于"雅州之名山,自兰州入邈川,至于于阗"的茶叶之路,宋朝还给予于阗商人买茶以优惠,允许提举茶场司对"于阗进奉使人买茶与免税"⑥。在此形势下,徽宗时期,李复建议"置立榷场于湟州,别置蕃市以居来者,更不发遣赴阙"⑦。

宋朝政府可以通过繁荣的海上贸易获得于阗带来的乳香、象牙等香药珠宝,因而为了限制贸易规模而禁止于阗贩易乳香,但宋朝廷对于阗的商

---

① 《宋史》卷四九〇《于阗传》,另据《长编》卷二九九元丰二年七月庚辰、《宋朝事实》卷一二《仪注二》、《宋会要》蕃夷四、蕃夷七、《武林旧事》卷第二等载,于阗入宋的商品和贡品还有麝香、水银、朱砂、牛黄、生金、犀、茸褐、驼褐、三雅褐、兜罗锦、阿魏、黄连、牦牛尾、狨毛、羚羊角、竹牛角、红绿皮、玉圭、玉带、琉璃器、胡锦、铁甲、马、狮子、骆驼、于阗刀。

② 《宋会要》蕃夷七之三一。

③ 《长编》卷六八,大中祥符元年正月甲戌。

④ 《长编》卷二九九,元丰二年七月庚辰。

⑤ 参黄纯艳《宋代茶法研究》"四川榷茶与茶马贸易",云南大学出版社2002年版,第193—205页。

⑥ 《长编》卷二九〇,元丰元年六月辛亥;卷三八一,元祐元年六月甲寅。

⑦ 李复:《潏水集》卷一《乞置榷场》。

品也有一定的需求,其中于阗玉是宋朝在祭祀等多个场合需要的物品。宋神宗曾经下手诏给李宪:"朝廷奉祀所用圭、璧、璋、瓒,常患乏良玉充用,近岁于阗等国虽有贡者,然品色低下,无异恶石。尔可博选汉、蕃旧善于贾贩……令广行收市。"① "安陵中玉圭、剑佩、玉宝皆用于阗玉。"② 上引于阗国书所言"你前时要那玉"即是说宋徽宗令于阗贡玉,后于阗果以罕见之玉来上,宋朝以此制成"定命宝",合原八宝,共为九宝。③ 张端义《贵耳集》卷中记载一事:契丹有玉注碗,宋朝"自耻中国反无此器",求购于于阗国,得大璞,"使一玉人为中节,往辽觇其小大短长,如其制度而琢之"。于阗马也受宋朝喜爱。"政和中于阗国朝贡以马四匹。其一高六尺五寸,其一六尺二寸,其二皆五尺九寸。殆不类常马,其状已怪。"④ 陕西茶马贸易中四尺七寸者已是上等战马。可见于阗马之优良。于阗的花蕊布因其品质良好而颇受欢迎。欧阳修诗中有"病骨瘦便花蕊暖",所言之事就是"嘉祐八年于阗国王遣使来朝贡。恩赐宰臣已下于阗所献花蕊布,柔韧洁白如凝脂,而御风甚温,不减驼褐也"。⑤ 在沿边互市中于阗的香药珠宝等宋朝无出产或甚缺乏的商品应颇受欢迎,这些商品与宋朝的茶叶、丝绸构成互补性的贸易需求,形成很大市场空间和稳定的市场关系。

三 宋、辽、夏并立格局下于阗的抉择

宋、辽是当时主宰东亚世界秩序的两大强国,辽朝拥有强大的军事力量,但是它对于阗仍然鞭长莫及。而在经济上,宋朝能给予于阗的利益是辽朝不能望其项背的。因而,于阗虽然对辽朝朝贡,但是次数和规模远非向宋朝的朝贡可比。《契丹国志》卷二一记载了于阗等国进贡物品有:"玉、珠、犀、乳香、琥珀、玛瑙器、宾铁兵器、斜合黑皮、褐黑丝、门得丝、怕里呵、碙砂、褐里丝",与宋朝大致相同。该书又称:"(高昌

---

① 《长编》卷三四七,元丰七年七月己亥。
② 《宋史》卷一二二《礼二十五》。
③ 前引《铁围山丛谈》卷一。
④ 《铁围山丛谈》卷六。
⑤ 欧阳修:《居士集》卷一四《感事》。

国、龟兹国、于阗国、大食国、小食国、甘州、沙州、凉州）已上诸国三年一次遣使，约四百余人，至契丹贡献。""契丹回赐，至少亦不下四十万贯。"三年一次遣使，以上诸国显然未能做到，而约400人至契丹及契丹回赐40万贯，应该都是指各国的总和而言的。《辽史》记载有于阗入辽朝贡共6次（统和七年二月、三月、十一月、统和八年、开泰元年、开泰四年）①，远少于其朝贡宋朝的39次。于阗把契丹视为其赴宋朝贸易和朝贡的阻碍。元丰六年，宋神宗问于阗使节："道由诸国，有无抄略？"使节回答说："惟惧契丹耳。"又问："所经由去契丹几何里？"曰："千余里"。② 他们要很担心地避开契丹的侵扰。太平兴国六年至雍熙元年王延德出使高昌之后，宋朝已经放弃了与契丹争夺西域的意图。在与中原交往中，于阗偏向宋朝完全是宋朝巨大贸易利益的驱动。

西夏地扼西北商路，是影响于阗与宋朝交往最主要的因素。李继迁叛宋以前，西北各族主要通过河西商道入宋。乾德四年，僧行勤等往西域求佛书，所走的道路就是河西商道："其所历甘、沙、伊、肃等州，焉耆、龟兹、于阗、割禄等国。"③ 这条商道上，灵州是重要的枢纽。《宋史》卷二七〇《段思恭传》载：开宝二年，"回鹘入贡，路出灵州，交易于市"。据《长编》卷一〇开宝二年十一月庚申条载，该年还有于阗的使团与回鹘同行："辉和尔、于阗皆遣使来贡方物。"李继迁叛宋以后，西夏与凉州、甘州屡有战争，但商路基本上影响不大，特别是前期，甘州和凉州在争战中暂居胜势，河西商路尚为畅通。咸平五年，李继迁攻陷灵州后，各族主要"自兰州入镇戎军以修朝贡"④。大中祥符二年，于阗黑韩王使节回答宋真宗问题还称："今自瓜、沙抵于阗，道路清谧，行旅如流。"⑤ 赵德明、赵元昊父子先后占领甘州（天圣六年）、凉州（明道元年）、瓜、沙、肃（景祐三年），又于兰州留兵镇守，完全控制了河西商道。

西夏也有与宋朝贸易的强烈需求。如"大食国每入贡，路由沙州西界以抵秦亭。乾兴初，赵德明请道其国中，不许"。宋朝不同意，并令大

---

① 《辽史》卷七〇《属国表》、卷一五《圣宗六》
② 《宋会要》蕃夷四之一七。
③ 《宋史》卷四九〇《天竺传》。
④ 魏泰：《东轩笔录》卷三。
⑤ 《宋史》卷四九〇《于阗传》。

食以后改由海路入宋。① 商人使团过境，西夏是有利可图的。但其国贫瘠，且与西域各国经济类型大同，互补性不大。各国经由西夏只有被剥夺之苦，而无贸易之利，所以缺乏对各国的贸易吸引力。《西夏书事》卷一五载："回鹘土产，珠玉为最。帛有兜罗锦、毛氎、狨锦、注丝、熟绫、斜褐；药有腽肭脐、硇砂；香有乳香、安息、笃耨。其人善造宾铁刀、乌金银器。或为商贩，市于中国、契丹诸处。往来必由夏界，夏国将吏率十中取一，择其上品，贾人苦之。后以物美恶，杂贮毛连中，然所征亦不赀。"而青唐地区的吐蕃与宋朝有茶马贸易的巨大利益，如大中祥符八年宋朝回赐吐蕃所贡马值就达钱760万、金7000两，以及别赐锦袍、金带、供帐什物、茶药等有差。② 所以吐蕃对各国由其境入宋颇为优待。西夏尚未控制河西时，因西夏经常劫夺甘州回鹘贡使，"宗哥族感悦朝廷恩化，乃遣人援送其使，故频年得至京师"③。及元昊取西凉府，"高昌诸国商人皆趋鄯州贸卖，（吐蕃）以故富强"④。拂菻国入宋也走此路："自西大食及于阗、回纥、青唐，乃抵中国。"⑤

对于于阗国，西夏也力图使其倾向自己。元丰五年，西夏西南都统致镇戎军牒文称："夏国提封一万里，带甲数十万，西连于阗，作我欢邻，北有大燕，为我强援。"⑥ 但是，在国际交往中于阗实际上显然疏远辽朝和西夏，而选择靠近宋朝。于阗使者曾为宋朝提供沿途的信息。如，元丰六年，宋神宗见于阗使节，询问沿途经由国家。宋朝曾经谋划遣人假道董毡出使与西夏有仇的达靼，因而宋神宗这次对与西夏有仇的达靼表示了特别的关心，问："尝与夏国战者，岂此达靼乎？"曰："达靼与李氏世仇也。"于阗使节又为宋朝画《达靼诸国距汉境远近图》，神宗将其降付主持陕西军事的李宪。⑦ 元丰年间宋夏战争中，还有于阗人及其驼队为宋军运粮。元丰六年，熙河兰路制置使司报告："西贼犯兰州，破西关，虏略

---

① 《长编》卷一〇一，天圣元年十二月癸卯。
② 《长编》卷八四，大中祥符八年二月甲寅。
③ 《长编》卷八五，大中祥符八年九月丙子。
④ 《宋史》卷四九二《吐蕃传》。
⑤ 《宋史》卷四九〇《拂菻传》。
⑥ 《长编》卷三三一，元丰五年十一月乙巳。
⑦ 《长编》卷三三五，元丰六年五月丙子。

和雇运粮于阗人并橐驼。"① 元祐八年，于阗曾"请讨夏国"②，因宋朝当时转而对西夏实行安抚政策，未予同意。绍圣四年，于阗使节转告黑汗王子之言："缅药家作过，别无报效，已差人马攻甘、沙、肃三州。"人使朝辞日，宋哲宗表示："黑汗王忠向朝廷，甚喜，若果能破三城，必更厚待。"③《宋史》卷一八《哲宗二》称："黑汗王攻夏人三州，遣其子以闻。"《西夏书事》卷三〇明确记载：绍圣四年二月，"于阗国破瓜、沙、肃三州"。于阗确实付诸了实际行动。于阗的行动对西夏起到了一定的牵制作用。元祐八年因于阗向宋朝请求，"请率兵讨夏国"，西夏不得不"以兵备于阗"，"令瓜、沙诸州严兵为备"。于是，西夏东北邻塔坦，西南接邈川，西有于阗，皆为仇邦，"国之外患多矣"④，形成了极为不利的局面。

西夏控制河西后，于阗取道青唐与宋朝交往。在宋朝积极经营西北的神宗、哲宗和徽宗时期，于阗通过这条道路与宋朝保持着密切联系。元丰六年，于阗使节向宋神宗报告，他们"道由黄头回纥、草头达靼、董毡等国"。离开本国四年，在道二年，在董毡（吐蕃政权）停留了一年。⑤但吐蕃偶尔也会阻难于阗使团，宋仁宗朝，"于阗入贡，道邈川，唃厮啰留不遣"。后其子木征又"留贡使"。经过宋朝的交涉，都得到妥善解决。宋神宗时，武胜军诸族"首领药厮逋邀劫于阗贡物"，"闭于阗诸国朝贡道，击夺般次"。宋遣将斩杀之。⑥ 使于阗基本上能够顺利保持与宋朝的交往。

附表　　　　　　　　于阗朝贡北宋表

时间	资料来源	时间	资料来源
建隆二年	《宋会要》蕃夷七之一	元丰八年	《宋会要》蕃夷四之一七
乾德三年	《宋会要》蕃夷四之八八	元祐元年	《宋会要》蕃夷四之一七

① 《宋会要》蕃夷四之一七。
② 《宋史》卷四九〇《于阗传》。
③ 《宋会要》蕃夷四之一八。
④ 《西夏书事》卷三〇。
⑤ 《宋会要》蕃夷四之一七。
⑥ 《宋史》卷三一七《钱明逸传》、卷三五〇《王君万传》、卷四九二《吐蕃传》。

续表

时间	资料来源	时间	资料来源
乾德四年	《宋朝事实》卷一二	元祐二年	《宋会要》蕃夷四之一七
开宝元年	《宋会要》蕃夷四之二	元祐三年	《宋会要》蕃夷四之一七
开宝二年	《宋会要》蕃夷七之三	元祐四年	《宋会要》蕃夷四之一八
开宝四年	《宋史·于阗传》	元祐五年	《宋史·哲宗一》
大中祥符二年	《宋朝事实》卷一二	元祐六年二月	《长编》卷四五五元祐六年二月庚子
天圣二年	《宋朝事实》卷一二	元祐六年六月	《宋会要》蕃夷四之一八
天圣三年	《宋会要》蕃夷七之二三	元祐六年十二月	《宋会要》蕃夷四之一八
嘉祐八年（治平元年）①	《宋史·于阗传》、《宋会要》蕃夷七之三一	元祐七年	《宋史·哲宗一》
熙宁四年	《宋会要》蕃夷七之三二	绍圣三年	《宋会要》蕃夷四之一八
熙宁五年	《宋会要》蕃夷七之三三	绍圣四年	《宋会要》蕃夷四之一八
熙宁六年	《宋朝事实》卷一二	崇宁二年	《宋史·徽宗一》
熙宁七年	《宋会要》蕃夷七之三三	大观元年	《宋会要》蕃夷四之一八
熙宁十年	《宋会要》蕃夷七之三三	大观二年	《宋会要》蕃夷四之一八
元丰元年	《宋会要》蕃夷四之一六	政和七年	《宋史·徽宗三》
元丰二年	《宋会要》蕃夷四之一六	政和八年	《宋会要》蕃夷四之一八
元丰三年	《宋会要》蕃夷四之一六	重和元年	《宋史·徽宗三》
元丰四年	《宋会要》蕃夷四之一六	宣和六年	《宋会要》蕃夷四之一八
元丰六年	《宋会要》蕃夷四之一七		

① 嘉祐八年和治平元年朝贡疑为同一次，两书都称此次朝贡使节为罗撒温，都言及退还独峰驼及别赐钱五千贯事。

宋朝对西南少数民族的
基本政策与控制手段

以宋朝为中心的政治格局可以粗略地分为直辖郡县、羁縻地区、朝贡诸国几个层次。细致地分析，每一个层次又存在具体的差异，表现为复杂多样的形态。西南少数民族地区属于羁縻地区，宋朝对该地区有是否任命土官之别，具体政策也呈现多样的形态。立足于西南少数民族历史的研究已有不少成果，也有专门探讨宋朝民族政策的成果初步地讨论了宋朝对西南少数民族的政策[①]，但宋朝对西南少数民族政策差异形态和羁縻制度的具体实施方式还有待更深入细致的阐释。本文拟对此作进一步考察。

一 多层次、多制度的政策格局

赵升《朝野类要》卷一《羁縻》说："荆、广、川、峡溪洞诸蛮及部落蕃夷受本朝官封，而时有进贡者，本朝悉制为羁縻州。"将官封和进贡的民族地区称为羁縻州。范成大又将羁縻州以外的地区称为"化外"。《桂海虞衡志·志蛮》说："今郡县之外羁縻州洞……过羁縻则谓之化外。"范成大还说"宜州管下亦有羁縻州县十余所，其法尤疏，几似化外"。还是指出了羁縻州县与化外的区别。广义而言，大理、安南等也属

---

① 代表性的著作有江应樑《中国民族史》（中），民族出版社1990年版；尤中《中国西南民族史》，云南人民出版社1985年版；安国楼《宋朝周边民族政策研究》，文津出版社1997年版。代表性的论文有刘复生《自杞国考略》，《民族研究》1993年第5期；林文勋《宋王朝边疆民族政策的创新及其历史地位》，《中国边疆史地研究》2008年第4期等，此不一一枚举。

"化外"。吴儆所说的邕州化外诸国就包括了大理和安南①。南宋对两国以藩属国待之,在国书中称其首领为国王,与羁縻州和一般的化外诸蛮仍有区别。

(一) 宋朝对羁縻州的管理

宋朝以沿边正州管辖邻近的羁縻州,称为某州管下羁縻州,或某州管下某蛮,如颁赐给宜州管下诸蛮 60 颗印皆"以'宜州管下羁縻某州之印'为文",又有"雅州管下西山野川路蛮"之称等。② 四川管辖羁縻州的正州主要有茂州、雅州、黎州、叙州、戎州、泸州、黔州和施州,其中雅州管羁縻州 46;茂州管羁縻州 10;黎州管羁縻州 54;戎州管羁縻州 30;泸州管羁縻州 18;黔州管黔内州 6、羁縻州 10;施州管羁縻州 5。荆湖路澧州管羁縻州数十州;辰州管南北江溪洞州 56。广西管辖羁縻州的正州主要是宜州和邕州,宜州管羁縻州 18;邕州管左右西江羁縻州县洞总 36,其中羁縻州 30。③ 羁縻州的数量在变动之中,如长宁军和宾州分别是由邕州和泸州羁縻州升为正州的。④ 因而史籍所载各正州所辖羁縻州数量有可能不同。《宋史·地理五》载:黔州管羁縻州 49,南渡后管羁縻州 56。《宋史·地理六》载:邕州管羁縻州 44、县 5、洞 11,宜州管羁縻州 10、军 1、监 2,此外融州管羁縻州 1。

以上正州首先负有控扼防备羁縻州的责任(见下文),其次羁縻州与宋朝廷间的事务一般经过所隶正州。如南北江诸蛮事务一般都经过辰州。"南江诸蛮亦隶辰州,贡进则给以驿券"。北江彭氏誓下二十州刺史承袭,先由都誓主率群酋合议推举当立者,然后"具州名移辰州为保证,申钤辖司以闻"。被安置于洛阳的下溪州刺史彭仕汉逃回,申请发还家属,也是"以状白辰州"。⑤ 下溪州彭师晏申请袭位,"因辰州以闻"。后彭师晏

---

① 吴儆:《竹洲集》卷二《论广西帅臣兼知漕计》、卷一《论邕州化外诸国》,文渊阁《四库全书》影印本(以下同)。
② 《宋史》卷一五四《舆服六》,中华书局 1977 年标点本(以下同),第 3594 页;《宋会要辑稿》蕃夷五之三,中华书局 1957 年影印本(以下同)。
③ 曾公亮等:《武经总要》前集卷一九、前集卷二〇《边防》,文渊阁《四库全书》影印本(以下同)。
④ 《宋史》卷八九《地理五》、卷九〇《地理六》,第 2243、2219 页。
⑤ 《宋史》卷四九三《蛮夷一》,第 14178、14180 页。

举州内附,又由知辰州陶弼派兵在下溪州置会溪城黔安寨守卫。① 大渡河外诸蛮则经过黎州。宋太宗曾"命黎州造舟大度河,以济西南蛮朝贡者"②。此外,管辖羁縻州的正州还负责调解羁縻州内部的纠纷,如邕州"洞丁有争,各讼诸酋,酋不能决,若酋自争,则讼诸寨或提举。又不能决,讼诸邕管,次至帅司而止"③。

羁縻州事务由正州知州、通判分工负责。如黎州"通判专任市马,太守专任边事"④。咸平二年(999)诏令广南宜、邕、融等州知州"自今在任能绥抚蛮夷、俾其乐业者,代还日,当议优奖。如致生事,重行朝典"。大中祥符九年(1016)知宜州董元因"不善绥抚"蛮人,致其为乱,被罢职。⑤ 如果诸蛮为乱,知州有责任讨平。如刘平权泸州事时"夷人寇淯井监",刘平"率土丁三千击走之"。⑥

这些正州常被赋予专决蛮事的权力。如茂州管下各羁縻州事务"得专决","事无巨细皆自处",各羁縻州"自推一人为将统其众,将常在州听要束"。⑦ 宋孝宗朝规定"黎州屯戍土军、禁军等,并听黎州守臣节制,其西兵遇有边事,亦听本州守臣节制";"凡制置司所遣兵将至黎州,亦当委黎州太守节制"。⑧ 因而宋朝对较近边的羁縻州有比较强的控制。如辰州所管下溪州刺史彭仕羲借入贡之机"诉州官于登闻",宋朝斥责他"天子恩信及尔,尔狡而无厌,我当择于众族,求其可代汝者请之于朝,汝其图之"。彭仕羲始惧,"不复敢讼"。⑨

(二) 宋朝"化外诸蛮"

"化外"是一个地理概念,也是一个文化概念。宋王朝版图之外的民族自然是化外之民,作为文化概念,宋王朝版图之内未受华夏之风影响的

---

① 《太平治迹统类》卷一七《神宗平下溪州》,文渊阁《四库全书》影印本(以下同)。
② 《玉海》卷一五三《乾德西南夷内附贡铜鼓》,广陵书社2003年版,第2816页。
③ 《文献通考》卷三三〇《四裔考七》,中华书局1986年版(以下同),第2588页。
④ 《文献通考》卷三三〇《四裔考七》,第2590页。
⑤ 《宋会要辑稿》蕃夷五之五。
⑥ 《宋史》卷三二五《刘平传》,第10499页。
⑦ 《宋史》卷二八六《蔡延庆传》,第9639页。
⑧ 《宋会要辑稿》蕃夷五之五五。
⑨ 《范文正集》卷一三《贾公(昌龄)墓志铭》,文渊阁《四库全书》影印本。

民族也会被视为"化外"。宋朝化外之民既包括地里较远，宋朝鞭长莫及的地区，如自杞国、罗殿国等，也包括生黎、生蛮等。

《武经总要》前集卷二〇《边防》称"蛮夷诸种惟其内属之国则皆列为郡县，有酋长，颇同齐人。其余类无君长，随溪谷群处，有采捕而无赋役则曰莫猺，错居山谷间者则曰夷人、獠人、黎人，濒海而居者则曰蜑户，其名不可胜纪"。列为郡县者即为羁縻州，其余则为化外。海南岛居民就被划分为三种类型：省民、熟黎和生黎。以黎母山为中心，"内为生黎，去州县远，不供赋役；外为熟黎，耕省地，供赋役"；又其外直辖州县所管之省民。① 或称"服属州者为熟黎，其居山峒无征徭者为生黎"②。生黎可进化为熟黎和省民。淳熙八年（1181）韩侯治理省地黎人，民俗一变，"化外黎人闻风感慕，至有愿得供田税比省民者"③。荆湖南北路的辰州等地也如此划分："其居内地者谓之省民、熟户，山猺、峒丁乃居外为捍蔽。"④《岭外代答》卷四《峒丁戍边》称"羁縻州之民谓之峒丁"。可知峒丁是羁縻州县民，而山猺则是不置州县的"化外"之民。

范成大《桂海虞衡志·志蛮》称："邕州南江之外者罗殿、自杞等以国名，罗孔、特磨、白衣、九道等以道名，而羲州以西别有酋长，无所统属者。苏绮、罗坐、夜面、计利、流求、万寿、多岭、阿悟等蛮谓之生蛮。"这些都是宋朝不设置羁縻州县的化外之地。

罗殿和自杞都以国名，是化外诸蛮中发展水平最高者。罗殿国北宋时已与宋朝有交往。《文献通考·四裔考五》称罗殿国自"唐会昌中封其帅为罗殿王，世袭爵，岁以马至横山互市，亦有移至邕，称守罗国王罗吕，押马者称西南谢蕃、知武州节度使都大照会罗殿国文字"。有国王，置州郡。罗殿国曾于宣和间入宋朝贡，其与宋朝交往和称"国"都早于自杞，最初其发展水平应该高于自杞国。其国"有文书"，统治阶层有人懂汉文。自杞国学习汉文汉语要"自罗殿致书生，教之华言，教之字画"，其国致宋朝的文书"候问寒温之式与中国不异"。⑤ 自杞国在南宋成为宋朝

---

① 周去非：《岭外代答》卷二《海外黎蛮》，中华书局1999年点校本，第70页。
② 《文献通考》卷三三一《四裔考八》，第2599页。
③ 《晦庵集》卷七九《琼州知乐亭记》，文渊阁《四库全书》影印本。
④ 《宋会要辑稿》蕃夷五之七〇。
⑤ 吴儆：《竹洲集》卷一〇《邕州化外诸国土俗记》。

与大理贸易的主要中间商，后来居上，成为邕州界外诸蛮中最富强的势力，称国王，设年号，建立了一支强大的军队。① 自杞国致邕州的文书曾"以乾贞为年号"，宋朝边臣指责其"不用本朝年号及犯本朝庙讳"。② 吴儆一再强调"化外有自杞国，皆兵强地大，骄悍难制"，"胜兵十余万"，"国势强盛，独雄于诸蛮"，并"侵夺大理盐池，及臣属化外诸蛮獠，至羁縻州洞境上"。③ 不仅政治上与宋朝没有管辖和册封关系，而且是宋朝的威胁。

（三）因俗而治

《武经总要》前集卷二〇《边防》概括羁縻州制道："即其土人建立郡县，有时贡无地租，领州者多许夷人世袭。""朝廷得控御之策，惟城要害置屯戍，来则通之，去则备之，羁縻而已。"首领世袭、不征赋税的因俗而治政策同时也是宋朝对羁縻州和化外诸蛮总体策略。

因俗而治首先体现在首领职位普遍实行世袭。如黔州之外的思州"系夷族世袭"。荆湖北江蛮都誓主彭氏自五代楚王马希范授彭士愁溪州刺史，"其后世子孙世袭士愁官爵"。④ 下溪州刺史彭允殊致仕，以其侄彭文勇为刺史，到彭仕羲册命为刺史，"自允殊至仕羲，五世矣"。不唯自允殊至仕羲五世世袭，直到清朝改土归流彭氏皆世袭溪州刺史。其誓下州知州或刺史也实行世袭。如珍州刺史田景迁卒，宋朝廷赐封其子彦伊为刺史。知上溪州彭君保卒，其弟彭君佐袭位。⑤ 邛部川都蛮王诺驱死后，其子阿逴继立⑥。西南蕃王南宁州刺史龙彦瑫卒，其子汉瑭袭位。保州刺史董奇死，命其子绍重继为刺史。董绍重卒，又命其子董霸知保州。忠州刺史"九世相传"，刺史阿永卒，由其子阿祥承袭。⑦ 其他各羁縻州都实行世袭，不一一胪列。宋朝不仅允许羁縻州世袭，而且会努力维护世袭的秩

---

① 可参前引刘复生《自杞国考略》。
② 吴儆：《竹洲集》卷一〇《邕州化外诸国土俗记》。
③ 吴儆：《竹洲集》卷一《论邕州化外诸国》，卷二《论乞委漕臣同帅臣措置沿边》、《论广西帅臣兼知漕计》，卷一〇《邕州化外诸国土俗记》。
④ 《太平治迹统类》卷一七《神宗平下溪州》。
⑤ 《宋会要辑稿》蕃夷五之七〇、七三、八一。
⑥ 《宋史》卷四九六《蛮夷四》，第14234页。
⑦ 《宋会要辑稿》蕃夷五之一〇、一一、一二、四一、四二。

序。如大中祥符三年（1010）"羁縻霸州刺史董忠义卒，子当继袭，缘尚幼，请以从弟延早领州事"，宋真宗认为"夷治落中，父亡子继，朝廷旧制，盖杜其侥幸，使知定分。今易此例，必贻后患"。"乃与其子，许以近亲左右之"。次年董延早杀新任知霸州董仕喆，宋朝廷仍"令依例以其子承袭"。①

宋神宗、宋徽宗朝大事开拓，令蛮夷纳土，但原羁縻州之大部分地区仍实行世袭制，只是令蛮酋兼领军政之责，直到南宋时仍如此。如泸州安溪寨夷王募越于大观三年（1109）纳土，补从义郎，"主管本地分南岸一带巡检职事"，宣和五年（1123）身亡，其子王道华承袭，王道华卒，其子王士宗未曾承袭而死，士宗之子王阿八当承袭，因患风疾，不愿承袭，又无长成儿男，请以亲侄男王鉴承袭，宋朝乃以王鉴补祖上职名。各地羁縻州大都如此。绍熙二年（1191）宋朝敕令"应荆湖、广南、川峡等路溪洞头首土人内有子孙依条合承袭职名差遣，及主管年满人合得恩赐之类，并仰逐路帅司疾速取会诣实，保明闻奏"。自后遇郊祀、明堂大礼皆如此。②

"化外"诸蛮则更是实行世袭制。琼州化外生黎一部归顺王化后，"三代受朝廷告命"。绍兴间黄氏承袭，弹压边界宁静，特封宜人。后由其女王氏袭封宜人、三十六洞都统领。③ 上述罗殿和自杞国则完全脱离于宋朝的政制控制之外，宋朝不干涉其王位承袭。

因俗而治的表现之二是不征赋税。《武经总要》前集卷二〇《边防》说处理海南黎人问题的英明办法就是"不以不居之地、不教之俗反劳敝中国之众也"，"率羁縻而不属"，"不给赋役，不资馈饷，习其风土"，甚至主动请求纳税宋朝也不接受。宋太宗时溪州蛮"诣辰州，愿比内郡输租赋。诏本道按山川地势以图来献，卒不许之，惟赐以印绶，羁縻不绝而已"。④ 咸平元年（998），富州向通汉"又言请定租赋，真宗以荒服不征，弗之许"。⑤

---

① 《宋会要辑稿》蕃夷五之一六、一七。
② 《宋会要辑稿》蕃夷五之九八、九九、一〇二。
③ 《宋会要辑稿》蕃夷五之四八、四九。
④ 《太平治迹统类》卷一七《神宗平下溪州》。
⑤ 《宋史》卷四九三《蛮夷一》，第14174页。

在允许世袭和不征赋税的同时也保持了原有的社会结构和社会风俗。至道元年（995）蕃王龙汉（王尧）遣使贡方物，宋太宗问其地理风俗，译者回答说：该蕃亦农亦猎，"每三二百户为一州，州有长。其刑罚止用鞭扑，杀人者不偿死，尽人家财以赎。国王所居城郭无壁垒，官府惟短垣"，"彼中亦僭命，官司有称谏大夫者"。可见宋朝廷的册封并未改变其社会内部构成。风俗上更是因其故俗。《文献通考·四裔考七》载：蛮夷"大抵人物犷悍，风俗荒怪，不可尽以中国教法绳治，姑羁縻之而已"。淳化元年（990）富州蛮向万通杀人"取五藏及首以祀魔鬼。朝廷以其远俗，特令勿问"。不干预其俗。宋真宗曾指示：诸蛮内部的纠纷，其自"有本土之法"，不要"以国法绳之"，而且强调"羁縻之道正在于此"。① 即所谓"禽兽畜之，务在羁縻，不深治也"②。自杞国和罗殿国一方面受到中原文明的影响，"其首领多能华言，纵行书，如中国童蒙所书"，同时保持着有别于中原的习俗，"其人皆椎髻，旐裘，跣足，有被发髡首者……风俗、土产、兵器、衣制大略与西南夷不异"③。

宋神宗和宋徽宗朝大力拓边，荆湖南北江和广西沿边大量羁縻州纳土，但最终大部分又恢复旧制。宋神宗朝，章惇经制南、北江，"南江之舒氏、北江之彭氏、梅山之苏氏、诚州之杨氏相继纳土，创立城砦，使之比内地为王民"，"出租赋如汉民"。广西"诸溪峒相继纳土，愿为王民，始创城砦，比之内地"。④ 但是在经济基础和社会结构都与内地差异极大的地区直接统治，不仅成本很高，而且也无法实现。南江的"沅、诚州创建以来，设官屯兵，布列砦县，募役人，调戍兵，费巨万，公私骚然，荆湖两路为之空竭"。元祐中，有人请求废置，乃"诏悉废所置州郡，复祖宗之旧焉"⑤。崇宁以后再次开边拓土。荆湖、广西、四川沿边若干羁縻州皆纳土输赋。⑥ 仍出现成本太高的问题。如南丹为

---

① 《宋会要辑稿》蕃夷五之一二、七四、四三。
② 《宋史》卷四九五《蛮夷三》，第14209页。
③ 吴儆：《竹洲集》卷一〇《邕州化外诸国土俗记》。
④ 《宋史》卷四九三《蛮夷一》、卷四九五《蛮夷三》，第14180、14209页。
⑤ 同上书，第14181、14209页。
⑥ 《宋会要辑稿》蕃夷五之九三、九四。

观州,"设知州一人、其它职官十人,吏额五十人,厢禁军等兵员千余人","岁费钱一万二千九百余贯、米八千八百一十七石有奇。州无税租户籍,皆仰给邻郡,飞挽涉险阻","縻费亦不可胜计"。融州羁縻州平州纳土后"縻费甚于观州"。最后二州皆废"复祖宗旧制"。① 叙州管下董蛮保州改为祺州,霸州改为亨州,置官吏,也出现岁费钱粮数万贯石的高昂成本。南宋仍基本实行"以蛮徭治蛮徭"的政策。②

二 政治、经济和军事并行的控制手段

(一)政治名分为前提:朝贡与册封

宋朝以中华"正统"自居,就要恪守华夷名分,因为"君臣名号,中国所以辨名分、别上下也"。"国家统临万国,垂九十年,蛮夷戎狄舍耶律氏则皆爵命而羁縻之。有不臣者,中国耻焉。"③ 除契丹外都应臣服于宋朝,西南少数民族也是一样,朝贡和册封就是宋朝与各族君臣名分的表现形式。

西南沿边各族大都与宋朝有朝贡关系。《武经总要》前集卷一九《边防》载:施州所"管羁縻等五州,时通朝贡";黔州所管羁縻州也"得通朝贡";泸州和戎州所管羁縻州"许世袭,通时贡"。广西各羁縻州也"奉正朔,修职贡"④。庞元英《文昌杂录》卷一所载"主客所掌诸番",即赴阙朝贡的国家和民族中有西南五蕃(罗、龙、方、张、石五姓蕃)、荆湖路溪洞及邛部、黎、雅等蛮徭。《宋史·礼二十二》所载朝贡仪也包括罗殿、西南诸蕃、邛部川蛮、溪峒之属见辞仪,诸族朝贡"或比间数岁入贡","或一再,或三四,不常至"。

有一些民族形成了稳定的朝贡制度。明道元年(1032)宋朝规定邛部川蛮五年一贡。元丰年间规定西南五姓蕃"五岁听一贡,人有定数,无辄增加"。年限不到需经特许才能入贡。如元祐二年(1087)西

---

① 《宋史》卷四九五《蛮夷三》,第14211、14212页。
② 《宋会要辑稿》蕃夷五之一〇三。
③ 尹洙:《河南集》卷八《议西夏臣服诚伪书》,文渊阁《四库全书》影印本。
④ 《宋史》卷四九五《蛮夷三》,第14209页。

南石蕃来贡，年限未满，"诏特许入贡"。① 溪州蛮每年圣节、冬至和正旦进常贡。庆历四年（1044）宋朝断绝溪州蛮朝贡，经多次投书请求，皇祐三年（1051）终于允许乾元节"贡献如旧"。说明圣节朝贡是惯行的旧例。不仅如此。元祐五年（1090）溪州誓下知保静州彭儒武等还"各进贡兴龙节、冬至、正旦节溪布"。知下溪州彭仕羲奏请"与同誓二十州每岁入贡"。② 宋朝批准其请求。

宋朝对朝贡各羁縻州首领和使节赐封官爵，确立君臣关系。各族首领获得宋朝"降真命"，方能取得与宋朝交往的合法身份。西南蕃王龙汉璇首次入贡时自称权南宁州事兼蕃落使，并"上伪蜀孟氏所给符印，请降真命"。宋朝封其为归德将军、南宁州刺史，并赐印。③ 继任者也需重新获得册封。宋朝"旧制：溪峒知州卒，承袭者许进奉行州事，抚遏蛮人，及五年，安抚司为奏给敕告"④。

对羁縻州县的册封，"大者为州，小者为县，又小者为洞"，"其酋皆世袭"，"有知州、权州、监州、知县、知洞，皆命于安抚若监司，给文帖朱记。其次有同发遣、权发遣之属，谓之官典，各命于其州"。⑤ 北江彭氏自五代以来既建立自己的统治系统，誓下二十州"皆置刺史，而以下溪州刺史兼都誓主，十九州皆隶焉"。归宋后，知州更替也需宋朝册命。上文说到彭氏誓下诸州知州、刺史更替时将当袭者具名经辰州保明呈报，获赐敕告印牌，取得合法身份。

除了知州、知县等差遣外，宋朝廷还给诸蛮首领赐封各种检校官、爵位、军职等。如董蛮首领董绍重太平兴国六年（981）所封为银青光禄大夫、检校司空、使持节、保州诸军事、保州刺史、兼御史大夫、上柱国、陇西县开国男、食邑三百户。至道元年（995）新立霸州刺史董忠义初封为银青光禄大夫、检校工部尚书、使持节、霸州诸军事、霸州

---

① 《宋史》卷四九六《蛮夷四》，第 14234、14241、14242 页，《宋会要辑稿》蕃夷五之三二。
② 《宋会要辑稿》蕃夷五之八四、九一。
③ 《宋会要辑稿》蕃夷五之一一。
④ 《宋史》卷四九三《蛮夷一》，第 14185 页。
⑤ 《文献通考》卷三三〇《四裔考七》，第 2588 页。

刺史、兼御史大夫、上柱国。① 雍熙二年（985）邛部川都鬼主诺驱遣使朝贡，宋朝封诺驱为怀化将军。淳化二年（991）诺驱遣使来贡，再封为怀化大将军，授予官告、敕书及日历。天圣九年（1031）封邛部川都蛮王黎在为保义将军，又命其部族30余人为郎将、司戈、司候等。② 乾道九年（1173），封邛部首领崖袜为金紫光禄大夫、怀化校尉、都鬼主。③ 虽然这些官爵名号诸蛮并不一定理解，如下溪州刺史彭仕羲获封金紫光禄大夫，"蛮人不晓品秩，累诉除落'金紫'二字，不满其所望也"④。但对宋朝来说这些形式具有确定君臣名分的重要意义。

有的赐封是根据少数民族首领自己的要求，如田汉权以"古晃州印一钮来献，因请命"，宋朝"以汉权为晃州刺史"。⑤ 宋朝还应泸州管下乌蛮王子得益所请"复建姚州，以得盖为刺史，铸印赐之"。邛部川蛮首领诺驱"乞给印，以'大渡河南山前、后都鬼主'为文"，宋朝同意其请求。邛部川苴克遣使来贡，自称"大渡河南邛部州山前、山后百蛮都首领"，苴克死后，"诏以其子韦则为怀化校尉、大渡河南邛部州都鬼主"。⑥ 也并非所有的册封要求都能得到宋朝的承认，如景德二年（1005）"夔州路降蛮首领皆自署职名，请因而命之。上不许"⑦。

对等国家的外交，如宋辽之间，并不赐封对方使节，而宋朝赐封西南各族贡使，表明陪臣身份。如元符元年（1098）封西南龙蕃进奉人龙延骞、龙以亮、龙延解、龙文涉等人151人分别为归德大将军、安远大将军、归德将军、宁远将军、安远将军、武宁郎将、奉化郎将、安化郎将、保顺郎将等。罗蕃进奉人罗以增等22人为奉化郎将、保顺郎将。⑧ 宋朝与"化外诸蛮"虽多无册封关系，但也要求以君臣关系与宋交往，如上举自杞国擅用自己年号，宋朝边臣强烈指责其"不用本朝

---

① 《宋会要辑稿》蕃夷五之一一、一二。
② 《宋史》卷四九六《蛮夷四》，第14234页。
③ 《文献通考》卷三三〇《四裔考七》，第2590页。
④ 《宋会要辑稿》蕃夷五之八四。
⑤ 《宋会要辑稿》蕃夷五之七四。
⑥ 《宋史》卷四九六《蛮夷四》，第14235页。
⑦ 《宋会要辑稿》蕃夷五之七六。
⑧ 《续资治通鉴长编》卷四九四，元符元年二月癸未；卷四九七，元符元年四月丙午，中华书局2004年版（以下同），第11745、11837页。

(指宋朝）年号及犯本朝庙讳"。

(二) 处理与西南诸民族关系的经济手段

宋仁宗时有臣僚说："蛮中贫薄，所以不轻犯约束，以生生之具皆仰于汉也。是汉已制其命矣。"① 指出宋朝可以利用少数民族对内地的经济依赖，运用制约少数民族的经济手段。林文勋指出重视经济手段是宋朝处理民族问题的新特点②。宋朝处理民族关系的经济手段主要体现在贡赐贸易和边境互市两个方面。

1. 朝贡回赐

朝贡诸族可通过回赐获得所需的内地物资。《苏魏公文集》卷二四载：西南程蕃进贡马2匹、毡2领，宋朝回赐红中锦夹旋襴、腰带、衣着；龙蕃进贡马2匹、朱砂20两、毡2领，宋朝回赐红中锦夹旋襴1领、八两浑金镀银腰带1条、衣着15匹。宋朝的回赐是"厚往薄来"的。如绍兴四年（1134）溪州诸彭入贡，宋高宗诏令"估价优与回赐"，因而溪州"蛮酋岁贡溪布，利于回赐，颇觉驯伏"。③ 又如泸州蛮贡马，"官以银缯偿之，（泸州蛮）所得亡虑数倍"，"马之直虽约二十千，然揆以银彩之直则每匹可九十余千"。④

宋朝给予的回赐除了贡物折价外，还有特赐和使节赐予。政和七年（1117）海南黎人入贡，"特赐钱五百贯"，到京后又"于榷货务支幞头、帽子、公服、腰带给赐"。⑤ 所谓特赐就是贡物折价和使节赐予以外的加赐⑥。使节赐予一般是按人发给。如皇祐二年（1050）西南龙蕃，除贡品回赐锦袍、银带、衣币外，券外蛮人40人每人支赐彩3匹。⑦ 因使节可按人获得赐予，诸蛮将增加进贡频率和使团人数作为获

---

① 刘敞：《公是集》卷五一《先考益州府君行状》，文渊阁《四库全书》影印本（以下同）。
② 参见前引林文勋《宋王朝边疆民族政策的创新及其历史地位》。
③ 《宋会要辑稿》蕃夷五之九五、《宋史》卷四九四《蛮夷二》，第14192页。
④ 《建炎以来系年要录》卷六四，绍兴三年四月戊申，中华书局1988年版（以下同），第1095页。
⑤ 《宋会要辑稿》蕃夷五之四四。
⑥ 参见黄纯艳《宋代朝贡贸易中的回赐问题》，《厦门大学学报》2011年第3期。
⑦ 《宋会要辑稿》蕃夷五之二二。

取回赐利益的途径。如泸州蛮贡马每岁"诸蛮从而至者几二千人"。宋朝回赐和接待费用"自蛮长已下所给马直及散犒之物,岁用银帛四千余匹两,盐六千余斤"①。宋朝规定"五姓蕃五岁听一贡,人有定数"。但西南蕃使团动辄数百人甚至上千人。咸平元年(998)西南蕃遣使998人,咸平五年(1002)遣使1600人,大中祥符二年(1009)遣使1245人,大中祥符六年(1013)遣使200余人,大中祥符七年遣使1500人。②邛部川等蛮的朝贡规模也很大。雍熙二年遣使172人,端拱二年遣使350人,淳化二年至少有191人,咸平五年遣使200余人,庆历四年遣使339人。③夔蛮曾拟派遣1500人的朝贡使团,安化州蛮曾派遣488人的使团。④

宋朝便将限制使节人数和朝贡次数以减少费用。大中祥符九年(1016)宋朝规定西南蕃使团赴阙,只"令首领三二十人同来,自余纳所贡物,优赐遣归"。但此后情况并未改观。天禧三年(1019)遣使1300人,天圣五年(1027)遣使719人,熙宁六年(1073)遣使890人。宋神宗朝又规定西南蕃赴阙"以七十人为额,不可增"⑤。天圣四年规定溪洞诸州蛮人进奉,"今后只于逐州交纳贡物,给赐价钱,每二年一次,许首领至京,因便买卖",改变原来每年至京的状况⑥,且规定"如逐州欲得上京货易,每三年一次,于元定数十人内量差三二人上京",即"许每十人内量令三二人上京"。⑦明道元年(1032),邛部川蛮请求三岁一贡,宋仍其五年一贡。景祐初邛部川蛮再次申请三年一贡,"诏如明道令"。宝元元年(1038)又请三岁一贡,仍不许。⑧

诸蛮有罪者宋朝拒绝其朝贡,作为惩罚。如北江蛮,"自咸平以来,始听二十州纳贡,岁有常赐,蛮人以为利,有罪则绝之"。庆历四年知忠顺州彭师宝有罪,"以罪绝其奉贡",到皇祐二年(1050)才许"朝

---

① 《建炎以来系年要录》卷六四,绍兴三年四月戊申,第1095页。
② 《宋会要辑稿》蕃夷五之一二—二四。
③ 《宋会要辑稿》蕃夷五之二二。
④ 《宋会要辑稿》蕃夷五之七八。
⑤ 《宋会要辑稿》蕃夷五之一二—三〇。
⑥ 《宋会要辑稿》蕃夷七之二三。
⑦ 《宋会要辑稿》蕃夷五之八二。
⑧ 《宋史》卷四九六《蛮夷四》,第14234页;《宋会要辑稿》蕃夷五之五七。

贡如故"。① 溪州彭父子结怨，宋朝认为彭氏"乃自失职，不得朝贡也"②。景德三年（1006）宜州"抚水州蛮屡为寇扰，其酋长今诣州自陈，愿得赴阙朝贡，以谢前过"。朝廷答复如能以向来所钞货产悉还部民，即听入朝。因而诸蛮州得"间岁朝贡，不复为边患矣"。③

2. 互市贸易

四川、荆湖到广西沿边都有互市贸易。北江彭氏宋初"纳牌归顺，许通市易"④。黎州诸蛮许于黎州互市，宋朝"增给其直"，而"叙州系通放夷蛮互市之地"。⑤宜州安化州蛮"贩板木入中"，宋朝"定价支赐"。海南岛的"生黎亦时出与郡人互市焉"⑥。互市贸易中香药、食盐和战马贸易尤具特点。

海南黎人与省民的贸易主要以黎峒香货等交换粮食、银绢、耕牛等。《诸蕃志》卷下记载：黎人"俗以贸香为业"，"其货多出于黎峒，省民以盐铁鱼米转博，与商贾贸易，泉舶以酒、米、面粉、纱、绢、漆器、瓷器等为货"。吉阳军官僚与黎人"约定寅酉二日为虚市，率皆肩担背负或乘桴而来，与民贸易，黎人和悦，民获安息"。《岭外代答》卷二《海外黎蛮》、卷七《香门沉水香》载：逢开墟之日黎人"十百为群，变服入州县墟市，人莫辨焉。日将晚，或吹牛角为声，则纷纷聚会，结队而归"。"商贾多贩牛以易香"。海南沉水"香价与白金等"，"省民以一牛于黎峒博香一担"。因贸易规模可观，海南"四州军征商以为岁计"。

食盐是周边民族需求很大商品。宋朝廷也把盐作为回赐物品。如下溪州仕端朝贡，宋朝给其"加赐盐三百斤"。食盐还成为宋朝处理民族关系的手段。宋真宗朝溪蛮扰边，臣僚分析"蛮无他求，唯欲盐尔。"于是与诸蛮进行盐粮贸易，诸蛮保证"天子济我以食盐，我愿输与兵

---

① 《宋史》卷四九三《蛮夷一》，第 14178 页。
② 刘敞：《公是集》卷三三《上仁宗请罢五溪之征》。
③ 《宋会要辑稿》蕃夷五之五、七。
④ 《宋会要辑稿》蕃夷五之八四。
⑤ 《宋史》卷四九六《蛮夷四》，第 14233 页；《宋会要辑稿》蕃夷五之七〇。
⑥ 《宋会要辑稿》蕃夷五之七、四三。

食"。咸平中施蛮入寇，宋朝也许其以粟易盐，"蛮大悦，自是不为边患"。① 虚恨甚至将与宋朝间博易茶盐称为"年计"。朝廷岁赐夷都、董蛮财物"所给不过生绸、茶、盐"②。

宋朝与西南少数民族间最大宗的是战马贸易。南宋的"战马悉仰川、秦、广三边"③。宋孝宗淳熙年间，"岁买西马五千余匹、川马三千六百匹、广马三千匹"④。四川战马贸易主要以黎州为中心。淳化元年（990）邛部川蛮"诺驱自部马二百五十匹至黎州求互市，诏增给其直。诺驱令译者言更入西蕃求良马以中市"⑤。黎州西南之保塞蛮也常"以善马来市"。大中祥符二年（1009）发生了邛部川蛮杀保塞蛮卖马蛮人的事件，由黎州调解处理。绍兴二十七年又发生黎州蛮卖马人在大渡河南被蛮界汉人所杀，马价钱物6000余贯被劫的事件。黎州用夷法和理断，只赔还所劫价钱，朝廷认为有碍马政，罢免了黎州知州唐柜和通判陈伯强，并将行凶为首人杖脊流放。乾道元年（1165）知黎州宇文绍直因不支给青羌马价而被罢。可见黎州知州一项重要职责就是管理战马贸易。⑥

广西战马贸易主要在邕州横山寨进行。广马主要来自大理，战马贸易主要由自杞国和罗殿国控制。《玉海》卷一四九《绍兴孳生马监》称"今之买马多出于罗殿、自杞诸蛮，而自彼乃以锦彩博于大理"；"马产于大理国……自杞、罗殿皆贩马于大理，而转卖于我者也"。战马贸易中自杞国尤占优势。特磨道卖马"比年为自杞所梗，马不复生"。⑦ "自杞之人强悍，岁常以马假道于罗殿而来"⑧。自杞国"岁有数千人至横山互市"，"每岁横山所市马二千余匹，自杞多至一千五百余匹，以是国益富，拓地数千里，雄于诸蛮"。⑨ 罗殿国有时卖马的数量也很大，

---

① 《宋史》卷四九三《蛮夷一》、卷四九六《蛮夷四》，第14178页。
② 《宋会要辑稿》蕃夷五之一〇三。
③ 王应麟：《玉海》卷一四九《绍兴孳生马监》，第2740页。
④ 周必大：《文忠集》卷一三七《论马政》，文渊阁《四库全书》影印本。
⑤ 《宋史》卷四九六《蛮夷四》，第14233页。
⑥ 《宋会要辑稿》蕃夷五之五八、五九。
⑦ 吴儆：《竹洲集》卷一〇《邕州化外诸国土俗记》。
⑧ 周去非：《岭外代答》卷五《宜州买马》，第190页。
⑨ 吴儆：《竹洲集》卷一〇《邕州化外诸国土俗记》。

如有一年"罗殿将马千七百匹近塞矣"①。

邕州横山寨买马"岁额一千五百匹",官员买马若"不及千五百匹,展磨勘一年,多二百匹减磨勘,千匹转官"。官员务求多买。绍兴七年(1137)买马2400匹,绍兴二十七年(1157)买马3500匹,淳熙二年(1175)买马3000匹。②这是一个巨大的贸易量。绍兴年间宋朝买马1500匹,费黄金50镒、白金300斤、锦200、绝4000、廉州盐200万斤。③而且"蛮马之来,他货亦至。蛮之所赍麝香、胡羊、长鸣鸡、披毡、云南刀及诸药物。吾商贾所赍锦缯、豹皮、文书及诸奇巧之物"④,形成了一个庞大而综合的贸易。"横山官私岁所市锦率数千匹,他杂彩不胜计。"⑤因而自杞国等努力保持与宋朝良好关系,以获取的战马贸易之利。宋理宗朝"自杞国王郍句并岑邀等公状,此则不过欲坚来春市马之约"⑥。

宋朝则将互市贸易作用处理民族关系的重要手段。宋朝官员曾对自杞国使节说"汝国本一小小聚落,只因朝廷许汝岁来市马,今三十余年,每年所得银锦二十余万,汝国以此致富。若忘朝廷厚恩,辄敢妄有需求,定当申奏朝廷,绝汝来年买马之路"⑦。但如何恋所说互市既是宋朝处理民族关系的手段,也是双向的需求:"西南夷每岁之秋,夷人以马互市,开场博易,厚以金缯,盖羁縻之术","贸易悠久,夷夏各得其所"⑧。黎州蛮每年来卖马,宋朝都照数收买,宋仁宗令退还那些不能作战的马,臣僚劝阻道:"朝廷与蛮夷互市,非以取利也。今山前、后五部落仰此为衣食,一旦失望侵侮,用几马直可平。"最终保持旧

---

① 张栻:《南轩集》卷一九《寄刘共甫枢密》,文渊阁《四库全书》影印本。
② 黄震:《黄氏日抄》卷六七《范石湖文·论马政四弊》,文渊阁《四库全书》影印本;《岭外代答》卷五《经略司买马》,第187页;《建炎以来朝野杂记》甲集卷一八《广马》,中华书局2000年点校本,第428页。
③ 《建炎以来系年要录》卷一六二,绍兴二十一年正月丁未。
④ 周去非:《岭外代答》卷五《邕州横山寨博易场》,第194页。
⑤ 吴儆:《竹洲集》卷一〇《邕州化外诸国土俗记》。
⑥ 李曾伯:《可斋杂稿·续稿》后卷九《奏催调军及辞免观文殿学士》,文渊阁《四库全书》影印本(以下同)。
⑦ 吴儆:《竹洲集》卷一《论邕州化外诸国》。
⑧ 《宋会要辑稿》蕃夷五之三八。

制。① 这就是说宋朝不仅可以得战马,而且可以"稍慰蛮人之心",使诸蛮"久享交市之利,俛首帖耳","未尝敢萌欺侮之心"。② 还可以通过"通互市,奉职贡"使诸蛮臣服宋朝,"蔽遮云南之路",作宋朝"西南一蕃篱"。③

(三) 军事手段为辅助

管理羁縻州的正州首要职责是在军事上控扼羁縻州和防止其侵扰,其知州一般兼溪洞巡检使。如辰州和宜州知州都兼领溪洞巡检使,邕州"知州兼溪洞都巡检,提举七州兵甲",琼州知州虽不见巡检使之名,但"兼琼管一路转运使及兵甲盗贼"。"朝廷据要害戍守","募土丁置砦将,与官军杂戍界上"。施州为防备管下羁縻等五州,"置十二砦守之,管义军、土丁、砦将一千二百余人";黔州"置砦三十二守之,管土军三千四百人"等。④

正州及其下的镇寨形成对羁縻州的控扼体系。如邕州管下各羁縻州县"分隶诸寨,总隶于提举。左江四寨二提举,右江四寨一提举……左江屯永平、太平,右江屯横山,掌诸洞烟火民丁,以官兵尽护之";"邕州守臣旧不轻付,屯卒将五千人,京师遣人作司大兵城,边备甚饬"。⑤ 除了戍兵以外,还有左右江十余万峒丁"恃以为藩蔽"⑥。邕州还以羁縻州蛮"耕作省地,岁输税米于官",实行"以民官治理之,兵官镇压之,以诸洞财力养官军,以民丁备招集驱使,上下相维,有臂指之势"。"洞酋虽号知州、县,多服皂白布袍,类里正、户长。参寨官皆横梃,自称某州防遏盗贼。大抵见知寨如里正之于长官,奉提举如卒伍之于主将,视邕管如朝廷,望经略、帅府则如神明。号令风靡,保障隐然。"⑦

---

① 《续资治通鉴长编》卷一五三,庆历四年十一月壬午,第3721页。
② 李曾伯:《可斋杂稿·续稿》后卷五《再条具备御事宜奏》;度正:《性善堂稿》卷六《重庆府到任条奏便民五事》,文渊阁《四库全书》影印本。
③ 《文献通考》卷三三〇《四裔考七》;《宋史》卷四九六《蛮夷四》,第14235页。
④ 曾公亮等:《武经总要》前集卷一九《边防》、前集卷二〇《边防》。
⑤ 《文献通考》卷三三〇《四裔考七》,第2588页。
⑥ 《宋史》卷四八八《大理传》,第14073页。
⑦ 《文献通考》卷三三〇《四裔考七》,第2589页。

李曾伯在报告中说其处理海南黎人侵扰的办法是"琼管黎人不靖，连岁未安"，"臣调遣兵将应办钱粮，不敢以杀伐为功，大概以招谕为主"。① 实际上宋朝还是不时使用军事手段。大中祥符八年（1015）溪州蛮寇边，宋朝发兵攻入下溪州，"斩蛮人六十九级，降老幼千二百二十人"。天禧二年（1018）又"破砦栅，斩蛮六十余人，降老幼千余"，迫使下溪州刺史彭儒猛请降。② 至和间下溪州刺史彭仕羲"杀誓下十三州将，夺其符印，并有其地，贡奉赐予悉专之，自号如意大王，补置官属"。这种僭称号、补官职的行为违反了宋朝规定君臣秩序。而且彭仕羲还夺其子彭师宝之妻，举众内寇。宋朝发兵丁数千人入峒讨伐，败而再发大兵问罪，最后与彭仕羲饮血盟誓场而罢。③

宋朝对其他地区也曾动用武力。皇祐间渚井监夷人连年以围监城，宋朝发兵近二万人救援。④ 元丰元年（1078）泸州管下归来州蛮乞弟反，宋朝发兵镇压，调动前后军队数万，经历四年，直到元丰四年最终打败乞弟，以归来州地赐罗氏鬼主，"自是泸夷震慑，不复为边患"⑤。

总体而言，宋朝在处理西南民族关系时，政治笼络和经济调节的政策比较成功，西南各族"大抵皆通互市，奉职贡，虽时有剽掠，如鼠窃狗偷，不能为深患"⑥。在军事上自宋太祖以来就采取了较为保守和克制的态度，"黎州自太祖皇帝玉斧画河之后二百余年，三陲晏然，一尘不动"⑦。其他地区动用武力的次数并不多，更没有主动和大规模的用兵的情况。

三 结论

西南少数民族在以宋朝为中心的朝贡体系中不同于直辖郡县和周边

---

① 李曾伯：《可斋杂稿》卷一八《奏申谢宣谕将命往任荆阃奏》。
② 《宋会要辑稿》蕃夷五之七九—八〇。
③ 《宋史》卷四九三《蛮夷一》，第 14178—14179 页；《宋会要辑稿》蕃夷五之八四。
④ 《宋会要辑稿》蕃夷五之二二。
⑤ 《宋史》卷四九六《蛮夷四》，第 12248 页。
⑥ 同上书，第 12244 页。
⑦ 《历代名臣奏议》卷三四九《四裔》，文渊阁《四库全书》影印本。

独立政权，构成宋朝朝贡体系中的一个独具特点的层次。宋朝对西南少数民族总体上实行羁縻之术，在具体政策上分层次对待，综合运用政治、经济和军事多种手段处理其与中央的关系。

从宋朝对待西南少数民族的观念和政策，可将西南少数民族分为羁縻州县和化外诸蛮。羁縻州县由宋朝任命本族首领为土官，分隶于沿边正州。化外诸蛮是指羁縻州界外及虽在宋朝疆域内而宋朝不任命土官的诸族。相对于化外诸蛮，宋朝对羁縻州有一定程度的控制，利用羁縻州"藩篱内郡，障防外蛮"①。宋朝对羁縻州和化外诸蛮都实行因俗而治的政策，允许首领世袭，不征收赋税，听任其保持原有的风俗。

宋朝将朝贡和册封作为确立与各族君臣名分和笼络各族的政治手段。宋朝授予诸族首领的名号有差遣官、散官、检校官、军职、勋、爵及食邑。经济上宋朝以回赐和互市满足西南少数民族对宋朝的经济依赖，并以此作为调节各族与宋朝关系的手段。宋朝在军事上对西南各族有制度化的防卫措施，但采取了保守和克制的态度，也不时对侵扰宋朝内地的各族进行军事打击，作为处理各族与宋朝关系的辅助手段。

宋朝继承了汉唐时期的民族政策，如因其故俗治、沿袭南北朝到唐的册封制度等，但一般不纳质②、不和亲，这是对汉唐旧制的一大改变。宋朝对西南少数民族实行的以政治为前提，经济为基础，军事为辅助的政策总体上是成功的，维护了宋朝与西南各族关系的平稳发展。

---

① 《文献通考》卷三三〇《四裔考七》，第2588页。
② 《续资治通鉴长编》卷六四"景德三年九月乙丑"载：宋初对西南少数民族"收其子弟为质"，景德三年"释西南纳质戎人"（第1427页），此后不再见纳质。

宋朝搜集境外信息的途径

宋代南北对峙的局势、对外贸易的发展成为宋朝搜集境外信息的动力和条件。宋朝视野中的境外世界无疑较以前更为广阔。宋朝所搜集的包括辽、夏等国在内的信息成为后人研究这些国家和地区历史的重要资料，足见其信息搜集的成就。学界对使节、间谍、商人等与本文相关的问题已有颇多研究，但涉及信息搜集仍不多，更遑论专门系统的研究。[①] 本文试图系统地论述宋朝搜集境外信息的途径，并在有限的篇幅中对宋朝获得境外信息的程度略作管窥。

---

① 使节研究的代表性著作有：聂崇岐《宋史丛考》（中华书局1980年版）、傅乐焕《辽史丛考》（中华书局1984年版）、赵永春《宋金关系史》（人民出版社2005年版）、李辉《宋金交聘制度研究》（博士学位论文，复旦大学，2005年）、李华瑞《宋夏关系史》（河北人民出版社1998年版）、杨渭生《宋丽关系史研究》（杭州大学出版社1997年版）、姜仲吉《高丽与宋金外交经贸关系史论》（台北文津出版社2004年版）、吴晓萍《宋代外交制度研究》（安徽人民出版社2007年版）等，主要探讨了聘使管理、选任、礼仪、使节群体等问题；傅乐焕《宋人使辽语录行程考》（《辽史丛考》）、赵永春《宋人出使辽金语录研究》（《金宋关系史研究》，吉林教育出版社1999年版）涉及境外信息的记载；Herbert Franke. *Diplomatic missions of the Sung State 960 – 1276* (The Australian National University 1981) 论及使节搜集风俗、道路、城垣等信息；黄宽重《南宋与高丽的关系》（《南宋史研究集》，台北新文丰有限公司1985年版）论述南宋商人在高丽搜集金朝信息和传递宋丽信息；陶晋生《宋辽关系史研究》（中华书局2008年版）、杨军《北宋时期河北沿边城市对辽间谍战》（《军事史研究》2006年第4期）、王福鑫《宋夏情报战初探》（《宁夏社会科学》2004年第9期）、李琛《宋朝间谍问题研究》（硕士学位论文，广西师范大学，2008年）和张丽娜《宋代间谍情报活动初探》（硕士学位论文，厦门大学，2009年）等探讨了雄州等沿边派遣间谍情况及间谍管理机构、招募方式、任务种类、情报传递等，而对间谍搜集情报的方式和内容论述甚少；黄纯艳《宋代海外贸易》（社会科学文献出版社2003年版）论述了宋代海商和来华外商。

一　宋朝外交使节

　　一般情况下，不论常使还是泛使，主要任务是履行外交使命，但同时都肩负信息搜集之责。出使过金国的陶悦和卫泾说："寻常使人不待得旨自当探问房中事宜"；"觇国者春秋之法，咨询者使臣之事"。① 这类使节搜集的信息十分广泛。张叔夜将其使辽搜集的信息归纳为山川、城郭、服器、仪范五篇，沈括使辽搜集则包括"其山川险易迂直、风俗之纯庞、人情之向背"等②。最全面的反映是吴兢《宣和奉使高丽图经》，记录了高丽山川风俗、典章制度、接待礼仪、往来道路等，凡二十八门、三百余条，除部分引自前人典籍，大多为出使时"耳目所及，博采众说"。③ 概括而言，这类使节所搜信息主要包括以下方面。

　　一是山川形势、道里远近、风俗人情等自然和社会的一般信息。现在可见最早系统报告这些信息的是太平兴国间出使高昌的王延德，他报告了行程道里、山川形势、风土人情、自然物产、历法时令、宗教信仰，以及高昌周边国家状况等。④ 稍后宋镐出使交趾，条列了山川形势、道路里程、都城建筑等信息。⑤ 宋绶使辽还，报告了馆舍道里、宫帐设施、居民分布及生产活动等。⑥ 王曾使辽，记录了雄州到辽燕京和中京沿途山川形势、馆驿里程、城郭设施、民族分布、出产情况等信息。薛映等则详细记录了辽中京至上京沿途的馆驿和里程⑦。苏颂使辽回，向宋神宗报告了辽山川形势、人情向背等信息。⑧ 任颢为谅祚册礼

---

① 徐梦莘：《三朝北盟会编》卷六，宣和四年四月二十三日，上海古籍出版社1987年影印本，第38页；杨士奇等：《历代名臣奏议》卷三五〇卫泾奏议，文渊阁《四库全书》本。
② 《宋史》（中华书局点校本）卷三五三《张叔夜传》，第11140页；卷三三一《沈括传》，第10655页。
③ 吴兢：《宣和奉使高丽图经序》，大象出版社2008年点校本，第8页。
④ 《宋史》卷四九〇《高昌传》，第14110—14113页。
⑤ 《续资治通鉴长编》（以下简称《长编》）卷三一，淳化元年正月庚寅，中华书局点校本，第698—699页。
⑥ 《长编》卷九七，天禧五年九月甲申，第2253—2254页。
⑦ 《契丹国志》卷二四《宋王曾行程录》，文渊阁《四库全书》本；《长编》卷八八，大中祥符九年九月己酉，第2015页。
⑧ 《宋史》卷三四〇《苏颂传》，第10863页。

使,"采摭西夏风物、山川、道里、出入攻取之要"①。宋球使高丽,"密访山川形势、风俗好尚"②。宋理宗朝曾派谢济出使大理,所撰行程录包括自邕州达大理里程③。

二是皇帝和政要的个人信息、职官制度、盛衰形势、对宋政策等政情军情。上述宋镐出使交趾,详细报告了黎桓的身体状况、军队人数和武器装备等信息。宋抟使辽搜集了辽皇帝、亲王、国母和大臣的信息及中京城城垣、宫殿等情况。晁迥则详细了解了辽皇帝的四时活动④。苏辙搜集了辽朝皇帝年龄、身体状况、宗教信仰、对宋朝态度,以及辽朝皇孙和大臣的情况、赋税、司法、民族关系等详细政情,并据此分析了辽朝对宋朝的政策走势。⑤ 吕陶使辽,了解到回纥臣属辽朝,"常来进奉",建议谨防回纥入宋"以进奉为名探问事意"。⑥ 出使辽朝的宋绶、张沔、李维、毕仲衍、苏颂、王汉之、章衡、陈过庭、钱勰也报告了辽朝皇帝情况、仪服、司法、官僚制度及盛衰形势等信息。⑦ 张惟吉使西夏,看到"元昊骄僭,势必叛"⑧。宋钦宗还心怀侥幸地讨论"割地与不割地利害",吴革使金明确看到了"金人有吞噬之意"。赵温叔使金还向宋孝宗报告了葛王(金世宗)的气象⑨。南宋初,被金朝扣留的宇文虚中、洪皓、朱弁、宋汝为等设法搜集了金朝派人回南宋从事策反活动、将要攻蜀等情报,并得皇太后书,派人归报。⑩ 余嵘出使金国,第一次报告了"金人有鞑靼之扰"。而

---

① 《宋史》卷三三〇《任颛传》,第 10618 页。
② 《宋史》卷三四九《宋球传》,第 11064 页。
③ 李曾伯:《可斋杂稿》卷一七《帅广条陈五事奏》,文渊阁《四库全书》本。
④ 《长编》卷六八,大中祥符元年三月丁卯,第 1257—1258 页;卷八一,大中祥符六年九月乙卯,第 1848 页。
⑤ 苏辙:《栾城集》卷四二《北使还论北边事札子》,文渊阁《四库全书》本。
⑥ 吕陶:《净德集》卷五《又奉使契丹回上殿札子》,文渊阁《四库全书》本。
⑦ 可参《宋史》卷二八一《毕仲衍传》、卷三四〇《苏颂传》、卷三四七《章衡传》、《王汉之传》、卷三五三《陈过庭传》;《长编》卷六四,景德三年十月乙亥;李纲《梁溪集》卷一六六《钱公(勰)墓志铭》。
⑧ 《宋史》卷四六七《张惟吉传》,第 13635 页。
⑨ 《宋史》卷四五二《吴革传》,第 13290 页;《建炎以来朝野杂记》甲集卷八《赵温叔使北》,中华书局 2000 年点校本,第 162 页。
⑩ 《建炎以来系年要录》(以下简称《系年要录》,中华书局 1988 年排印本)卷三九,建炎四年十有一月壬寅、卷五八,绍兴二年九月丁亥、卷一四〇,绍兴十一年六月丙申、卷一四二,绍兴十有一年十二月癸巳;《宋史》卷三七三《朱弁传》、卷三九九《宋汝为传》。

后真德秀等出使了解到金朝"为鞑靼攻围甚急","纵使未即灭亡,亦必不能持久"的危亡之势。①

也有的使节借某种使名实际主要担负搜集信息使命,即胡寅所谓"以遣使为名而实行间探"②。这些使节的任务往往是搜集宋朝急需的军情。如天圣元年(1023),"契丹主在幽州,朝廷以为疑",派程琳以正旦使之名去了解其是否有南侵之意。③ 宋徽宗定下收复幽燕之策,数度遣使专门搜集辽朝信息。政和元年(1111)派遣童贯等"奉密旨使觇其国",宣和初派陈尧臣出使,画出"道中所历形势向背,同绘天祚像","并图其山川险易"。宣和四年又派陶悦为贺正使了解辽朝动息。还遣李弥大去了解燕民归汉之意。李弥大使还,报告了辽朝政乱亲离,女真侵迫,"国势危殆为可取"的消息④。完颜亮图谋侵宋,宋朝"遣(叶)义问奉使觇之",见到"敌已聚兵,有入寇意"及敌造舟船器械,提醒朝廷"宜屯驻沿海要害备之"。还派虞允文等使金,回报了"敌已授甲造舟,必为南渡之计"。⑤ 乾道时"传闻金欲败盟,召兴裔为贺生辰副使以觇之"⑥。宋宁宗为了解金国态度,派钱抚以生辰使"因俾觇敌",又派卫泾奉使"询访蒙古事宜"。⑦ 南宋末,蒙古从大理、交趾包抄宋朝,宋朝调动了一切手段,包括频繁派遣唐世明、杨庆成等使节到交趾"往复觇情伪"。唐世明带回交趾使节陈邦彦和交趾所俘李小哥,杨庆成带回交趾国谢表和援助请求。⑧

---

① 真德秀:《西山文集》卷二《奏札二》,文渊阁《四库全书》本;《宋会要辑稿》兵二九之四八,中华书局影印本。

② 胡寅:《斐然集》卷一一《论遣使札子》,文渊阁《四库全书》本。

③ 《长编》卷一〇一,天圣元年九月戊子。

④ 《宋史》卷三八二《李弥大传》;徐梦莘:《三朝北盟会编》卷一,政和七年七月四日,第1页;卷六,宣和四年四月二十三日,第38页;王明清:《挥麈后录》卷之四。

⑤ 《宋史》卷三八四《叶义问传》,第11817页;《系年要录》卷一八二,绍兴二十九年六月甲申,第3023页;卷一八五,绍兴三十年五月辛卯,第3099页;卷一九〇,绍兴三十一年五月丙申,第3177页。

⑥ 《宋史》卷四六五《郑兴裔传》,第13594页。

⑦ 陈耆卿:《筼窗集》卷八《钱公抚墓志铭》,文渊阁《四库全书》本;杨士奇:《历代名臣奏议》卷三五〇《卫泾奏议》。

⑧ 李曾伯:《可斋杂稿·续稿》后卷六《奏钱粮事》、《乞敷奏申状》;后卷七《奏申条具边事奏》。

使节们的耳目所及毕竟有限，所以他们多方设法获取信息。开宝六年（973）卢多逊使南唐，以朝廷重修天下图经为名获得"江南十九州之形势、屯戍远近、户口多寡"①。富弼在辽，各方人士"尽与之接，又询其国人"，"彼执政之官，汉使所未尝见者，臣皆见之。两朝使臣，昔所讳言者，臣皆言之。以故得详知其情状"。②童贯使辽，得辽人马植陈"契丹为女真侵暴，边害益深，盗贼蜂起，知契丹必亡"之状。陶悦使辽，"所至皆以物赂听头，访其国中事宜"，广泛"采访"。③王伦在金国，得商人陈忠密告二帝所在。④钱抚使金诱导其伴使"具言状"，并透露金主将问岁币情况。⑤洪皓在金国，"间行廛市，物色谍者"，先后得赵德和李微以机事归报，"凡四年中以文书至者九"。⑥

使节在搜集信息上有其优势，宋朝使节有严格的选任、管理和监督制度，如使节大多学养较高，行事严谨，有政治经验，而且有皇城司派人随行监察。⑦此外，使臣语录也是监察和验证手段，不仅"有译语殿侍，别具语录，足以关防"⑧，而且可以不同使节的语录相互验证。例如，御史台将王拱辰出使所撰《入国随行语录》并《别录》与宋选等文案比对，发现"于随行语录中增减矫饰诈伪不少"。蹇序辰使辽，被弹劾违规收礼及礼仪不当。三省、密院将其语录与一同出使的王诏作了比对。⑨宋还曾派间谍杂于使团，与使节的信息相验证："聘使之出必选谍者潜以左契，见于敌帐，亟先驰归。动静悉以闻。使还验皆合。"⑩因此，使节获得信

---

① 《长编》卷一四，开宝六年四月，第299页。
② 赵汝愚：《宋名臣奏议》（文渊阁《四库全书》本）卷一三五《上仁宗河北守御十三策》；《长编》卷一四〇，庆历三年三月甲午。
③ 徐梦莘：《三朝北盟会编》卷一，政和七年七月四日，第1页；卷六，宣和四年四月二十三日，第38页。
④ 《宋史》卷三七一《王伦传》，第11522页。
⑤ 陈耆卿：《筼窗集》卷八《钱公抚墓志铭》。
⑥ 洪适：《盘洲文集》卷七四《先君述》，文渊阁《四库全书》本。
⑦ 可参见前引吴晓萍著及苗书梅、刘秀荣《宋代外交使节的选任制度》，《宋朝外交使节管理制度初论》（《10—13世纪中国文化的碰撞与融合》，《澶渊之盟新论》，上海人民出版社2006年版、2007年版）。
⑧ 苏辙：《栾城集》卷四二《北使还论北边事札子》。
⑨ 赵抃：《清献集》卷七《乞宣王拱辰语录付御史台》，文渊阁《四库全书》本；《长编》卷五〇七，元符二年三月丁巳，第12077页。
⑩ 王安中：《初寮集》卷八《杨应询神道碑》，文渊阁《四库全书》影印本。

息内容广泛且一般比较准确。

但使节搜集信息也有其局限性。如李曾伯所说：使臣"随朝廷赐赍而往则为有名间，寻常邕、钦峒丁商贾与之往来却自无间"①。使节的行动受到名分和接待制度的限制。在出使国精心安排下，使节往往只能看到对方允许看到或有意展示的信息。如宋镐使交趾，黎桓派船卒至太平军来迎，只需一日即抵其境，五六日可达其国都的行程却在海上绕着险道走了半月。如周去非所说："地里止此"，"盖故为迁延以示道里之远"。②带着使节曲回绕行是出使国常用方法。刘敞使辽，从松亭趋柳河达中京不数日的行程，被伴使带着诘曲缭绕，"行千余里乃出山至柳河"。后接伴使坦言："本欲以山路迂回使中国信其阻远。"③阎询使辽，接伴使带其由松亭迂回往靴淀。阎询质问："岂非夸大国地广以相欺邪？"王韶使青唐，迎接的人"取道故为回枉以夸险远"。④宋镐至交趾，其国又"广率其民混于军旅"，"虚张白旂"，"驱部民畜产妄称官牛"，虚夸国力。⑤绍兴四年王绘使金，金国却故意少露军队人数。南宋谍报金军四路各十万人，而王绘出使"所见不及二万人"⑥。而且使节还要受到严密监视，获取情报颇多困难。胡寅谈当时使金者在对方安排下"昼夜驱递"，又"匆匆而归"，"何能任觇国之事乎？"⑦卫泾谈其使金经历："敌法素严，今尤疑畏。初至北境，间有言者而未敢谓然。及抵伪都，正欲询求而防闲甚密。"⑧特别是宋朝只向辽、金、西夏、高丽和青唐派遣使节，宋朝使节获取境外信息也局限于这些国家和地区。

---

① 李曾伯：《可斋杂稿·续稿》后卷五《缴印经略书安南奏》、后卷六《回宣谕奏》。
② 《岭外代答》卷二《安南国》，同卷称："自钦西南舟行一日，至其永安州，由玉山大盘寨过永泰、万春，即至其国都，不过五日。"若"自太平寨东南行……六日至其国都"。中华书局点校本，第55、56页。
③ 刘攽：《彭城集》卷三五《刘公（敞）行状》，文渊阁《四库全书》本。
④ 《宋史》卷三三三《阎询传》，第10703页；卷三三五《种谊传》，第10748页。
⑤ 《长编》卷三一，淳化元年正月庚寅，第698页。
⑥ 《系年要录》卷八三，绍兴四年十二月乙亥，第1359页。
⑦ 胡寅：《斐然集》卷一一《论遣使札子》、《再论遣使札子》。
⑧ 杨士奇等：《历代名臣奏议》卷三五〇，卫泾奏议。

二　宋朝间谍

宋朝处于南北对峙状态，大量使用间谍，"若非谍人往来探报，敌中动静何从闻知"①。前文已述及现有研究对宋代间谍机构、间谍的作用、情报传递、间谍的防范、雄州地区的间谍、间谍的招募及其身份等颇多关注。本文主要讨论现有研究不足的间谍获取境外信息的内容。

间谍不像使节有外交身份保护，而要冒生命之险。"凡我谍人即彼奸贼。"② 辽朝会用恐怖的方式处死宋朝间谍：缚于柱上"乱射之，矢集如猬，谓之'射鬼箭'"，或"磔于市"。金朝甚至将可疑之人"皆目为宋谍者，即杀之"。③ 曾公亮将间谍分为五类，其中"死间"即言可能为敌所杀者。间谍虽如使节一样主要向与宋朝国家安全直接相关的国家派遣，但间谍搜集的信息主要是急需的军情，如曾公亮所说"察其谋我之事"④。

辽、夏、金等国的异常举动是宋朝间谍最关注的信息。北宋间谍十分关注辽和夏针对宋朝的军事企图和异常举动。咸平五年雄州报告"侦得契丹调兵，将谋入寇"⑤。元丰二年（1079）代州谍报"契丹北枢密萧克昌等引步骑点检沿边铺舍"，宋廷令沿边"速募人探虏情"。元丰四年河东安抚司奏："觇知北界欲增置铺堠"，宋朝也相应增置。⑥ 该年又有谍报辽朝将于"七月中会五京留守及南北王府主兵官、诸招讨于中京议事，未知其实"，宋廷令雄州及河北安抚司派人"速觇以闻"。⑦ 政和二年（1112）辽皇帝居燕京，宋担心其有异图，令"河朔帅臣密遣谍者探伺虏中动息及军须之务、城守之具"⑧。

庆历七年（1047），"夏国近差杨守素等到延州商议边境事节并河东

---

① 张方平：《乐全集》卷二一《论广信军谍人事》，文渊阁《四库全书》本。
② 同上。
③ 《辽史》（中华书局点校本）卷五一《礼三》，第845页；卷一〇《圣宗一》，第112页；《金史》（中华书局点校本）卷一二八《高昌福传》，第2765页。
④ 曾公亮等：《武经总要》前集卷一五《间谍》，文渊阁《四库全书》本。
⑤ 《长编》卷五三，咸平五年十一月甲午，第1162页。
⑥ 《宋会要辑稿》兵二八之二二、二三。
⑦ 《长编》卷三一三，元丰四年六月丁丑，第7591页。
⑧ 《宋会要辑稿》兵二九之三。

路丰州地界",宋朝廷令陕西和河东路派人"深入探候"。① 元丰五年（1082），泾原路经略司报告："谍报西界十二监军司人马赍五月粮于葫芦河点集","欲以八月日入寇镇戎军大川"。九月又有诸路探报"西贼人马处处蚁集,虑乘秋犯塞"。② 次年,麟府等路探事人报告："西贼点集河南、河北诸监军司人马,或称十分中五,或称九分,并要于十二月十五日葫芦河取齐。"③ 元丰七年（1084）,鄜延路谍报："贼今秋必为大举之计。"诏令"选差信实人深入体探"。不久又有谍报"西贼广造攻具,竭国点集,声言欲入兰州"。④ 元祐三年（1088）,"诸路探得夏国已大段点集兵马,今秋欲来作过",但环庆路探报却说"西界今年天旱,点集不起",臣僚请"广募探人子细探伺"。⑤ 绍圣四年（1097）鄜延路报告"诸处探报,西贼点集人马,欲侵犯本路白波流等处"⑥。西夏主秉常被杀后政局动荡,宋朝想寻机攻取且担心辽朝乘机控制,急需了解准确情况而各路谍报不一,边臣"遣人深入觇伺,尚未得实,或曰秉常已为民所杀,或曰见存,不豫政事,为母所囚"。宋神宗令沿边各路"速选委边吏侦实以闻"⑦。秉常身死立嗣情况诸路探报又各不相同,宋哲宗诏令赵离募人"深入西界,采探立何人为嗣,母氏存亡,何人同管国事"⑧。

南宋则主要关注金国针对宋朝的举动和其他异常情况。绍兴七年（1137）金人执刘豫北去等消息宋朝皆是间谍探得。绍兴十年,间谍报告了金人在河东北签军备粮来戍河中并调三万夫过河修叠堤岸等事。完颜亮南侵前,宋边将"得谍报金主已至汴京,重兵皆屯宿泗,亦有至清河口者"的情报。绍兴三十年（1160），蒋州谍报"金主已死,嗣主改元新德"。受命核实的徐宗偃所派干事人探得信息却非如此。结果王彦融"得

---

① 《宋会要辑稿》兵二七之三九。
② 《宋会要辑稿》兵二八之二七、二八。
③ 《长编》卷三四一,元丰六年十二月乙亥,第8207页。
④ 《宋会要辑稿》兵二八之三〇。
⑤ 《长编》卷四一三,元祐三年八月乙酉,第10037页。
⑥ 《长编》卷四八九,绍圣四年七月戊辰,第11612页。
⑦ 《长编》卷三一二,元丰四年四月壬申,第7566页；卷三一三,元丰四年六月壬戌,第7585页。
⑧ 《长编》卷三八九,元祐元年十月丙申,第9468页。

报金主果死"。① 蒙古侵宋，侦察蒙古军情成为宋朝派遣间谍的主要目的。如孟珙派探事人在德安府了解蒙古军情。②

因为宋朝与辽、夏、金基本关系是对峙，所以对他们信息的掌握，不论战争还是和平时期都十分重要。正常情况下宋朝也需派遣间谍搜集对峙国的军情政情。澶渊之盟后，宋真宗曾说："朝廷虽与彼通好，减去边备，彼之动静，亦不可不知，间谍侦候，宜循旧制。"为预防辽朝抓住宋朝间谍后"归曲于我"，宋特令不杀擒获的辽间谍，羁留待用。③ 间谍搜集的一般是重要军情。包拯曾说："只令探首领所在、任将相何人、山前山后人哀乐如何、诸国臣与不臣、并训练点集兵马、造作奸谋、年岁丰凶、转移粮草，凡干大事即许申报。自余打围移帐、放赦修城，细碎寻常，众人所见、虚伪传闻之事并不可纳，徒废金币，无益于事。"④ 此前有田锡问宋太宗："北方自有诸国，未审陛下曾探得凡有几国否？几国与契丹为雠？"建议用重赏行间谍了解这些信息。⑤ 宋神宗也要求沿边州军招募间谍，"使探问敌中任事主兵人姓名、材能、性识、所管兵数、武艺强弱、屯泊处所、城垒大小、粮食多少及出兵道路"等。宋神宗曾对王安石表示："疑彼首领未可知。"王安石曰："陛下欲详知，则须用间谍。"⑥ 阳枋曾上书说，间谍应觇伺"其将孰勇、孰怯、孰智、孰愚，其兵孰强、孰弱、孰多、孰寡"⑦。洪遵说："堂堂之国相与周旋，而不知其用事之人，若其人之贤愚，与意向之所在，徒冒不测。"他指出当时南宋掌握的情报"所知者逆亮而已。其腹心爪牙合虑并力以谋我者似亦未能尽察"。⑧

---

① 《系年要录》卷一一七，绍兴七年十二月戊辰，第1884页；卷一三四，绍兴十年三月丁酉，第2158页；卷一八五，绍兴三十年八月壬申，第3114页；卷一八六绍兴三十年十月乙卯（上海古籍出版社本缺九月壬寅以后及十月，此据文渊阁《四库全书本》）。

② 魏了翁：《鹤山集》卷二七《奏德安叛卒奸诈及备鞑声东击西》，文渊阁《四库全书》本。

③ 《长编》卷五九，景德二年二月乙巳，第1320页。

④ 包拯：《包孝肃奏议集》卷九《请择探候人》，文渊阁《四库全书》本。

⑤ 田锡：《咸平集》卷一《上太宗答诏论边事》，文渊阁《四库全书》本。

⑥ 《长编》卷二四四，熙宁六年四月丁酉，第5943页；卷二五六，熙宁七年九月甲寅，第6258页。

⑦ 阳枋：《字溪集》卷一《上宣谕余樵隐书》，文渊阁《四库全书》本。

⑧ 《历代名臣奏议》卷二二二，洪遵《乞精选间谍札子》。

绍兴八年（1138）和议以后宋朝曾一度下令停止派遣间谍，结果导致很被动的后果："诸将以朝廷尝有不得遣间探指挥，各务省事，遂不复遣。敌人奸猾，广置耳目。我之动息彼无不知，敌之情状我则漠然不闻。""今朝廷不得辄遣间探，敌中动息不知。""今既不遣间探，恐妨和议，敌之动静一切不知"。① 所以宋朝对辽、夏、金三国使用间谍是常态的。对交趾、大理、高丽也曾派遣间谍，但不是常态的。熙宁战争以前，宋朝未放弃统一交趾目标，与交趾的基本关系相互对立，时遣间谍刺探交趾情况。如，庆历五年交趾对占城用兵，宋朝令广东转运司"募人入交趾以刺点兵事宜"②。熙宁战争间，宋朝间谍从交趾"得其露布，言中国行青苗、助役之法，穷困生民，我今出兵，欲相拯济"。还差人"往占城、交趾两界刺事"③。熙宁战后直到蒙古入交趾才又见派遣间谍（见下文）。大理与宋朝基本关系是和平共处，对宋朝并无威胁，但蒙古入大理后宋朝也大理派遣间谍。因中有诸蛮相隔，宋朝间谍获取大理信息十分困难。李曾伯报告说"前后广西遣间多是能至特磨，少能至大理者，盖沿途诸蛮隔绝不易通也"。他奏请令知蛮地、识蛮情的横山总管谢济"差人往（大理）探的实"。谢济所派人"探到大理事情"。④ 南宋曾往高丽派遣间谍，但并不针对高丽，目的是刺探金朝信息。如绍兴五年宋朝派登州布衣吴敦礼"往高丽伺敌（指金朝）中事，得其报以归"⑤。高宗时还曾派泉州商人柳悦、黄师舜、明州商人徐德荣往高丽了解金朝信息。宋朝也向伪齐派间谍，如间谍曾探得"刘豫在淮阳造舟"等情报⑥。而对于交趾、占城以外的南海诸国、西域诸国、日本等则并不见使用间谍的记载。

---

① 《系年要录》卷一二九，绍兴九年六月己巳，第2088页；卷一三一，绍兴九年八月庚午，第2111页。
② 《长编》卷一五七，庆历五年十二月丙辰，第3812页。
③ 《宋史》卷三二七《王安石传》，第10549页；《长编》卷二八八，元丰元年三月己亥，第7055页。
④ 李曾伯：《可斋杂稿·续稿》后卷八《回宣谕奏》、后卷九《回奏庚递宣谕》。
⑤ 《系年要录》卷八六，绍兴五年闰二月戊辰，第1429页。
⑥ 《宋史》卷三七二《沈与求传》，第11542页。

三　商人、僧侣及边境居民

宋朝对西域和南海诸国遣使各仅见一次①，对日本则未派遣政府使节。宋朝对这些国家和地区信息的获得主要通过商人、僧侣和境外使节，其中商人和僧侣是重要的信息渠道。而宋朝对辽、夏、金、交趾、吐蕃等信息的获取，边境居民也是重要途径。

宋代海外贸易空前发展，境内外商人成为宋朝获得信息的重要来源，而且宋代对外贸易重心转移到东南海上，宋朝获得的南海诸国信息较前代大为丰富。如李曾伯所说"峒丁商贾与之往来却自无间"。商人在境外较使节有更大的活动自由，有时能比使臣获得更准确具体的信息。如，至道元年广西转运使张观报告黎桓为丁氏斥逐并已死亡的消息。宋太宗派人"奉使岭南，因侦其事"。使节复命，"所言与观同"。其实黎桓未死，"未几有大贾自交趾回，具言桓为帅如故"。②又如，宋仁宗时叛乱军贼鄂邻逃至占城，宋朝以为其已死。"商人邵保至占城国，见军贼鄂邻等百余人羁縻在其国中"，"归而言之，及朝廷命使臣赍诏赴占城，保与俱往，获邻等还"。③南宋末为了了解蒙古在交趾的情况，宋朝就利用了在交趾的福建商人。福建商人在交趾甚多且多获任用："交趾所任，乃多是闽人"，"福建、广南人因商贾至交趾，或闻有留于彼用事者"。④所以宋朝特别下令"选择三山仕于湖广者，遣之往安南觇探近事"。最后选得南剑人廖扬孙，"以书币遣之入交，嘱之多方密觇其实归报"。"扬孙留其国（交趾）仅十二日"，广泛接触在交趾的福建人，"福建士人在彼间者"不仅为廖扬孙提供了诸多情报，而且还向宋朝提出处理交趾问题的意见。⑤

---

①　王延德使高昌已见前述。内侍八人使南海事见《宋会要辑稿》职官四四之一，内侍八人"赍敕书金帛，分四纲，各往海南诸蕃国勾招进奉，博买香药、犀牙、真珠、龙脑。每纲赍空名诏书三道，于所至处赐之"，目的是贸易，并无特定出使国。

②　《宋史》卷四八八《交趾传》，第14062页。

③　《长编》卷一三三，庆历元年九月庚申，第3175页；卷一三七，庆历二年七月己巳，第3287页。

④　《长编》卷二四七，熙宁六年十月丙申，第6032页；卷二七三，熙宁九年三月壬申，第6692页。

⑤　李曾伯：《可斋杂稿·续稿》后卷五《缴印经略书安南奏》、后卷六《回宣谕奏》。

往来于辽、吐蕃、金、蒙古、伪齐等的商人为宋朝提供了不少军情信息。史籍有宋通过榷场商人获取辽朝和蒙古信息的记载。河北"雄、霸州、安肃、广信军四榷场牙人于北客处钩致边情",为宋搜集辽朝情报。①宋朝在荆州与蒙古开互市场,获利甚微,但互市之设"志不尽在利也",意在"通北货以款敌情","可以觇敌情,可以得敌马,可以通襄阳一线之脉"。②文中祥符九年还有"商贾自秦州来,言唃厮啰欲阴报曹玮"③。叶梦得曾建议派商人柳悦、黄师舜"阴令如常岁之高丽贾贩,应得敌中动息皆亟使来告",往高丽探听金朝信息:"若因使伺敌,万一欲谋扰我,或得其道里所出,期会所定,或其国中自有变乱,先事而达,有出于我耳目所不及,形势所不见者,则不为小补。"④绍兴末或传金人欲"连结高丽者,上下疑之",知明州赵伯圭"遣郡人徐德荣觇之,得要领以归"。⑤徐德荣是经常往来高丽的明州商人,《高丽史》留有他于高丽毅宗三年、十六年、十七年和明宗三年四次赴高丽的记载,称其为"宋朝都纲",后两次明确记载其奉宋朝廷派遣而来。⑥宋朝还通过商人获取伪齐信息。绍兴二年从伪齐来的"北贾有至建康者,言中原之民苦刘豫虐政,皆望王师之来"。宋朝据此遣使抚谕,知濠州寇宏和知寿春府陈卞归附了宋朝。⑦

商人也会带给宋朝有关高丽、日本、南海诸国等的山川形势、道里远近、风土人情等方面的信息。如叶梦得向泉州大商柳悦、黄师舜询问的高丽信息主要是"其山川形势、道里远近",并"图海道"。这些并非柳悦等着意搜集的,而是"在高丽久所听探,皆得其国人之言,初本无意"。⑧建州海贾周世昌遭风漂至日本,留居七年,回国后向宋真宗介绍了日本风俗、州名、年号等情况。因宋朝未与日本通使,商人成为宋朝获取日本信息的重要途径:"南贾时有传其物货至中国者。"⑨南宋因与大理、自杞、

---

① 《长编》卷二九九,元丰二年七月甲戌,第7267页。
② 李曾伯:《可斋杂稿》卷一八《荆阃回奏四事》。
③ 《宋史》卷三二四《石普传》,第10474页。
④ 杨士奇等:《历代名臣奏议》卷三四八,叶梦得《乞差人至高丽探报金人事宜状》。
⑤ 楼钥:《攻媿集》卷八六《崇宪靖王(赵伯圭)行状》,文渊阁《四库全书》本。
⑥ 参见《高丽史》卷一七《毅宗一》、卷一八《毅宗二》、卷一九《明宗一》,奎章阁藏本。
⑦ 《系年要录》卷五一,绍兴二年二月庚寅,第912页。
⑧ 杨士奇等:《历代名臣奏议》卷三四八,叶梦得《乞差人至高丽探报金人事宜状》。
⑨ 《宋史》卷四九一《日本传》,第14136页。

罗殿市马,"蛮马之来,他货亦至",商人往来频繁,宋朝由此获得了广西至大理、自杞、罗殿的道路里程的详细信息。① 宋朝还从商人自大理国带回的佛经看到大理犹用武则天所造"囝"字②。宋神宗时往高丽贸易的泉州商人黄谨带回高丽欲恢复通使的消息,于是两国恢复了中断了40余年的邦交。③ 绍兴末,"高丽纲首"徐德荣向明州报告高丽欲遣贺使的消息④。该"高丽纲首"徐德荣就是赵伯圭所遣明州商人徐德荣。

最能反映商人在获取境外信息方面作用的是宋朝对南海诸国了解的扩大。《岭外代答》和《诸蕃志》分别记载了南海四十余和七十余国,其中大部分前代未见记载,特别是今菲律宾群岛、印尼群岛等东南亚海岛地区和东非沿海、红海地区诸国大多唐代无载。其他地区的信息也在唐代基础上有大量增长。⑤ 周去非称《岭外代答》是其"试尉桂林,分教宁越"时得于"耳目所治与得诸学士大夫之绪谈者"。赵汝适则明确说《诸蕃志》信息来自商人:"询诸贾胡,俾列其国名,道其风土,与夫道里之联属、山泽之蓄。"⑥ 两书都记载了三佛齐等国建隆以来历次朝贡,《岭外代答》还详述了交趾朝贡次数和贡品种类。商人无法在数十年乃至百余年后详说这些信息,而只可能来自官方记载或史传文献。周去非的材料主要得于钦州,但钦州是对交趾贸易港,不属市舶贸易体系,交趾商人也不许往广州贸易⑦,故其所得四十余国信息除直接听闻于商人外应有不少得于官方文献或私人史传。但这并不能否定两书所载及宋朝关于南海诸国的信息主要来自于商人。史籍所载与宋朝有朝贡关系的南海国家不过二十余国⑧,即使官方文献和私人著述中的大部分南海国家的信息仍主要来

---

① 周去非:《岭外代答》卷三《通道外夷》,第122—123页;卷五《宜州买马》、《邕州横山寨博易场》,第189—194页。
② 范成大:《桂海虞衡志·杂志》,中华书局2002年点校本,第130页。
③ 《宋史》卷三三一《罗拯传》,第10646页。
④ 《宋史》卷四八七《高丽传》,第14052页。
⑤ 参见拙著《宋代海外贸易》之《唐宋海外贸易国家和地区比较表》,第31—33页。
⑥ 《诸蕃志》赵汝适序,香港中文大学亚洲研究中心2000年版,韩振华补注本,第4页。
⑦ 参见拙文《宋朝与交趾的贸易》,《中国社会经济史研究》2009年第2期。
⑧ 庞元英《文昌杂录》(大象出版社2006年点校本)卷一列举南海十四国,据《宋史·外国传》、《长编》、《宋会要辑稿·蕃夷》等可补蒲端国、三麻兰国、蒲婆众国、摩逸国、蒲甘国、真里富国、涂渤国、佛泥国、古逻摩迦、罗斛国。

自于商人。特别是关于南海诸国物产、商品和市场的具体信息只有身体力行的商人才能获得。如《诸蕃志》卷上列举了宋朝商人前往十五处（涉及数十个国家和地区）贸易时所贩售的数十种商品、南海各国土地所产，详细记载了三佛齐、阇婆和麻逸等国的市场特点和交易情况。总之，商人的活动大大扩展了宋朝获得南海诸国信息的广度和深度。

僧人历来是传播信息的途径。宋代境内外僧人也是官方获得境外信息的途径。如，天竺和日本与宋无使节往来，见于记载的宋朝关于两国的信息来自于僧人的远较商人更多。《宋史·天竺传》载：乾德三年沧州僧道圆自天竺还"太祖召问所历风俗山川道里，一一能记"；太平兴国七年益州僧光自天竺带回其国王及僧统表。天竺僧施护还详细介绍了五印度西至西海，南达南海所经国家和里程；雍熙中，婆罗门僧永世至京师，介绍了本国国王和王妃生活、服饰、国相、物产、风俗及至大食里程等信息。范成大《吴船录》卷上记载，东京天寿院僧人继业入天竺求舍利回，写有《西域行程》，"虽不甚详，然地里大略可考，世所罕见"，记录了继业自阶州出塞到印度沿途及在印度境内的里程及活动等。

《宋史·日本传》所载日本信息也主要来自僧人。雍熙元年日本国僧奝然进其国《职员令》和《王年代纪》，并介绍了中国典籍在日本的流传情况，以及日本风俗、物产、钱币、音乐等信息。宋朝还根据其所献《王年代纪》了解了日本天皇世次等政治情况。景德、熙宁间，又有日僧寂照、成寻等来宋。"是后连贡方物，而来者皆僧也。"此外，有乾德三年于阗僧善名等来宋，带来其国宰相书。开宝四年，其国僧吉祥以其国王书来上。①

有时，宋朝也派僧人专门刺探境外信息。如，天圣五年李允则"令（雄）州民张文质为给僧，入契丹刺事"②。乾兴元年宗哥唃厮啰、立遵遣人求内附，宋朝心存疑虑，"遣蕃僧一人及先捕得谍者抹罗，与来使同入宗哥，兼令刺探所与西界用兵胜负"③。种世衡曾"遣僧王嵩入赵元昊境

---

① 《宋史》卷四九〇《于阗传》，第14107页。
② 《长编》卷一〇五，天圣五年九月乙巳，第2447页。
③ 《长编》卷九九，乾兴元年十一月甲戌，第2302页。

为间"①。

宋朝与北方政权及交趾、大理交界区域的少数民族和土著汉人往往跨境而居,语言相通,风俗相同,在搜集境外信息方面有间谍和使节发挥不了的作用。对此宋朝臣僚一再论及。钱若水曾说,沿边居民"两地之中,各有亲族,使其怀惠,来布腹心。彼若举兵,此必预知"②。李曾伯也曾说:"(广西与交趾、大理)为蛮徭所隔,种类不一,语言不通,一介欲前,寸步有碍","以此见得自广遣间探敌实非易事",必须"结约诸蛮,深入远探"。③ 自北宋以来广西就积极利用边境民族获取境外信息。熙宁初,萧注知桂州,"自特磨至田陈州酋长远近偕至,问其山川曲折、老幼存亡,甚得其欢心,故(李)乾德动息必知之"④。熙宁战争期间,交趾胁迫宋朝溪峒民归附,宋朝"密谕首领,如大军未至,势力不加,但外从贼党,阴为间牒"⑤。还有"九道白衣李聚明等探到交趾事状"⑥。陶弼守邕州时与当地土豪关系甚好,"交趾所欲为弼必先知"⑦。蒙古迂回至大理、交趾时,宋朝更是积极依靠沿边少数民族获取信息。李曾伯强调获取大理、交趾信息,"要不过结约诸蛮,俾之觇彼动息"。宋朝派"与诸蛮相稔"的谢济,"使之任结约体探之责"。特磨道农士贵、思明州黄炳和路城州首领向广西经略司报告蒙古军在华沙寨和某阿国被杀死万余及蒙古人自大理"修路至都泥江"的消息。还有自杞蛮主"来报敌兵拟在今月初九日缚牌渡都泥大江"。⑧

北宋也常通过边境居民获取辽和西夏信息。何承矩守河北,积极利用边境居民搜集情报,"边民有告机事者,屏左右与之款接,无所猜忌。故

---

① 江少虞:《宋朝事实类苑》卷五六《将帅才略》,上海古籍出版社 1981 年点校本,第 737 页。
② 《宋史》卷二六六《钱若水传》,第 9168 页。
③ 李曾伯:《可斋杂稿》卷一七《帅广条陈五事奏》。
④ 彭百川:《太平治迹统类》卷一七《神宗平交趾》,文渊阁《四库全书》影印本。
⑤ 《长编》卷二七四,熙宁九年四月甲辰,第 6709 页。
⑥ 《长编》卷二八五,熙宁十年十一月己巳,第 6991 页。
⑦ 沈辽:《云巢编》卷八《东上阁门使康州剌史陶公(弼)传》,文渊阁《四库全书》本。
⑧ 李曾伯:《可斋杂稿·续稿》后卷三《回寔翰勉留奏》、后卷五《缴印经略书安南奏》、后卷七《奏节次调军赴邕钦宜融捍御》、后卷九《回庚递宣谕奏》、《奏边事已动》。

契丹动息皆能前知"①。也有边境土著主动为官方搜集信息。如雄州大姓赵延祚"自太宗朝尝出家财交结彼处豪杰,得其动静,即具白州将"。年七十余,被召赴阙,还向宋真宗"历陈其风俗,山川曲折,地理远近"等。熙宁时有边境土豪利用其"自来皆交结北界权贵"之便,"欲自备钱物探事"。② 元丰间,宋为对西夏用兵积极利用沿边蕃部获取情报。元丰三年有"西界首领万藏结逋药遣蕃部巴鞠等以译书来告夏国集兵,将筑撒逋达宗城"③。元丰五年蕃官阿齐报告西夏"欲诸路入寇,人马已发赴兴州"。元丰六年河东路"差蕃部伊特凯等入西界刺事"。李宪奏请"诸将各于所管蕃部内籍善探事人姓名,以备遣使"。④

四 境外使节、其他境外人员及归正人、归明人

宋朝向境外使节了解信息已经成了有制度规定的经常性做法。礼部主客郎中、员外郎就有责向使节搜集信息:"(使节)至则图其衣冠,书其山川风俗。"⑤ 庞元英曾在《文昌杂录》卷一中记载了任主客郎中所了解的"主客所掌诸番"二十八国的情况。乾道九年交趾遣使入贡,礼部令客省"询访土俗人物,图画衣貌如旧制焉"⑥。在唐代这一职责属于鸿胪寺:"凡蕃客至,鸿胪讯其国山川、风土,为图奏之,副上于职方;殊俗入朝者,图其容状、衣服以闻。"⑦ 宋代鸿胪寺也有此责。景祐四年应判鸿胪寺宋郊之请,"自今外夷朝贡,并令询问国邑、风俗、道途远近,及图画衣冠、人物两本,一进内,一送史馆"⑧。

---

① 《宋史》卷二七三《何承矩传》,第9329页。
② 《长编》卷五九,景德二年三月丙寅,第1324页;卷二五八,熙宁七年十一月戊申,第6291页。
③ 《宋会要辑稿》兵二八之二二—二三。
④ 《长编》卷三二六,元丰五年五月辛卯,第7848页;卷三三四,元丰六年三月戊申,第8046页;卷三三七,元丰六年七月壬戌,第8126页。
⑤ 《宋史》卷一六三《职官三》,第3854页。
⑥ 《文献通考》卷三三〇《四裔考七》,商务印书馆1936年万有文库本,第2593页。
⑦ 《新唐书》卷四六《百官一》,中华书局点校本,第1198页。
⑧ 《宋会要辑稿》蕃夷七之二五。

市舶司和沿边路分安抚、转运等机构也有向入境使节了解信息的责任。如淳化三年阇婆来使，明州市舶使张肃先"驿奏其使饰服之状"①。政和五年礼部说："有罗斛国自来不曾入贡，市舶司自合依《政和令》询问其国远近、大小强弱，与已入贡何国。"②《宝庆四明志》卷六和《开庆四明续志》卷八有关日本和高丽商人在庆元港贸易和高丽、日本漂流人的救助情况就是市舶司的记录。元祐五年臣僚奏请"诸蕃初入贡者乞令合属安抚、钤辖、转运等司体问其国所在远近大小，与见今入贡何国为比"。得到批准。③

接伴使和馆伴使也有向来宋使节了解信息之责。天圣九年占城、龟兹等入贡，晏殊奏"请如先朝故事，委馆伴使询其道路、风俗及绘人物衣冠以上史官"④。庆历间，辽使萧英、刘六符来，宋朝急于探明其来意，派富弼接伴。富弼"欲知其情，遂开怀与之谈论"并饮酒。最后刘六符向富弼透露："国书中事可从者从之，其不可从者宜别思一策以善言答之。"萧英也密告富弼："此来国书大意止欲复晋祖所与故地关南十县耳。"并说"皆非北使所当言，亦由公至诚感动使然"。于是富弼"先以其言奏之。朝廷始尽得敌情，豫以待之"。⑤ 宋朝以增岁币的相对较小的代价解决了这次关系危机与此关系甚大。宋英宗时，周沆馆伴辽使，"朝廷未知契丹主年。沆乘间杂他语以问，得其实"。这一信息关系到两国外交礼仪，所以辽使悔之曰："今复应兄弟南朝矣。"⑥ 南宋馆伴使套问情报最著名的案例是张焘和赵雄。绍兴末，金使施宜生来，宋馆伴使张焘向他验证金军将南侵的消息，施宜生以谐语透露："今日北风甚劲"，又扣几间笔曰："笔来！笔来！"⑦ 乾道间赵雄馆伴金使，闲谈之中从金使口中套出大量信息，包括燕京万岁山及宫苑修造、燕京城周长、金皇帝四时狩猎次数和时间、金皇帝有几个皇子、谁是长子、哪个皇子最英武，以及金朝

---

① 《宋史》卷四八九《阇婆传》，第14092页。
② 《宋会要辑稿》蕃夷四之七三—七四。
③ 《宋会要辑稿》蕃夷七之四〇，《长编》卷四四一，元祐五年四月丙辰载"转运"为"安抚"。
④ 《长编》卷一一〇，天圣九年正月庚申，第2552页。
⑤ 范纯仁：《范忠宣集》卷一七《富公（弼）行状》，文渊阁《四库全书》本。
⑥ 《宋史》卷三三一《周沆传》，第10644页。
⑦ 《金史》卷七九《施宜生传》，第1787页。

枢密使和宰相文武、姓名、年龄等，以及金四京及黄龙府的距离、城垣宫殿等情况，最后将"探赜虏中事宜以奏"①。

皇帝接见使节时也常询问境外信息。宋太宗曾向大食国使节询问其国位置及山泽所出，其使节介绍道："与大秦国相邻，为其统属。今本国所管之民才及数千，有都城介山海间。"所产"惟犀象香药"。并向宋太宗讲述抓捕犀象的方法。② 宋真宗也曾向于阗使节询问"在道几时，去此几里"等。使节报告了所用时间及沿途所见"自瓜、沙抵于阗，道路清谧，行旅如流"的情况。③ 宋神宗也向于阗使节询问过离本国以来时间、经涉何国，以及使节途径的达靼、回纥、董毡等国的情况，并询问了达靼与夏国、于阗与辽朝的关系。于阗使节还送给宋朝"达靼诸国距汉境远近图"。④

境外使节给宋朝提供的主要是其赴宋道里、本国方位、制度风俗、沿途见闻等信息。如至道元年宋太宗向大食国使节、大中祥符二年宋真宗向于阗使节询问的都主要是这些信息。见于记载的宋朝向境外使节获取的也大多是这些的信息。如，建隆二年于阗使报告了其国方位、与宋朝京师的距离及出产玉和葡萄酒等情况。淳化三年宋朝向阇婆使团了解了其国王、王妃和主要官僚及其妻子的称号、国人服饰，以及其国与三佛齐国的关系等。大中祥符八年注辇国使者三文，详细叙述了其国至广州所经国家和行程，称本国至广州凡千一百五十日，四十一万一千四百里。该年高丽使郭元来贡，介绍了京城人口、州县设置、国境大小、军队、市场、用具、物产、服饰等。⑤ 宋朝向拂菻使节了解了其国气候、物产、乐器、服饰等情况⑥。熙宁九年占城使节报告了其国到真腊和交趾里程，本国聚落数量，以及国王年龄和宫廷制度。⑦ 乾道间赵雄向金使耶律子敬了解主要也是其国政治、风俗、道里等信息。

---

① 《建炎以来朝野杂记》乙集卷九《赵温叔探赜金情》，第 630 页。
② 《宋史》卷四九〇《大食国传》，第 14120 页。
③ 《长编》卷七一，大中祥符二年三月己巳，第 1598 页。
④ 《长编》卷三三五，元丰六年五月丙子、己卯，第 8061、8063 页。
⑤ 分见《宋史》卷四九〇《于阗传》、卷四八九《阇婆传》《注辇传》卷四八七《高丽传》。
⑥ 《文献通考》卷三三九《四裔考十六》，第 2664—2665 页。
⑦ 《宋史》卷四八九《占城传》，第 14085 页。

也有境外使节向宋朝提供军事信息。如元丰六年宋神宗向于阗使节询问达靼与夏国、于阗与辽朝的关系，与宋朝当时的辽、夏政策有关。宋神宗曾有"遣人假道董毡使达靼"，联合攻夏的想法，他把于阗使节提供的信息及"达靼诸国距汉境远近图"转送给主持陕西军务的李宪。金使施宜生传达的信息更为宋朝取得反击完颜亮侵犯的胜利起了重要作用。岳珂评论此事说："于是始大警。及高景山告衅而我粗有备矣。宜生寔先漏师焉。"①

境外人员或为宋朝发展为间谍，或主动为宋提供信息，有的则是投奔宋朝后为宋朝提供境外信息。宋仁宗朝，易州人李秀"为雄州探事"。又有幽州人杜清"自来与雄州探刺事宜"。② 辽朝人于惟孝向宋朝"累报北事，及尝告捕北界刺事人李景等"③。敌方的间谍也有转而成为宋朝间谍的。李允则知雄州时厚待所获辽朝间谍，指出间谍探得宋朝金谷兵马之数的错误，反给其出示正确的帐籍，厚赐放回。不久该间谍"反出辽中兵金、材力、地里委曲以为报"。所以李允则对辽朝情况了如指掌，辽藏匿宋朝逃兵而又否认，李允则能准确指出"在某所"④。张亢权知瀛州时得一"为敌骑掠去，今幸与敌主日夜居帐中，将相皆事之"的女子为间谍，"自是敌中动静必告"。⑤ 这些都是为宋朝做间谍的辽朝人。

常有境外人员主动为宋朝提供重要信息。如沈括《补笔谈》卷三《杂志》载：咸平末，宋将王继忠被辽俘房后授官。澶渊之盟前"继忠自房中具奏戎主请和之意，达于行在"。庆历二年辽朝遣刘六符来求关南地，涿州人梁济世"尝主文书辽帐下"，来报"彼将有割地之请"。故辽使来时宋朝君臣"色皆不动。六符亦疑其书之先漏"。《长编》称梁济世"为雄州谍者，尝以诗书教契丹公卿子弟，先得其国书本以献"⑥。还有第三国人主动为宋朝刺探辽朝情报者。天禧元年有新罗人洪橘鲜受其国王派

---

① 岳珂：《桯史》卷一《施宜生》，中华书局 1981 年点校本，第 10 页。
② 《宋会要辑稿》蕃夷二之一七、职官四八之九八。
③ 《长编》卷二九五，元丰元年十二月乙巳，第 7180 页。
④ 《长编》卷九三，天禧三年六月丁酉，第 2152 页。
⑤ 《长编》卷一三六，庆历二年五月丙寅，第 3269 页。
⑥ 陈均：《九朝编年备要》卷一一，庆历二年二月，文渊阁《四库全书》本；《长编》卷二五九，熙宁八年正月乙卯，第 6322 页。

遣"入契丹侦机事以归朝廷"①。也有境外人员主动提供信息而宋朝官员不采信的。如熙宁八年有交人报告"吾国且袭取尔州"。钦州守臣陈永泰"弗信",导致钦州被交趾攻陷。②

投宋人员中,那些在敌国曾任要职的人常能提供丰富而重要的信息。咸平六年辽供奉官李信投宋,详细介绍了辽朝皇帝、后妃、公主、亲王等宗室情况,以及辽朝幽州汉、契丹、奚等军的建制、人数、布防地点、辽朝四至范围及所邻国家等信息。③欧阳修谈到辽朝宣徽使刘三嘏投宋的价值:"既彼之贵臣,彼国之事无不与知。今既南来则彼之动静虚实我尽知之","若使契丹疑三嘏果在中国,则三四十年之间卒无南向之患"。④赵至忠投宋也提供了丰富的信息。庆历元年辽中书舍人赵英(更名至忠)投宋,"言庆历以前契丹事甚详",后"数以契丹机密事来献",曾上契丹地图及《杂记》十卷,内容包括契丹建国子孙图等,后又上《国俗官称仪物录》《契丹蕃汉兵马机事》十册及契丹出猎图,直到熙宁六年还因"数言契丹旧事"受到奖赏。⑤南宋时还有《阴山杂录》十六卷传世,"述虏中君臣世次山川风物甚详"。《直斋书录解题》卷五还收录了归明人田纬所写《匈奴须知》一卷,"录契丹地理官制"、归明人张棣所写《金国志》二卷,"记金国事颇详"。⑥

敌方俘虏也是宋朝获取军事信息的途径。略举两例:南宋初年宗泽俘获金将王策,对其说服教化,"策具言敌中虚实"⑦。蒙古进攻交趾时,交趾解送一名蒙古军俘虏李小哥到宋朝。李小哥供述了蒙古"寇犯之详与大理敌情所向",以及蒙古"以十数骑前向,交兵虽多,望风而溃,沿路诸蛮未敢接战"等情况。宋朝了解到"交情渐为敌诱",参以自己所得情

---

① 《长编》卷八九,天禧元年二月庚辰,第2041页。
② 《岭外代答》卷一〇《转智大王》,第438页。
③ 《长编》卷五五,咸平六年七月己酉,第1207—1208页。
④ 杨士奇等:《历代名臣奏议》卷三四三欧阳修奏议、《宋史》卷三一〇《杜衍传》。
⑤ 《长编》卷一三三,庆历元年八月乙未,第3169页;卷一八五,嘉祐二年四月辛未,第4475页;卷一九一,嘉祐五年五月戊申,第4626页;卷二四七,熙宁六年九月癸卯,第6009页。又,《文献通考》卷二〇〇《经籍考二十七》称《杂记》全名《虏廷杂记》,"记虏廷杂事。始于阿保谨迄邪律宗真"。
⑥ 陈振孙:《直斋书录解题》卷五,中华书局2006年影印本,第584、585页。
⑦ 《系年要录》卷一四,建炎二年三月丙戌,第297页。

报，暂停了已定的救援交趾计划。①

五 宋朝境外信息获得状况管窥

宋朝通过上述多种途径获得诸国方位、风土物产等一般信息和军情政情，极大地丰富了宋朝对境外世界的认识。考察这些信息所反映的宋朝对境外情况的了解程度很有意义，却非本文的篇幅所能完成。本文仅枚举宋人所撰境外信息文献并略论军事情报搜集的成效，以管窥宋朝获得境外信息的状况。

（一）有关境外信息文献的撰著

辽、金与宋朝安全关系最大，且双方有稳定的交聘制度，宋朝利用各种手段搜集其信息最不遗余力，宋人所撰有关境外情况的文献中有关辽金的文献也最为丰富。其数量之多，本文难以尽举，略以使节行程录言之。使臣行程录又称使臣语录，是每个使团都要写的出使报告。傅乐焕已谈到这一点②。语录的内容即本文前述宋朝使节所得信息。学界已有对现存辽金行程录的整理和研究③。行程录一般由枢密院收存，以备参考。宋使出行前或到枢密院查阅。如沈括使辽，先"诣枢密院阅故牍"④。宋神宗还令王瓘考正"辽使所历州郡风土人物故实，刊其谬误"，以备外交应答之参考。⑤ 行程录在宋代已多有散佚。熙宁三年王珪说"闻枢密院文字比多

---

① 李曾伯：《可斋杂稿·续稿》后卷六《回奏宣谕安南事》。
② 傅乐焕：《宋人使辽语录行程考》，载氏著《辽史丛考》。
③ 傅乐焕：《宋人使辽语录行程考》枚举宋人使辽语录可考者14种，其中现存6种；陈学霖：《范成大〈揽辔录〉传本探索》、《楼钥使金所见之华北城镇——〈北行日录〉史料举隅》（台北东大图书公司1993年版）探讨了两种行程录的版本和史料价值；贾敬颜：《五代宋金元人边疆行记十三种疏证稿》（中华书局2004年版）校注宋朝路振、王曾、沈括、许亢宗、宋绶5人使辽语录（陈乐素《三朝北盟会编考》和张其凡《关于〈宣和乙巳奉使录〉的书名与作者问题》，考证了《宣和乙巳奉使行程录》作者为钟邦直而非许亢宗）；赵永春：《奉使辽金行程录》（吉林文史出版社1995年版）校注37种文献中宋朝使臣行程录有21种。
④ 《宋史》卷三三一《沈括传》，第10655页。
⑤ 《玉海》卷一六《熙宁〈北道刊误志〉》，广陵书局2003年影印本。

散失"①。绍兴七年又有人谈到"往来之语录皆不可考"②。但仍有不少在宋代得以流传。笔者加以统计,以管见宋人获得境外信息之状况。

赵永春辑注了现存 21 种奉使辽金使臣行程录,包括路振、王曾、薛映、宋绶、陈襄、沈括、张舜敏、赵良嗣、许亢宗、郑望之、李若水、傅雱、王绘、楼钥、范成大、周辉、倪思、程卓18 人及一位佚名使节。傅乐焕"清算了一下此等《语录》之见于前人著录的有几种,今存的又有几种",得宋人使辽语录 14 种,其中现存 6 种。他所举现存 6 种已收入赵永春《奉使辽金行程录》,其余 8 种分别是余靖《庆历正旦国信语录》、窦卡《熙宁正旦国信录》、李罕《使辽见闻录》、寇瑊《奉使录》;富弼《奉使语录》、《奉使别录》、《契丹议盟别录》;王曙《戴斗奉使录》、刘敞《使北语录》。③ 笔者又检得傅乐焕、赵永春所录以外奉使辽金行程录尚有:欧阳修《北使语录》、苏辙《使辽语录》、陆佃《使辽语录》、韩缜《相见语录》、范坦《使辽语录》、马扩《奉使录》、郑望之《靖康奉使录》、连南夫《宣和使金录》、何铸《奉使杂录》、雍希稷《隆兴奉使审议录》、姚令则《乾道奉使录》、郑俨《奉使执礼录》、余嵘《使燕录》、虞俦《进呈录》、魏良臣《奉使语录》、韩元吉《金国生辰语录》等。④

此外,宋人奉使辽金以外国家的行程录学界未曾论及。现存最早行程录应是太平兴国六年王延德出使高昌所撰《西州程记》⑤,《宋史·高昌传》和《长编》卷二五有较完整的收录。淳化元年宋镐出使交趾回"上令条列山川形势及黎桓事迹以闻",也撰有行程录,收于《宋史·交趾传》和《长编》卷三一。现存最完成的行程录当属徐兢《宣和奉使高丽图经》。王云出使高丽所撰《鸡林志》也有部分留存。《建炎以来系年要录》卷　六收录了杨应诚出使高丽语录,《直斋书录解题》卷五称其为《建炎假道高丽录》。李曾伯《可斋杂稿》卷一七可见谢济出使大理行程

---

① 王珪:《华阳集》卷八《奏交趾事迹札子》,文渊阁《四库全书》本。
② 徐梦莘:《三朝北盟会编》卷一七四,绍兴七年正月十五日,第 1253 页。
③ 傅乐焕:《辽史论丛》,第 5—7 页。
④ 《文忠集·欧阳修年谱》、《栾城集》卷四二、《渭南文集》卷二七、《系年要录》卷一二一、《尊白堂集》卷六、《长编》卷二八六、《宋史·范坦传》、《中兴小纪》卷一七、《直斋书录解题》卷五、《直斋书录解题》卷七、《中兴小纪》卷一七、《宋史·艺文二》。
⑤ 《宋史》卷三〇九《王延德传》,第 10157 页。

录的部分内容。今已散佚而其名可考者还有范纯仁《使高丽事纂》、佚名《大理国行程》、辛怡显《至道云南录》、刘涣《刘氏西行录》（唃厮啰）。① 尽管宋人行录大多散佚，但从当时行程录的撰著和流传仍可见宋人获得境外信息的丰富状况。

关于南海诸国文献的增加也反映了宋人获得境外信息的丰富。《文昌杂录》卷一所记"主客所掌诸蕃"除西南蕃和辽外共28国，其中南方南海诸国有15，数量最多，表明南海诸国已成为宋朝对外交往的一大重心。宋朝关于南海诸国信息最集中、最丰富的文献是《诸蕃志》和《岭外代答》，前已论及。此外，范成大《桂海虞衡志·志香》亦涉及南海香药，先后知广州的李符和凌策上过《海外诸域图》和《海外诸蕃地理图》，崔峻上过《华夷列国入贡图》。宋时秘阁还藏有占城、三佛齐、罗斛、交趾职贡图、真腊职贡图、外国入贡图、华夷列国入贡图等图画资料。② 这些图应如赵汝适《诸蕃志》序所言之《诸蕃图》，有"所谓石床、长沙之险，交洋、竺屿之限"等南海航线和国家分布等信息。其他其名可考者有赵瓯《交趾事迹》、《广南市舶录》、《占城国录》、《安南表状》、《交广图》，赵世卿《安南边说》、《南蛮（交趾）录》、《安南土贡风俗》、《交趾记》，陈承韫《南越记》、陈次公《安南议》及罗昌皓画占城至交趾地图等。③《宋史全文》卷二四下所言宋孝宗在宫中屏风所绘华夷图和李纲《梁溪集》卷二四"次雷州"诗中"华夷图上看雷州"之华夷图也应有南海诸国的信息。从现存史籍可知，宋人对南海诸国，特别是主要朝贡和贸易国的方位等信息有比较明确的了解。现存淳熙《古今华夷区域总要图》所画注辇、阇婆、三佛齐等位于海南岛以东，注辇更在三佛齐以东，显然不能反映宋人了解南海信息的准确程度。

（二）宋朝情报搜集的成效

宋朝始终重视军事情报的搜集，但成效并非始终如一。贾昌朝和苏辙

---

① 《宋史·艺文二》、《宋史·艺文三》、《宋史·王云传》、《宣和奉使高丽图经》、《直斋书录解题》卷七、《郡斋读书志》卷七、《宋史·邵晔传》。

② 《玉海》卷一六《太平兴国海外诸域图》、卷一五三《祥符注辇来贡四夷述职图》。

③ 《直斋书录解题》卷七、《宋史·艺文二》、《宋史·艺文三》、《郡斋读书志》卷七、《清容居士集》卷四一、《玉海》卷一六、卷二五、卷一五四。

都说到情报搜集最有成效的时期是宋太祖朝,"外蕃情状,无不预知者,二十年间,无西北之忧","至于饮食动静无不毕见,每有入寇辄先知之"。此后日显逊色,"为间者皆不足恃,听传闻之言,采疑似之事。其行不过于出境,而所问不过于熟户"。派出的间谍"但略涉境上,盗听传言,塞命而已,故敌情贼状与夫山川、道路险易之利势,绝而莫通"。造成这一变化的主要原因是财政集权。宋太祖时"筦榷之利悉输军中,仍听贸易而免其征税","故边臣富于财,得以养死力为间谍"。此后"则不然。一钱以上皆藉于三司,有敢擅用谓之自盗。而所谓公使钱多者不过数千缗,百需在焉,而监司又伺其出入,绳之以法。至于用间,则曰官给茶彩。夫百饼之茶,数束之彩其不足以易人之死也明矣"。以致派遣刺事人"所遗不过数千钱"。他们呼吁"鉴艺祖任将帅之制,边城财用一切委之","择任将帅而厚之以财,使多养间谍之士以为耳目"。①宋祁也说边臣公用钱限制太严,"至于探候间谍,无财货募召"②。但这是财政集权的制度弊端,他们的呼吁难以实现。到元丰二年河北沿边选募刺事人,仍只"人给钱三千"③。宋哲宗时枢密院也指出:"诸路探报多不实,缘赏轻,无以激劝。"④徽宗时张舜民还说:"近年探事人徒有其名,至于酬赏全然微薄,以致觇逻之人不肯探伺。"⑤

北宋在搜集情报上也不乏成功的事例,如澶渊之战,宋朝取胜即得益于情报。前有王继忠传来"戎主请和之意",后有张皓报告了"虏欲袭我北塞"的情报,宋军预为之备,射杀了辽大将挞览。⑥庆历间辽求关南地,宋朝除事先从其使节获得信息外,也通过间谍获得了情报:知保州王果"购谍者先得其稿"⑦。但相对于辽、夏和交趾而言,宋朝在情报搜集上更为逊色。王存说:"辽人觇中朝事颇详,而边臣刺辽事殊疏。"⑧宋夏

---

① 《长编》卷一三八庆历二年十月戊辰,第3319—3320页;赵汝愚:《宋名臣奏议》卷一〇三苏辙《上神宗乞去三冗》。
② 杨士奇等:《历代名臣奏议》卷三二八宋祁《进御敌论表》。
③ 《长编》卷二九九,元丰二年七月甲戌,第7267页。
④ 《长编》卷四七〇,元祐七年二月己未,第11218页。
⑤ 赵汝愚:《宋名臣奏议》卷一四〇张舜民《上徽宗论河北备边五事》。
⑥ 沈括:《补笔谈校证》卷三《杂志》,上海古籍出版社1987年点校本,第1002页。
⑦ 《宋史》卷三二六《王果传》,第10529页。
⑧ 《宋会要辑稿》兵二八之二三。

战争中,元昊的情报工作远胜于宋朝,是其战胜宋朝的一大原因。① 元丰永乐之败,宋朝情报仍然不灵,甚至本有"驰告者十数,(徐)禧等皆不之信"②。交趾对宋朝的动息也了如指掌。太平兴国战争时宋朝大军未动,交趾已知消息。熙宁战争中交趾掩袭邕、钦、廉三州,进退自如,也得益于对宋朝情报的掌握。宋朝则不然,至道元年张观误报黎桓死讯,熙宁战争前宋朝认为交趾兵不满万,又新败于占城等情报都严重失实。③ 开封失陷和扬州溃退情报不及时也是原因之一。晁以道谈论开封之战道:"金人以我疆场之臣无状,斥候不明,遂据我河北,入我河东,直抵京师城下。"吕颐浩说靖康元年河北失守是因宋军"失于探报,不意敌骑遽至"。④ 章谊总结扬州溃败原因之一是"斥堠不明,金人奄至,卒以奔走,踰江而东"⑤。

南渡后,南宋情报搜集状况逐步改善。南宋提高了间谍的赏钱,绍兴元年募人往河南伺金齐事宜,"人给钱七十千。还日有验,授保义郎"。崔与之帅蜀曾"厚间探者赏,使觇之,动息悉知,边防益密"。⑥ 金朝君臣也感叹"南人遣谍来多得我事情。我遣谍人多不得其实,盖彼以厚赏故也"⑦。南宋情报网络的效率从完颜亮南侵和广西搜集蒙古情报可见。完颜亮南侵前宋已从多个渠道得到信息。前文论及宋使叶义问、虞允文、金使施宜生及间谍都报告了金人南侵计划。在战斗中宋朝也掌握了准确情报。采石之战前宋军已确知金军"聚所掠之舟,密载甲士南渡"。胶西大捷也如此。金人将由海道入侵的情报宋"先一岁已谍知之,而命李宝屯江阴矣"。李宝还遣"其子潜入敌境,伺动静、验虚实",并"得谍者,

---

① 参见前引王福鑫和李琛文。
② 《宋史》卷三三四《徐禧传》,第10723页。
③ 拙文《宋朝与交趾的贸易》,《中国社会经济史研究》2003年第2期。
④ 晁以道:《景迂生集》(文渊阁《四库全书》本)卷三《负薪对》、杨士奇等:《历代名臣奏议》卷九〇吕颐浩奏议。
⑤ 《系年要录》卷四五,绍兴元年六月戊寅,第812页。
⑥ 《系年要录》卷四六,绍兴元年八月庚寅,第837页;《宋史》卷四〇六《崔与之传》,第12261页。
⑦ 《金史》卷七一《宗叙传》,第1645页。

用其言，冲敌舟"。① 蒙古从西南包抄宋朝，广西各级机构齐动，以使节、边境民族、境外使节和俘虏构建复杂的情报网，了解大理、交趾、罗殿、特磨道等地蒙古军队数量、活动情况及进攻方向等信息，同时大量派遣间谍，"邕、宜、融、钦诸边郡各仰精加体探，严作堤备"。各级机构派遣的间谍其名可考者有周超、唐良臣、潘住、谢图南、梁材、钱兴、虞大友、黎明、李材、吴世聪、李质、郑里、唐宗、黄安宗、李德、吴以忠、黄成、冯龙、田进、韦琼等20人②。南宋情报搜集改善与边臣自主权较北宋有所增加有关。但南宋政治和边臣的腐败、军事制度的弊端使情报搜集也会出现徐宗偃所说的枢密院、三衙、沿江诸将所遣间谍"皆取办于都梁、山阳土著之人。由都梁者不过入于泗，自山阳者不过至于涟水，采听仿佛，信实蔑然"的情况③，且局部好转无法挽回被动屈辱的总体状况。

六 结论

宋朝形成了内外使节、间谍、商人、僧侣、边境居民、境外人员，以及归明人、归正人等多样而稳定的境外信息搜集途径，以及从皇帝、外交机构到沿边有关机构负责境外信息搜集的稳定做法，既搜集与本国安全有关的政情军情信息，也搜集山川、道里、风俗、物产等自然和社会信息。宋朝与辽、夏、高丽、金建立了交聘制度，特别是与辽、金的交聘制度得以比较稳定实行；宋代对外贸易空前发展，推动了宋朝与境外世界频繁的经济、政治和文化交往；同时，宋朝始终处于与辽、夏、金的对峙之中，这些因素使得使节、商人、间谍在宋朝境外信息搜集中发挥了特别重要的作用。通过以上途径，宋朝获得了有关辽、夏、金等与本国安全直接相关的国家和地区的全面深入的信息，获得的有关东南亚和印度洋沿岸各国的

---

① 徐鹿卿：《清正存稿》卷一《四年丁酉六月轮对札子》；周必大：《文忠集》卷一六三《亲征录》；包恢：《敝帚稿略》卷一《防海寇申省状福建提刑》，文渊阁《四库全书》本。

② 分见李曾伯《可斋杂稿》卷一七《帅广条陈五事奏》、《可斋杂稿·续稿》后卷五《至静江回宣谕》、《回奏宣谕吕镇抚事》、后卷六《乞敷奏申状》、后卷七《奏为边报》、后卷八《回宣谕奏》、后卷九《奏边事及催调军马》、《回庚递宣谕奏》、《奏边事已动》。

③ 《系年要录》卷一八六，绍兴三十年九月庚辰，第3116页。

信息也较前代大为扩展和充实。

　　宋人留下了丰富的宋朝境外国家和地区的记载，成为后人研究这些国家和地区历史的重要资料，特别是对其中文献大量散失或未有良好的文献记录制度和环境的国家和地区，宋人保存的信息甚至成为研究这些国家和地区历史最重要的文献资料。这些记载正是宋朝人通过上述各种途径获得的境外信息。对宋朝搜集境外信息途径的考察有助于更具体地认识宋人关注境外世界的方式、角度和特点，也为进一步探讨宋朝对境外认识的状况奠定了基础。

从家训看儒家文化在韩国的传播

家训是为教化子孙而作的训诫之语,比较系统的家训实际上也就是为家庭制定的行为规范和运行模式。韩国的家训起源于高丽时期,现存高丽时期的家训有徐稜《居家十训》(韩国国立中央图书馆藏)和《华海师全·家范》。朝鲜时代直至近代,韩国编著家训之风颇盛,笔者据韩国景仁文化社刊行的两种文集丛书:"韩国历代文集丛书"和"韩国文集丛刊",以及奎章阁、藏书阁和韩国国立中央图书馆初步检索得韩国历代家训共九十四种(见表三),由此可见韩国历代编写家训之一斑。

正如韩国古代文化受到中国深刻影响一样,韩国家训从形式到内容都学习中国家训,尤其体现出程朱理学的强烈影响,从中我们既可以看出韩国士大夫治家的理念、韩国传统家庭构成和运行的方式,也可从这一角度考察儒家文化对韩国的影响。传统韩国作为儒教国家,不仅是国家层面的意识形态建设和士大夫的文化接受,我们还可以从韩国家训看到中国文化,特别是程朱理学,怎样渗透于韩国的社会各层,以怎样的方式被韩国基层的社会接受,成为其本国的社会规范和民族文化核心。如果加上对其现存大量的乡约、乡礼、家礼、乡校等基层社会文献的考察,应该可以更完整地看到儒家文化,特别是理学,在韩国社会下移和渗透的过程与方式,至少可以看到韩国历代社会精英教化社会和引导社会的理念和实践。从家训中所反映的"礼"和"俗"的矛盾,我们也看到这种教化的艰难,以及儒家文化融于韩国社会,成为其本国文化的特殊方式。

一 韩国家训的形式和体例

韩国家训名称常见的有"家训""家诫""家范""家令""家规"

"家政"等,其形式大致可以分为三种:一是以书信的方式训诫子孙的家训,如"示儿书""诫子书"等,广义而言,也可以称为家训。这类书信形式的家训在中国古代也很多,东汉马援的诫子书和诸葛亮的诫子书,直到清代曾国藩教子书都是以书信的方式为子孙立教。二是篇幅不大,不分篇目的家训著作。这类家训在中国古代也是普遍存在的,如唐代柳玭家训、宋代包拯家训、朱熹家训等。三是分篇列目,篇幅较大,内容比较系统的家训著作。这三种形式的家训的基本内容总体上是相同的,第三种家训在内容上基本包含了前两种。

家训的目的和功能是教育子孙,治理家务,规定家众与社会的关系等,简单而言就是修身、齐家和处世。如《戒惧庵集·家训》就分为"修身""齐家""处世"三篇。"修身"篇包括"读书""克己""操心"和"检身"四章,"齐家"篇包括"事亲""友爱""刑妻""教子""勤俭"五章,"处世"篇包括"居乡""交友""固穷""仕宦"四章。其他家训篇目或有不同,但内容大体在修身、齐家、处世三个方面。仅以"韩国历代文集丛书"中有篇目的家训为例,将其篇目归类如表一:

表一　　　　　"韩国历代文集丛书"部分家训篇目分类

家训书名	修身	齐家	处世
东湖集·家训	立志、改过	胎教、蒙养以正、事亲、敬兄、正家、冠礼、昏礼、丧礼、祭礼、饮食、衣服	接人、处世
魏氏世稿·桂岩家训		务农桑、奉祭祀、和兄弟、教子孙、抚奴仆	敬官吏
恒斋集·家戒	学问	行义、治家、先茔守护、家塾	居官
后松斋集·家诫		谨夫妇、亲父子、和兄弟、序长幼、奉祭、御僮仆	睦亲邻、交朋友
华云遗稿·居家要训	持身	居家、为先、妇女、婚娶、丧葬、勿染邪教、勿近尼巫	接宾、师友

续表

家训书名	修身	齐家	处世
槐庭集·家训	学问、酒色杂技、言行、操心、勤慎、富贵、贫贱、忍耐性、诱引	衣服、饮食、祭祀、货币、农业、商业、工业、医学、父子、兄弟、夫妻、奴婢、节用、嗣续	朋友、宗族、邻里、师弟、君臣、仕宦、上下官、外交、社会
浑斋集·丰湖家约		尊宗子、孝父母、兄弟友爱、谨夫妇、治祭田	
戒惧斋集·家训	慎言、笃学	孝悌	忠信
瓶山集·宗约节目	言行、威仪	祭祀、养老、处族、耕读、婚丧	待宾、事必广询
退休集·击蒙家训	养性、存心、养志、义利之辨、遏欲存理	父子、事亲、衣食、祭祀、兄弟、夫妇、男女、居家	长幼、朋友、处乡、接物、辞受取与
拓庵集·家诫	节嗜欲	事父母、友兄弟、谨夫妇、奉祭祀、御僮仆	睦宗族、待宾客、谨租税
晚圃公遗稿·家训	修身、养性、立志、勤学、忍辱、戒酒、戒色、谨言、窒欲	事亲、教子、友爱、侍汤、送死、奉祀、劝农	事君、睦亲、隐恶
柱江集·庭训	慎言语、崇礼义、厉廉耻、禁奢侈、节喜怒、养正直、祛骄吝、勿苦贫贱	孝父母、友兄弟、刑室家、谨祭祀、教子孙、严内外、御婢仆	信朋友、睦宗族、敬长、恤穷困、勿趋权势、勿言人过失、勿是非政法

另如奎章阁藏《会峡家训》基本内容也包括这三个方面：修身（读书看书、处富贵、居贫贱、制述、习字）、齐家（父母、夫妇、兄弟、治丧、居丧、奉祭祀、训子、治家、嫁娶、衣服饮食）、处世（事君、长幼、朋友、师弟、敦睦、接宾客、作客、科举、书札、居乡、监司守令）。藏书阁藏《顾庵家训》：修身（正心、修身、力学、威仪）、齐家（齐家、事父母、和夫妇、育子女、乐兄弟、使婢仆、奉先、治家、衣服、饮食、冠笄、婚姻、丧祭、训辞、俗礼）、处世（睦亲族、接人、吊庆、仕宦、巫觋）、《愚谷先生训子格言》：修身（立志、收敛、格物致

知、诚实、矫气质、养志气、正心、检身、恢德量、改过迁善、敦笃)、齐家（正家、事亲、刑内、教子、友兄弟、序长幼、信朋友、亲亲、御婢仆)、处世（待乡党)。"韩国文集丛刊"所收家训，如《保闲斋集·家训》《艮斋集·家训》《果斋集·家训》《梧川集·家范》等基本内容大都如此，此不一一枚举。

这一模式根源于《大学》所谓诚意、正心、修身、齐家、治国、平天下之道。《愚谷先生训子格言》在"统说"中即阐发《大学》之道："君子之格物致知，诚意正心以修其身，以齐其家，推而治国平天下。"《大学》经司马光、二程等宋儒的发扬，特别是朱熹将其从《礼记》抽出定为"四书"后，成为个人和家庭处理内部事务和与国家关系的准绳。韩国古代自高丽后期接受理学，至朝鲜时代，理学已经成为占主导地位的政治和学术思想。理学家们倡导的观念也成了朝鲜士大夫修身治家的理想模式。

从上述的篇目列举中可以看到，韩国家训强调的实现修身齐家的途径就是实践五伦和礼制。《退休集·击蒙家训》阐述了"父子有亲，君臣有义，夫妇有别，长幼有序，朋友有信，是为五伦"。这正是儒家所规定的天下所有人的基本关系，即"天下之人皆在五伦之中"。韩国家训论述的基本内容就是这五种关系，以及由这五种关系而衍生的一些基本关系，如由事亲而生丧祭之礼，由忠君而生仕宦之道及谨纳赋税等。

由身而家，由家而世、而国，这是儒家的基本观念，宋代以前的家训所阐述的主要内容也如此，但还不够系统，从马援、诸葛亮、羊祜及徐勉等人的诫子书、王昶家诫等主要内容都是勉励子孙努力修身。《颜氏家训》比较系统地论述了修身齐家之道，如其"勉学""文章""省事""止足""养生""归心"等主要论述修身之道，"教子""兄弟""治家""后娶""慕贤""终制"等都论述了治家之道。"省事"和"诫兵"虽言及处世之道，但主要强调的是修身和保家。宋代以后的家训更注重各种关系的具体论述，也更多地论述家庭及家众与家外的关系，亦即处世之道。如袁采《袁氏世范》三卷"睦亲""处己""治家"，各分六十余和七十余目论述了修身之道及父母、兄弟、舅姑、奴仆、长幼等各种关系，其中"与人交游贵和易""子弟当慎交游""居官居家本一理""邻里贵和同""赋税宜预办"等所论皆为处世之道。另如清朝汪辉祖《双节堂庸训》所列"述先""律己""治家""应世""蕃后""述师述有"等六卷也具体而系统地阐述了修身、齐家和处世之道。从篇目的设计上可以看到,韩国家训受到了宋代以后家训的深刻影响。而在培养什么样的后代、建设怎样的家庭等问题的原则、理念和规范上儒家文化的影响表现得更为具体。

二 对子女的教育与期望

培养什么样的后代这是韩国家训十分重视的问题。从韩国家训所定子弟应读书目,可以看出家长用什么工具和观念培养子弟。见表二:

表二　　　　　　　　韩国家训所定子弟应读书目

家训书名	子弟应读书目
家政	《千字文》、《小学》、《大学》、《论语》、《孟子》、《中庸》、《诗经》、《礼经》、《书经》、《易经》、《春秋》(此五经须循环熟读)、《近思录》、《朱子大全》、《朱子语类》,其他义理之书、后贤讲解、《通鉴纲目》、历代史鉴、事实、典记、秦汉至唐宋文章诗赋
东湖集·家训	四书为学者府库,若无此根本,则他书虽读,无益
浑斋集·家训	《童蒙》、《击蒙要诀》、《小学》、《大学》、《家礼》、《近思录》、四子、五经等
浑斋集·丰湖家规	《小学》、《大学》、《论语》、《孟子》、《中庸》及其他性理之书
艮斋集·家规	《要诀》、《小学》、四书为先,《诗》、《书》、《礼记》、《春秋》、《纲目》、诸家文集
戒惧斋集·家训	《小学》、五书、五经及先贤书、《史记》
朴正字遗稿·家训	《小学》、《家礼》、经、传、史记、濂洛诸书、诗赋
梧川集·家范	《小学》、《家礼》
槐庭集·家训	汉文字、《小学》、算术、国文、历史、地理、经、史

司马光在《居家杂仪》(该书亦被朱熹收入《家礼》之中)列了子弟应读之书:七岁男孩始读《孝经》《论语》,八岁读《尚书》,九岁读《春秋》及诸史,十岁读《诗》《礼》《传》,以后读《孟子》《荀子》《扬子》,以及《礼记》《学记》《大学》《中庸》《乐记》等,但"其异端非圣贤之书传宜禁之,勿使妄观以惑乱其志"。韩国家训所定读书年龄

也为七岁。韩国家训与司马光和朱熹拟定所读之书皆为儒家基本经典，不同的是韩国家训特别突出了读朱熹之书。其家训所列主要是朱熹所定"四书"、"五经"，以及朱熹著作《朱子大全》《朱子语类》《近思录》《小学》《家礼》。可见，传统韩国家长是以理学的思想作为教育子弟的理念，尤其遵奉朱熹的思想。

作为童蒙教育之书，朱熹编写的《小学》受到特别的重视。朱熹从经传中辑录专论童蒙教育之语，并以史事佐证和补充编成《小学》。他在《小学》序中说，小学"教人以洒扫应对、进退之节，爱亲敬长、隆师亲友之道，皆所以为修身齐家治国平天下之本"。因而是儒家教育的最基础之书。《浑斋集·丰湖家规》强调：《小学》须读得"使自家胸中成一部《小学》板本，心与书义融洽通贯，合一无间"，然后读《大学》，亦如是读，然后及于《论语》《孟子》《中庸》及其他性理之书。若做不到，则退一步"只读四子之书亦足矣"，"又下则终身只读《小学》一书而体行之笃"。《小学》被作为最基本应读之书。《戒惧斋·家训》也说："至于《小学》，尤当兼看。"《丰湖家规》还规定：朔望参礼后作家人讲会于祠堂前，要"令子侄孙辈通读《小学》，使之系属一家人心"。

《愚山遗稿·家范》和《晚圃公集·家训》都引用了朱熹"家贫不可因贫而废学，家富不可因富而怠学"语，强调学的重要性。读书的方法也一遵朱熹之说，如《果斋集·小学斋规》所说："所授书必依朱子读书法读之。"朱子读书法，《戒惧斋集·家训》称就是朱熹所强调的"收放心为学问之基址"，"循序致静为读书之法"。《恒斋集·家戒》引朱熹语，强调专一和穷理："凡读书若不专一，此心先已散漫，如何看得道理"，如读《大学》，对《大学》的道理要"反复研穷，行也思量，坐也思量，早上思量不得，晚间又把出思量，晚间思量不得，明日又把出思量，如此岂有不得的道理"。也就是《戒惧斋集·家训》所言"为学莫先于穷理，穷理莫先于读书"，所穷之理就是"修齐治平之道，古今善恶之迹"。

这样教育的目的就如《槐庭集·家训》所说："《小学》使知孝悌忠信礼义廉耻"，"读经史，而必以孔子学为立志"。因而反对子弟读不利于诚意正心的内容，如《东湖集·家训》说："工文艺非儒也，取科第非儒也。"《柱江集·庭戒》说："其所以教者，不处于孝亲悌长，日用彝伦之外，至于文艺特其余事耳。"《梧川集·家范》也说："生子而入学，必先教《小学》、《家礼》，使自幼之时知有此事"，不能"先务词华，唯才艺是美"，甚至科举也"不可以期以子孙，以长侥幸苟且之风"。《朴正字遗稿·家训》观点也如此："世人教儿辈习诗赋，是诲轻薄之道也"，必须在学经传后有余力才"可及诗赋"，而且"科举亦当从经传中出"。

但家训规定的子弟教育并非仅读书一途。《会峡家训》说："学而不成则归农，农而亦不能，则虽织席捆屦，种树卖药，不可以工贾之贱而为羞耻事矣。"《浑斋集·家训》也说学而"不可大成者使归之农，但亦令其读《家礼》中祠堂、居家杂仪、冠、昏等篇，使知勤祭祀，知重冠昏可也"。家长所期望的培养成子弟如《恒斋集·家戒》所称，有三种类型：一是"博学敦行，齐家善身，名实俱隆"；二是"随分耕读，治家勤俭，期于养送无憾，且能周旋左右，极其和愉"；三是"谙练世务，优于应接，使父母恃而无恐，尽己之心以副父母之愿"。

韩国家训也强调了教女的重要性，《保斋集·家训》说，女"家道兴废由之"，"世人知教男，不知教女，悲也"。司马光在《居家杂仪》列了女子应读之书：七岁至九岁读《论语》《孝经》及《列女传》《女戒》，十岁则"教以婉娩听从及女工之大者"。朱熹补注道："今人或教女子以作歌诗，执俗乐，殊非所宜也。"韩国家训也强调了女子读书，如《家政》规定：女子"十岁之内必令晓解谚字，抄给《三纲行实》，使之知伦常之道"。《槐庭集·家训》规定：女子自七岁至十一岁学汉文之《小学》与本国历史地志、算学、国学毕读后织造技术数年学得。《艮斋集·家规》则强调"必令读《女戒》《女范》及《小学》《中说》及妇女事者，其于男女之别必令谨之又谨"。

女子教育中最重视的是德和功的教育。《家政》称"女有四行：德、言、容、功"，这正是中国古代对女子的要求。该书还规定女子"秋冬操纬车，春夏治桑蚕"，"女子十岁，处于闺内，不许出外，不许窥见外客，年至十四五以后，切禁与环佩钗珥之老婆相往来"。《治家节要》称："教女之方，母仪是则。凡为父母有女子者，无分年幼长成，务必常近母侧"，"习缝补，学剪裁，执麻枲，治蚕桑，设饮馔，浣衣服"，"习诸闺之事，以为他日待舅姑之本功"。需要培养的理想的女儿应如《保斋集·家训》所说，就是贞静自守，柔顺事人，专心内政，不与外事，勤于女工，诚敬事舅姑，慈惠待婢使的贤淑之女。

三 对家庭关系的规定

建设怎样的家庭,是韩国家训最关注的问题和最主要的目的。韩国家训阐述了按照什么观念建设家庭、建成怎样的家庭关系等问题,以此建构"理想"家庭。

家训最重要的功能就是观念的灌输,韩国家训尤其重视这一点。如高丽元氏《家范》从理气之说、阴阳之论、穷理之法,论述了孝悌、忠信、礼义、廉耻,以及诚意正心之道,并主要以孔子、孟子、子思、周敦颐、朱熹、张载等人语录阐述。《愚谷先生训子格言》也主要以引用儒家诸贤语录的方式阐述修身齐家之道。所引者主要有孔子、子贡、曾子、子思、孟子、周敦颐、范仲淹、二程、邵雍、司马光、张载、朱熹,及其本国理学家李珥等。据引之人包含了朱熹排定的理学传承谱系,特别是"宋五子",范仲淹和司马光也是理学认定的正人君子,所引之书也主要是朱熹所定四书和五经。另如《后松斋集·家诫》也主要是以引用《诗经》《论语》等经典及孔子、孟子、朱熹、二程等人言论的方式立教,也引用《内则》《颜氏家训》、司马光《家仪》(即《居家杂仪》)。《恒斋集·家戒》也以朱熹、二程之言为基本指导。从其他韩国家训我们都可以看到,其所秉持的都是儒家,特别是理学的观念,以此来教育家众,规范家庭。

《苍树集·郑氏家政》说:"凡治家,当谨守常法以御家众。所谓常法者,只是孝于父母,友于兄弟,和于夫妇,丧致其哀,祭致其严,接宾客以诚,待奴仆以恩,如斯而已。"这也是韩国家训所设计的理想的家庭关系。

孝于父母是儒家文化最重视的人伦关系。如《家政》所强调的:"天地间事,惟以人伦为重,父母即人伦之本也。"《愚山遗稿·家范》《戒惧斋集·家训》《恒斋集·家戒》等都说:"夫孝者百行之源,为人子者必顺父母之志"、"孝为百行之源,故正家之道,孝敬为先"、"百行之中孝为本原"。如何孝敬父母呢?那就是韩国家训共同强调的四字:孝、顺、恭、敬。所谓"孝"就是"四时温清",晨昏问候,就是"亲奉",即亲制饮食汤药。所谓"恭"和"敬"就是在父母面前不蹲坐,不踞坐,不动怒,不并肩而行,一言一行谨遵礼节。所谓"顺"就是色养,就是养志。《会峡家训》称，"色养"即"见父母几微之色，而承顺父母之心"，安其心甚于口体之养。《家政》和《恒斋集·家戒》也说，奉养父母，重要的是"养志"，"养志为先，养口体次之"，"凡人子之养亲也，养志养体不可缺一，而养志犹大，所谓养志者不过以父母之心为心"。所谓以父母之心为心，就是如《会峡家训》《戒惧斋集·家训》等所说，要爱父母之所爱，父母所命之事，或有不对，若"无大悖理，大不义之事，亦须姑为承顺"。即使不得不劝谏父母，也要待其愉悦之时，和气柔声以劝之。

关于奉养口体如何才算孝、顺、恭、敬，《会峡家训》强调事父母"居处饮食加等于己"。《恒斋集·家戒》引朱熹与子帖："早晚不过一肉，如有肉羹，不得更有肉钉"，认为养口体亦应"称家所有"，"不可自异于夫子家法"。《会峡家训》和《家政》等还强调了对待庶母也应与母不差，称继、养、庶母总是母，应随处尽孝。此外《恒斋集·家戒》还称："如早负才望，登名仕籍，致君泽民，为世名臣，此父母之所甚愿"，"传父母之嘉言善行，若有著述，亦宜缮写成册"。"继志述事，是为达孝。"

概括而言，事父母应该如《戒惧斋集·家训》所言：生事之以礼，死葬之以礼，祭之以礼，温清定省之礼，顺其言，愉其色，柔声谏过。这正是儒家所强调的准则。司马光《居家杂仪》就强调了"凡子事父母，妇事舅姑，天欲明咸起盥漱栉，总具冠带，昧爽适父母舅姑之所省问。父母舅姑起，子供药物，妇具晨羞，供具毕乃退"，饮食亦各有先后秩序。"既夜，父母舅姑将寝，则安置而退"，事父母舅姑"容貌必恭，执事必谨，言语应对必下气怡声，出入起居必谨扶卫之"。"或所命有不可行者，则和色柔声具是非利害而白之，待父母之许然后改之。若不许，苟于事无大害者，亦当曲从。""凡父母有过，下气怡色柔声以谏。谏若不入，起敬起孝，悦则复谏。""不敢以贵富加于父兄宗族"，"凡事不敢自拟于其父。""凡父母舅姑有疾，子妇无故不离侧，亲调尝药饵而供之。""凡子事父母，父母所爱亦当爱之，所敬亦当敬之"，"顺其心不违其志，乐其耳目，安其寝处，以其饮食忠养之"。《居家杂仪》因被朱熹收入《家礼》，所以更成韩国家训遵行之圭臬。上述可见，韩国家训所言事父母之道皆一秉于《居家杂仪》。当然这也是儒家所共遵之准则，在中国的家训所见也是如此（如司马光《家范》《袁氏世范》《双节堂庸训》等都是典型)。

"和于夫妇"也是家庭的基本关系。《柱江集·庭训》《愚山遗稿·家范》《会峡家训》《家政》等都强调了夫妇关系对于家庭的重要性:"夫妇,人伦之始也"、"夫妇序于五伦","君子之道,造端乎夫妇"、夫妇为"阴阳之理,一家之天地","天地和,阴阳调而万物育"、"凡人之伦常子夫妇始焉"。丈夫作为一家之本,儒家对其作用的规定自不待言。韩国家训特别强调了"妇"的重要性。《会峡家训》说:妇能使"不孝可以化为孝,不友可以化为友,不能敦睦者可化为敦睦",若妇不肖,则相反。《治家节要》说:"妇也,家之盛衰所由也。"《戒惧斋集·家训》甚至说:"家人之道在于女正,女正则家道正矣。故家之兴衰系乎闺门。"韩国家训对夫妇关系的规定正是儒家的标准,即夫与妇是阴与阳、天与地、尊与卑、外与内的关系。《会峡家训》说:"妇从夫。"《家政》说:"必须夫和而制以义,妇顺而承以正。"《顾庵家训》说:"夫唱而妇随,夫健而妇柔者。"

如何才能做到夫唱而妇随,夫健而妇柔呢? 就是丈夫必须修己,必须刑妻(刑内)。修己如《会峡家训》所说即夫不沉溺于妾,不失尊卑,《家政》所说"夫不失仪于妇"。《戒惧斋集·家训》说:"刑妻之道,修己而已。"己不修则不能刑妻。之所以必须刑妻,是源于女子性本偏狭的基本认识。《会峡家训》说:妇人"性偏,多有不能通达义理之事","言不可听"。《苍树集·郑氏家政》说:"家齐之道,莫不以教妇人为难,尽由妇人性偏难化也。其教之道,当躬率以正而已。"《柱江集·庭训》说:"妇人之性通舒者恒少,偏啬者恒多",所以"夫者必先正心修身作法于室家,察其几微之际,审其善恶之分,便辟者而警之,强梁者而制之,毋使妇人有自专之失"。家庭和家族也有刑妻的责任。《会峡家训》载新妇谒见之礼:"舅姑及父兄宗族整坐,而命新妇与夫赐坐于中,而正音戒训曰:'新妇入门前,吾家保守敦睦,友乐同之。新妇入门后有损家风则断不容宥。有罪有罚。'"又命其夫曰:"汝以吾家子弟,谨守家风,而倘妇言是听,毁坏宗谊,则摈不参礼,斥不与会。"

刑妻的结果就是要如《果斋集·家训》所言使妇"以柔顺恭敬慈惠安详为主",忠于其职,"纺绩裁缝烹饪酒浆等节必勤必精,祭祀宾客之奉必诚必洁"。但妇的职责仅限于"内闱"而已,如《浑斋集·家训》所说，妇人"国不可使预政，家不可使预事，使主中馈而已"。实现了夫妇间内外、尊卑的关系，就实现了夫妇的和融，家道才能兴盛。《愚山遗稿·家范》《家政》《顾庵家训》等说："夫敬妇顺则家道正矣"、"必须夫和而制以义，妇顺而承以正。夫妇之间不失体敬，然后家事可治也"、"夫妇和而万福之源也"。这与中国家训的论述是相同的。如司马光《家范》说："夫，天也；妇，地也。夫，日也；妇，月也。夫，阳也；妇，阴也。天尊而处上，地卑而处下。"所以妇之德有六：柔顺、清洁、不妒、俭约、恭谨、勤劳。《袁氏世范》和《双节堂庸训》也有"妇女之言寡恩义""妇人不必预外事""妇人不良咎在其夫""妇职不可不修"等论述。

兄弟、长幼、朋友也是韩国家训所规定的基本关系。兄弟之间应该友爱，《愚山遗稿·家范》《槐庭集·家训》《浑斋集·丰湖家约》《拓庵集·家诫》《晚圃公遗稿·家训》《柱江集·庭训》《愚谷先生训子格言》《会峡家训》《家政》等都从兄弟异形同气，同胞而生的关系阐述了兄弟友爱的关系。由此而强调了兄弟各自成家后应依然念及同胞而生的关系，不可各私其妻子，不争财利，不听妇言。长幼之间除了儒家所规定恭敬尊崇关系外，有的韩国家训还细致地规定了年龄不同而礼仪不同的关系，如《艮斋集·家规》和《会峡家训》规定了对乡党"长于我十岁以上者，岁时一拜可也"，对于年长五岁以下方是平交，六七岁至二十岁其礼不一，年愈长而礼愈敬。关于交友，《后松斋集·家诫》等引孔子"益者三友，损者三友"、"君子交上不谄，交下不渎"等语，强调"交之以道义，结之以忠信"，"以友辅仁"。对于宾客则遵从司马光"物薄情厚之说"，如《恒斋集·家戒》和《华云遗稿·居家要训》所说："待宾朋之义，虽上宾，不过五碟，其次四碟，其次三碟"，"诚待宾客，随力而行"。

韩国古代与中国唐宋以后的社会不同，始终是贵贱的社会，存在贱民奴婢阶层。《愚谷先生训子格言》论及了两国的这一差异："我国士大夫与中朝绝异，自儿时曾不服劳衣食之需，使令之事专责之奴仆。其于驭奴仆也，亦必有道矣。"但在中国虽然已无作为社会阶层的奴仆，但家内奴仆仍然存在，中国礼书和家训对奴仆仍有规定，而韩国家训所遵行的也仍然是中国儒家的准则。《顾庵家训》说："恩婢仆者，保家之道。"婢仆"樵汲耕织，衣我食我"，"其四端七情与我无异。为其主者，仁恕以待之,则其心必报之衣原,威暴以使之,则其必视之以寇雠"。《柱江集·庭训》说,对待奴仆应"治之以严,而济之以宽,震之以威,而施之以恩","使其畏其威而怀其惠"。《家政》则指出了一方面应施以恩惠,婢年十七八,仆年二十使相婚配,为其治病恤丧,另一方面"婢有性奸恶、冶容、唱曲、学乐、饶舌等,逐于门外"。这与《袁氏世范》和《双节堂庸训》所论述的"待奴仆当宽恕""婢仆疾病当防备""婢仆当令饱暖""奴婢宜督约""奴婢不中用宜速遣"等基本准则是相同的。

作为尊礼的重要内容,韩国家训也规定了家庭冠、笄、丧、祭之礼。关于冠、笄之礼,《顾庵家训》说:"男而冠,女而笄,成人之礼","家虽贫,礼不可废"。其具体内容如《家政》和《东湖集·家训》所说:男子二十,"请宗族洞中长老加冠,行礼于家庙。加冠儿次日往谒于宗族长老之家","族戚邻里选定一人,为宾告,以三加之礼使知成人之道,简略行之"。针对当时韩国的社会中有不行此礼的现象,《东湖集·家训》说:"责成人之道,乃礼之大者,而今人都不理会。俗之崩坏,岂不原于此乎?"但也有家庭坚持行冠笄之礼,如《恒斋集·家戒》:男子及年而冠,"吾家行之已久,其仪文之备,觍礼之盛尽备,有所不可已者,须永远遵行则甚善"。《东湖集·家训》也载:"大小李先生,或宗族之当冠者,豫以《家礼》冠章教授,不以物薄废其礼,邻近慕效者多。"而此礼施行仪式如《顾庵家训》和《克斋先生文集·家塾杂训》所说,"夫冠笄必以朱文公《家礼》为准法"、"冠礼简易易行,当依《家礼》行之",都遵从朱熹《家礼》。

丧、祭之礼也基本遵循朱熹《家礼》,如《顾庵家训》《恒斋集·家戒》《戒惧斋集·家训》《愚山遗稿·家范》所说:"丧祭二礼当以朱文公《家礼》为准则"、丧祭皆依《家礼》,"不悖夫子之训"、"丧祭,大礼也","其仪文一依朱文公《家礼》。而家甚贫则称家之有无,亦礼也"、"《朱子家礼》、《沙溪备要》纤悉无余,当预讲而勉尽之也"。《栎泉集·家仪》则谈到祭祀当依《家礼》,必立祠堂以奉神主,置祭田,具祭器。

韩国家训在祭礼中特别强调宗子的地位和支子辅助宗子祭祀的义务。《丰湖家约》说:"以支庶而不知尊宗子,则不知来处,骨肉无统,恩义自薄,人理灭矣","凡事先宗而后己"。《艮斋集·家规》还规定了"不敬宗子宗孙者亦行会罚"（从韩国家训也可以看到其有随需要而举行的家会、定其的朔望参礼和月会）。《梧川集·家范》说："宗家时忌祭，以物助之。"《会峡家训》记载了作者的从叔和仲父辅助宗子的事迹。祭祀的谷物其从叔都亲自曝晒，一日因其从叔进室内待客，谷被鸡啄，其叔母惊恐得大声斥责仆人。而其仲父"居家之时，馈遗岁仪之物，有可为祭需者，则送于宗家"。后得一官，任所离京一千余里，也毅然赴任，说："此行专为宗家计也。""莅官数月，即具二千金，次次输送于宗家。""宗家凡节益剥落，祀典渐极苟艰，（仲父）必量一年祭用，皆为预备而深藏。当祀之时，则乾鱼物及果品与三百钱送于宗家。"而宗子、支庶的划分也完全本于中国的宗法制度，宗子主祭祀也是源于《礼记》的"支子不祭，祭必告于宗子"，以及程颐在《入关语录》中所规定的宗子祭祀和支子助祭："支子不祭者，惟使宗子立庙主之而已。支子虽不得祭，至于齐戒致其诚意则与主祭者不异，可与则以身执事，不可与则以物助。"

此外，韩国关于移孝为忠的事君之道，关于重农节用的理财之法，关于晨谒、出入告等的行为规范，关于独尊儒术、不作佛事的信仰原则、敦睦亲和的宗族情感、耕读结合勤俭持家的传家风格等皆一遵朱熹《家礼》，此不一一论述。值得关注的是韩国家庭在接受和实行的儒家修身、齐家、处世之道时也面临的与儒家之礼矛盾的本国旧俗和其他外来文化的困扰和选择。

《艮斋集·家规》载，当时的婚礼"外人入观，此是乡俗之所当改者"，而根据"《家礼》：新妇未出门已加蒙头，至入室始去蒙头，据此可以知其非礼也"。这样的礼俗矛盾是广泛存在的。《顾庵家训》："今世士族家虽饶冠不用古礼，而只以髻冠，习俗之甚也，随约成礼。"该书列举了不合古礼的诸多现象，如"娶妻不娶同姓，礼也。而我东偏小，只非同贯则取之，亦非淳俗也。又次金、李二家其贯许多则安知其同自一于也"。虽然作者训诫子孙"不可循俗"，"吾则自立铁限，不娶同姓可也"，但要一遵于礼是十分困难的。《柱江集·庭训》就认为应随俗而变："吾家祭礼淳朴可观，而间或有不无违于古书之本文者"，如"祭祀共一卓，行事不见于礼家本文，而先辈或有行之，世俗因之亦多，盖亦出于情也"，"朱子亦岂不量情而制礼哉？"《会峡家训》也认为不可责备于古礼，不可执礼太拘，如礼制规定居丧之时节食，夫妇内外不可通，但"生病时亦可吃肉",甚至少量饮酒亦可,"夫妇有病亦可通","方在生死关头之时,何嫌于男女之欲"。若"无子而遭母丧,若过三年,几至断产,则亦不可无求嗣之道"。总体而言当面临礼与俗的矛盾时,我们可以看到,他们并不教条地拘泥于礼法。而在韩国近代面临日本和西方文化冲击时,韩国家训则表现出了坚决恪守儒家文化的选择。如《华云遗稿·居家要训》指责道:"今世妇女自以为解放,洋洋得意","初袭于倭俗,再化于洋风,深可叹恨。以堂堂华夏之族,安可渝染夷狄乎?"妇女"但务纺绩,针练酒食,宜助瞻内治"。该书还告诫子孙"勿染邪教":"自古及今,背孔朱之道而未有不亡之国。渝异端之教而未见不败之家。"《槐庭集·家训》也指责"近世西教之人不行祭祀,辄称魔鬼云。然吾夫子之圣训亦自在,则切勿废祭"。《浑斋集·家训》和《艮斋集·家规》以文化的观念强调对于其他外来文化应"极严华夷之辨""在世有华夷之分",信守儒家思想。

四 传统韩国家庭一日生活的展现

家训反映的依然是文本意义上的家庭生活,甚至有的因素反映的依然是观念和理想,如《梧川集·家范》所说,是希望通过缙绅巨室讲习体行《家礼》,"以表准于国中",从而移风易俗,但韩国家训强调关系,重视具体规范,特别是多引用家庭或周边生活事例的特点,为我们展示了一个男子和女子生命历程的各个环节,以及他们理想人格的铸造过程。如果对所有韩国家训进行综合,当然能够更为丰满和充实地重构一个家庭的日常生活,但可能会因太完整而丧失个性,本文仅以《果斋集·家训》的原文展现一个家庭的一天生活图景:

清晨天未明时,婢仆起床打扫阶庭:

> 每日未明,婢仆咸起,开门栉醮后,仆净扫阶庭(雪则至门路、厕路)。

日出前,八岁以上男女皆起床,晚辈待家长起后问安,家长率长男拜谒家庙,婢仆打扫堂室,入学子弟诵读洒扫:

男女长幼日出前咸栉靧（八岁以后日出后），以待家长起省问（命坐则坐，不可遽出入），冠者勿以便服。

家长率长男谒庙，而家长出则长男行之。

内门开则（婢仆）入内时声必扬头有著，净扫如外。侍僮侍女爂　净扫堂室。

（子弟）每日日未出必起，盥栉后，诵读如仪，而师长役使及堂室净扫年最少者行之。

以上事毕，朝饭：

朝夕饭有定时。饭必精，馔不兼肉，若有羹汤一楪亦可。

白天，各赴其职，内外有别，主妇或主人监察：

饭毕，主妇或主者照检器皿，各安其处，上下内外各执其事，毋敢游惰（家长老，则长男考其勤惰）。

（妇女）纺绩、裁缝、烹饪、酒浆等

（男子未言及，必令耕樵可知）

（子弟）必跪读，问答文义（背诵前一日：其言前一日"待明朝背诵而新授）。

日间尊卑长幼之安不安交相察识。

内不窥外客。内言不及外事，外人不闻内声。

终日炉火不可使熄，瓮水不可使乏。

婢仆或相诟相斗，则杖治之。

晚上，家长思考安排次日事务，婢仆夜作，子弟夜读，长男查夜：

夕后，家长、长男量度明日事，预有指挥。

夜亦各执其事，婢仆分授以职（如丝絮箦屦之类），朝必现呈。

夜必谨内户。

夜长男监礼内外扃锁,以防不虞。

(子弟)前一日夜诵所读书,必至烂熟。(《小学》)宜日夕讲习。

这是一个家庭最普通的一天,如遇朔望参礼、祭祀及月会等日子,各人活动又另依礼行事。《克斋先生文集·家塾杂训》总论处家之道曰:"凡家众必分授职事,及制财用之节,当依司马公《居家杂仪》行之。"这样的一天的生活就在上述父母、夫妇、兄弟、长幼、尊卑等各种规范和秩序营造的关系中展开,不正符合《居家杂仪》和《家礼》所要构建的生活吗?

表三　　　　　　　　　　韩国历代家训

家训篇名	作者	书名	收藏出处
韩氏女训	韩元震	南塘先生文集	丛书(第167册)
居家要法	任宪晦	鼓山先生文集	丛书(第198册)
桂岩家训	魏德厚	魏氏世稿	丛书(第476册)
郑氏家政	郑衡圭	苍树集	丛书(第560册)
家训	朴胤源	近斋集	丛书(第949册)
家诫	金道和	拓庵集	丛书(第1120册)
居家杂仪	裴善晦	岐山先生文集	丛书(第1370册)
家诫	李九翊	恒斋文集	丛书(第1441册)
居家要训	洪景夏	华云遗稿	丛书(第1522册)
家训	刘载范	璞南遗稿	丛书(第1559册)
遗训	金昌汉	默山私稿	丛书(第1580册)
家训	金景寿	鳌川集	丛书(第1597册)
戒子孙书	孙永老	木西集	丛书(第1619册)
诫子孙书	南锡愚	愚隐集	丛书(第1638册)
家诫	金士贞	后松斋集	丛书(第1641册)
击蒙家训	姜献之	退休先生文集	丛书(第1690册)
家训	张寅睦	素山集	丛书(第1738册)

续表

家训篇名	作者	书名	收藏出处
家居节目	金镇祐	勿川先生集	丛书（第1769册）
家诫三箴	金鸿洛	某溪集	丛书（第1783册）
训家四条	崔鹤集	惧家先生文集	丛书（第1792册）
家戒五条	申适道	虎溪先生外文集	丛书（第1828册）
传家八凡	姜必孝	海隐先生文集	丛书（第1910册）
宗约节目	金永学	瓶山先生文集	丛书（第1956册）
家训	朴时然	白愚斋文集	丛书（第1975册）
家范	李尚镐	愚山遗稿	丛书（第2064册）
训子三条	李云熹	石室居士遗稿	丛书（第2072册）
家训	柳日荣	沧溟集	丛书（第2158册）
家训	朴璿	陶窝先生文集	丛书（第2298册）
家训	吴国宪	渔隐先生文集	丛书（第2355册）
家训		希庵遗稿	丛书
庭诫	赵是光	柱江文集	丛书（第2466册）
家训	朴显久	东湖集	丛书（第2521册）
丰湖家约	安教翼	浑斋先生文集	丛书（第2615册）
家训	安教翼	浑斋先生文集	丛书（第2615册）
丰湖家规	安教翼	浑斋先生文集	丛书（第2615册）
家训	金宪基	初庵先生文集	丛书（第2618册）
家训八条	韩敬履	基谷先生文集	丛书（第2709册）
家训	吴相奎	槐庭集	丛书（第2804册）
家训十九条	郑济镐	晚圃公遗稿	丛书（第2986册）
家训	申叔舟	保闲斋	丛刊（第10册）
庭训	柳希春	眉岩集	丛刊（第34册）
家令	宋寅	颐庵集	丛刊（第36册）
家缄	权好文	松岩集	丛刊（第41册）
家规	田愚	艮斋集	丛刊（第51册）
家训		愚伏集	丛刊（第68册）
家诫	李植	泽堂集	丛刊（第88册）
五教	尹鑴	白湖集	丛刊（第123册）
训子要语	李选	芝湖集	丛刊（第143册）

续表

家训篇名	作者	书名	收藏出处
家法	郑齐斗	霞谷集	丛刊（第160册）
示诸儿书	徐宗泰	晚静堂集	丛刊（第163册）
诫谕家众	朴弼周	黎湖集	丛刊（第197册）
家范	李宗城	梧川集	丛刊（第214册）
家训	尹衡老	戒惧庵集	丛刊（第219册）
家仪	宋明钦	栎泉集	丛刊（第221册）
正家		栗谷先生全书	丛刊
遗训	高尚颜	泰村集	丛刊
家诫	丁若镛	与犹堂全书	丛刊（第281册）
家训	成近默	果斋集	丛刊（第299册）
会峡家训	郑东仁	会峡家训	奎章阁
家政		家政	奎章阁
家政野谈		家政野谈	奎章阁
家范	元君平等	华海师全	奎章阁
居家杂训		忘忧集	藏书阁
愚伏先生训子帖		愚伏先生训子帖	藏书阁
愚谷先生训自格言	姜德后	愚谷先生训子格言	藏书阁
家训		百弗庵集	藏书阁
顾庵家训	李擎根	顾庵家训	藏书阁
闺门轨范		闺门轨范	藏书阁
警儿录		警儿录	藏书阁
居家十规		道山集	藏书阁
家塾杂训		克斋先生集	藏书阁
家训		兰溪遗稿	藏书阁
杂著		慕述斋遗稿	藏书阁
内范		内范	藏书阁
家训、同居规式		朴正字遗稿	藏书阁
自诫		求忠堂文集	藏书阁
家训		知止集	藏书阁
治家节要	范立本	治家节要	藏书阁
鱼隐家训	金庆集	鱼隐家训	韩国国立中央图书馆

续表

家训篇名	作者	书名	收藏出处
守拙斋家训	姜宗说	守拙斋家训	韩国国立中央图书馆
家训	李植	家训	韩国国立中央图书馆
正蒙家训	李光显	正蒙家训	韩国国立中央图书馆
节孝先生居家十训	徐稷	节孝先生居家十训	韩国国立中央图书馆
竹亭家训		竹亭家训	韩国国立中央图书馆
家事遗训书		家事遗训书	韩国国立中央图书馆
庭训往来诸朝大成		庭训往来诸朝大成	韩国国立中央图书馆
家训		舞溪集	韩国国立中央图书馆
家宪		溪东集	韩国国立中央图书馆
珪园庭训集		珪园庭训集	韩国国立中央图书馆
妹背山妇女庭训		妹背山妇女庭训	韩国国立中央图书馆
庭训往来		庭训往来	韩国国立中央图书馆
明君家训		明君家训	韩国国立中央图书馆
家道训		家道训	韩国国立中央图书馆
家事经济训		家事经济训	韩国国立中央图书馆

注：本表所收为景仁文化社"韩国历代文集丛书"（简称"丛书"）、"韩国文集丛刊"（简称"丛刊"）及奎章阁、藏书阁、韩国国立中央图书馆藏。

中国中古时期社会力量替嬗与国家应对

社会转型常伴随着社会力量的嬗变,每次社会转型国家都面临着如何处理与新旧社会力量关系的问题。中国古代两次社会转型——春秋战国到西汉前期社会变革和唐宋社会变革也伴随着社会力量的消长。在王朝更替的表象背后,社会力量的消长更深刻地反映着中国古代社会历史的特性。考察古代社会力量如何在社会经济的自然力量和国家制度设计的交互影响下消长变化,对我们更深入认识中国古代社会的本质,吸取历史经验教训具有积极意义。

一 汉武帝新政与新兴社会力量的消长

春秋战国的社会经济变革使西周的社会结构发生了彻底的蜕变。作为社会基本阶层的士、农、工、商都是不同于西周贵族、井田民和奴隶的新兴社会力量。严格来说,"士"是从农、工、商阶层孕育出的被国家吸纳到统治集团中的群体,农、工、商是作为国家统治基础的社会阶层。

春秋战国的"农"主要指从耕种井田的农民转化来的拥有私有土地的小农。各国通过"初税亩""相地衰征""作爰田""作丘赋""初税禾"等形异实同的制度改变建立了与小农的依存关系,到战国时期,确立了各具形态的税、赋、役的赋役制度。税是以田为征税对象,征收粮食的田税，赋是以口或以户征收的纺织品或货币，役是按丁征收的力役。① 国家运行的实物和劳力供给都通过对小农的土地和户口的控制来保障。

　　春秋战国的职业工商业者也是西周"工商食官"和"处工就官府"的国有制中蜕变出的新兴阶层。在私有化的浪潮中资源和市场都向社会开放，催生了职业的工商业者。一些国家已经形成了与工商业者并存和共赢的机制。如郑国的商人与国家有明确的相互认同。商人玄高用自己的财物智退秦师，保全了郑国。郑国执政子产说，郑国与商人"世有盟誓以相信也，曰：'尔无我叛，我无强贾，毋或匄夺。尔有利市宝贿，我勿与知。'恃此质誓，故能相保以至于今"②。齐国利用人求利的天性，农商并重，统治者"势利之在，而民自美安"③。齐国的临淄"甚富而实"，人口达到七万户，"车毂击，人肩摩，连衽成帷，举袂成幕，挥汗成雨"④。西汉初期的"齐临菑十万户，市租千金，人众殷富巨于长安"⑤，仍保持了战国齐国的繁荣。商品经济和职业商人的发展蕴含着契约精神和城市经济的可能方向。许倬云说："中国的发展定向于农业经济并不是历史的必然。在公元前5世纪至公元前3世纪的混乱年代中，始终存在一种极大的可能性，即发展出一种主要以城市为中心的经济生活，而不是以乡村为基础的农业经济。当时，庞大而繁荣的市场中心随处可见，赚钱盈利与契约互惠的市民心态非常流行，这两个条件都是重商主义发展的沃土。"⑥

　　秦朝的统一将国家引向了战国秦国重农抑商和法家治国的道路。但是经济发展水平和地域范围都远甚于秦国的东方六国商业发展，资源开放和市场开放的传统在秦朝统一后继续延续。商业、冶炼和畜牧等行业仍有众多致富者。《史记·货殖列传》记载的秦朝以财富著称的人有经营畜牧业的乌氏倮、炼丹砂的巴蜀寡妇清、冶铁和经商的南阳孔氏、经营渔盐和商业的齐人刁间、冶铁的鲁人曹邴氏、赵人卓氏等。他们代表了一个农业以

---

① 陈明光：《中国古代的纳税与应役》，商务印书馆2013年版，第17页。
② 《春秋左传注疏》卷四七，四部备要本，中华书局1936年版，第5册，第521页。
③ 《管子》卷十七，《禁藏第五十三》，四部备要本，第52册，第147页。
④ 《战国策》卷八《齐一》，中华书局1936年版，第2册，第8页。
⑤ 司马迁：《史记》卷五二，《齐悼惠王世家》，中华书局1959年版，第2008页。
⑥ 许倬云：《汉代农业》，广西师范大学出版社2005年版，第3页。

外合法致富的庞大阶层。但是，秦朝在法律上重农抑商，基本赋役制度是建立在农业基础之上的田租、口赋和力役制度。这与山泽资源开放和工商业财富兴盛存在矛盾和冲突。对于工商业者而言，不能取得合法的地位，甚至被列为贱民七科谪。对于国家而言，并没有建立将工商业领域财富转化为国家财政的经久制度。这使得工商业者与国家在根本利益上处于对立的状态。

西汉初期实行黄老之术，资源和市场进一步开放，工商业领域的财富也进一步膨胀，使各个行业都获得致财牟利的机会。"若至力农畜，工虞商贾，为权利以成富，大者倾郡，中者倾县，下者倾乡里者，不可胜数。"[1] 司马迁说，一个千户封君租税所得为二十万，而百万家产的商贾；二百蹄马，或千只蹄角牛等的养殖户；千章之林，或千树枣等种植户；千酿酤酒户；以及达到一定规模的屠牛、贩谷、贩薪、贩船、放贷等一年获利"皆与千户侯等"，甚至贩胭买浆这样微不足道的小行当也积累千金的财富[2]，而且他们是合法致富的。这股财富力量已经开始了向社会渗透。富商豪强利用经济优势控制社会，"编户之民，富相什则卑下之，百则畏惮之，千则役，万则仆"[3]，被富商豪强用财富所役使。"兼并豪党之徒以武断于乡曲"，经营畜牧业的富翁卜式就是地方的权威，"居人皆从（卜）式"[4]。但财富力量尚未达到宋代那样成为社会经济关系核心和社会主导力量，并孕育出富民阶层的程度。

但是，"贾人不得衣丝乘车，重税租以困辱之"，"市井子孙亦不得为官吏"[5]。工商业致富者虽然富比封君，被称为"素封"[6]，但却不能取得合法的社会地位。国家的运行也不能利用这些民间的财富力量。西汉的赋役制度沿袭秦朝，仍然是以农业为基础的田税、口赋和力役，不能从工商业者身上获取赋税，只能任由他们"好衣美食，岁有十二之利，而不出

---

[1] 司马迁：《史记》卷一二九《货殖列传》，第3281—3282页。
[2] 同上书，第3272页。
[3] 同上书，第3274页。
[4] 司马迁：《史记》卷三〇《平准书》，第1431页。
[5] 同上书，第1418页。
[6] 司马迁：《史记》卷一二九《货殖列传》，第3272页。

租税"①,也没有稳定的制度利用他们成为国家机器运行的助力。七国之乱时,长安从军的列侯封君们向子钱家借贷,而且子钱家们认为,"关东成败未决,莫肯与"②。愿意借贷的无盐氏一岁之中取什倍之息。汉武帝发动开边战争,"县官大空"之时,富商大贾"财或累万金,而不佐国家之急"③。如何使民间财富为国生财,为国转输,西汉初还没有探索出持久有效的办法。

汉武帝曾鼓励豪民富商输粮换爵,"使天下人人粟于边,以受爵免罪","如此,富人有爵,农民有钱,粟有所渫",用"上之所擅,出于口而亡穷"的爵位交换"民之所种,生于地而不乏"的粮食。④ 这种逻辑完美的以虚爵换实物的思路实际上却是连西汉官员也认为不合人情。经营畜牧业的富豪河南人卜式献家财的案例就说明了这一点。卜式上书,愿输家之半资助国家。汉武帝派使者问他向国家捐献的目的是什么,卜式回答既不为做官,也不为申冤,就是单纯地为抗击匈奴出点力,汉武帝和丞相公孙弘都不相信,认为"此非人情,不轨之臣"。即使卜式确实无偿捐赠,也不过是特例,大多数"富豪皆争匿财"。⑤

以虚换实的手段将民间财富转换为国家财政并不能奏效。西汉国家必须最终寻找出解决日益膨胀的工商业势力的途径。在解决与国家离异的工商业势力和汉匈战争的双重背景下,汉武帝推出新政。概括而言,他沿着两个基本方向解决工商业势力:一是掠夺和抑制;二是导入农业领域。新政的核心是"笼天下盐铁,排富商大贾,出告缗令,锄豪强并兼之家"⑥,对商人获利的重要对象盐、铁、酒实行官营禁榷;实行算缗告缗;将商人列为贱民,实行禁止购置财产、入仕做官等诸多限制。⑦ 不仅把民间工商业者完全排斥在利益最大的盐、铁、酒等大宗商品的经营范围之外,而且将工商业规定为地位最低,风险最大的行业。

---

① 班固:《汉书》卷七二《贡禹传》,中华书局1962年版,第3075页。
② 司马迁:《史记》卷一二九《货殖列传》,第3280—3281页。
③ 司马迁:《史记》卷三〇《平准书》,第1425页。
④ 班固:《汉书》卷二四上《食货上》,第1134页。
⑤ 司马迁:《史记》卷三〇《平准书》,第1432页。
⑥ 司马迁:《史记》卷一二二《酷吏传·张汤》,第3140页。
⑦ 参见司马迁《史记》卷三〇《平准书》。

工商业者虽然在算缗告缗中大量破产，但作为从乡里到郡县、国都都普遍存在的社会阶层，其势力并非简单地打击就可以消灭。汉武帝的办法是通过保护农业和不限民名田，将工商业者导入农业领域。汉武帝新政的所有措施都不针对农业，即不改变汉初以来的惠农政策，农业税收远远低于工商业。算缗规定的商业税率为6%（2000算120），还有车船的额外税收，战国至秦朝汉初，工商业一般利润为20%（《史记·苏秦列传》："力工商，逐什二以为务。"《史记·货殖列传》称"万息二千"等）。但汉武帝新政后工商业发展空间已极小。农业的税收仅为1/30，即3%，常还能获得减免，且可得什五（50%）的地租。土地自然成为各种财富追逐的对象。董仲舒曾建议"限民名田"，汉武帝并未采纳。汉武帝没有实行这一针见血地对准汉初兼并问题的"良策"，显然是要通过土地买卖这一通道将工商业领域的财富疏导入农业领域。工商业者进入农业领域后不仅承担赋役，而且取得了通过培养子弟业儒学，应察举，进入官僚集团的资格，从而在经济上和思想上都成了西汉王朝可以控制和依靠的统治基础。但是，工商业和农业以外的其他财富阶层在新政的打击和疏导下，从战国到西汉初影响巨大的阶层走过了他们的黄金时代，迅速式微。

小农成了国家的宠儿。汉武帝新政最终建立了国家和小农两极结构的国家体制，排除了建立与工商业实现分利共赢制度而实行农商并重政策的可能性，将国家机器完全建立在依靠农业的"食租衣税"基础上。这被认为是最合理、最正常的模式。汉武帝时，一年遇旱，汉武帝令官求雨。卜式说："县官当食租衣税而已，今弘羊令吏坐市列肆，贩物求利，烹弘羊，天乃雨。"[1] 不仅卜式这样看，后世士人也认为"食租衣税"才是先王之制："天子之道食租衣税，其余之取于民者亦非其正矣""三代之君食租衣税而已""县官食租衣税，古之道也"。[2] 这实际上也就用继承三代"食租衣税"模式的合法性阻止了国家寻求将发展工商业作为统治基础的

---

[1] 司马迁：《史记》卷三〇《平准书》，第1442页。
[2] 苏辙：《栾城应诏集》卷九《进策五道·第五道》，商务印书馆1929年影印本；苏轼：《东坡全集》卷六六《代吕申公上初即位论治道》，文渊阁《四库全书》，台湾商务印书馆1986年版，第1108册，第98页；李觏：《旴江集》卷一六《富国策第九》，文渊阁《四库全书》，第1095册，第125页。

道路。这一模式一直沿袭到唐朝中期。

二 唐代对士族势力的消解和
工商业力量的利用

汉武帝没有实行限民名田,导致豪强兼并土地的问题继续泛滥,所带来的一系列问题已经成为西汉社会的巨大隐患。师丹、王莽都试图仿照井田制的模式进行改革,以期遏制土地兼并,都以失败告终。依靠豪强势力支持的东汉在微弱的努力后即放弃了抑制兼并的行动。于是,植根于地方的豪族就通过由经济而文化,由文化而政治,由地方而中央的道路发展为主导社会运行的势力。士族的地方根基和对政治的操控是皇权的隐忧。限田和抑商便成为中古经济制度的基本旋律,前者力图约束士族的膨胀,后者继续抑制工商业的兴起。

经过北魏至隋朝的均田制、三长制、州郡制、科举制等长期的制度建设,士族的势力逐步被遏制和消减,唐朝成为最终解决士族问题的历史时期。唐朝自身是士族建立的王朝。唐朝国家采取的基本方针是推动士族向官僚的转化,将士族纳入国家体制,变为国家的统治基础。这一导向的突出表现就是科举制。唐代科举制的选材标准是儒家的才学,方式是国家组织考试而非地方荐举,其根本目的是由国家掌握官吏选拔权和文化主导权,改变了由士族把持选举的状况,但是它绝非打压和排斥士族的举措,而是将士族纳入国家官僚队伍的通道。

唐朝科举制保留了荐举制的一些残余,考生在考前可以寻求觅举以增加自己录取的概率。一是亲朋好友相互推荐,即通榜;二是争取位高权重者的推荐,即公荐。考试试卷不糊名,考官有很大自主权。考生可以向高官名士行卷,获得推荐,左右考官意志。这实际上是家庭社会关系的比拼。士族相对于寒庶拥有先天的优势。杜甫在《奉赠韦左丞丈(济)二十二韵》中自称"读书破万卷,下笔如有神",但他在长安十年觅举,"朝扣富儿门,暮随肥马尘。残杯与冷炙,到处潜悲辛",仍然没有获得荐举的机会,未能科场得志。考生中也有幸运如韩愈这样的贫寒子弟,

"投文于公卿间,故相郑余庆颇为之延誉",得登进士第。① 但是通榜公荐的存在使拥有人脉资源的士族子弟必然占据优势,甚至会出现一榜所取"率皆权豪子弟","率多膏粱子弟"的情况。② 加之在印刷技术并不发达,教育成本很高的唐代,要获得受教育的机会,拥有家学传统和经济实力的士族在教育程度上也有先天的优势。

科举制度表明,唐朝国家并非要将士族置于对立面加以消灭,而是要通过制度引导,将其纳入国家体制,转化为维护皇权的力量。毛汉光指出,士族及豪族是汉末至宋以前的社会领袖阶层。国家通过多种形式不断吸收社会领袖进入统治阶层,引导其由地方而中央化,由经济性而政治性,由武质而文质的转变。科举制度看似也为寒素开路,但士族利用自身政治社会力量,利用科举制度也获得了利益。到唐代,士族和豪族的性质渐渐改变,原本居于皇帝与百姓之间的地位,移近政治中心的那一端,政权与社会基础脱节。这就是士族中央化和官僚化。由此,士族的地方代表性降低,而转变为纯官吏的性格。③ 韩昇进一步指出,士族被吸收到国家体制内的过程既有向中央的集中,也有向地方的转移,总的来说是从乡村向城市的移动。士族向城市迁徙的不仅有科举和官僚化的推动,也有经济发展和城市繁荣的吸引,既有政治性迁徙,也有文化性、经济性和生活性迁徙。这个迁徙的过程也是士族政治社会基础消解的过程。④ 当然,这个消解的过程是两晋南北朝到隋唐数百年的政治、经济和文化诸多方面综合演进的结果。到宋代,士族已然消解于无形,士族政治已完全转变为官僚政治。

唐代商品经济发展,坊市制逐步崩溃,城市的繁荣,使工商业阶层逐步走出了汉武帝时期以来的历史低谷,获得恢复和发展。见诸史籍的富商大贾数量显著增加。天宝十载,陕州运船失火,烧毁商人船100只。《中国印度见闻录》载黄巢入广州杀蕃商12万。《新唐书》载,黄巢之乱时邓处讷与连州戍将黄行存"诱工商四五千人据连州"。还有唐将田神功平

---

① 刘昫:《旧唐书》卷一六〇《韩愈传》,中华书局1975年版,第4195页。
② 王谠:《唐语林》卷三《方正》,中华书局1985年版,第64页;王钦若等奉敕著:《册府元龟》卷六五一《贡举部·谬滥》,中华书局1960年版。
③ 毛汉光:《中国中古社会史论》,上海书店出版社2002年版,第32、333、364页。
④ 韩昇:《南北朝隋唐士族向城市的迁徙与社会变迁》,《历史研究》2003年第4期。

刘展之乱，在扬州杀蕃商数千人等。特别是城市工商业者数量很大。① 而且不乏家资巨万的大富，如邹凤炽、干元宝、王酒胡、裴明礼、何明远、罗会、任令方等都是见称于史籍的巨富。明王世贞《弇州四部稿》列举历代"能自力致富者"的 18 位代表，唐代的王元宝、王酒胡、邹凤炽皆名列其中。② 商人作为一股社会力量更受社会关注。白居易的《琵琶行》、《盐商妇》、《商人妇》，元稹《估客乐》对商人的描述即可见一斑。均田制瓦解后，不再限制土地的私有化，农业领域的富有阶层不断扩大，出现"多田翁""足谷翁"。③ 如林文勋所概括的："一个明显的事实是自中唐开始，在商品经济迅速发展的推动下，财富力量崛起了。"④ 这股财富力量是王世贞所说的"能自力致富"的拥有雄厚财富的民间社会力量，而非国家通过财政获得财富权力。他们是商品经济催生的新兴社会力量。

那么，唐朝国家怎样对待这股新兴的财富力量呢？一方面，唐代对商人法律地位的限制仍没有改变。工商杂色之流仍不得入仕为官。《旧唐书·食货上》及《旧唐书·职官二》载："士农工商四人各业。食禄之家不得与下人争利，工商杂类不得预于士伍"；"辨天下之四人，使各专其业。凡习学文武者为士，肆力耕桑者为农，工作贸易者为工，屠沽兴贩者为商。工商之家不得预于士，食禄之人不得夺下人之利。"甚至还有"禁工商乘马"的规定。⑤ 但事实上这一时期由于农民的分化，工商业的发展，"四民分业"的界限出现模糊以至混杂，工商之家不得入仕的禁令已经被打破，工商业者已通过各种途径跻身于政治舞台。⑥ 作为最高统治者，唐朝皇帝对工商业者的态度也在发生变化。唐太宗曾说："朕设此官员以待贤士"，工商杂色之流即使卓越不群，也"止可厚给财物，必不可超授官秩，与朝贤君子比肩而立，同坐而食"。⑦ 到唐玄宗时已经说出

---

① 冻国栋：《唐代的商品经济与经营管理》第一章，武汉大学出版社 1990 年版。
② 王世贞：《弇州四部稿》卷一六六《宛委余编十一》，文渊阁《四库全书》，第 1281 册，第 636 页。
③ 欧阳修：《新唐书》卷一二九《卢从愿传》，中华书局点校本，第 4479 页；孙光宪：《北梦琐言》卷三，上海古籍出版社 1981 年版，第 16 页。
④ 林文勋：《唐宋社会变革论纲》，人民出版社 2011 年版，第 96 页。
⑤ 欧阳修：《新唐书》卷三《高宗本纪三》，第 66 页。
⑥ 冻国栋：《中国中古经济与社会史论稿》，湖北教育出版社 2005 年版，第 477、483 页。
⑦ 刘昫：《旧唐书》卷一七七《曹确传》，第 4607 页。

"朕天下之贵,元宝天下之富"。唐僖宗重修安国寺毕,设大斋,还邀请长安商人王酒胡扣新钟,后人称"一布衣乃敢与人主酬酢,遂争雄长"①。

唐朝中后期已经开始建立与工商业者共利分利的机制。刘晏改革盐法,实行官府"收盐户所煮之盐转鬻于商人,任其所之"②的官购商销的间接专卖制。盐利增至六百万贯,在中央财政中超过户税和青苗钱等税收,一时跃居首位。同时,唐朝对茶叶、酒曲也实行了禁榷和征税。唐朝国家税收已经完成由单一农业税向工商税和农业税并重的二元结构转变。这是先秦及秦汉"食租衣税"模式的巨大变化。宋人汪应辰阐述了这一变化过程:"昔人以为县官当食租衣税,然汉文景之盛或赐民田租之半,或尽除之,或三十税一。昭帝即位一切罢之。至于后世或用或否,唐至德宗用杨炎之说,尽取军兴以来暴敛横赋合而为两税,又用张滂之说,始有茶禁。凡汉唐之所征取榷禁者今皆不能易矣。然刘晏号为善榷盐,其始至也盐利岁才四十万缗,至大历末乃六百余万。天下之赋盐利居半。宫闱服御、军饷、百官禄俸皆仰给。"③ 刘晏和张滂的盐茶法改革就是将民间商人纳入榷盐的体系,由国家的对立面转化成为国生财的力量。

三 宋朝国家对财富力量的利用

学者们充分肯定了宋代社会商业文明的特点。斯波义信指出,城市化、市场体系形成和农业商品化、经济制度转变所构成的"商业繁荣"已是宋代社会的重要特点。④ 葛金芳认为,汉唐的立国基础是小农经济,宋代虽仍以农业立国,但已发展出诸多工商业文明的因素,表现出与汉唐异质的社会特点。⑤ 在这一背景下,财富力量已经成长为宋代社会经济关

---

① 王世贞:《弇州四部稿》卷一六六《宛委余编十一》,文渊阁《四库全书》,第1281册,第637页。
② 司马光:《资治通鉴》卷二二六,建中元年七月,中华书局1956年版,第7404页。
③ 汪应辰:《文定集》卷二《应诏陈言兵食事宜》,中华书局1985年版,第12页。
④ [日]斯波义信:《宋代商业史研究》,庄景辉译,台北稻禾出版社1997年版,第2—3页。
⑤ 葛金芳:《两宋社会经济研究》,天津古籍出版社2010年版,第261页。

系核心的社会力量，即"富民"阶层。① 宋代国家的运行必然面临如何处理与财富力量关系的问题。宋人沿袭和发展了刘晏对待财富力量的观念和方式，即分利共赢。欧阳修有一段经典的话，代表了宋朝国家对财富力量的态度取向："夫兴利广则上难专，必与下而共之，然后通流而不滞。然为今议者，方欲夺商之利一归于公上而专之。故夺商之谋益深，则为国之利益损……夫欲十分之利皆归于公，至其亏少十不得三，不若与商共之，常得其五也。"② 马端临从历史变迁的角度对宋代对待商人等财富力量的观念变迁作了更简洁却更深刻的阐释："古人之立法，恶商贾之趋末而欲抑之；后人之立法，妒商贾之获利而欲分之。"③ 宋朝国家对财富力量的利用主要有如下三种方式。

（一）利用财富力量为国生财

宋朝对待财富力量的基本政策如同欧阳修和马端临所说的，就是通过建立与财富力量的共利分利机制，使其财富能够转化为国家财政。构成这一机制的主要制度就是间接专卖制度和商税制度。由官府垄断经营的直接专卖制度向官商联合的间接专卖制度转变是宋代专卖制度发展的基本特点。事实证明，商人参与专卖商品的经营具有增加国家专卖收入和强化中央集权两个方面的作用。

北宋某些时期和地区曾经实行食盐直接专卖，例如淮浙盐在至道二年以后作为支撑漕运的经费曾长期实行官搬官卖的直接专卖，福建和广西盐也曾实行官卖。如马端临所说："官卖未必能周遍，而细民之食盐者不能皆与官交易，则课利反亏于商税。"④ 盛度等人指出，官购商销与官搬官卖相比有五利，即省官造船，罢役车户，免纲吏侵盗，使钱币通流，岁减盐官等。⑤ 而淮浙盐自崇宁初"罢官卖盐以利天下，立法修令，走商贾于

---

① 林文勋：《唐宋社会变革论纲》之"唐宋财富力量的崛起与社会变革""唐宋富民阶层的崛起及其历史意义"，第94—166页。
② 《欧阳修全集》卷四五《通进司上书》，中华书局2001年版，第642页。
③ 马端临：《文献通考》卷二〇《市籴考一》，中华书局2011年版，第570页。
④ 马端临：《文献通考》卷一五《征榷考二》，第432页。
⑤ 李焘：《续资治通鉴长编》卷一〇九，天圣八年十月壬辰，中华书局1995年版，第2545页。

道路，惠及百姓，行之二十余年，客人有倍称之息，小民无抑配之害。至于亿万之利"①。国家通过"开合利柄，驰走商贾，不烦号令，亿万之钱辐凑而至"，达到了利用商人增加盐利的目的。到政和六年，"盐课通及四千万缗"。②

而对国家来说，将所有经营环节全部让渡给商人的专卖制比官购商销的专卖制能获得更大的收益。茶叶专卖制度的演变就是如此。北宋前期实行官购商销的交引法，各产茶州县设买茶场，再将茶叶运输到六榷货务和十三山场发卖。张洎说，茶叶行交引法时，官府垄断收购纲运，"风涛没溺、官吏奸偷、陷失茶纲，比岁常有"，而在买茶场和卖茶榷务山场又"堆贮仓场"，以致"大半陈腐，积年之后又多至焚烧"③，还要支出茶本钱、纲运费、仓廪费等经营成本。蔡京以引榷茶的制度下商人可以与园户直接交易，官府不再直接参与茶叶的收购运输和批发活动，茶利到达了北宋最高点。

宋朝对财富力量的利用在增加专卖收入的同时也借助财富力量将地方政府排斥在专卖领域之外，强化了中央集权。以淮浙盐法为例，食盐实行官卖制时，"盐荚只听州县给卖，岁以所入课利申省，而转运司操其赢以佐一路之费"，"官运收息，郡县之用所以足者，以茶盐之利在郡县也"④，地方政府可以通过参与运输和发卖来分夺盐利。蔡京变盐法，实行钞盐法，中央垄断钞引发卖权，商人买盐钞后领盐运销，地方政府被排斥在外，所以"崇、观以来茶盐之利在朝廷，则朝廷富实……比年走商贾，实中都，朝廷之用所以足者，以茶盐之利在朝廷也"⑤。蔡京实行以引榷茶时，茶引的印造和发卖权州县不得参与，统一收归中央，地方政府在专卖领域中所担任的主要任务就是缉查私贩和监督商人的销售，实则是保障中央卖引收入。

---

① 徐松辑：《宋会要辑稿》食货二五之二四，中华书局1957年版，第5226页。
② 脱脱等：《宋史》卷一八二《食货下四》，中华书局1977年版，第4452页。
③ 赵汝愚编：《宋朝诸臣奏议》卷一〇八《上太宗乞罢榷山行放法》，上海古籍出版社1999年版，第1162页。
④ 马端临：《文献通考》卷一五《征榷考二》，第438页；李纲：《李纲全集》卷一四四《理财论中》，岳麓书社2004年版，第1373页。
⑤ 李纲：《李纲全集》卷一四四《理财论中》，岳麓书社2004年版，第1373页。

商税制度是宋朝国家利用财富力量为国生财的另一基本制度。建隆元年（960）宋太祖"首定商税则例，自后累朝守为家法"①，建立了上自三司，下到京城都商税务和各州县设有商税务、场的商税管理和征收体系。商税分为过税和住税，《宋史·食货下八》载："行者赍货谓之过税，每千钱算二十，居者市鬻谓之住税，每千钱算三十。"② 这是基本税率，实际征收时因物因时不同。虽然商税税率远低于茶盐的专卖利润，但它以庞大的市场为基础。宋代北宋商税收入最高岁课达 2200 万贯。榷酒收入最多达 1700 余万贯。东南榷茶实利最高达 400 万贯。榷盐收入最高达 4000 万缗。③ 蔡襄曾列举了治平元年财政总收入中的两税比例，两税在现钱、绢帛、粮食收入所占比例分别为 13.4%、31.6%、67%。④ 由此，宋人认识到工商业领域的财富力量对国家运行的重要作用，"大商富贾为国贸迁，而州郡收其税"，"大商富贾不行，则税额不登，且乏国用"。⑤ "国家养兵之费全籍茶盐之利"⑥。宋人将侵夺茶盐商人的利益与违背祖宗家法相比拟，称侵紊茶盐之法就是侵夺朝廷养兵利源，"非独妨害客人兴贩，显是有违祖宗成法"⑦，道出了财富力量与国家利益的统一。

宋代能够实现利益财富力量为国生财，根本的原因就是建立了间接专卖制度和以商税制度为核心的官商共利分利机制。虽然多有学者指出宋代专卖制度和商税制度对商人和商人资本，以及商品经济发展有不利影响，但是相比于宋代以前"食租衣税"的模式下将商人完全排斥在专卖领域之外，并实行歧视和抑制的政策，宋代建立的官商共利分利机制是历史的巨大进步。实行募兵制的宋代已经不可能回到井田制和府兵制的时代，从而也就不可能回到"食租衣税"的时代。如宋人所说：宋代经济制度已"未能一一复古。减经总制，罢私买而舍茶盐，则无以立国"⑧。"茶盐榷

---

① 马端临：《文献通考》卷一四《征榷考一》，第 401 页。
② （元）脱脱等：《宋史》卷一八六《食货下八》，第 4541 页。
③ 参见黄纯艳《宋代财政史》第三章第三节"宋代的工商业收入"，云南大学出版社 2013 年版，第 467—450 页。
④ 蔡襄：《蔡襄集》卷二二《论兵十事》，上海古籍出版社 1996 年版，第 389—390 页。
⑤ 李焘：《续资治通鉴长编》卷一九一，嘉祐五年三月丁巳，第 4617 页。
⑥ 徐松辑：《宋会要辑稿》食货三二之二七，第 5371 页。
⑦ 徐松辑：《宋会要辑稿》食货二六之一九，第 5243 页。
⑧ 叶适：《叶适集·水心别集》卷一一，《茶盐》，中华书局 1961 年版，第 779 页。

酷,今日所仰养兵,若三代井田、李唐府兵可复,则此皆可罢,不然,财用舍此何出?"① 余靖指出,曾说在二税上供不足养兵的宋代,虚言罢黜专卖和商税,真可谓"徒知高谈而不知适时之变也"②。今天,我们也只能用历史主义的眼光看待这一问题。

(二) 利用财富力量为国转输

在财政供给主要依靠"食租衣税"的时期,财政转输主要靠调发徭役,即使有输庸代役的雇役,也不过是应役者力役的转移,并非政府完全通过市场手段解决财政转输。上引马端临说古之国用食租衣税,自唐代始以和籴充国用,宋代始召商人入中,即完全依靠赋役解决财政转输的状况在唐代发生改变,宋代则进一步发展了。入中已经成为宋代解决军需的重要手段。宋代沿边入中起于"河北用兵,切于馈饷,始令商人输刍粮塞下"③。沿边入中的物品主要是供给军需的粮食和草料,其次是现钱,此外盐、茶叶、布帛、酒米、羊畜、铁、木、瓦器、筋角等贸易和军用之物也曾招商入中。官府用盐、茶和现钱,以及盐、茶、香药等钞引折中,概括起来,折中方法主要有折物、折钱、折钞三种。官府调动商人和富户入中的手段就是给予高额加饶。如景德时陕西入中"粟价当得七百五十钱者,交引给以千钱,又倍之为二千",甚至"募人入粟,偿以十倍之直"。④ 参与入中的既有沿边三路的富户,也有内地的大商富贾,他们并非应役,而是为了获取官府提供的高额加饶,是赋役征调之外的市场行为,而且入中已经成为北宋政府解决军需的重要手段。⑤

利用财富力量也是宋代保障漕运的重要手段。北宋开封每年通过漕运输入上千万的粮食、金帛、缗钱、薪炭等。北宋前期主要使用厢军士兵和衙前差役纲运,但是"漕运吏卒,上下共为侵盗贸易",每年损失漕粮不

---

① 李心传:《建炎以来系年要录》卷五九,绍兴二年十月己酉,中华书局 1988 年版,第 1025 页。
② 李焘:《续资治通鉴长编》卷一四三,庆历三年九月癸巳,第 3462 页。
③ 李焘:《续资治通鉴长编》卷三〇,端拱二年九月戊子,第 687 页。
④ 李焘:《续资治通鉴长编》卷六〇,景德二年五月辛亥,第 1335 页;脱脱等:《宋史》卷一八四,《食货下六》,第 4492 页。
⑤ 参见黄纯艳《北宋西北沿边的入中》,《厦门大学学报》1998 年第 2 期。

下二十万斛。熙宁二年，薛向为江淮等路发运使，"始募客舟与官舟分运，互相检察，旧弊乃去"，不仅完成漕运定额，而且超额了 26 万余石。① 而实际上，漕运和雇商船此前已有之，大中祥符元年，朝中议论时即说到"江淮运粮多和雇客船"，宋真宗担心给商人的雇钱会导致漕运成本上升，从而使京城米价增长，因而下令不再和雇商船。② 薛向时再次恢复大规模和雇商船。

南宋纲运中也普遍和雇商船。如江西每年漕运上供米 90 余万斛，如果官运每年需造船费 10 余万缗，且吏卒侵盗，数年间即拖欠 30 万斛。而"江、袁、兴国、建昌四郡专募客舟，未尝损也"，于是江西漕运实行"官舟、客舟均用，须岁终较其利害"③，省了造船之费。潭州岁运米多至五六十余万石，少则 40 万石到供给武昌、荆南、襄阳屯军。官运与雇船并行，牵头船户"乘势邀求"，官府也"不得不徇牵头船户之需，酬以高价，邀求愈多。况有争雇之弊。设若长沙着价五十，善化或增六十，湘潭又增七十，其它县亦莫不然，直至厌其所欲而后已"④，这完全是市场行为。宋朝廷每年从湖南运米 10 万石给广西饷军，也是"令湖南帅漕司雇运"⑤。绍兴初，周纲任广东转运判官时，"以本司钱市米十五万斛，自海道至闽中，复募客舟赴存在"。⑥ 绍兴二十九年（1159），宋高宗"诏诸路和籴米斛并募土豪及子本客人自备船装载，每石千里支水脚钱二百文，二万石补进义校尉，其它皆以远近多少为差除，耗及搭带一分税物如旧"⑦，用多种条件吸引富民商贾为国家转输。

与官府自己组织纲运相比，利用民间财富力量为国家转输往往能节约成本。提举河北籴便粮草王子渊曾比较河北军需运输成本：虽然完全依赖

---

① 脱脱等：《宋史》卷一七五《食货上三》，第 4253 页。
② 李焘：《续资治通鉴长编》卷六八，大中祥符元年二月庚戌，1526 页。
③ 周必大：《文忠集》卷三四《直敷文阁致仕鲁公（訾）墓志铭》，文渊阁《四库全书》，第 1147 册，第 372 页。
④ 黄淮、杨士奇编：《历代名臣奏议》卷二六一《漕运》，王师愈《又论潭州贴雇纲船之弊疏》，上海古籍出版社 1989 年版，第 3417 页。
⑤ 李曾伯：《可斋杂稿》续稿后卷九《回奏庚递宣谕》，文渊阁《四库全书》，第 1179 册，第 761 页。
⑥ 李心传：《建炎以来系年要录》卷九〇，绍兴五年六月辛未，第 1511 页。
⑦ 李心传：《建炎以来系年要录》卷一八三，绍兴二十九年十月乙亥，第 3058—3059 页。

商人入中有商人邀求厚价之弊，但若官府纲运，自内地用御河船运至河北沿边，一年用"纲船三百，用兵工几二千人，所运不及八万石。计纲船兵工约一斗，已费钱七十矣。若僦私船，百里之地，斗才一钱三分至五分，率以千里之远计之，犹可省纲船所费之半，宜雇客船便"①，显然利用民间力量运输成本更低。南宋张维曾说："诸道粮纲岁凡百数，用官舟者多负，而雇商船者不亏"，可见"僦商船之为便"②，所以以至于负责纲运的纲官也"竞求客舟，避官舟"③。

（三）利用财富力量实现社会统治

共利分利机制的建立使宋朝不再将工商业者置于国家对立面，而看作国家的统治基础。宋代政治领域也向商人开放了，废除了工商之子不得入仕的禁令，规定"工商杂类有奇才异行者亦听取解"④，可以参加科举考试，也可以荐举、捐纳等途径入仕。如在科考中连中三元的冯京其父就是商人。⑤ 马季良"家本茶商"，后来任尚书工部员外郎、龙图阁直学士、同知审官院、安抚使等官职。⑥ 林文勋《唐宋社会变革论纲》列举了多个富民培养子弟读书应举的事例。⑦ 仕途向财富力量的开放其意义不仅使财富力量成为国家统治机器的组成部分，而且使其在文化观念和思想意识的追求上与国家保持了一致。

宋代的灾荒救济中官府也劝谕和引导富民参与。林文勋指出，富民参与灾荒救济是宋代历史发展的一个引人注目的新变化。北宋富民频繁而大量地参与灾荒救济，在灾荒救济中提供大量物资的同时，还在平抑物价、安置灾民、救灾物资管理等方面发挥了作用，富民已经成为灾荒救济的重要力量。南宋偏安江南，财政困难，灾荒救济更依赖于富民，富民已经取

---

① 李焘：《续资治通鉴长编》卷二九七，元丰二年三月丁丑，第7219页。
② 朱熹：《晦庵先生文集》卷九三，《右司张公（维）墓志铭》，载《朱子全书》本，上海古籍出版社、安徽教育出版社2010年版。
③ 周必大：《文忠集》卷七三《迪功郎辰州叙浦张主簿履墓志铭》，文渊阁《四库全书》，第1147册，第776页。
④ 李焘：《续资治通鉴长编》卷二〇二，治平元年六月癸卯，第4890页。
⑤ 罗大经：《鹤林玉露》乙编卷之四，《冯三元》，中华书局1983年版，第192页。
⑥ 脱脱等：《宋史》卷四六三，《马季良传》，第13350页。
⑦ 林文勋：《唐宋社会变革论纲》，第135—140页。

代国家，成为乡村社会灾荒救济的主角和挽救社会危机的中坚力量。①

宋代以职役取代乡官，征税、治安等都通过职役摊派或招募来实现。职役的摊派和招募有一个基本原则就是按户等定轻重，即户等越高，物力越富，承担的职役就越重，被赋予的社会责任越大。"以衙前主官物，以里正、户长、乡书手课督赋税，以耆长、弓手、壮丁逐捕盗贼"，"各以乡户等第定差。"担负着社会管理和控制的基本职责。"诸县以第一等户为里正，第二等户为户长。"职役中最重者为衙前，在第一等中"选赀最高者一户为乡户衙前"②。耆长"于第一等、第二等差"。隶属里正、耆长的职役在三等以下户差。③ 熙宁初，行保甲法，保正、长本负责训练保丁教战，后赋予分催税、治安等责，其选派是按能力和物力，保长"选主户有材干心力者一人"，大保长"选主户最有心力及物产最高者一人"④。都保正"必以物力之高、人丁之多者为之"，"非第一等不得为都正，非第二等不得为保长"。⑤ 虽然在职役征调过程中存在诈富为贫、向贫下户转嫁负担等弊端，但从制度设计理念而言，宋朝国家是要利用财富力量担负社会控制的职责。

虽然宋朝仍将职役的摊派和征调作为调动财富力量的基本手段，但调动财富力量的更主要方式还是利益诱导。不论是延引商人参与专卖商品的经营，还是保障商人商业活动而征收商税，还是和雇船主为国家漕运，这些人为国生财、为国转输的同时也获得了应有的利益。国家调动乡村富民参与赈济也是通过利益诱导而非强行行政命令。宋朝对"出粟振济，赏有常典，多者至命以官"⑥。如北宋淳化五年（994）"募富民出粟，千石济饥民者，爵公士阶陪戎副尉，千石以上迭加之，万石乃至太祝、殿直"⑦。南宋建炎元年（1127）也规定劝诱富豪出粟米济衆饥民的奖赏办法："粜及三千石以上，与守阙进义校尉；一万五千石以上，与进武校

---

① 参见林文勋《宋代富民与灾荒救济》，《思想战线》2004年第6期。
② 脱脱等：《宋史》卷一七七《食货上五》，第4297页。
③ 陈耆卿：《嘉定赤城志》卷一七《吏役门·乡役人》，《宋元方志丛刊》本，中华书局1990年版，第7419页。
④ 李焘：《续资治通鉴长编》卷二一八，熙宁三年十二月乙丑，第5297页。
⑤ 李心传：《建炎以来系年要录》卷八八，绍兴五年四月己未，第1471页。
⑥ 马端临：《文献通考》卷二六《国用考四》，第779页。
⑦ 李焘：《续资治通鉴长编》卷三六，淳化五年九月丁丑，第779页。

尉;二万石以上,取旨优异推赏;已有官荫不愿补援名目,当比类施行。"① 乾道七年（1171）降低了奖励的出粜粮食数量,无官人一千石补进义校尉或不理选限将仕郎,一千石以上补官或上州文学、迪功郎各有差。并规定了文武臣僚捐粮赈济的奖励办法,给予减磨勘和转官、循资、占射差遣等奖励。奖给官衔不仅可以提高声望,而且可以免除赋税。而且粜米赈济也多非无偿,如乾道三年,臣僚言说道,"日前富家放贷,约米一斗,秋成还钱五百。其时米价既平,粜四斗始克偿之",以至于朝廷规定借贷米谷取利不过五分②,从而充分保护了参与赈济富民的利益和积极性。

四　结论

中古时期的两次社会变革也是社会力量的替嬗。相对于频繁而缭乱的朝运鼎革,缓慢而极富历史张力的社会力量嬗变更深刻地反映了中国历史变迁的本质。社会力量嬗变的脉络是在社会经济和国家制度的变奏中演进的。

汉武帝一方面沿袭秦朝以农立国的财政政策,另一方面也沿袭了春秋战国以来东方六国开放资源和市场的传统。同时也面临着与这一经济政策相伴生的日益膨胀的工商业力量。他对工商业力量采取了抑制、打击和导入农业的政策,这一政策的后果一是扼杀了工商业力量的生长空间,并将其置于国家的对立地位;二是导致农业领域兼并问题泛滥,并最终衍生了豪强士族主导社会的局面。

可以说植根于农业经济和地方社会的豪强士族力量是汉武帝为解决工商业力量而非情所愿地埋下的种子,它与集权的皇权政治相矛盾,经过两晋南北朝以来数百年的努力,到唐朝完成了剥离士族的地方根基,通过科举制等制度设计将其吸纳到官僚队伍和统治秩序之中,转化为国家统治力量,在这一过程中成功地将士族势力消解于无形。

而被汉武帝防堵和抑制的工商业和其他领域的财富力量在社会经济自

---

① 马端临:《文献通考》卷二六《国用考四》,第778页。
② 同上。

然力量的培育中顽强生长，日益壮大，并逐步取代了逐渐消解的士族基层，成为社会的主导力量。唐朝和宋朝探索出与财富力量共利分利的机制，并逐步向其开放政治领域，最终消除了近千年来工商业领域与国家对立的状况，开创了国家与财富力量相互共赢，相互依存的新局面。

  中古社会力量的替嬗是相互关联的。如果说社会经济是社会力量生长的土壤，那么国家制度是社会力量的播种和培育者，只有遵循社会经济发展趋势和社会力量本性，因势利导，集权国家才能处理好与社会力量的关系。在回顾了社会力量千年替嬗之后，实际上又最终回到了司马迁在中古社会力量开始消长的起点——汉武帝时代发出的警示：国家对待社会力量："善者因之，其次利道之，其次教诲之，其次整齐之，最下者与之争。"[①] 20 世纪 50 年代，我们大力消灭公有制和计划经济之外的私营工商业阶层，到改革开放走市场化道路，重新建立与私营工商业阶层共赢共存体制，所经历的曲折反复似乎也应验着司马迁的警示。

---

① 司马迁：《史记》卷一二九《货殖列传》，第 3253 页。

"富民"阶层：解构唐宋以来中国社会发展与变迁的一把钥匙

——《中国古代"富民"阶层研究》读后

  国家与社会关系的整体视野下，唐代以前的社会研究已经形成了若干比较成熟的理论体系，如许倬云对春秋战国和汉代社会、谷川道雄对中世共同体、毛汉光对中古社会结构的研究等都极具代表性。这些研究的共同之处是探讨社会运行形态和构成状况，揭示作为国家与民众间的媒介、在基层社会起稳定和领导作用的社会阶层。[①] 而对宋代以后的社会还缺乏这样的整体研究，其中相对成熟的明清士绅的研究亦远未达到从整体上揭示国家与社会关系的系统性和高度。唐宋之际，中国社会发生了巨大变化，这已是学者们的共识。毛汉光先生阐述道，两税法以后政权与社会基础已日渐脱节，"新王朝新政权的稳定，要寻找新的社会基础和结合形态"。新的社会基础和结合形态是怎样的呢？唐宋变革论的倡导者和后来的学者都未从整体上解决这一问题。如柳田节子先生所言，地主佃户制成为宋以后基本生产关系，但当时的国家权力并不是直接地无任何媒介地建立于生产关系之上的。她提出宋代乡村结合的共同体的重要命题。但这一命题至今未得到很好的阐释。因此唐宋以后担当社会媒介、社会领袖或地方领袖的新的阶层是什么？唐宋以后社会构成和运行的基本特征是什么？这些仍是有待于回答的根本性的重大问题。林文勋教授的《中国古代"富民"

---

① 许倬云称地方领袖，谷川道雄称支配阶级，毛汉光称社会领袖和社区领袖（亦称社区领袖为地方领袖）。

阶层研究》（云南大学出版社 2008 年版）提出了"富民"阶层的学术概念和"富民社会"的学术体系，提供了一把解构唐宋以来社会发展与变迁的钥匙。

一 "富民"阶层研究的学术意义：从许倬云、谷川道雄和毛汉光的汉唐社会研究说起[①]

春秋战国以后，中国就是一个以小农为主体的社会。小农家庭单位细小、个体分散，在经济方面小农虽非完全的"自给自足"，但其生产和生活活动有相对独立性。个体小农如一盘散沙，不论社会秩序的自然生成，还是小农自身生存需要，都会产生一个具有较强社会整合力和凝聚力的阶层或集团，在基层社会的秩序构成中担当领袖。这客观上也是国家实现社会控制的需要。国家的统治不可能家至户到地对细小而分散的众多小农直接实行，而必然借助中间媒介。毛汉光先生在《中古统治阶层之社会基础》一文中指出，中国古代统治者要实现少数人统治多数人，一是行仁政，二是引用社会领袖参与统治，"社会中的领导阶层一方面是社会力量的中坚分子，一方面能反映社会一般需要，我国历史上能够安定社会及稳定政治者，大都采取或巧合这种办法"。

许倬云分析西汉基层社会道：一方面"三老等乡官是政府与人民之间的中介。除了这个正式的结构，地方社会秩序的领导权还另有一个非正式的结构，也就是地方上的豪杰与豪侠一流人物"。游侠集团发展成为掩护个人的结合，汉初社会秩序的基层结构是由这种集团来维持的。豪杰或豪侠之辈是社会秩序中最重要的地方领袖。除了豪侠集团之外，在战国秦朝以来成长起来的富人们以富役贫，在地方也有重要影响。

豪侠集团和富人由于在政治和经济领域都游离在国家体制之外，成为与国家相互离异的力量，也就成了国家疑惧和意欲压抑的对象。武帝以前的中央政权并不能在社会的基层扎下根，同时也没有把原来的地方社会秩

[①] 许倬云先生观点据《许倬云自选集》（上海教育出版社 2002 年版）和《汉代农业》（广西师范大学出版社 2005 年版），谷川道雄先生观点据《中国中古社会与共同体》（中华书局 2002 年版），毛汉光先生观点据《中国中古社会史论》（上海书店出版社 2002 年版），本文不一一出注。

序加以改变或扰动。汉武帝时通过迁徙、设刺史、酷吏、官营、专卖、算缗等措施打击豪强和富人。豪强顺从国家的政策，购买土地，学习儒学，通过察举成为国家官吏，获得地主、士大夫和地方掾吏三位一体的身份，从而成为汉政权新的社会基础。这也是汉政权瓦解豪强对地方的控制，培育自己新的社会基础的过程。昭宣以后，士大夫阶层已经形成，一方面成为官吏的储备人员，另一方面也是社会上的领导分子，或以教育程度，或以地位，或以富贵成为乡里领袖。

这些士大夫世代延续着权力和财富，变为所谓世族大姓，成为西汉中叶以后政治势力的社会基础，同时也成为地方不可忽视的势力。到汉末，皇帝对臣民的直接控制的瓦解，佃农逐渐成为地主的私人徒附。在三国前夕，地方首领能够指挥成百成千的徒附。这种联系当然已经超过了地主与佃农之间的经济关系，并预示了魏晋时期以等级社会为标志的另一种社会结构的出现。许倬云先生的研究探讨了西汉社会领袖由豪侠集团到士大夫的演变过程，也是士大夫逐渐形成为一个特殊群体，成为西汉政权社会基础的过程。

谷川道雄先生对六朝社会共同体作了经典的论述。他认为在当时衰亡的中央政权已无法保证民众的生存之时，民众不得不组成各种不同性质的集团，以便寻求自存之道，超越瞬息万变的政局而建立社会基层组织，坞就是汉末逸民人士和民众所追求的共同体世界。在这些自保的集团（坞）中，坞主以自己的财富救济穷人，以深受众人仰慕的人格而成为领袖，与民众结成自下而上的恭顺关系，成为社会的支配阶级（或支配层）。这一支配阶级崇尚人格，以学问和品行立家，成为六朝的贵族阶层。

贵族支配阶级通过乡论获得官品，九品官人法使贵族支配阶级地位制度化。但是就官品依乡论来决定的事实来说，贵族身份和地位虽可认为是王朝权力所赋予的，但在本源上仍是由其在乡党社会之地位和权威所决定的，王朝只不过是对此予以承认的机关，九品官人法也成为一项承认手续。简而言之，六朝贵族作为支配阶级而自立的原因，一是在重视道德人格修养、以经学为核心的学问；二是人格评价即乡论，赋予士大夫以社会指导者的资格，使六朝贵族获得超越王朝权力而自立的社会基础。谷川先生的研究揭示了六朝社会共同体的存在形态，以及在共同体中整合地方社会和作为民众和国家媒介的地方领袖的身份和作用。

毛汉光先生将中古（汉末至唐代）作为社会领导阶层的社会领袖分为具有社会性、全国性影响、作为社会领袖的士族和具有区域性地位、作为地方领袖或社区领袖的豪族。士族的传承依赖于学问和官品，而豪族要进于士族，关键在于学业品德和官职，大部分的豪族未能进入士族，而留在地方，成为地方领袖。中国汉末至宋以前作为社会领袖的阶层就是士族及地方豪族。国家通过多种形式不断吸收社会领袖进入统治阶层。士族和地方豪族逐步经历了由地方而中央化，由经济性而政治性，由武质而文质的转变。到唐代，这些社会领袖的性质渐渐改变，原本居于皇帝与百姓之间的地位，移近政治中心的那一端，政权与社会基础脱节。特别是均田制之破坏，两税法之实施，都意味着土地平均精神之消失，土地兼并越来越烈，新出现的社会问题，政治与社会领袖无法解决，新王朝新政权的稳定，要寻找新的社会基础和结合形态。

毛汉光先生的研究起至汉末，而谷川道雄先生的共同体理论也涵盖唐代。两人从不同视角探讨了汉末至唐代社会构成和运行形态。许倬云先生探讨了汉初到汉末社会领袖的角色变化。从三位学者的研究可以概括汉唐社会发展中的三个基本现象：一是不论是社会秩序的自然生成，还是国家培养政权的社会基础的需要，社会领袖的存在在中国古代有不可取代的作用和必然性；二是作为社会领袖的阶层必有其得以自立的条件，其中财富和学问是汉代士大夫、六朝隋唐士族或贵族不可缺少的自立条件，而汉初豪侠和富人则是凭借"势"和"富"的优势在基层社会的秩序生成中获得领袖地位；三是不论对汉唐社会领袖阶层及其作用方式的阐释如何有别，其具有地方根基，对地方的直接控制却是共同的特征。

汉初的豪侠富人不见容于国家，根本原因是其在政治上和经济上游离于国家体制之外。汉承秦制，政权赖以运行的是植根于农业的赋役制度，没有建立能有效将农业以外财富转化为国家财政的机制。司马迁认为，农、虞、工、商都得发展就能"上则富国，下则富家"。但事实未能如此。从汉高祖时就是"家富"而国贫的局面，当"天子不能具钧驷，而将相或乘牛车"时，富商大贾却"衣必文采，食必粱肉"。文景时期似乎家富国富两全其美了，百姓人给家足，官府仓廪皆满。但这是国无大事，政府勤俭，锱铢积累的结果，而制度保障并不健全。随着汉武帝发动一系列战争，利孔大开，汉初以来的积蓄几近乌有。富商豪强"素封"之家依然富比王侯，国家已捉襟见肘。豪强富贾的财富不仅不能通过制度转化为国家财政，而且意味着国家财富的流失，更大的威胁还在于他们兼并土地，隐占人口，激化社会矛盾，成为与政府相互离异的地方势力。富人豪强这类自然生成的社会领袖成了国家决意打击的对象。

宋代以后，豪侠已无存在的根基，但富人不再是与国家相互争利的对立面，家富和国富在制度上达到了共同协调发展。两税法确立了以资定税的原则，以物力定户等，按资纳税和应役。商税制度和间接专卖制度的确立则实现了工商业领域国家与民分利共利的基本关系。不论是农业，还是工商业领域，民间财富的增长都不再意味着国家财富的流失，相反是为国聚财。这是国家与社会关系的巨大变革。总之，中唐和宋代以后从制度上解决了国家和民间在财富分配方面的矛盾。

西汉后期和东汉，地方势力膨胀，大土地所有者控制徒附、部曲，培养地方根基。魏晋南北朝的战乱环境，基层民众的自保需求和中央政权的频繁更迭，使豪强世族地方根基更为巩固。另外，国家实行的官僚制、科举制、州郡制和三长制等中央和地方的制度建设，吸纳社会领袖进入中央，削减其地方根基，这一趋势在唐代已见成效，至宋代则完全消除了六朝意义中的豪族和贵族。宋朝推行的一系列加强中央集权的制度和措施，也使像汉晋六朝豪族和士族那样有牢固地方根基，与民众结成人身依附关系的地方领袖失去了生成和发展的基础。

宋代以后，国家对基层社会控制的方式也发生了巨大变化，那就是废除了汉唐以来的乡官制，实行职役制。国家不再直接委派负责乡村教化、征税和治安的官员，这些事务都改由民间力量承担。冈野诚先生从社会控制的角度，指出了宋代的变化，认为前期帝制（秦至唐五代）的特征就是皇帝对人、土地、生产物、精神四个客体的"直接统治"，后期（宋代至清代）由"直接统治"转为"间接统治"，亦即皇帝统治官僚阶层（原注：其主要构成者乃被称为官户、形势户等阶层），而官僚阶层再以地主的身份统治人民。① 但如梁庚尧先生对福建福州官户所作的研究，官户比例最多的县不及 3%，大部分县不及 1‰，甚至不及 1‰，并指出，福建是人文发达之区，福州又是福建首府，官户比如此之低，其他人文发达程度不及福建的地区，官户的比例会更低。② 官户或可成为社会领袖的组成部分，但其成为在乡村占主导地位和最具普遍性的领袖则势难担当。

毛汉光先生指出，社会领袖的出现是社会力与政治力互动的结果，他论述了社会力与政治力的关系："当社会势力较强大时，则视朝代之改变犹如一家物换一家物，其自身政治社会地位并不受重大的影响；如果政治力强大时，则将伸张其政治力，增加其对各阶层人力物力之吸取，甚至努力塑造适合自己所需的社会基础。"那么宋朝以后中央集权极大强化的国家政权将怎样在社会发生巨大变化的环境下，与社会力量交互作用，从而塑造新的社会基础呢？

林文勋教授在《中国古代"富民"阶层研究》一书中系统地提出了"富民"阶层的学术概念和"富民社会"学术体系，指出了"富民"是唐宋以后在国家与社会之间发挥媒介作用，在基层社会秩序构成和社会运行中起核心作用的阶层。他们的身份不同于豪族和士族，他们同国家和民众的关系的具体表现方式也有别于豪族和士族。但是，"富民"作为联系国家与基层社会的纽带，在基层社会运行中发挥组织、稳定和推动作用方面与汉代以来的地方领袖是一样的。"富民"阶层的提出，揭示了唐宋社会变革以后，发挥国家与基层社会媒介作用的新的阶层，为深入地认识唐宋以后中国基层社会结构和社会运行的基本特征，以及国家和基层社会联系的具体方式、推动唐宋以后中国社会的整体研究提供了一把关键的钥匙。这一研究可谓是许倬云、谷川道雄、毛汉光等学者汉唐社会研究的继续，揭示了晚唐宋代以后与中古时期迥然不同的社会面貌，具有重大学术意义。

"富民"阶层和"富民社会"这一学术体系的提出，还具有为唐宋

---

① ［日］冈野诚：《从中国法史学的观点来看时代区分论》，《唐宋法律史论集》，上海辞书出版社 2007 年版。

② 梁庚尧：《南宋农村经济》，新星出版社 2006 年版，第 33 页。

以后社会经济史的研究提供新的研究视角和认识工具,以全新的学术角度与思维观察和阐释若干历史论题,为解决若干历史难题提供新的认识工具等方面的重要学术意义。例如,在中国历史发展基本趋势方面,提出了部族社会到豪民社会到富民社会,再到市民社会的整体认识;在唐宋变革方面,在以前对唐宋变革是封建社会前期向后期,或由中世向近世转变的观点以外,提出了唐宋变革是豪民社会向富民社会的转变的新的思路。另如,明代苏松地区的重赋问题、明清是否存在市民阶级问题以至近代社会转型等诸多问题,可以从"富民社会"的视角得到新的认识。

二 构建"富民"阶层研究的学术概念和学术体系

《中国古代"富民"阶层研究》系统论证了"富民"阶层的特征和"富民"所发挥的社会作用,从概念上论证了"富民"阶层有别于其他阶层的特征,也说明了"富民"阶层何以成为基层社会运行的主导力量,如何起到国家与基层社会纽带作用这些基本问题,由此也回答了为什么唐宋以后的中国社会可以称为"富民社会"的原因,从而构建了"富民"阶层研究的学术体系。

(一)"富民"阶层的特征

《中国古代"富民"阶层研究》对"富民"的定义和"富民"阶层的特征作了论述,指出:"富民"是社会上的富有者,更是乡村中的富裕阶层,虽然包括少数以工商业致富的人,但绝大多数是乡村中靠土地经营致富的人。但富民又不完全等同于财富占有者,因为财富占有者中还包括那些依靠特权占有财富的人,就富民来说,它所拥有的只是财富,而没有任何特权,是与魏晋以来的士族和宋代以降的官户和形势户不同的新兴阶层。富民维持其家道不败,一靠财富,二靠文化教育。该书还特别强调了富民的两个内涵:占有财富而没有政治特权;拥有良好的文化教育。该书还指出,唐宋以后,由于贫富分化处于经常状态,所以,对单个富民来说,地位不太稳定,但由于在有的富民衰败时,又有人上升为富民,因此，作为一个阶层，富民又是稳定的。

《中国古代"富民"阶层研究》与林文勋教授等人此前所著的《唐宋乡村社会力量与基层控制》是姊妹篇。在《唐宋乡村社会力量与基层控制》一书中，林文勋教授还特别系统地比较了"富民"阶层与官僚阶层的异同，指出，两者的共同点是都占有大量社会财富，而不同点则是：官僚阶层拥有政治特权，而"富民"阶层只有财富而没有特权。所以总的来说，两者是泾渭分明的。

综合以上的论述，可以说，富民主要是乡村经营土地的富裕者，也包括工商业致富者，他们的身份是"民"，拥有财富而没有政治特权，同时也是拥有良好文化教育的阶层。

宋代以后，消除了豪强和士族存在的社会根基，另一方面，在"不抑兼并"、与民共利的经济环境中，获取财富的道路再一次向民间开放了，门阀和特权不再是生成乡村主导阶层的基础，唯有财富是跻身乡村上层的最主要阶梯，所以乡村起主导作用的阶层必是以财富立身。而富民要获主流社会认同，必然以文化教育传家。这是汉武帝以后，乡村上层人士上升为社会领袖，社会领袖又得以巩固自身地位的最重要手段。许倬云先生对汉武帝以后豪强富人通过儒学教育进身为士大夫，从而实现由国家意欲抑制的对象转变为国家所吸纳的对象，成为与皇帝共治天下的社会领袖的过程的论述经典地说明了文化教育对乡村上层人士的重要。在已进入"科举社会"的宋代以后社会中，文化教育当然更为重要。林文勋教授对"富民"定义和特征的论述抓住了宋代以后社会主导阶层的本质。

（二）"富民"阶层是联系国家与基层社会的"中间层"

《中国古代"富民"阶层研究》论述了富民与国家、富民与基层民众的关系，及其在联系国家与基层民众中的作用，将富民的地位准确地概括为"中间层"。

该书认为，"富民"阶层是国家实现统治的社会基础，保障着国家对基层社会控制和赋役征收。中唐以后，乡官制开始向职役制转变，北宋时，乡村组织的头目完成了由乡官制向职役制的转变，乡村组织的职役形式一直沿袭到明清。这一转变与"富民"阶层的崛起有很大关系。在宋代，不论是乡里制下的里正、户长、耆长等，还是都保制下的都副保正、大小保长等，都是由乡村上户充任的，明代前期的粮长和里甲头目，中期后的保甲头目等也都由乡村富民担任。这些以职役形式充任乡村头目的富民承担着乡村赋税征收和治安管理方面的责任，在乡村社会控制中发挥着极其重要的作用。而这些职能，汉代以来都是由乡官承担的。唐宋以来的乡村社会控制中，变化的主要是乡村控制的组织形式与方式，而富民作为国家乡村控制的主要依靠力量、富民在其中起主导作用这一本质没有改变。而且，在赋役承担上，富民是国家最主要的财政来源，在国家的财政运行中也发挥着十分重要的作用，虽然富民与国家也有博弈、有矛盾和冲突，但更主要的方面是它已成为国家的统治基础。

富民以职役形式，上服务国家，下联系民众，成为国家与民众的媒介，是社会运行中的"中间层"。富民没有官方身份，却能成为国家所依赖的实行基层社会控制的主导力量，原因是富民以其财富力量和文化权力影响民众，富民在基层社会发挥着经济支柱和精神支柱的作用，在乡村中具有号召能力和控制能力。

该书还分析了富民与基层民众关系的特征，指出，由于富民作为"民"的身份，与普通民众具有平等的法律地位，没有人身依附关系，因而不可能以权和势御使民众，与民众的经济关系主要是租佃契约关系、借贷关系和救济关系。同时以自己的文化权力掌握乡村的话语权。这种关系与汉代以后的豪强士族以势御人，与民众结成具有人身依附性质的领主与徒附部曲关系迥然不同。从这意义而言，该书使用"中间层"这一概念，而未以地方领袖或社会领袖称之，应该说，更准确地反映了唐宋以后富民的社会地位和作用。

该书还对中唐宋代以后的"保富论"作了极富特色的研究。因为富民不再如汉代以来的豪强士族那样具有与国家相互离异的因素，而是成了国家的统治基础和社会运行的维持力量，因而产生了保护富民的思想言论。其主要内容包括：强调富人出现的合理性，视富人为国家和社会的根本，客观评价富人的财富积累及对生产发展的作用，主张保护富人，为富人呼吁参政权。该书肯定了这一崭新的经济思想的积极意义。如果考察从汉代以来旨在打击商人的抑商政策和思想，意欲限制豪强兼并势力的限民名田的主张和实践，我们很容易明了保富论在经济思想上的变革性意义和它所反映的全新的社会经济关系。对这一思想的揭示和论证也具有重要学术价值。

(三)"富民"阶层是基层社会运行中的"稳定层"和"动力源"

如上所述,该书论述了"富民"阶层是乡村社会控制的主导力量,在赋税征收和社会治安方面发挥着最为重要的作用,这说明富民是维持乡村社会运行的重要的稳定力量。同时富民在基层社会灾荒救济和慈善事业中也发挥着重要作用。该书以宋代为例,论述了富民在灾荒救济和民间慈善活动中的作用,指出,富民广泛而频繁地参与灾荒的救济,提供救灾物资、安置灾民、稳定物价、参与救灾仓储的管理等,已在很大程度上取代了政府在灾荒救济中的作用。富民在社会慈善活动中,也通过低价粜米、施粥舍药助葬、帮扶弱势群体、参与公益事业等方式救助社会贫弱群体。富民具有的很强的抗御灾荒的能力和社会救助能力也说明富民是乡村社会经济关系的中心,富民的稳定关乎乡村的稳定。

该书指出,在乡村借贷关系中,富民是借贷的主体。富民的借贷虽有剥削的一面,但比官方借贷更灵活快捷,对小农生产的稳定和恢复有着重要的意义。梁庚尧先生也将借贷视为农村生产资本的融通方式,认为借贷既有可能使贫家日益困顿,也有将富家的财富转移作贫家生产资本,由放债而投入生产,有其贡献。[①] 可见富民借贷客观上维持了乡村再生产的进行,在经济发展上具有一定的稳定作用。"富民"阶层这些活动和作用,说明这一阶层是乡村社会的"稳定层"。

在推动乡村经济发展方面,该书特别强调了"富民"阶层对租佃契约关系确立的作用。因为富民与普通民众都是"民"的平等身份,没有政治特权,这就决定了租佃契约关系成为两者间最普遍和最主要的经济关系。富民是租佃契约的基础,没有富民,租佃契约关系就不可能成为宋代以后占主导地位的生产关系。该书指出,租佃契约关系在当时已经成为最有效率的制度安排和制度选择,在这一制度下,实现了土地资源与劳动力资源的有效配置和紧密结合。在租佃契约关系下,富民与佃户既有剥削与被剥削的关系,但更主要的是相互依存的关系,它调动了两者的积极性,

---

[①] 参见前引梁庚尧《南宋农村经济》,第137—145页。

对唐宋以来社会经济发展起了重要推动作用。

该书还指出，富民也是经济开发和技术进步的主导力量。富民以其雄厚的经济实力成了土地垦殖和水利兴修的主要力量。同时富民由于占有财富，也就能够对农业进行更多投入，以提高产量，推动农业走上精耕细作的内涵式发展道路。唐宋时期，乡村经营商品性农业者也主要是"富民"阶层。也可以说，富民代表着农村经济发展的新方向，富民的活动推动了乡村经济市场化的进程。

该书指出，在文化方面，富民同样是乡村文化教育的重要推动力量。富民通过兴办书院、义学、族学、社学等各种形式的私学，以及延请学者教学，广泛藏书，资助士人等形式推动乡村文化教育的发展。这一方面为乡村民众提供了受教育的机会，同时也提高了富民自身的社会地位，培养自己的子弟进入仕途，从而推动了富民自身的士绅化过程。乡村文化教育的发展，扩大了乡村与城市，下层与上层的联系通道，使乡村社会不断获得新的信息和观念，是推动乡村发展的持久动力。而近代以来，由于乡村"富民"阶层的流失，特别科举制废除后，乡村士绅阶层消失，直接导致了乡村文化教育的迟滞。"富民"阶层在乡村社会经济、文化教育、生产关系、生产技术等各方面的推动作用充分说明了"富民"阶层是中国社会内部形成的"动力源"。

该书还对中国古代"富民"阶层的士绅化倾向、明清是否存在市民阶层、富民与市民的区别、富民与中国社会变迁等问题进行了深入的讨论，阐述了研究中国古代"富民"阶层的方法：在社会分层视野下研究，放在特定的历史条件下研究，突出重点等。通过这些问题的研究，特别是对"富民"阶层作为社会"中间层""稳定层"和"动力源"的阐述，说明"富民"阶层已成为了唐宋以后社会发展的主导阶层，唐宋以后的社会堪称"富民社会"。

三 开创专题研讨式教学的新模式

最后，还需要特别肯定的是该书引人注目的一个特征，即开创了专题研讨式教学的新模式。该书是林文勋教授及云南大学中国经济史研究所、历史系研究生若干堂有关中国古代"富民"阶层问题的课堂讨论的记录

（即该书的上篇），以及课后围绕讨论内容撰写的专题研究论文（即该书的下篇）。

在《中国古代"富民"阶层研究》一书的前言中，林文勋教授指出本书撰著的目的有两个：一个是系统研究"富民"的历史特征，"富民"与国家的关系、"富民"的地位和作用；二是探讨如何开展"研讨式"、"导读式"教学，推进研究生课程教学改革。从该书及林文勋教授已发表的相关论文[1]可知，林文勋教授开展这一教学方式的目的就是希望以新的教学形式组织学生研究新的问题，从而将学生带入新的研究领域。

在这一教学活动中，教师首先围绕中国"富民"阶层研究所包含的基本问题，设置了论题。该书"上篇"中设置了"中国古代的'富民'阶层"、"'富民'阶层与中国传统社会乡村经济文化的发展"、"中国古代'富民'阶层与基层控制"、"中国古代'富民'阶层的士绅化"、"明清社会是否存在市民阶级：兼论中国古代社会向近代的转变"五个论题。这些论题涵盖了中国"富民"阶层的定义及历史特征、富民与国家及基层民众的关系、富民与基层社会控制、富民与社会经济发展、"富民社会"的时间阶段、富民与中国社会的变迁等等基本问题。这也是林文勋教授强调的研究富民问题所应突出的重点。

在每一个论题中，问题的预设和思路的建立是展开讨论的关键。教师通过对基本概念、基本问题及其中的逻辑关系的概括性论述，引导学生系统深入地展开思考。如在"中国古代'富民'阶层"这一论题中，林文勋教授将这一大的论题分解为"富民"阶层的历史特点及形成条件、"富民"阶层与佃户的关系、"富民"与国家的关系、唐宋以后的"保富论"、如何研究中国古代"富民"阶层等五个小的主题依次展开讨论，引导学生在唐宋以来社会经济发展和变革的大背景下系统地思考"富民"阶层的特征及其与国家和民众的关系，在这一基础上总结如何研究中国古代的"富民"阶层，在方法上和内容上为把中国古代"富民"问题的讨论推向深入打下了基础。

---

[1] 林文勋：《关于"导读式"、"研讨式"课程教学的认识》，《历史教学》2007年第7期。又可参见《历史教学》2006年第10期对林文勋教授的专访。

"'富民'阶层与中国传统社会乡村经济、文化的发展"则分解为"富民"与租佃契约制、富民与经济开发及技术进步、富民与商品性农业的发展、富民与乡村借贷关系、富民与乡村救济、富民与乡村文化教育发展等几个小主题;"中国古代'富民'阶层与基层控制"则分解为乡官制向职役制的转变、富民与职役制的关系、"富民"阶层为何在乡村具有号召力和控制力、中国古代有没有乡村自治等小主题;"中国古代'富民'阶层的士绅化"则分解为士绅的定义、"富民"阶层与士绅化的关系、科举制与士绅化的关系、富民士绅化对社会的影响等几个小主题;"明清社会是否存在市民阶级"分解为市民的定义、对学界关于明清"市民"历史特征的辨析、富民向市民演变的途径和影响因素等几个小的主题。通过这些问题的分解,将讨论有序高效地组织起来,紧扣中国古代"富民"阶层这一大的命题,逐步将讨论引向深入。

林文勋教授在该书"前言"中说道,在教师的组织和引导下,参与讨论的同学根据指导,课前围绕将要讨论的专题搜集和查阅资料,学习相关研究成果,撰写读书报告或札记,然后集中讨论,讨论之后,同学们再根据讨论中的心得,撰写研究论文。因为准备充分,同学们很好地思考和理解了中国古代"富民"阶层有关学术问题,在发言和撰文中从不同角度对中国古代"富民"阶层作了探讨,新见迭出。如高楠对宋代"富民"的学缘网络、张锦鹏对富民在乡村管理中与政府间的博弈关系、田晓忠以乡村组织头目构成和变化对宋代"富民"与国家关系、杨飞雁对明代"富民"阶层士绅化的研究都颇有新意。这表明专题性的研讨式教学不仅树立了学生学术兴趣,训练了研究能力,而且起到了培养研究队伍、推动学术进步的深远意义。

该书忠实地记录研讨教学中教师和学生的观点表达,学生们既有可贵的探索和思考,也有稚朴和直观的一面,对有些问题的论述还显得片面和主观。例如:"豪民以势占田,富民以资购买"表现出二元对举式的简单概括;明中后期市民分化为流民和市民的观点不仅缺乏逻辑论证,也与该书所表达的唐宋至明清都是富民社会的基本观点相矛盾;对均田制是国家无偿均平分配土地给小农的论述也欠妥当;春秋战国的士农工商是一种社会等级、专卖制度为富商的成长提供了条件的表述还缺乏准确性,等等。但这恰恰本真地反映了学生学习和成长的过程。而探讨中闪现的思考的火花，表现的勇于探索新问题的研究热情是最可宝贵的。

概而言之，《中国古代"富民"阶层研究》第一次全面论述了"富民"阶层的学术概念和"富民社会"学术体系，揭示出"富民"阶层是唐宋以来社会构成运行中的主导阶层，是社会发展的"中间层""稳定层"和"动力源"，系统论述了中国古代"富民"阶层研究的基本问题，堪称中国古代"富民"阶层研究的纲领性著作。这一研究开拓了唐宋以来社会研究的学术新视野，具有重要的学术意义。同时该书开展的专题研讨式教学也为教学与研究的结合，培养学生研究能力与推动学术进步的结合作出了有益的尝试，具有重要的示范意义和借鉴意义。

变革与衍生：宋代海上丝路的新格局

在中国海洋发展史上，宋代是一个变革期。对外贸易重心由陆路转移到海陆，海上丝路运行机制、海洋观念和文化出现新变，整个亚洲海洋发展由此进入新的阶段。已有研究对宋代海上贸易制度、商品构成、贸易港口等问题作了深入探讨①。本文在已有研究基础上，拟对宋代海上丝路发展出现的新因素、新变革作一系统的论述，力图全面地概括宋代海上丝路发展的新格局。

一 海上丝路对外贸易重心地位的确立

中国古代西北、西南和海路通向境外的三条路线分别被称为北方丝绸之路、南方丝绸之路和海上丝绸之路。中国史籍对三条丝路的明确记载都始于汉武帝时代，而实际存在可能更早。汉唐时期北方丝路长期占据对外交通的主导地位。首先是政治因素发挥了关键作用。汉唐政治重心在西北，防御北方游牧民族是王朝安全的重心，经营西域具有了钳制北方游牧民族的重要战略意义，即汉武帝"通西域，以断匈奴右臂"②，故宋代以前"史之所纪，其西北颇详而东南尤略。盖其远而罕至，且不为中国利害"③。如，西汉在政治力量推动下，西域与中原"使者相望于道"，一岁

---

① 20世纪的研究可参见王庆松《20世纪宋代海外贸易研究综述》（《海交史研究》2004年第2期），进入21世纪有苏基朗 Prosperity, Region, and Institutions in Maritime China: The South Fukien Pattern, 946–1368（Harvard University Asia Center, 2000）、黄纯艳《宋代海外贸易》（社会科学文献出版社2003年版）、杨文新《宋代市舶司研究》（厦门大学出版社2013年版）等研究。

② 《汉书》卷九六下《西域传下》，中华书局1964年版，第3928页。

③ 《新五代史》卷七四《四夷附录第三》，中华书局1974年版，第922页。

"多者十余,少者五六辈","一辈大者数百,少者百余人"。① 这是南方丝路和海上丝路不具备的条件。

其次,汉唐时期经济重心在北方。在交通困难,奢侈消费品作为远距离贸易主要商品的时期,长安和洛阳两大都市为中心的地区是出口商品主要供给地和进口商品主要销售市场。"自葱岭以西,至于大秦,百国千城莫不款附,商胡贩客日奔塞下"②,聚集于长安。唐代通过丝路来华的外商下至卖胡饼的小贩,上至资产亿万的大商,长期定居长安。③

再次,汉唐时期中国的贸易国主要是西域、中亚和西亚诸国。汉时,大夏、大宛、康居、安息等是汉朝的主要贸易国。这些国家"善贾市","欲(与汉)贾市为好"。甘英欲往通大秦时,"安息欲以汉缯彩与之(大秦)交市",即垄断中国与罗马的贸易,故意阻止。④ 魏晋南北朝时龟兹、于阗等国仍"无岁不奉朝贡,略如汉氏故事"⑤。唐代西突厥兴起后积极介入丝绸贸易,将丝绸贸易推向了高峰。8世纪中叶回鹘与唐的绢马贸易将西北丝路贸易再次推向高潮。⑥ 西北丝路的开通将中国内地与地中海、伊朗和印度间的经济交流圈联系了起来。⑦

南方丝路僻处西南,以蜀地和云南为主要腹地,发展规模和贸易地位始终不能与北方丝路比肩。汉代海上丝路以徐闻、合浦为起点,西汉海上丝路用小船辗转循岸航行,"蛮夷贾船,转送致之",从徐闻到黄支,不计中途耽误,单程需要12个月,"不者数年来还",航程中充满蛮夷剽杀人、风波溺死等危险⑧,也无法与北方丝路并论。魏晋南北朝时期,南方

---

① 《汉书》卷六一《张骞传》,第2649页;《史记》卷一二三《大宛列传》,中华书局1963年版,第3173页。
② 杨衒之撰,范祥雍校注:《洛阳伽蓝记校注》卷三,上海古籍出版社2011年版,第161页。
③ 参见向达《唐代长安与西域文明》,商务印书馆2015年版,第38—41页。
④ 《史记》卷一二三《大宛列传》,第3164页;《汉书》卷九六上《西域传》,第3893页;《后汉书》卷八八《西域传》,中华书局1965年版,第2920页。
⑤ 《三国志》卷三〇《魏书》,中华书局1959年版,第859页。
⑥ 参纪宗安《9世纪前的中亚北部与中西交通》第四章《丝路贸易重心的北移及其原因》、第六章《6—9世纪中亚北部地区东西文化交流盛况》,中华书局2008年版,第156—185、223—252页。
⑦ [英] G. F. 赫德逊著:《欧洲与中国》,王遵仲等译,中华书局1995年版,第69页。
⑧ 《汉书》卷二八下《地理志》,第1671页。

政权较为重视海上交通，海上贸易有了较大发展。贸易条件更好的交州和广州取代徐闻、合浦，成为主要贸易港。孙吴曾派朱应、康泰出使南海诸国，"其所经过及传闻则有百数十国"①。南北朝时期交州"舟舶继路，商使交属"②，广州也是海舶"每岁数至，外国贾人以通货易"③。此时期还出现了从东南亚经海南岛以东直达广州的航线。法显《佛国记》记载其所乘商船本欲自苏门答腊往广州，"常行时正可五十日便到广州"，即从深海直航广州。隋朝常骏出使赤土也走这一航线，从广州约50余日达赤土国。④ 但海上丝路还未有西北丝路"百国千城莫不款附，商胡贩客日奔塞下"的盛况。

唐后期和五代，海路贸易已经显示出赶超西北丝路贸易的趋势。海上诸国"或时候风潮朝贡，蛮胡贾人，舶交海中"，"外国之货日至，珠香象犀玳瑁奇物，溢于中国，不可胜用"。⑤ 广州"江中有婆罗门、波斯、昆仑等舶不知其数，并载香药珍宝，积载如山"⑥。黄巢攻陷广州后大肆屠杀，"仅寄居城中经商的伊斯兰教徒、犹太教徒、基督教徒、拜火教徒就总共有十二万人被他杀害了"⑦。田神功平刘展之乱，扬州城中"商胡大食、波斯等商旅死者数千人"⑧。这与西北丝路的繁荣景象并无二致。

与此同时，唐朝在西域、中亚的影响和控制力却迅速下降。750年高仙芝在怛罗斯大败于大食，755年安史之乱后唐朝军队基本从西域退回关内，西域和中亚地区的政治格局发生了巨大变化。长安由"开元之前，贡输不绝"变成了天宝之乱后"藁街之邸，来朝亦稀"⑨。唐后期往印度求法的僧侣也多选择海路。冯承钧分析了义净《大唐求法高僧传》所载

---

① 《南史》卷七八《海南诸国传》，中华书局1975年版，第1947页。
② 《宋书》卷九七《夷蛮传》，中华书局1983年版，第2399页。
③ 《梁书》卷三三《王僧孺传》，中华书局1973年版，第470页；《南齐书》卷三二《王琨传》，中华书局1972年版，第578页。
④ 《隋书》卷八二《南蛮传》，中华书局1973年版，第1831页。
⑤ 《东雅堂昌黎集注》卷二一《送郑尚书序》，文渊阁《四库全书》影印本，第1075册，第312页。
⑥ [日]真人元开著，汪向荣校注：《唐大和上东征传》，中华书局2000年版，第74页。
⑦ [阿拉伯]苏莱曼著：《中国印度见闻录》，穆根来等译，中华书局1983年版，第96页。
⑧ 《旧唐书》卷一一〇《邓景山传》，中华书局1975年版，第3313页。
⑨ 《旧唐书》卷一九八《西戎传》，第5317页。

60位西行求法僧人中有33位往来取道南海①。吐蕃占领河西走廊后，人们更愿意选择畅通而便利的海路。唐代宗时滞留于长安的境外使节达四千余人，唐政府计划"自海道各遣归国"②。

五代时期西北丝路交通相对于海上丝路进一步衰退。西域地区与中原政权保持朝贡关系的只有回鹘和于阗，朝贡次数也比较有限。据《五代会要》统计，回鹘朝贡中原政权共7次，于阗朝贡共5次。而且后晋、后汉时"回鹘每至京师，禁民勿私相易，其所有宝货皆中卖入官，私下市易者罪之"，到后周太祖才"命除去旧法，每回鹘来者私下交易，官中更不禁诘"。③ 另一方面，南方吴越、闽、南汉等政权十分重视海外贸易。吴越政权的贸易规模仅从其进贡宋朝的香药珠宝数量即可见一斑。乾德元年贡香药15万斤，另有犀、牙、金银、真珠、瑇瑁器等。开宝九年贡乳香7万斤，另有犀、牙、香药等。宋太宗朝多次贡万斤以上香药及其他珠宝。④ 闽政权也大力发展海外贸易⑤。南汉政权也重视贸易，宋朝灭南汉当年就置市舶司，可见其海外贸易不仅规模可观，且已有制度化的管理。

宋代西北的贸易与五代有很大发展。西夏占领灵州以前，中原交通西域的主要道路灵州道是畅通的⑥。西夏占领灵州后，灵州道断绝。宋朝与西域通过青唐道交往，至北宋末始终畅通。甘州政权"每遣使入贡，即为德明所掠"，"宗哥诸族皆感朝恩，多遣人防援以进"。⑦ 吐蕃主动维护此道。拂菻国入宋，"东自西大食及于阗、回纥、青唐，乃抵中国"⑧，于阗入宋也"道由黄头回纥、草头达靼、董毡等国"⑨。青唐道的贸易规模不小。熙宁五年（1072）王韶说"蕃中物货四流而归于我者，岁不知几

---

① 冯承钧：《中国南洋交通史》，上海古籍出版社2005年版，第42页。
② 《资治通鉴》卷二三二，贞元三年六月，中华书局1956年版，第7493页。
③ 《五代会要》卷二八《回鹘》、卷二九《于阗》，文渊阁《四库全书》，第607册，第695页。
④ 《宋史》卷四八〇《吴越世家》，第13898、13900页。
⑤ 参见韩振华《五代福建的对外贸易》，《中国社会经济史研究》1986年第3期。
⑥ 参见赵贞《归义军史事考论》，北京师范大学出版社2010年版，第174—175页。
⑦ 《宋会要辑稿》蕃夷四，上海古籍出版社2014年版，第9770页。
⑧ 《宋史》卷四九〇《拂菻国传》，第14124页。
⑨ 《宋会要辑稿》蕃夷四，第9776页。

百千万"①。"回纥、于阗、卢甘等国人尝赍蕃货,以中国交易为利,来称入贡","所赍物货上者有至十余万缗,下者亦不减五七万"。②西夏也"频遣使者,商贩中国"③。

但与海上贸易相比,宋代西北丝路贸易已居于绝对次要地位,对外贸易重心已由西北陆路完全转向了东南海路。这一转换有几个显著标志:一是海上贸易规模超过了陆上贸易。虽无具体数据可资比较,但宋代海上贸易具有了财政意义,市舶收入成为财政收入之一,是陆上贸易所未曾有的。北宋前期市舶收入在30万—80万(以缗或复合单位计),北宋后期至南宋初每年平均收入约为110万单位,绍兴二十九年(1159)达到200万缗。④《宋会要辑稿》职官四四所载绍兴三年(1133)和十一年(1141)进口品超过400种,也是陆上贸易未有之盛。

二是设立了管理海上贸易的专门机构(市舶司)和制度(市舶条法)。北宋先后在广州、杭州、明州、泉州、密州设立市舶司,在温州、江阴、上海等地设市舶务和市舶场。南宋在广州、泉州和明州设置市舶司。市舶条法鼓励本国商人出海及外国商人来华贸易,制定了发放公凭、保任、发舶、抽解、博买等管理措施。⑤ 实即确立了海上贸易领域国家与商人的共利分利机制。这样的机制是汉唐至宋代西北丝路所无,持续推动了宋代海上贸易的繁荣。

三是海路贸易商人规模全面超过了陆路贸易。宋朝鼓励本国商人出海贸易,中国商人凭借商品优势和技术优势,成为海上贸易的主导力量,此时期阿拉伯商人也掀起了向东商业扩展的高潮,形成了陆上贸易不能比拟的贸易力量。与宋朝交往的境外诸国中取道海路的占据了大多数。史籍所载了北宋境外"朝贡诸蕃"共42国,其中海路入宋者有30国,约占73%。南宋时北方和西北诸国都与宋朝终断了朝贡关系,保持朝贡关系全部是海上诸国。⑥ "朝贡"国与宋朝事实上主要是贸易关系,反映了宋代

---

① 《宋会要辑稿》食货三七,第6812页。
② 李复:《潏水集》卷一《乞置榷场》,文渊阁《四库全书》,第1121册,第5页。
③ 《续资治通鉴长编》卷三六五,元祐元年二月壬戌,中华书局2004年版,第8753页。
④ 参见黄纯艳《宋代海外贸易》,社会科学文献出版社2003年版,第176页。
⑤ 同上书,第97—162页。
⑥ 黄纯艳:《宋代朝贡体系研究》,商务印书馆2014年版,第50—51页。

对外贸易重心向海路的转移。

宋代海上丝路主导地位的确立是多种因素综合推动的。宋代鼓励中外商人贸易的政策发挥了直接的推动作用。经济、技术和市场的发展则是更基本的推动因素。宋代南方经济发展和经济重心南移使出口商品供给和进口商品消费的中心都转移到南方，特别是东南。① 宋代海船大则5000料，中则3000料，以载米计约合今180—300吨②，相当于900—1500峰骆驼总载货量③。宋代能综合运用牵星术、地表目标、水情和指南针导航技术④。海上贸易在运输成本、运输规模等方面有了陆上贸易不能比拟的优势。加之中国传统贸易结构就是本国手工业品与海外香药珠宝等资源性商品相交换。瓷器、丝绸等主要出口品供给地已转至东南地区，而香药珠宝进口品的主要产地就是东南亚和印度洋沿岸地区。这些因素决定对外贸易重心在宋代不可逆转地转移到海路。

二 海上丝路运行新机制的形成

（一）近海贸易发展与近海区域市场形成

近海贸易是指近海地区之间展开的贸易，近海区域市场是指以海上贸易为基础形成的区域市场。它是远洋贸易的商品聚散地和重要基础，也是内地市场与海上市场联系的纽带。宋代的近海贸易最频繁的长江以南至广东及海南岛，也是近海区域市场的核心区域，其形成有如下标志。

一是形成了稳定的商品结构。粮食贸易是带动近海贸易主要动力。长江以南沿海地区粮食贸易总体上是南北两端向中间供给，即广东、浙西向

---

① 郑学檬：《中国古代经济重心南移和唐宋江南经济研究》，岳麓书社1996年版，第11、17页。

② 吴自牧：《梦粱录》卷一二《江海船舰》，浙江人民出版社1980年版，第111页；黄纯艳：《宋代船舶的力胜与形制》（《厦门大学学报》2015年第6期）称"料"相当于一石米的容积；沈括撰，胡静宜整理：《梦溪笔谈》卷三《辨证一》（大象出版社2006年版，第19页）称一石米为92宋斤，据郭正忠《三至十四世纪中国的权衡度量》，一宋斤为今640两（中国社会科学出版社1993年版，第221页）。

③ 华学澜《庚子日记》12月16日记："卸煤十四骆驼，共五千六百六十斤。"可知一峰骆驼载重400斤（中国社科院近代史所编《庚子记事》，知识产权出版社2013年版，第134页）。

④ 黄纯艳：《宋代海洋知识的传播与海洋意象的构建》，《学术月刊》2015年第11期。

福建和浙东沿海输出。"广南最系米多去处，常岁商贾转贩，舶交海中。"① 浙西"苏湖熟，天下足"，更是主要商品粮输出地。福建沿海福、兴、漳、泉四州粮食常年依靠广东和浙西输入，"虽上熟之年，犹仰客舟兴贩二广及浙西米前来出粜"，"两路客米不至，亦是阙食"。② "虽无水旱，岁收仅了数月之食，专仰舟船往来浙、广，般运米斛，以补不足。"③ 浙东沿海地形多山，粮食常赖外路输入。明州"米船辐凑"，"二广之米舻舳相接于四明之境"。④ 而"温、台二州自来每遇不稔，全藉转海般运浙西米斛，粗能赡给"⑤。广西路海南岛四州粮食也不能自足，需每年从雷、化等州或由厢兵"辇军粮泛海给琼州"，或由百姓"租米输于场（雷州递角场），第令琼州遣蜑兵具舟自取"⑥，或由"海北客舟载米"来售⑦。

浙东、福建、广州沿海及海南岛则主要输出进口商品和本地商品性产品。经广州、泉州和明州市舶司抽解后的进口品可以分销，"诸客人买到抽解下物货，并于市舶司请公凭引目，许往外州货卖"⑧。经沿海各港转销内地市场。出口商品通过近海贸易聚散。如"南海Ⅰ号"试掘有浙东龙泉窑、福建德化窑、磁灶窑、江西景德镇窑系及广州民窑产品。对这艘载重200吨左右的船只而言，自浙东南下沿途收购，成本显然太大。⑨ 最有效的办法是在广州港集中采购。而来广购米的浙东和福建商船运载本地产品到广州是最经济高效的生意。纺织品、茶盐、木材等也是近海贸易的

---

① 朱熹撰，刘永翔等点校：《晦庵先生文集》卷二五《与建宁诸司论赈济札子》，《朱子全书》本，上海古籍出版社2002年版，第1117页。

② 杨士奇等：《历代名臣奏议》卷二四六张守《乞放两浙米船札子》、卷二四七《荒政》，上海古籍出版社1989年版，第3236、3243页。

③ 杨士奇等：《历代名臣奏议》卷二四六张守"乞放两浙米船札子"，第3236页。

④ 《晦庵先生文集》卷一七《奏救荒画一事件状》、卷二六《上宰相书》，第793、1177页。

⑤ 佚名撰，李之亮点校：《宋史全文》卷二五下，乾道九年十月甲子，黑龙江人民出版社2005年版，第1766页。

⑥ 《宋史》卷二八四《陈尧叟传》，第9584—9585页。

⑦ 《续资治通鉴长编》卷三一〇，元丰三年十二月庚申，第7521页。

⑧ 《宋会要辑稿》职官四四，第4205、4206页。

⑨ 《"南海Ⅰ号"的考古试掘》表明，该船长30.4米，宽9.8米，高4.2米（第6页）。与泉州南宋海船大小相当。泉州船估计载重200吨以上（参见《泉州湾宋代海船发掘简报》、《泉州湾宋代海船复原初探》，载《文物》1974年第10期，第1—18、28—35页）。

大宗商品。常有商人航海至京东、河北路贸易，"运载钱帛丝绵贸易"①。宋政府还允许商贩茶盐"经由海道出入"②。浙东处州"良材兴贩自处过温以入于海者众"③。广西钦州特产乌婪木"以为大船之柂"，贩"至番禺、温陵价十倍矣"④。福建沿海荔枝、甘蔗等每年贩运到两浙，"或海船来，或步担到"⑤，"岁运入浙、淮者，不知其几万亿"⑥。闽广花卉也"转海而来，浙中人家以为嘉玩"⑦。这些有着鲜明的地域特点和互补性的商品贸易形成了稳定的市场关系。

二是有了稳定从事近海贸易的商人。北宋规定客旅于海路商贩除登、莱州外，都可于所在州军申报所贩货物、欲往州军，许三人保任，官司即可发贸易公凭。⑧ 闽、广职业商人是近海贸易的主力，他们"乘风航海，不以为险，故珍货远物毕集于吴之市"⑨，甚至"转海至镇江府买卖至多"，"兴贩至江宁府岸下"。⑩ 昆山县黄姚镇也是闽、广、浙东"大商海舶辐辏之地"，"每月南货商税动以万计"。⑪ 海南岛也倚重于这些商人的贸易，"濒海郡县所以能鸠民置吏、养兵聚财者恃商人耳"，若"商人不来，我自困矣"。⑫ 宋朝允许外国商人抽解和博买后在国内市场贸易，即"蕃客愿往他州或东京贩易者，仰经提举市舶司陈状，本司勘验，诣实给

---

① 《宋史》卷一八六《食货下八》，第4561页。
② 《建炎以来系年要录》卷五一，绍兴二年正月己未，中华书局2013年版，第900—901页。
③ 楼钥：《攻媿集》卷二一《乞罢温州船场》，《四部丛刊》初编本，第186册，卷21第10页。
④ 周去非著，杨武泉校注：《岭外代答校注》卷六《器用门》，中华书局1999年版，第219、220页。
⑤ 《西湖老人繁胜录》，《〈四库全书〉存目丛书》，史部第247册，齐鲁书社1996年版，第652页。
⑥ 《铁庵集》卷二一《与项卿守博文书》，文渊阁《四库全书》影印本，第1178册，第248页。
⑦ 张邦基：《墨庄漫录》卷七，中华书局1985年版，第77页。
⑧ 《续资治通鉴长编》卷三三一，元丰五年十二月丁卯，第7989页。
⑨ 朱长文纂修：《吴郡图经续记》卷上《海道》，《宋元方志丛刊》本，中华书局1990年版，第648页。
⑩ 《宋会要辑稿》食货五〇，第7126页。
⑪ 《宋会要辑稿》食货一八，第6387、6388页。
⑫ 苏过：《斜川集》卷五《论海南黎事书》，《丛书集成》初编本，第1957册，商务印书馆1935年版，第84页。

与公凭"①。而且"海舶欲至福建、两浙贩易物货者,广南舶司给防船兵仗"②。也有未经抽解从事近海走私贸易的外商。如倭船常未至庆元府抽解即到温、台沿海交易,或已由庆元发舶,不即回本国,而至温、台沿海贸易。③ 沿海居民和船户也从事近海贸易。"海商或是乡人,或是知识海上之民"④,并非都是职业商人。沿海船户"谙练海道之险,凭藉海食之利"⑤,将近海贸易正常生计之一。

三是已经形成了成熟稳定的近海航路,将近海地区连为一体。以明州为中点,可分为南、北两大段。北段航线中密州以北受政治局势影响很强,密州以南分里洋、外洋和大洋三路,也受到政治局势一定的影响。明州以南航路可分为明州到福州(泉州),福泉到广州两段,福州和泉州是重要的中继站。广州以西、海南岛与大陆都有稳定的航路。明州以南航路受政治影响甚小,往来繁荣,站点频繁。近海航路通过设立市舶司的几个重要港口与远洋航路相连,并将远洋贸易与近海市场和国内市场联系起来。⑥

(二) 宋代东南沿海地区经济结构的变化:以福建为例

宋代在海上贸易的刺激下,福建沿海地区、浙东温州地区、广西海南岛已经形成了工商业为主的经济结构和重商轻农的风气,其中最有代表性的是福建沿海地区。宋代福建沿海地区存在粮食的绝对短缺,常年依靠广东和浙西输入,已如上述。沿海居民主要以渔业和工商业为生计。以海为生的渔民不少。福州的"白水郎"就是"以船为居,寓庐海旁"⑦。南宋分三番征调福建海船,"许令当番船户只在本州界内逐便渔业"⑧。有官员

---

① 《宋会要辑稿》职官四四,第4207页。
② 《宋史》卷一八六《食货下八》,第4561页。
③ 包恢:《敝帚稿略》卷一《禁铜钱申省状》,文渊阁《四库全书》影印本,第1178册,第713、714页。
④ 包恢:《敝帚稿略》卷一《禁铜钱申省状》,第714页。
⑤ 《建炎以来系年要录》卷一八五,绍兴三十年五月辛卯,第3099页。
⑥ 黄纯艳:《宋代近海航路考述》,《中华文史论丛》2016年第1期。
⑦ 梁克家:《淳熙三山志》卷六《地里类六》,《宋元方志丛刊》,中华书局1990年版,第7839页。
⑧ 朱熹:《晦庵先生朱文公文集》卷二八《与赵帅书》,第1238页。

指出"于海旁渔业之地搔动艋户",使"艋户失业,则必有合而为盗贼以相仇者"。① 说明渔业是船户日常重要生计。

而最反映宋代福建沿海地区经济特点的是工商业的蓬勃发展。"宋代由于适应瓷器对外输出的需要,东南沿海几省涌现了数以百计的瓷窑。分布在福建省沿海的有连江、福清、莆田、仙游、惠安、泉州、南安、同安、厦门、安溪、永春和德化等窑。"② 泉州、兴化军范围内发现唐五代窑址 18 处,宋元窑址 137 处,海上贸易繁荣的宋元窑址急剧增长,且主要分布在沿海。③ 福建的纺织业从唐代比较落后的状况④,宋代得到很大发展,泉州成了与杭州并称一时之盛的纺织业中心,苏颂称赞泉州的"绮罗不减蜀吴春"⑤。福建海船制造质量更居全国第一,有"海舟以福建船为上,广东西船次之,温、明州船又次之"的赞誉⑥。福建海船质量好,数量也多,绍兴十九年(1149)"括福清县船二千四百三十四只"⑦,福清一县符合征调标准的一丈二尺以上海船就达 2434 只。宋代福建也是银、铜、铁、铅等金属的主要产地⑧。宋代"金银铜铁,海舶飞运,所失良多"⑨。《诸蕃志》记载了宋朝商人到东南亚诸国贸易的商品有金、银、铁、铅、锡等,当然都是从泉州和广州出海。不产铁的两浙路"并是泉、福等州转海兴贩"⑩。

宋代福建沿海地区还出现了农业商品化浪潮。农户不热衷种粮,而形成了荔枝、甘蔗等经济作物的商品种植。荔枝"初著花时,商人计林断

---

① 王安石:《临川先生文集》卷七六《上运使孙司谏书》,《四部丛刊》初编本,1929 年,第 938 册。
② 冯先铭主编:《中国陶瓷》,第 401 页。
③ 许清泉:《宋元泉州陶瓷的生产》,《海交史研究》1986 年第 1 期。
④ 郑学檬主编《福建经济发展简史》指出,唐代福建绢与丝产品均列为全国第八等,质量较差,产量亦不高,第 169 页。
⑤ 苏颂:《苏魏公文集》卷七《送黄从政宰晋江》,中华书局 1988 年版,第 72 页。
⑥ 吕颐浩:《忠穆集》卷二《论舟楫之利》,文渊阁《四库全书》影印本,第 1131 册,第 273 页。
⑦ 《淳熙三山志》卷一四《版籍类五》,《宋元方志丛刊》,中华书局 1990 年版,第 7901 页。
⑧ 王菱菱:《宋代矿冶业研究》,河北大学出版社 2005 年版,第 25 页。
⑨ 《宋史》卷一八六《食货下八》,第 4566 页。
⑩ 《淳熙三山志》卷四一《土俗类三》,第 8252 页。

之,以立券,若后丰寡,商人知之"①,远销两浙及海外,"商人贩益广,而乡人种益多。一岁之出不知几千万亿"②。出现了专门种植甘蔗和制糖的"糖霜户","治良田,种佳蔗","有暴富者"③。蔗糖岁运入浙淮。

而商业是改变福建沿海经济结构的主要动力。"福建一路多以海商为业"④,商业已经成为福建沿海船户的重要本业。有官员提出如果官府征调海船,"妨废兴贩,中下之家往往失业"⑤,应该使有船人户"不失本业"⑥。指出商业是海船户的本业。福建商人已成为海上贸易中最活跃的商人群体。在南海贸易中福建商人是主力军。交趾有大量"闽人附海舶往者"被"命之官,咨以决事"⑦,因而"交趾公卿贵人多闽人"⑧。阇婆国贡使曾说到"今主舶大商毛旭者,建溪人,数往来本国,因假其向导来朝贡"⑨。福建商人频繁往来于东南亚,充当起政治掮客。另有泉州海商邵保到占城贸易将宋朝通缉的海贼逃至占城的消息报告宋朝,得到监昌顺县酒税的官职。⑩ 宋朝与日本和高丽贸易中最活跃的也是福建商人。宋神宗朝日僧成寻赴宋,即搭乘福建商船,船头曾聚、吴铸、郑庆都是福建人。⑪ 现存唯一一份贸易公凭就是泉州商人李充崇宁三年往日本贸易的公凭⑫。高丽"王城有华人数百,多闽人因贾舶至者",其中有才能者被"诱以禄仕,或强留之终身"⑬。近海贸易中福建商人也十分活跃。欧阳修描写杭州商业即以福建商人为代表,称"闽商海贾,风帆浪舶,出入于

---

① 蔡襄:《荔枝谱》,文渊阁《四库全书》,第845册,第156页。
② 同上书,第156页。
③ 王灼:《糖霜谱》,文渊阁《四库全书》,第844册,第843页。
④ 苏轼撰,孔凡礼点校:《苏轼文集》卷三〇《论高丽进奉状》,第847页。
⑤ 周必大:《文忠集》卷八二《大兄奏札(淳熙三年)》,文渊阁《四库全书》,第1147册,第847页。
⑥ 《宋会要辑稿》食货五〇,第7128页。
⑦ 《文献通考》卷三三〇《交趾》,第9103页。
⑧ 《续资治通鉴长编》卷二七三,熙宁九年三月壬申,第6692页。
⑨ 《宋史》卷四八九《阇婆国传》,第14092页。
⑩ 《续资治通鉴长编》卷一三七,庆历二年七月己巳,第3287页。
⑪ 成寻著,王丽萍点校:《新校参天台五台山记》卷一,上海古籍出版社2009年版,第1页。
⑫ 黑板胜美编"新订增补国史大系"之《朝野群载》卷二《异国》,东京吉川弘文馆1938年版,第452页。
⑬ 《宋史》卷四八七《高丽传》,第14053页。

江涛浩渺烟云杳霭之间,可谓盛矣"①。《会稽志》称"今越人衣葛出自闽贾。然则旦邦机杼或者久不传矣"②,即由于福建商人大量输入布帛,绍兴府原本发达的织布业都停止了。在海南岛福建商人也十分活跃,"泉、福客人,多方规利"③。

  福建商人还在官方和民间交往中充当桥梁。福建商人在海上贸易中独领风骚的地位使官方要寻找商人充当信使时,首先会想到福建商人。宋神宗即位,欲恢复中断40余年的宋丽官方交往,令曾任福建路转运使的罗拯寻访商人向高丽传递信息。罗拯寻得"尝以商至高丽"的"泉州商人黄真",完成了使命。④ 宋神宗还"尝密谕泉州商人郭敌往招诱(女真)首领,令入贡及与中国贸易"⑤。宋神宗朝高丽想向宋借乐艺人,也是请"泉州商人傅旋持高丽礼宾省帖"转达请求⑥。宋徽宗朝徐兢等人出使高丽,雇用了六艘"客舟"即商船。这是通常做法,即"旧例,每因朝廷遣使(高丽),先期委福建、两浙监司顾募客舟"⑦。本次所雇是福建商船,即"挟闽商以往"⑧。南宋末,宋朝急于从交趾了解蒙古军的动向,因交趾颇多做官的闽商,特"选择三山仕于湖广者,遣之往安南觇探近事",选中南剑人廖扬孙,通过"福建士人在彼间者"了解了许多情报。⑨

  可见宋代的福建已经形成了轻农重商,向海谋生,善于经营,勇于开拓的地域特征。浙东温州、广西路海南岛都逐渐形成了重视商业,向海谋生的风气和工商业为主的经济结构,福建只是其中的代表。

---

  ① 欧阳修撰,李逸安点校:《欧阳修全集·居士集》卷四〇《有美堂记》,中华书局2001年版,第585页。

  ② 《嘉泰会稽志》卷一七《布帛》,《宋元方志丛刊》本,中华书局1990年版,第7048页。

  ③ 《续资治通鉴长编》卷三一〇,元丰三年十二月庚申,第7522页。

  ④ 《宝庆四明志》卷六《市舶》,《宋元方志丛刊》本,中华书局1990年版,第5055页。

  ⑤ 周辉撰,刘永翔点校:《清波杂志校注》卷七《使高丽》,中华书局1994年版,第327也。

  ⑥ 《续资治通鉴长编》卷二六一,熙宁八年三月丙午,第6360页。

  ⑦ 徐兢撰,虞云国等整理:《宣和奉使高丽图经·序》、《宣和奉使高丽图经》卷三四《客舟》,《全宋笔记》第三编第八册,大象出版社2008年版,第8、129页。

  ⑧ 邱濬:《重编琼台稿》卷一七《天妃宫碑》,文渊阁《四库全书》,第1248册,第342页。

  ⑨ 李曾伯:《可斋杂稿·续稿》后卷五《缴印经略书安南奏》、后卷六《回宣谕奏》,文渊阁《四库全书》,第1179册,第645页。

（三）东南亚、印度洋贸易发展及早期伊斯兰化

肯尼斯·麦克弗森曾说："公元 8 至 13 世纪，伊斯兰帝国和中华帝国享有前所未有的高度繁荣，推动了海上贸易的发展和扩展。两个帝国体系改变了海上贸易的节奏。但这种影响的性质只有通过检验帝国疆域之外，印度洋世界之内的海上贸易才能被理解。"① 既指出了唐宋帝国与阿拉伯帝国作为东方海上贸易（实应包括印度洋、南海及东亚海域）的引擎作用，也强调了从两个帝国之外的视角更完整地认识和理解东方海上贸易。

在 8 世纪，特别是 10 世纪以后，东南亚和印度洋沿岸地区的海上贸易迅猛发展，突出体现在海岛地区的发展繁荣和早期伊斯兰化。10 世纪以前菲律宾群岛处于漫长发展滞缓的阶段。到宋代，中国史籍中首次出现了菲律宾群岛麻逸、三屿、蒲端等国家的记载。② 这些国家因中国商人前往贸易而首次载入中国史册。它们与占城国、渤泥国、阇婆国、流求国都有稳定的贸易航路。中国往这些国家的贸易也很频繁，对贸易方式和风向规律很熟悉。③ 7 世纪兴起的海上强国室利佛逝，10 世纪以后（称三佛齐）已发展成为东南亚贸易大国和连接印度洋地区和中国的国际贸易中心。法国和印尼考古工作者的发掘工作"表明至少从 10 世纪以来，该国（室利佛逝）就出现了生气勃勃的地方贸易和海外贸易"④。10 至 13 世纪贸易的繁荣推动了爪哇（阇婆）国内经济的发展，爪哇群岛贸易网络产生，爪哇还取代南印度成为中国市场黑胡椒和红花染料的主要供应者。⑤ 如《岭外代答》所载："正南诸国三佛齐其都会也；东南诸国阇婆其都会也；西南诸国浩乎不可穷，近则占城、真腊为窀里诸国之都会。"⑥

7 世纪末起大批阿拉伯人迁移到东非，建立居民点，逐渐发展为城

---

① ［澳］肯尼斯·麦克弗森：《印度洋史》，耿引曾等译，商务印书馆 2015 年版，第 78 页。
② 梁志明等主编：《东南亚古代史》，北京大学出版社 2013 年版，第 205 页。
③ 赵汝适撰，杨博文校释：《诸蕃志校释》卷上《麻逸国》、《三屿》，中华书局 1996 年版，第 141、144 页；《宋史》卷四八九《外国五》，第 14077—14095 页。
④ ［美］芭芭拉·沃森·安达娅、［美］伦纳德·安达娅：《马来西亚史》，黄秋迪译，中国大百科全书出版社 2010 年版，第 18 页。
⑤ 前引 Jan Wisseman Christie 文。
⑥ 周去非撰，杨泉武校注：《岭外代答校注》卷二《外国门上》，中华书局 1999 年版，第 74 页。

市。他们"都以出海经商作为营生"①。伊斯兰教徒到来之前，这里没有本地商人，也较少外来商人访问，"到 11、12 世纪才有证据证明强有力的商人集团沿东非海岸活动。他们统治了摩加迪沙、桑给巴尔和基尔瓦等港口的城邦"，从中国等地进口瓷器、丝绸等，把东非棉布、玛瑙等销往外地。② 甚至有人说 10 世纪至 15 世纪东非兴盛的历史"是用中国瓷器写成的"③。

  10 世纪以后印度次大陆的海上贸易在印度本地海上商业和阿拉伯商人东来和定居贸易的推动下也进一步发展。印度南端的注辇王国重视海外贸易，积极向外扩张，1025 年和 1067 年两次远征并大败三佛齐，使其逐渐失去了海上强国地位。④ 从而注辇王国在印度洋和东南亚贸易中占据了重要地位。印度西岸的故临是印度洋上的最大的贸易中转站。从大食到中国，"至故临国易大舟而东行"⑤。从中国往注辇国贸易，需"自故临易舟而行"，大量中国和阿拉伯商人"每岁自三佛齐、监篦、吉陀等国发船博易"，因而"大食人多寓其国中"。⑥ 林承节指出，"9 世纪后，阿拉伯人来印度贸易和从事转手贸易的增多，西海岸的外贸越来越被阿拉伯人掌握。"⑦ 这些穆斯林在印度沿海建立了几处新的城镇并驻兵防守，成为其扩大商业和进一步向外侵袭的基地。⑧

  推动 10 世纪印度洋和东南亚海岛地区贸易繁荣的另一根本动力是"早期伊斯兰化"。麦克弗森称自 8 世纪始的穆斯林商人在南亚和东非的活动为"伊斯兰化"。⑨ 贺圣达指出，10 世纪"在东南亚大陆大部分国家由印度教和大乘佛教转向小乘佛教文化的几乎同时，海岛东南亚也开始了

---

① ［英］佐尹·马什、［英］G. W. 金斯诺思：《东非史简编》，上海人民出版社 1974 年版，第 17 页。
② ［澳］肯尼斯·麦克弗森：《印度洋史》，耿引曾等译，商务印书馆 2015 年版，第 51、53、83 页。
③ 《东非史简编》，第 9 页。
④ 梁志明等主编：《东南亚古代史》，北京大学出版社 2013 年版，第 456 页。
⑤ 《岭外代答校注》卷三《航海外夷》，第 126 页。
⑥ 《诸蕃志校释》卷上《注辇国》、《故临国》，第 68 页。
⑦ 林承节：《印度史》，人民出版社 2004 年版，第 104 页。
⑧ ［澳］A. L. 巴沙姆主编：《印度文化史》，闵光沛等译，商务印书馆 1997 年版，第 355 页。
⑨ ［澳］肯尼斯·麦克弗森：《印度洋史》，耿引曾等译，商务印书馆 2015 年版，第 62 页。

宗教上和文化上的转型，即由原来的信奉印度教和佛教转向伊斯兰文化"①。大部分学者认为东南亚海岛地区全面伊斯兰化是13世纪末以后。13世纪以前在商业的推动下，伊斯兰教在印度洋沿岸和东南亚海岛地区传播不断加强，总体上可称为"早期伊斯兰化"。

印度洋沿岸和东南亚地区的伊斯兰教早期传播主要通过阿拉伯商人建立集居点的方式展开。东非沿海阿拉伯人建立集居点和城邦国家，印度海岸也有阿拉伯人集居点已如上述。蒂贝茨通过对阿拉伯文文献的考察指出：占婆有穆斯林商业殖民，此地发现的阿拉伯碑铭可追溯到11世纪早期；南巫里（即蓝无里）也是一个早期商业殖民地；三佛齐和阇婆也有阿拉伯人殖民地。它们出于纯商业的原因而建立，最初可能是因等候季风所需的临时性的。②

中国文献记载与蒂贝茨所用阿拉伯文文献的研究是相统一的。《诸蕃志》记载，苏门答腊岛西北端的蓝无里是阿拉伯和中国商人等候季风变换的集居点，"自泉发船四十余日，至蓝里博易住冬，次年再发"，往大食和故临国等国。③反之，阿拉伯往中国也需要在这里等候季风。三佛齐国位处"诸蕃水道之要冲"，"东自阇婆诸国，西自大食、故临诸国，无不由其境而入中国者"④，有大量中国和阿拉伯商人集居。阿拉伯贩往中国的商品先汇聚于此，"大食以舟载易他货于三佛齐"，"商人又自三佛齐转贩入中国"。⑤史称"其国居人多蒲姓"⑥，当为大量集居于此的阿拉伯人。商人蒲卢歇自中国南归，遇风飘至其勃泥国，该国"即造舶船，令蒲卢歇导达入朝贡"⑦。可见婆罗洲一带也有阿拉伯商人抵达。占城国也是一个阿拉伯人集居点。《桯史》称"番禺有海獠杂居，其最豪者蒲姓，号白番人，本占城之贵人也"。这些人保持了伊斯兰教信仰，好洁、礼

---

① 贺圣达：《东南亚文化发展史》，云南人民出版社2011年版，第237页。
② [英] G. R. 蒂贝茨：《东南亚早期的穆斯林贸易商》，喻常森译，《南洋资料译丛》1991年第1期，第92页。
③ 《诸蕃志校释》卷上《大食国》，第89页。
④ 《岭外代答校注》卷二《三佛齐国》，第86页。
⑤ 《诸蕃志校释》卷下《乳香》、《金颜香》，第163、167页。
⑥ 《宋史》卷四八九《三佛齐国》，第14088页。
⑦ 《宋史》卷四八九《勃泥传》，第14095页。

拜，建有礼拜堂①，是来自占城的阿拉伯人。

10世纪以前东南亚地区印度文化影响占主导的时期，有学者称此时期为"印度化时期"②。8世纪中叶，"穆斯林商人掌控了从阿拉伯地区到印度洋这条贸易路线"，中国宋代鼓励海上贸易，"促使东南亚地区聚集了更多的穆斯林商人"③。穆斯林商人和中国商人"向南亚商人的优势地位发出了挑战"，推动"伊斯兰教信仰和文化在持续地扩张"，"东非、南亚和东南亚都受到伊斯兰教传播的密切影响"。④ 10世纪以后伊斯兰文化在东南亚海岛地区逐步取代印度文化，为13世纪末伊斯兰文化在东南亚海岛地区持续广泛的传播奠定了基础。蒂贝茨称10世纪是阿拉伯与东南亚贸易的高峰期，伊斯兰教在此扎下了根，并在13世纪末开始得到发展，为广泛传播铺平了道路。⑤ 可以说，正是8世纪以后的早期伊斯兰化奠定了东南亚海岛地区13世纪末以后的广泛伊斯兰化。穆斯林商人的集居点沿着海上丝路，向东延伸到中国广州和泉州，中国政府为其设立专门的集居点即蕃坊⑥，其规模可能远超过东南亚或印度洋任何集居点。

（四）南海贸易体系的形成

中国、东南亚和印度洋贸易的发展推动南海贸易体系最终形成。滨下武志所言15、16世纪以来以中国为中心的朝贡贸易体系和亚洲经济圈也是宋代形成的南海贸易体系的继续发展。⑦ 南海贸易体系在宋代的形成有三个明确标志：一是形成了稳定的商品结构和互补性的市场关系。即以中国瓷器和丝绸为主的手工业品与东南亚、印度洋沿岸地区的香药珠宝为主的资源性商品的交换。《宋会要辑稿》职官四四记载的绍兴三年（1133）

---

① 岳珂撰，吴企明点校：《桯史》卷一一《番禺海獠》，中华书局1981年版，第125页。
② [法]法·G.赛代斯：《东南亚的印度化国家》，蔡华等译，商务印书馆2008年版，第34、35页。
③ 梁志明等：《多元交汇共生：东南亚文明之路》，人民出版社2011年版，第89页。
④ [澳]肯尼斯·麦克弗森：《印度洋史》，耿引曾等译，商务印书馆2015年版，第53、61、79页。
⑤ [英]G.R.蒂贝茨：《东南亚早期的穆斯林贸易商》，喻常森译，第92页。
⑥ 黄纯艳：《宋代海外贸易》，社会科学文献出版社2003年版，第120、123—124页。
⑦ [日]滨下武志：《近代中国的国际契机：朝贡贸易体系与近代亚洲经济圈》，中国社会科学出版社1999年版，第36、10页。

进口品总计 212 种，其中香药 177 种，珍宝 11 种，手工业品 14 种，其他资源性商品 10 种，资源性商品超过 90%。《诸蕃志》卷上列举了中国商人 15 处（涉及东南亚数十个国家和地区）贸易点所售商品，瓷器 15 处、丝织品 12 处、檀香 3 处，金、酒、银、铁、米、糖、漆器、香药为 1 至 2 处。该书还记载了中国商人与南海诸国相交换的商品结构：三佛齐"土地所产瑇瑁、脑子、沉速暂香、粗熟香、降真香、丁香、檀香、豆蔻……番商兴贩用金、银、瓷器、锦绫、缬绢、糖、铁、酒、米、干良姜、大黄、樟脑等物博易"；阇婆国"出象牙、犀角、真珠、龙脑、瑇瑁、檀香、茴香、丁香、荳蔻、荜澄茄、降真香、花簟、番剑、胡椒、槟榔、硫黄、红花、苏木、白鹦鹉，亦务蚕织，有杂色绣丝、吉贝绫布"，"番商兴贩用夹杂金银及金银器皿、五色缬绢、皂绫、川芎、白芷、朱砂、绿矾、白矾、鹏砂、砒霜、漆器、铁鼎、青白瓷器交易"。麻逸、三屿、真腊、单马令、凌牙斯、佛啰安、蓝无里等国都是如此。正如 Janet Abu-Lughod 所言，中国是亚洲贸易的最主要动力，中国的丝绸和瓷器是世界市场上需求最大的两项商品，同时中国也是东南亚和南亚生产的香料的主要消费者。① 中国因自然环境的局限，不能大量产出所需大宗进口商品香药珠宝，海外诸国则因技术的局限，依赖于中国出口的瓷器和丝绸等手工业品。这种互补性的贸易供需稳定，利润丰厚。

二是形成了稳定的贸易力量。即作为主要贸易力量的中国商人和阿拉伯商人，以及日益增长的亚洲其他地区的商人。整个中古时期，阿拉伯船只和商人都在波斯湾、红海和印度海岸的贸易中居于主导地位。② 到宋代，阿拉伯商人仍是中国对外贸易的重要贸易力量。如上文所言，宋朝允许本国商人出海贸易，使宋代亚洲海上贸易力量构成发生了根本性的变化。中国"并海商人遂浮舶贩易外国物"③。贩海之商"江、淮、闽、浙处处有之"④。广西濒海之民"或舍农而为工匠，或泛海而逐商贩"⑤。上

---

① Janet Abu-Lughod, *Before European Hegemony: The World System A. D. 1250 – 1350*, Oxford: Oxford University Press, 1989, p. 327.
② Ibid., p. 274。
③ 《宋史》卷二六八《张逊传》，第 9222 页。
④ 包恢：《敝帚稿略》卷一《禁铜钱申省状》，第 714 页。
⑤ 《宋会要辑稿》食货六六，第 7867 页。

文论及福建商人更是在海上贸易中独占鳌头。中国海商数量庞大，造船技术、航海技术和商品结构上具有优势，在亚洲海上贸易中发挥了主导作用。

同时亚洲其他地区的商人也日益活跃。10 世纪以前印度商人集团在印度洋东部的贸易中发挥着主导作用，10 世纪由于南中国海和印度洋贸易的迅猛发展，东南亚地区出现了当地商人群体。① 宋代文献也多次记载了东南亚商人来华贸易情况。《拙斋文集》载"三佛齐之海贾以富豪宅，生于泉者，其人以十数"②。《攻媿集》卷八六记载了一个死于明州的真里富国大商。东南亚本地商人也参与本地展开的国际贸易。中国商人到麻逸国，"入港驻于官场前"，"蛮贾丛至，随簺篱搬取物货而去"，"转入他岛屿贸易，率至八九月始归，以其所得准偿舶商"。中国商人到渤泥和三屿，也是将货物批发给当地商人分销。③ 这些商人也是重要的贸易力量。

三是形成了有稳定贸易关系的市场区域。贾志扬认为 10 到 13 世纪由于宋朝重商政策和贸易发展的推动，海运贸易繁荣，北至东北亚，南到东南亚形成一个"贸易世界"，东北亚第一次被深入地整合到国际贸易网络中，东南亚进入到"商业时代"，经济贸易和国家发展发生根本性转变。④ Janet Abu-Lughod 所言的 13 世纪及此前阿拉伯海、印度洋和南中国海存在的三个有连锁关系的海上贸易圈，即最西边是穆斯林区域，中间是印度化地区，最东边是中国的"天下"，即朝贡贸易区⑤，从上述市场关系和贸易力量构成而言，这三个贸易圈在宋代已经成为一个整体的贸易体系，可称为南海贸易体系。南海贸易体系在地理空间上北到中国和高丽、日本，西到印度洋沿岸地区和西亚。东南亚是这个贸易体系商品和人员流动的枢纽。这一区域贸易已经具备了独立运行的稳定的基本要素，形成一个明确

---

① Jan Wisseman Christie, Javanese Markets and the Asian Sea Trade Boom of the Tenth to Thirteenth Centuries, *Journal of the Economic and Social History of the Orient*, Vol. 41, No. 3 (1998), pp. 344 – 381.

② 林之奇：《拙斋文集》卷一五《泉州东坂葬蕃商记》，文渊阁《四库全书》影印本，第 1140 册，第 490 页。

③ 《诸蕃志校释》卷上《麻逸国》、《渤泥》、《三屿》，第 141、135—137、143—144 页。

④ [美] 贾志扬（John Chaffee）：《宋代与东亚的多国体系及贸易世界》，《北京大学学报》2009 年第 2 期。

⑤ 前引 Janet Abu-Lughod 著，pp. 251—253。

的贸易体系。

中国近海区域市场形成、东南沿海地域特征初步形成、东南亚和印度洋沿岸地区贸易繁荣及早期伊斯兰化、南海贸易体系的形成等都是亚洲海域出现的前所未有的新变革，为海上丝路的运行奠定了新的机制。

三 海上丝路推动了宋代文化的新生与融合

宋代海上丝路的蓬勃发展极大地丰富了宋人的海洋知识，催生了新的海洋观念。宋代出现了清晰记录航线的航海图。徐兢《宣和奉使高丽图经》记载了由明州到高丽的40余个地表目标所构成的航路，且详细记载了航线上的水情状况。① 该书本有"海道"（航路）图，"谨列夫神舟所经岛洲、苫、屿而为之图"②，今图亡而文存。宋朝到南海诸国也有航海图。赵汝适《诸蕃志》序中称自己"被命此来，暇日阅《诸蕃图》"，其上"有所谓石床、长沙之险，交洋、竺屿之限"，因"问其志则无有焉"③，于是撰《诸蕃志》。今图已不存，若志为图解，则可知该图即以东南亚及印度洋沿岸国家为主的"世界地图"，甚至标注了地表目标（石床、长沙、交洋、竺屿）、针路（《诸蕃志》称阇婆国"于泉州为丙巳方"）和里程的航路信息。

宋代导航知识也出现变革。到北宋中期所见传统导航技术主要有三种：牵星术导航、地表目标定位和水情定位。成寻搭乘宋朝商船赴宋，使用了这三种导航方法：一是观察星宿以"知方角"，即牵星术导航；二是"令人登桅，令见山岛"，即以地表目标定位；三是垂铅绳探查海水深度及泥沙状况，据此判断海域位置，即水情定位。④ 宋徽宗朝始见指南针被运用于航海。朱彧宋徽宗朝在广州所闻："舟师识地理，夜则观星，昼则

---

① 《宣和奉使高丽图经》卷三四《海道一》至卷三九《海道六》，第130—147页。
② 《宣和奉使高丽图经》卷三四《海道一》，第129页。
③ 《诸蕃志校释》序，第Ⅰ页。
④ 成寻著、王丽萍校：《新校参天台五台山记》卷一，第6、9页。

观日,阴晦观指南针。或以十丈绳钩取海底泥,嗅之便知所至。"① 说到指南针导航,且与牵星术、识水情的导航办法结合。宋徽宗朝徐兢使团出使高丽,"若晦冥,则用指南浮针以揆南北",使用了指南针。同时也用了上述三种方法:星宿导航,"夜洋中不可住维,视星斗前迈";地表目标定位,沿线标识航路的主要岛屿;铅锤探查,"用铅硾时其深浅"及观察海水颜色定位。② 南宋指南针导航更加重要。《梦粱录》载:"风雨晦冥时,惟凭针盘而行,仍火长掌之。毫厘不敢差误,盖一舟人命所系也。"同时还有根据气候、波浪、鱼群、水色等多种信息导航。③《诸蕃志》载:"渺茫无际,天水一色,舟舶来往,惟以指南针为则,昼夜守视惟谨,毫厘之差,生死系矣。"④ 宋代指南针导航主要使用水浮法即"浮针"置于"针盘"中导航,简单易行,作用巨大,成本不高,极易推广。若宋神宗朝已出现此技术,则成寻所乘宋船必会使用。因而可以说指南针导航是宋神宗以后,很可能是宋徽宗朝出现的新技术。

宋代航海的空前繁荣给官民都带来巨大利益,促使宋代的海洋观念都发生了巨大变化。由于航海知识的积累,宋代已经对亚洲海域的海上诸国地理方位总体上有了与实际方位基本符合的认识。如果充分利用宋人获得的海洋知识,完全可以画出一幅如鲍德林图书馆所藏明代中期的对南海地区地理方位有基本清晰准确描述的《雪尔登地图》类似的地图。⑤ 海洋世界已经从秦汉以来的神仙世界变成了现实世界。更主要的是宋代官民都以商业和取利的观念看到海洋,认识到海洋是充满财富、可以生财取利的世界。《岭外代答》和《诸蕃志》对诸国出产珍宝、香药的种类作了详细记录,特别是《诸蕃志》详细记载了 47 种珠宝和香药的名称、产地、特性,以及中国商人到各国的买卖商品、交易方式等商业信息,堪称商业指导书。百姓可在海上贸易中获取丰厚利润,"每是一贯之数可以易番货百贯之物,百贯之数可以易番货千贯之物"。宋朝政府从"诸番国各以其国

---

① 朱彧著,李国强点校:《萍洲可谈》卷二,《全宋笔记》第二编第六册,大象出版社 2013 年版,第 149 页。
② 《宣和奉使高丽图经》卷三四《海道一》,第 134、135 页。
③ 吴自牧:《梦粱录》卷一二《江海船舰》,第 111—112 页。
④ 《诸蕃志校注》卷下《海南》,第 216 页。
⑤ 黄纯艳:《宋代海洋知识的传播与海洋意象的构建》,《学术月刊》2015 年第 11 期。

货来博易、抽解"中获得大量市舶收入①，认识到"国家之利莫盛于市舶"，市舶贸易"于国计诚非小补"，是"富国裕民之本"。② 宋高宗就说"市舶之利最厚，若措置合宜，所得动以百万计"；"市舶之利颇助国用"。③

汉唐禁止本国普通百姓出境，直到明代对逃逸出国家体制的海外华人仍视同弃子。但宋代对出海经商者观念大为不同，不仅允许，而且官方亲予鼓励。如每年出海季节，市舶司和地方官府主持举办祈风祭海活动，并犒设海商。海商出海时广州官府每年"五月祈风于丰隆神"④。泉州"所恃以足公私之用者，蕃舶也"，一年两次祈风，即"守土之臣一岁而再祷焉"。⑤ 同时，地方官还设宴犒劳海商。广州每年"岁十月，提举司大设蕃商而遣之"⑥。宋真宗师"广州蕃商凑集，遣内侍赵敦信驰驿抚问犒设之"⑦。朱彧在广州任职时也"犒设蕃人，大集府中"⑧。福建市舶司也"依广南市舶司体例，每年于遣发蕃舶之际，宴设诸国蕃商"⑨，"其蕃汉纲首、作头稍工等人各令与坐，无不得其欢心"⑩。中外海商都在犒赏之列。

宋代海上航行的空前繁荣也推动了海上信仰的发展并出现了若干新的变化。一是海神地位提高。宋代沿袭了隋唐三祀制度，北宋前期将海、渎神列入中祀，是水上信仰神灵体系最高层次，川泽诸神列入小祀。宋神宗熙宁年间海、渎及其他小祀神灵不再由太常寺祭祀，只照太常寺中祀和小祀标准由州县主持祭祀。元丰年间重新恢复了海、渎的中祀地位。南宋依海建都，背海立国，海神地位上升。宋理宗朝"以海神为大祀"⑪，在国

---

① 包恢：《敝帚稿略》卷一《禁铜钱申省状》，第714页。
② 《建炎以来系年要录》卷一八六，绍兴三十年十月己酉，第3614页。
③ 熊克：《中兴小纪》卷二三绍兴七年闰十月庚申、卷三二绍兴十六年八月戊戌，丛书集成初编本，商务印书馆1936年版，第265、276页。
④ 《萍洲可谈》卷二，第149页。
⑤ 真德秀：《西山文集》卷五四《祈风祝文》，文渊阁《四库全书》，第1174册，第863页。
⑥ 《岭外代答校注》卷三《航海外夷》，第126页。
⑦ 《续资治通鉴长编》卷七二，大中祥符二年七月，第1642页。
⑧ 《萍洲可谈》卷二，第151页。
⑨ 《宋会要辑稿》职官四四，第4216页。
⑩ 同上书，第4210页。
⑪ 潜说友：《咸淳临安志》卷三《海神坛》，《宋元方志丛刊》本，中华书局1990年版，第3379页；《宋史》卷四三《理宗三》，第847页。

家祭祀体系中地位超过了四渎神，与天地宗庙神灵同列。二是原本与航行无关的神灵被新赋予护佑航行的职能。福建昭利庙所祀唐代陈岩之子本为连江县地方神灵，与航海无关，北宋末从连江县扩及福州，已为海商所信仰。徐兢等出使高丽遇风，福建商人祷此神而获平安，"归以闻，诏赐庙额昭利"，在明州建昭利庙。这个信仰由此传播到明州。① 三是新创护佑航行的神灵。其中最著名的莫过于妈祖信仰，因南宋封圣妃，又可称圣妃信仰。本是北宋初兴于福建莆田的民间信仰，祀本地林氏女，元祐年间始兴，宣和五年路允迪等雇募福建商船出使高丽，遇风浪，"（妈祖）神降于樯，获安济"，次年奏于朝而赐庙额顺济。南宋后屡加封号，绍熙三年封灵惠妃，嘉熙间加封最高的八字即灵惠助顺嘉应英烈妃。南宋时"神之祠不独盛于莆，闽、广、江、浙、淮甸皆祠也"②。圣妃信仰元明清不断发展，传播海内外，元封天妃，清封天后，成为影响最大的海上神灵信仰。除圣妃信仰外，宋代还新创了诸多航行护佑神。如嵊县显应庙所祀当朝人陈廓；澉浦显应侯庙所祀杨太尉；金山顺济庙所祀英烈钱侯；温州遵李德裕为海神等③，都是宋代新创的护佑航海的神灵。

宋代海上丝路繁荣带来的另一文化成果就是多种外来宗教的传播。穆斯林商人是宋代来华外商的主力，他们将伊斯兰教带到广州和泉州等地。如马通所言"不论海路还是陆路，最初穆斯林不是专程来传教的，主要的是经商而来到中国的"④。广州和泉州伊斯兰教就是伴随穆斯林商人而来。居住广州蕃坊的穆斯林保持着宗教传统。广州建有怀圣寺，是穆斯林商人礼拜场所。上引《桯史》记载了广州蕃坊的穆斯林行礼拜的情形。泉州出土的大量宗教石刻"以伊斯兰教的数量最多，说明中世纪中西方

---

① 梁克家：《淳熙三山志》卷八《祠庙》，《宋元方志丛刊》本，中华书局1990年版，第7864页；罗濬：《宝庆四明志》卷一九《定海县志第二神庙》，第5239页。

② 潜说友：《咸淳临安志》卷七三《祠祀三》，第4014页。

③ 张淏：《宝庆会稽续志》卷三《祠庙》，《宋元方志丛刊》本，中华书局1990年版，第7130页；常棠：《澉水志》卷上《寺庙门》，《宋元方志丛刊》本，中华书局1990年版，第4665页；赵孟坚：《彝斋文编》卷四《金山顺济庙英烈钱侯碑文》，文渊阁《四库全书》影印本，第1181册，第362页；薛季宣：《浪语集》卷一五《拟祭海神英烈忠亮李公（德裕）文》，文渊阁《四库全书》，第1159册，第271页。

④ 马通：《中国伊斯兰教派门宦溯源》，宁夏人民出版社1986年版，第203页。

贸易中最活跃的商人是穆斯林"①。庄为玑等指出，泉州现存宋代伊斯兰教寺有北宋（1009—1010）所建圣友寺、南宋（1131）所建清静寺及宋代所建也门寺。②

宋代海上丝路传播来华的还有印度教。黄心川指出，海丝路是印度教传入我国的四条渠道之一。雍熙年间航海至泉州的天竺僧人罗护哪"买隙地建佛刹于泉之城南"③，应是印度教寺庙。大中祥符四年（1011）以前泉州出现了印度教湿婆的象征林加，当地人称石笋；而广州的印度教寺庙建造比泉州更早。④余得恩对泉州大量印度教石刻的艺术风格与印度本土石刻作了比较研究，认为这些石刻的风格源自南印度朱罗王朝（850—1350）。⑤上文论及11世纪朱罗王朝大力发展海外贸易，并向东方扩张，两次远征并打败占据东南亚海上贸易垄断地位的三佛齐。20世纪80年代，考古学家在泉州出土了200多件印度教文物，说明宋代以后印度教在泉州的活动十分活跃。⑥此外，宋代泉州还有景教传播，泉州发现五具十字石时代都在11世纪以后。⑦这些宗教也成为宋代文化的组成部分。

四 结论

海上丝路经历千年的发展，在宋代出现了巨大的变革，不仅中国海上贸易的空前繁荣，整个亚洲海上贸易也全面进入一个新的阶段。在经济重心南移、造船业和航海技术进步，以及宋朝相对积极开放的贸易政策等因素的推动下，中国对外贸易重心完成了由陆上丝路向海上丝路的转移。

宋代产生了海上丝路新的运行机制。中国形成了成熟的近海区域市场，成为进出口商品供给和分销的重要平台，以及联系国内市场和海外市场的枢纽。浙东和福建沿海地区形成了工商业为主的经济结构及重商轻农

---

① 陈达生：《泉州伊斯兰教石刻·前言》，宁夏人民出版社1984年版。
② 庄为玑、陈达生：《泉州伊斯兰教寺址考》，《厦门大学学报》1981年第2期。
③ 《诸蕃志校释》卷上《天生国》，第86页。
④ 黄心川：《印度教在中国的传播和影响》，《宗教学研究》1996年第3期。
⑤ ［美］David Yu（余得恩）：《泉州印度教石刻艺术的比较研究》，王丽明译，《海交史研究》2007年。
⑥ 朱明忠：《印度教对我国古代思想文化的影响》，《东南亚南亚研究》2011年第4期。
⑦ 韩振华：《宋元时代传入泉州的外国宗教古迹》，《海交史研究》1995年第1期。

的思想观念和生计方式，孕育出滨海地区新的地域特点。印度洋沿岸和东南亚海岛地区贸易空前发展，并进入早期伊斯兰化时期，形成了巨大和稳定的贸易动力。在亚洲海上贸易全面繁荣的推动下，南海贸易体系最终形成，将印度洋沿岸、东南亚和东亚海域各国整合为一个联系紧密的国际市场体系。

海上贸易发展推动下宋代海洋知识、海洋观念发展进入一个新的阶段，并催生了若干新的文化因素。海洋不再是一个荒诞的神仙世界，而成为充满商机、聚财生利的现实世界和生存空间，人们的海洋观念发生了根本变化。出于护佑航海的需要，海上神灵信仰有了巨大发展，并出现若干新的变化。外来的宗教信仰也通过海上贸易传到中国，并成为社会文化的一部分。宋代海上丝路的新变革、新机制在宋代以后持续增长，使亚洲海上贸易具有了持久稳定的动力，即使明清实行海禁政策也无法阻挡亚洲海上贸易前进的步伐。

从"内陆人"到"沿海人":
宋代福建和浙东沿海地区海洋性地域特征的形成

海洋性地域特征是指一个区域的经济结构、生计方式和观念习俗的生成及特点主要受海洋因素推动,综合、稳定和系统地表现出海洋发展路径。随着人类利用自然能力的提高,海洋日益成为人类生活的重要空间,但受地理环境、制度文化等的影响,并非所有沿海地区都具有海洋性地域特征。现今的"福建人"和"温州人"被认为有着独特而鲜明的海洋性地域特征。"温州人"被认为勇于向外闯荡,敢为天下先,善于经商。[①]"福建人"擅长造船航海,勇于向外开拓,重视工商,善于海上贸易和海洋渔业。[②]但不论福建还是浙东沿海,唐宋以后的人口构成主要是内陆移民,他们从"内陆人"到"沿海人"的转变有一个历史过程。福建和浙东沿海地区地域特征的蜕变和生成经历了几个重要阶段,宋代被认为是鼎盛阶段[③],是福建和浙东沿海地区海洋性地域特征形成的阶段。在中国古代农业社会大背景下,具有海洋性地域特征的沿海地区的历史不是陆地历

[①] 应云进:《温州人"闯天下"意识文化原由探析》《温州人创新精神探源》,分见《江西社会科学》2002年第1期、第5期;钱志熙:《古代小说中的温州人形象》,《中国典籍与文化》2011年第1期。

[②] 庄锡福、吴承业:《论闽台文化的海洋性特征》,《华侨大学学报》2002年第4期。

[③] 赵君尧《福建古代海洋文化历史轨迹》(《集美大学学报》2009年第2期)认为福建海洋文化源于先秦、成于汉晋、兴于隋唐五代,鼎盛于宋,发展于元,盛极而衰于明清。

史简单的延生，而是脱逸出陆地传统的束缚，彰显其固有特点的过程①，应该从海洋视角观察海洋性地域特征形成的历史②。本文力图揭示宋代福建和浙东沿海地区在地理环境、社会经济和国家制度交互中逐步形成海洋性地域特征的过程。

一 工商业为主的经济结构

宋代沿海地区的经济发展方式因地理环境不同和政治局势的影响，存在一定差异。北宋时期，京东路和河北路沿海因对辽防御，禁止商人贸易，密州一度设立市舶司，旋即废罢。虽有鱼盐之利，但商业发展受到限制。南宋时期，两路陷入金朝版图。淮南路是主要产盐区，但近海多沙，航路艰险③，无良好的贸易港口，海上贸易不发达。浙西路沿海有江阴、华亭、澉浦、杭州等贸易港口，但该路经济发达，粮食富裕，与内地有良好的交通联系，难以形成依赖海洋的发展路径。社会经济发展受海洋影响最密切、最典型的是浙东和福建沿海地区。在海上贸易和渔盐经济的牵动下，浙东和福建沿海地区形成了工商业占主导地位的经济结构，催生了沿海民众向海洋谋生的生计方式，形成了以海洋生活为中心的新的观念和习俗。

宋代福建和浙东沿海地区经济结构发生了巨大变革。唐代的福建仍是人口较少的产粮区，自宋以后成为人多地少的缺粮地区④，粮食稳定地依靠其他地区输入。福建福州、泉州、兴化军、漳州沿海四州不论丰收年份还是歉收年份，粮食都稳定地依靠广东和浙西输入："福、兴、漳、泉四

---

① 鲁西奇用"滨海地域"的概念涵括区域空间和生计方式都独具特色的近海地域，指出中古（作者指汉唐时期）"海上人群"有着入海（脱离王朝国家的控制）、浮海（居止于船上）、上岸（纳入官府版籍）三种基本的活动形态，从"海上群体"的角度分析了滨海地域群体与王朝国家和陆地传统的特殊关系（鲁西奇：《中古时代滨海地域的"水上人群"》，《历史研究》2015年第3期）。

② 夏继果指出"新海洋史"的研究提倡研究视角由陆地本位转向以海洋为中心，把海洋当作互动区而非简单地视为交往的通道（夏继果：《海洋史研究的全球史转向》，《全球史评论》2015年第2期）。

③ 黄纯艳：《宋代近海航路考述》，《中华文史论丛》2016年第1期。

④ 徐晓望：《论隋唐五代福建的开发及其文化特征的形成》，《东南学术》2003年第5期。

郡全靠广米以给民食","虽无水旱,岁收仅了数月之食,专仰舟船往来浙、广,般运米斛,以补不足";"虽上熟之年,犹仰客舟兴贩二广及浙西米前来出粜","两路客米不至,亦是阙食"。① 存在着粮食的绝对短缺。浙东沿海地区也是缺粮地区,经常依赖浙西和广东路的粮食输入。昌国县常赖浙西米输入,每年"于浙右米艘之至,顿籴以蓄其中,遇青黄不接艰食之时则平价以粜。岁以为常"②。明州"乃濒海之地,田业既少"③,农业不兴,"小民率仰米浙东、浙西……至取米于广以救荒"④。所以明州是"米船辐凑"之地,"二广之米舻舳相接于四明之境"⑤。浙东路的温、台二州也是"自来每遇不稔,全藉转海般运浙西米斛,粗能赡给"⑥。广米输入减少即可导致台州米价上涨:"当秋谷价贵,出广米船稀。"⑦ 因而宋代福建和浙东沿海地区都是粮食绝对缺乏地区,已不再是自给自足的农业社会。

宋代福建和浙东沿海地区农业退居次要地位,工商业进入蓬勃发展时期。福建沿海出现了商业化浪潮,工商业和农业商品化空前发展⑧,温州工商业为主导的经济模式也于宋代发端⑨,都出现了工商业占据主导地位

---

① 周必大:《文忠集》卷八二《大兄奏札》,文渊阁《四库全书》,第1147册,第847页;杨士奇等:《历代名臣奏议》卷二四六张守"乞放两浙米船札子"、卷二四七《荒政》,上海古籍出版社1989年版,第3236、3243页;真德秀:《西山文集》卷一五《申尚书省乞措置收捕海盗》,文渊阁《四库全书》,第1174册,第229页。
② 冯福京等:《大德昌国州图志》卷二《社仓》,《宋元方志丛刊》本,中华书局1990年版,第6073页。
③ 罗濬等撰:《宝庆四明志》卷五《商税》,《宋元方志丛刊》本,中华书局1990年版,第5052页。
④ 罗濬等撰:《宝庆四明志》卷四《叙产》,《宋元方志丛刊》本,中华书局1990年版,第5040页。
⑤ 《晦庵先生朱文公文集》,上海古籍出版社、安徽教育出版社点校本2010年版,第793、1177页。
⑥ 佚名撰,汪圣铎点校:《宋史全文》卷二五下,乾道九年十月甲子,中华书局2016年版,第2140页。
⑦ 戴复古:《石屏诗集》卷三《嘉熙己亥大旱庚子夏麦熟》,《四部丛刊》续编本,第66册,卷3第3页。
⑧ 傅宗文:《宋代福建沿海的商业化浪潮》,《中国社会经济史研究》1989年第3期。
⑨ 应云进:《温州人"闯天下"意识文化原由探析》,《温州人创新精神探源》,分见《江西社会科学》2002年第1期、第5期;钱志熙:《古代小说中的温州人形象》,《中国典籍与文化》2011年第1期。

的经济结构。在手工业中制瓷业是最具代表性。"宋代由于适应瓷器对外输出的需要,东南沿海几省涌现了数以百计的瓷窑。"① 沿海的泉州、兴化军范围内发现唐五代窑址 18 处,海上贸易繁荣的宋元时期窑址急剧增长,达 137 处。② 分布于瓯江两岸的龙泉窑宋代共有窑址 250 多处,通过温州出海,远销日本、高丽、东南亚、西亚、非洲等国家和地区。③ 宋代明州慈溪上林湖和上虞窑产品也供给外销,在马来西亚、波斯湾的施拉夫港、伊拉克的撒马腊都有发现。④ 吴春明指出隋唐宋元时期以浙闽粤沿海地区为中心的高度发达的青瓷业具有鲜明的海洋文化特征,青白瓷系、黑釉瓷系、白瓷系等也不同程度进入了环中国海海洋经贸圈,生产规模急剧扩大并向内陆腹地广泛辐射,窑址达数百甚至上千不等,产品不同程度外销,反映了以外向型瓷业为代表的海洋经济向腹地的扩张。王新天将汉晋六朝以至明清时期浙闽粤沿海以仿烧内地名瓷为主、面向海洋市场的民窑称为海洋性陶瓷业,指出其是海上贸易陶瓷的主要源头。而宋元是东南海洋性瓷业发展的鼎盛时期。⑤

  宋代福建和浙东路矿冶业处于全国领先地位。王菱菱指出,熙宁后半期福建路铜矿课额为 442851 斤,铅课额为 2315874 斤,都仅次于广东路,居全国第二位,铁课额为 69224 斤,居全国第十位,在南方各路中次于江西路、湖南路和利州路。两浙路的铜课额为 74541 斤,居全国第四位,铅课额为 135800 斤,居全国第五位,锡课额也为 135800 斤,居全国第五位。两浙路矿冶主要集中在浙东地区。南宋时期,北方矿冶业较发达的山西、河东和京东陷入金朝版图,福建和浙东矿业的地位进一步提升。宋高宗时期福建路新开采银矿数为 32 个,占全国新开采总数(90)的三分之一多,仅次于湖南路、浙东路居第三。新开采铜矿数福建居第一,占全国新开采总数(59)二分之一多,而且福建此时期没有停闭的银矿和铜矿。福建新开采铁矿场 83 个,居第二位,但福

---

① 冯先铭主编:《中国陶瓷》,上海古籍出版社 2001 年版,第 401 页。
② 许清泉:《宋元泉州陶瓷的生产》,《海交史研究》1986 年第 1 期。
③ 叶文程:《宋元时期龙泉青瓷的外销及其有关问题的探讨》,《海交史研究》1987 年第 2 期。
④ [日]三上次男:《陶瓷之路》,文物出版社 1984 年版,第 32 页。
⑤ 吴春明:《古代东南海洋性瓷业格局的发展与变化》,《中国社会经济史研究》2003 年第 3 期;王新天:《中国东南古代瓷业的海洋性》,《厦门大学学报》2015 年第 2 期。

建停闭的有 33 个,而居第一位的江西新开 92 个,停闭 80 个。浙东路新开铁矿场 32 个,居第四位,新开铅矿场 27 个,居全国第一,占全国总数(32)近百分之九十,仅停闭一个,而江西路仅新开 1 个,停闭了 24 个。① 这说明福建和浙东路是全国矿冶发展最活跃和最兴旺的地区。福建的纺织业在唐代比较落后②,在宋代得到很大发展,泉州"绮罗不减蜀吴春"③,可与浙西和四川比肩。福建还与四川和两浙并称三大印刷中心之一,以北苑官焙为代表的福建制茶业代表了当时最高制茶水平,此不一一枚举。

宋代国家积极鼓励沿海百姓下海经商,海上贸易空前繁荣。福建泉州和浙东明州与广州并为三大贸易港,明州在北宋初就设立了市舶司,元丰三年(1080)明确规定为唯一可发放前往高丽和日本贸易公凭的港口。元祐二年(1087)泉州设立了市舶司,与广州的广南市舶司同为发放前往南海诸国贸易公凭的港口。宋代福建和浙东沿海泉、福、漳、温、台、明等州都是海上贸易港,反映了此时期海外贸易的空前繁荣。④ 宋代由于近海贸易的繁荣,形成了近海区域市场,浙西、浙东和福建沿海是近海区域市场的中心。近海区域市场与宋代形成的南海贸易体系共同为福建和浙东沿海地区商业贸易的发展提供了广阔的发展空间和动力。⑤

工商业的繁荣使粮食生产成为利润最低的行业,宋代福建沿海地区出现了农业商品化浪潮。种植甘蔗、荔枝等商品性农产品收益大于种稻。"糖霜户治良田,种佳蔗","有暴富者"⑥,不少人"多费良田以种瓜植蔗"⑦。

---

① 王菱菱:《宋代矿冶业研究》,河北大学出版社 2005 年版,第 22、32—33 页。
② 郑学檬主编的《福建经济发展简史》指出,唐代福建绢与丝产品均列为全国第八等,质量较差,产量亦不高(厦门大学出版社 1989 年版,第 169 页)。
③ 苏颂:《苏魏公文集》卷七《送黄从政宰晋江》,中华书局 1988 年版,第 72 页。
④ 可参见黄纯艳《论宋代海外贸易港的布局与管理》,《中州学刊》2000 年第 6 期,第 165—169 页;《论宋代南海贸易体系的形成》,《国家航海》第三辑,上海古籍出版社 2012 年版,第 44—54 页。
⑤ 黄纯艳:《论宋代的近海贸易》,《中国经济史研究》2016 年第 2 期,第 84—96 页。
⑥ 王灼:《糖霜谱》,黄纯艳、战秀梅点校《宋代经济谱录》,甘肃人民出版社 2008 年版,第 6 页。
⑦ 韩元吉:《南涧甲乙稿》卷一八《建宁劝农文》,文渊阁《四库全书》,1990 年,第 1165 册,第 283 页。

福建仙溪县"仙游县田耗于蔗糖,岁运入浙淮者不知其几万坛"①,仙溪的风亭市"人家并海,土产砂糖,商舟博贩者率于是解缆焉"②。福建的商品性荔枝种植也很盛,荔枝"初着花时,商人计林断之,以立券,若后丰寡,商人知之"③。福州荔枝遍卖于杭州街市,"或海船来,或步担到,直卖到八月"④。成寻在明州海上遇见"福州商人来,出荔子"⑤。福建荔枝"水浮陆转",远销北漠、西夏及海外的高丽、日本、大食等,"商人贩益广,而乡人种益多",⑥ 广阔的市场进一步刺激了荔枝的种植。在甘蔗、荔枝等商品化农业的影响下,粮食生产更加萎缩。

二 向海谋生的生计方式

宋代有常年生活在海上的群体,广东有"濒海蜑户数万"⑦,福州有"以船为居,寓庐海旁"的"白水郎"⑧。他们的全部生计都求之于海。宋代陆居的浙东和福建沿海民众也已表现出向海谋生的显著特点。首先是获取渔盐之利。濒海地区土地咸卤,不宜农耕,而盐业资源丰富,盐业成为百姓谋生的重要途径。如福州"其地濒海,故擅渔盐之利"⑨。明州"濒海之地,田业既少"⑩,"民以渔盐为业"⑪,且"渔盐每夺农"⑫,侵

---

① 方大琮:《铁庵集》卷二一《项卿守博文》,文渊阁《四库全书》,1990年,第1178册,第248页。
② 黄岩孙:《仙溪志》卷一《市镇》,《宋元方志丛刊》本,中华书局1990年版,第8274页。
③ 蔡襄:《荔枝谱》,《蔡襄集》,吴以宁点校,上海古籍出版社1996年版,第646页。
④ 《西湖老人繁胜录》,《〈四库全书〉存目丛书》,齐鲁书社1996年版,第652页。
⑤ [日]成寻著,王丽萍点校:《新校参天台五台山记》卷一,上海古籍出版社2009年版,第15页。
⑥ 蔡襄:《荔枝谱》,第647页。
⑦ 朱熹:《晦庵先生朱文公文集》卷九三《转运判官黄公(洎)墓碣铭》,第4281页。
⑧ 梁克家:《淳熙三山志》卷六《地里类六》,《宋元方志丛刊》本,中华书局1990年版,第7839页。
⑨ 祝穆:《方舆胜览》卷一〇《福建路福州》,中华书局2003年版,第208页。
⑩ 罗浚等:《宝庆四明志》卷五《商税》,第5052页。
⑪ 楼钥:《攻媿集》卷五六《昌国县学申义堂记》,文渊阁《四库全书》,1990年,第1153册,第25页。
⑫ 张津:《乾道四明图经》卷八,舒亶《和马粹老四明杂诗记里俗耳十首》之六,《宋元方志丛刊》本,中华书局1990年版,第4918页。

夺了农业。昌国县"少蚕织，多渔盐"①。元代昌国县仍是"谷粟丝枲之产虽微，渔盐舟楫之利甚博"②。濒海之地渔盐常常超过农业。

陈舜卿曾说"濒海之民，其生不勤，有川不潴，有田不耕"，"转入山海，持茗与盐以给衣食"。③ 他们并非不勤，而是"濒海斥卤地，百姓藉盐以自活"④，"海濒瘠卤，民窭寒饥，类以鬻盐为生"⑤。福建"下四州濒海，已为出盐之乡"⑥。福州濒海的长溪县"无耕桑之饶，民鬻盐以为生"⑦。煮盐百姓有隶属于官府榷盐体制的亭户，是"以煎盐为生，未尝垦田"制盐专业户⑧，"户有盐丁，岁课入官"⑨。杨炳诗称泉州"千家沽酒万家盐"⑩，是概言盐户之多。南宋嘉定时期台州临海县杜渎盐场有亭户236户，岁产盐额为25000石（合4166袋）⑪，每户纳盐约18袋。以杜渎盐每户盐额计算，南宋福建岁产盐1100万斤，约为36667袋⑫，有亭户2037户。南宋后期明州昌国、定海、象山、鄞县4县产盐额共为53031袋⑬，有亭户2946户。福建和浙东沿海亭户人口大概有数万人。这只是概算。除了亭户，还有榷盐体制之外生产"浮盐"的"锅户"，亭户所产

---

① 《宝庆四明志》卷二一《昌国县志全》，第5259页。
② 冯福京等：《昌国州图志》卷一《风俗》，《宋元方志丛刊》本，中华书局1990年版，第6064页。
③ 陈舜俞：《都官集》卷八《海盐李宰遗爱碑记》，文渊阁《四库全书》，1990年，第1096册，第497页。
④ 真德秀：《西山文集》卷四四《赵邵武（侯）墓志铭》，第710页。
⑤ 邹浩：《道乡集》卷四〇《故朝请郎张公（次元）行状》，文渊阁《四库全书》，1990年，第1121册，第526页。
⑥ 朱熹：《晦庵先生朱文公文集》卷九六《少师观文殿大学士致仕魏国公赠太师谥正献陈公（俊卿）行状》，第4473页。
⑦ 陈襄：《古灵集》卷二〇《殿中御史陈君（洙）墓志铭》，文渊阁《四库全书》，1990年，第1093册，第663页。
⑧ 《建炎以来系年要录》卷四三，绍兴元年四月乙未，第931页。
⑨ 《续资治通鉴长编》卷九七，天禧五年十二月戊子，第2261页。
⑩ 祝穆：《方舆胜览》卷一二《泉州》，第214页。
⑪ 《嘉定赤城志》卷七《场务》，《宋元方志丛刊》本，中华书局1990年版，第7331页。又《宝庆四明志》卷六《郡志卷第六》载杜渎场额四千一百六十余石，第5067页。《建炎以来朝野杂记》甲集卷一四《财赋一》载"盐六石为一袋"，中华书局2000年版，第298页；《建炎以来系年要录》卷一七"建炎二年八月辛未"载"每三百斤为一袋"，第407页。
⑫ 《建炎以来朝野杂记》甲集卷一四《财赋一》，第298页。
⑬ 《宝庆四明志》卷六《郡志卷第六》，第5067页。

正盐"归之公上"，而锅户浮盐"鬻之商贩"，可自行销售，而且"正盐居其四，浮盐居其一"。南宋明州象山、定海、鄞县 3 县有浮盐户"四百六十余家刮土淋卤煎盐"①，南宋端平之初置局收买浮盐时"以岁额计之，二千七百九十三万斤"②。可见浮盐产量和浮盐户为数不少。

沿海地区百姓生计中与盐业一样重要的是渔业。浙东沿海渔业已是百姓的重要生计。明州"濒海细民素无资产，以渔为生"，有"砂岸者，濒海细民业渔之地也。浦屿穷民无常产，操网罟资以卒岁"③。王安石曾说官府在鄞县"于海旁渔业之地摇动艚户"，可见艚户以渔业为生。北宋时象山人俞夔"昼渔而夜读，登元丰五年进士第"④，是一个专业渔户。南宋对明州渔户编定户籍，参与海防，即"渔户之濒江者有籍，渔舟之助巡者有番"，定海县共登记渔户船 428 只。⑤ 奉化县"濒海小民业网罟舟楫之利"。台州"百姓餍渔猎"⑥，以渔猎自足。温州的濒海百姓"各有渔业"⑦。渔业成了很多濒海百姓的本业。福建"漳、泉、福、兴化四郡濒海细民以渔为业"⑧，多以捕鱼为业。兴化军"诸色濒海之家以渔为业"，"夏秋二时官司令纳尾税采捕钱"⑨，以渔税充二税。福建征调民船防海，为不耽误其生计，允许"当番船户只在本州岛界内逐便渔业"⑩。宋代沿海渔业生产程度已很高。《宝庆四明志》中"水族之品"详细记载了明州 59 种海产的形状、口感及功用。沿海民众已认识不同鱼类的渔汛和捕捉时节。石首鱼"常以三月、八月出"，"三四月业海人每以潮汛，竞往采之，曰洋山鱼。舟人连七郡出洋取之者多至百万艘"。春鱼"似石首而小，每春三月业海人竞往取之，名曰捉春，不减洋山之盛"。鲎鱼

---

① 《建炎以来系年要录》卷六〇，绍兴二年十有一月乙丑，第 1196 页。
② 《宋史》卷一八二《食货下四》，第 4457 页。
③ 《宝庆四明志》卷二《郡志卷第二》，第 5017 页；《开庆四明续志》卷八《蠲放砂岸》，《宋元方志丛刊》本，中华书局 1990 年版，第 6008 页。
④ 《宝庆四明志》卷八《郡志卷第八》，第 5084 页。
⑤ 《开庆四明续志》卷五《新建诸寨》，第 5982 页。
⑥ 《嘉定赤城志》卷三七《风土门》，《宋元方志丛刊》本，中华书局 1990 年版，第 7527 页。
⑦ 楼钥：《攻媿集》卷二一《乞罢温州船场》，第 506 页。
⑧ 《宋会要辑稿》刑法二，第 8372 页。
⑨ 《宋会要辑稿》食货六三，第 7603 页。
⑩ 朱熹：《晦庵先生朱文公文集》卷二八《与赵帅书》，第 1238 页。

"一名刀鱼，常以三月、八月出"。华脐鱼"冬初始出者。俗多重之，至春则味降矣"。鲳鳒"于诸鱼甘美第一，春晚最肥"。箭鱼"春晚与笋尤称"。蟛蜞"生海边泥穴中，潮退探取之。四时常有"。还人工养殖蛤，"海滨人以苗栽泥中"①。

如鲁西奇所指出的，"渔业经济与盐业经济都是不能自给自足的、结构性短缺的经济，必须通过贸易等手段从外部环境中获取粮食等生活生产必需品，才能补充其经济的结构性短缺"。这就决定了"滨海地域内部及其与外部环境之间的交流、贸易的必要性，乃是滨海地域经济形态的重要特征"。② 因而渔盐经济必与贸易相伴随。如泉州沿海百姓"煮盐鬻鱼为业"，"商贾鳞集，富商巨贾鳞集其间"。③ 温州乐清县"濒海细民以负贩鱼盐为生业"④，瑞安县"渔盐之薮，人相哄成市"⑤。浙东、福建手工业及商品化农业发展的前提是贸易繁荣为其提供的广阔市场。贸易是沿海地区百姓最重要的生计之一。

宋代商业已成为福建沿海诸多民众的本业。"福建一路，多以海商为业。"⑥南宋有官员指出，民船征调"妨废兴贩，中下之家往往失业"⑦，应保障其贸易，使船户"不失本业"⑧。福建沿海民众经营海上贸易之风最盛。"漳、泉、福、兴化滨海之民所造船乃自备财力，兴贩牟利"⑨。泉州周围更是"贵贱惟滨海为岛夷之贩"⑩，"泉地濒海通商，民物繁伙，风俗错杂"⑪。泉州作为发放往南海诸国贸易公凭的市舶司港，福建商人是南海

---

① 《宝庆四明志》卷四《郡志卷第四》，第5043页。
② 鲁西奇、宋翔：《中古时代滨海地域的"鱼盐之利"与滨海人群的生计》，《华东师范大学学报》2016年第4期。
③ 《方舆胜览》卷一二《泉州》，第207页。
④ 朱熹：《晦庵先生朱文公文集》卷八八《龙图阁直学士吴公（芾）神道碑》，第4108页。
⑤ 陈耆卿：《筼窗集》卷七《竹居说》，文渊阁《四库全书》，1990年，第1178册，第64页。
⑥ 苏轼撰，孔凡礼点校：《苏轼文集》卷三〇《论高丽进奉状》，中华书局1986年版，第847页。
⑦ 周必大：《文忠集》卷八二《大兄奏札（淳熙三年）》，文渊阁《四库全书》，第1147册，第847页。
⑧ 《宋会要辑稿》食货五〇，第7128页。
⑨ 《宋会要》刑法二，第8365页。
⑩ 乾隆《泉州府志》卷二〇《风俗》，上海书店出版社2000年版，第483页。
⑪ 朱熹：《晦庵先生朱文公文集》卷八九《直秘阁赠朝议大夫范公（如圭）神道碑》，第4144页。

诸国贸易中最活跃的力量。南海诸国贸易中留下籍贯和姓名的中国商人屈指可数，但基本是福建商人。与交趾的贸易中有明确记载的是福建商人，"闽人附海舶往者"被"命之官，咨以决事"①，以至于"交趾公卿贵人多闽人"②。阇婆国贡使说"今主舶大商毛旭者，建溪人，数往来本国"③。泉州海商邵保到占城贸易，发现了被宋朝通缉的海贼鄂邻等。④ 还有福州商人林振从南番买香药归来⑤。《夷坚志》记载了泉州商人杨客"为海贾十余年，致赀二万万"，另有泉州海贾往三佛齐贸易遇险至一海岛。⑥《夷坚志》虽是小说，但泉州海商成为其创作的主题说明泉州海商影响甚大。

元丰以后明州是发放前往高丽和日本贸易唯一港口，两浙商人得近水楼台之利，但史籍所见往高丽和日本贸易的有籍贯和姓名的海商最多的仍是福建商人。据金渭显《〈高丽史〉中中韩关系史料汇编》统计，明确记载籍贯的赴高丽贸易的广南商人和江南商人各有两例，其他都是福建和浙东商人，以福建商人为最多。福建商人有戴翼、欧阳征、林仁福、陈文轨、虞瑄、怀贽、陈象中、陈亿、李（善贞）、周仁、卢遵、林蔼、陈亮、林禧、王易从、黄文景、黄真、徐戬18人。⑦ 高丽"王城有华人数百，多闽人因贾舶至者"，其中多有被"诱以禄仕，或强留之终身"。⑧ 前往日本的福建商人也很多。咸平五年（1002）有"建州海贾周世昌遭风飘至日本"⑨。宋神宗朝日僧成寻赴宋搭乘福建商船，船头曾聚、吴铸、郑庆都是福建人。⑩ 现存唯一一份贸易公凭是泉州商人李充崇宁三年

---

① 《文献通考》卷三三〇《交趾》，中华书局2011年版，第9103页。
② 《续资治通鉴长编》卷二七三，熙宁九年三月壬申，第6692页。
③ 《宋史》卷四八九《阇婆国传》，第14092页。
④ 《续资治通鉴长编》卷一三七，庆历二年七月己巳，第3287页。
⑤ 《宋会要辑稿》食货三八，第6842页。
⑥ 《夷坚丁志》卷六《泉州杨客》，中华书局1981年版，第588页；《夷坚甲志》卷七《岛上妇人》，第59页。
⑦ 参见金渭显《〈高丽史〉中中韩关系史料汇编》之"高丽与宋关系"，台北食货出版社1983年版。
⑧ 《宋史》卷四八七《高丽传》，第14053页。
⑨ 《宋史》卷四九一《日本国传》，第14136页。
⑩ ［日］成寻撰，王丽萍点校：《新校参天台五台山记》卷一，上海古籍出版社2009年版，第1页。

(1104）往日本贸易的公凭①。福建商人也是近海贸易最活跃的力量。史载，"越人衣葛出自闽贾。然则日邦机杼或者久不传矣"②，福建商人大量输入布帛使绍兴府原本发达的织布业都停滞了。在海南岛，福建商人也十分活跃，"泉、福客人，多方规利"③。海南岛"惟槟榔、吉贝独盛，泉商兴贩，大率仰此"④。海南岛还有大量"闽商值风水荡去其货，多入黎地耕种不归"⑤。

宋代福建商人已成为最活跃和最负盛名的海上贸易力量，以至于官府需要商人担任对外沟通使命时首先想到福建商人。宋神宗要恢复宋丽中断40余年的官方交往，特令曾任福建路转运使的罗拯寻访得"尝以商至高丽"的"泉州商人黄真"，完成了传递消息的使命。⑥ 宋神宗还"密谕泉州商人郭敌往招诱（女真）首领，令入贡及与中国贸易"⑦。高丽向宋借乐艺人，也请"泉州商人傅旋持高丽礼宾省帖"转达请求⑧。宋朝使团出使高丽也首先按"旧例"，"先期委福建、两浙监司顾募客舟（即商船）"。宋徽宗朝路允迪使团就雇用了六艘福建商船。⑨ 南宋末主持广西军政的李曾伯想从交趾了解蒙古军动向，特派人"选择三山仕于湖广者，遣之往安南觇探近事"，选中福建人廖扬孙。他通过"福建士人在彼间者"获得了准确的情报。⑩ 北宋时已经用"闽商"或"闽船"概指海商。有"闽商海贾，风帆浪舶，出入于江涛浩渺烟云杳霭之间"、"闽商海贾输金刀"、昌国岛"皆蕃舶

---

① ［日］黑板胜美编：《朝野群载》卷二〇《异国》，东京：吉川弘文馆1938年版，第452页。
② 施宿等：《嘉泰会稽志》卷一七《布帛》，中华书局1990年版，第7048页。
③ 《续资治通鉴长编》卷三一〇，元丰三年十二月庚申，第7522页。
④ 赵汝适撰，韩振华补注：《诸蕃志注补》卷下，香港大学亚洲研究中心2000年版，第446页。
⑤ 《建炎以来系年要录》卷一八七，绍兴三十年十二月戊申，第3633页。
⑥ 罗濬等：《宝庆四明志》卷六《市舶》，中华书局1990年版，第5055页。
⑦ 《续资治通鉴长编》卷三五〇，元丰七年十二月丁亥，第8395页。
⑧ 《续资治通鉴长编》卷二六一，熙宁八年三月丙午，第6360页。
⑨ 徐兢：《宣和奉使高丽图经》卷三四《海道一》（《全宋笔记》第三编第八册，大象出版社2008年版），虞云国等整理，第8、129页。
⑩ 李曾伯：《可斋续稿》卷五《缴印经各书遣官往安南奏》、后卷六《回宣谕奏》，文渊阁《四库全书》，第1179册，第645、676页。

闽船之所经"等说法。①

浙东沿海商业也很盛，明州官民都仰赖商业，"僻处海滨，全靠海舶住泊。有司资回税之利，居民有贸易之饶"②，"小人多商贩，君子资官禄"③，百姓多经营商业，甚至百姓"籍贩籴者半之"④。温州号称"一片繁华海上头，从来唤作小杭州"⑤，"其货纤靡，其人多贾"⑥。海上贸易还深入到沿海镇和乡村，如明州鲒埼、袁村等"濒大海商舶往来聚而成市"，号称"小江下"⑦，"明、越濒海村落间类多山东游民，航海而来，以贩籴为事"⑧。往高丽、日本贸易的留下姓名和籍贯的商人中浙东商人仅次于福建。据金渭显《〈高丽史〉中中韩关系史料汇编》统计，明州商人有周仁、忘难、陈惟志、徐赟、黄仲、张诜、徐德荣等。其中徐德荣数次往高丽，《高丽史》未载其籍贯，《攻媿集》称其为"郡（指明州）人徐德荣"⑨。日本僧人奝然归国时搭乘了台州商人郑仁德船⑩。据赵莹波的研究，日本僧人多到天台山巡礼，台州商人发挥了重要作用。上举台州商人郑仁德曾多次送日僧赴宋和回国。在日40年的台州商人周文德也为僧人传递信息。⑪浙东商人在近海贸易中也很活跃，每年三月定期有台州三姜船至通州。⑫每年还有商船"自温、台、明、越来，大艚或以十余为

---

① 欧阳修撰，李逸安点校：《居士集》卷四〇《有美堂记》，中华书局2001年版，第585页；《咸淳临安志》卷二五《山川四》，第3603页；《宝庆四明志》卷二一《昌国县志全》，第5265页。
② 《宝庆四明志》卷六《郡志卷第六》，第5054页。
③ 张津等：《乾道四明图经》卷一《风俗》，第4877页。
④ 王厚孙、徐亮纂：《至正四明志》卷五《土产》，《宋元方志丛刊》本，中华书局1990年版，第6502页。
⑤ 《记纂渊海》卷一〇《两浙东路》，文渊阁《四库全书》，第930册，第236页。
⑥ 程俱：《北山集》卷二二《席益差知温州》，文渊阁《四库全书》，第1130册，第221页。
⑦ 《宝庆四明志》卷一四《奉化县志卷第一》，第5180页。
⑧ 《宋会要辑稿》兵二九，第9242页。
⑨ 楼钥：《攻媿集》卷八六《皇伯祖太师崇宪靖王（赵伯圭）行状》，第337页。
⑩ 《宋史》卷四九一《日本国传》，第14135页。
⑪ 赵莹波：《唐宋元东亚关系研究》，上海社会科学院出版社2016年版，第68—69页。
⑫ 文天祥：《文山先生全集》卷一三《海船》，《四部丛刊》初编本，第218册，卷十三，第52页。

鲸"，到广东贸易。①

三 海洋观念的变革与新生

宋代福建和浙东沿海地区民众生计与海洋的联系空前紧密，海洋已经成为人们现实的生活场域，人们对海洋的认识更为具体现实，首先认识到海上贸易可以把手工业和商品化农业转为比粮食生产更丰厚的收益。刘克庄说到泉州海商追逐商业利润不惜冒生命之险，"海贾归来富不赀，以身殉货绝堪悲"②。在商业实践中人们便会用更现实的、更功利的眼光认识海洋。宋代我们已经能清晰地看到沿海民众与官方体制两条海洋知识的生成路径。官方构建海洋知识和海洋观念的出发点是申明华夷秩序。宋代官方文献选择的海外诸国的记录首先是朝贡活动，用以彰显宋朝作为与海外诸国的华夷君臣秩序，其次是其邈远的地理和奇风异俗，显示无远弗届和蛮夷浅陋。不论以宋代《国史》为基本史料编修的《宋史》，还是历代《会要》等官修政书，都是如此。官方海洋知识的构建首先是对政治目的的解说。在这一功能下，宋代为读书人，特别是应试的学子们编修类书，宣扬的海洋知识和海洋观念并非来自当时沿海民众航海活动的知识，而仍是历朝相因的华夷话语，如潘自牧《记纂渊海》卷七《地理部》"海"条和祝穆《古今事文类聚》前集卷一五《地理部》"海"条等都是如此。而宋代所绘《古今华夷区域总要图》等囊括九州岛和海外的地理图更直观地解说着华夷秩序，关注的不是海上知识的客观正确性。

而宋代生成于民间航海者的海洋知识和观念日益清晰地表现出与官方不同的知识体系和观念系统。南宋赵汝适在泉州根据海商提供的信息为主写成的《诸蕃志》，信息来自海商的航海实践，典型地代表了民间航海者的海洋观念。《诸蕃志》记载的信息，除了赵汝适作为市舶司官员加入的少量历代朝贡等政治信息外，就是一部海外贸易的商业指导

---

① 方大琮：《铁庵集》卷一八《郑金部逢辰书》，文渊阁《四库全书》，第1178册，第229页。
② 刘克庄：《后村集》卷一二《泉州南郭二首》，文渊阁《四库全书》，第1180册，第123页。

书。在该书纷繁的信息中我们可以清晰地看到记录的思路和主线，即航路、物产、市场、风土、货物等与商业贸易直接相关的五个方面的信息。其对物产的记录有专列的该国所能供给的商品，用"土产""土出""土地所产""土地所出"或"出"表述，与记载部分国家的非商品性物产有明确区分。货物则是专指中国商人前往销售的商品，以"番商兴贩用"表述。航路信息主要记录中国往该国的航线、风讯等，市场信息主要记录该国贸易政策和商品交换状况，风土主要记录该国政治、军事和法制信息，这些都是商人进入其国贸易所必需的信息。如"三佛齐国"条即记载了：航路，"在泉之正南。冬月顺风，月余方至"；物产，"土地所产，玳瑁、脑子、沉速暂香、粗熟香、降真香、丁香、檀香……"；市场，"其国在海中，扼诸番舟车往来之咽喉。古用索为限以备他盗，操纵有机；若商舶至，则纵之……若商舶过不入，即出船合战，期以必死"；风土，记录了国王仪仗，王位继承制度，都城布局，赋税制度，军事制度，法律制度，畜牧酿酒，宗教信仰；货物，"番商兴贩用金银、瓷器、锦绫、缬绢、糖、铁、酒、米、干良姜、大黄、樟脑等物博易"。① 其他国家有的五方面信息齐备，如占城、阇婆、大食等，有的记录部分信息，而大部分国家都有记录的是商人们最关心的物产信息。宋代《宣和奉使高丽图经》《参天台五台山记》等也记录了使节和僧人航海实践中得到的海洋知识，部分也来源于同船的水手和商人，但记录者视角不同，都不能如《诸蕃志》这样全面地反映民间海商现实、具体而功利的海洋观念。

　　古代中国相信万物有神，人们总是把自己的生存空间构建成一个完备的人神共居的世界，甚至人神共居的世界构建越完备，显示这个世界与人们的生存越密切。中国古代对海洋的认识从邈远疏离到现实具体就是海洋与人们生存日益密切的发展过程。宋代海洋已经成为浙东和福建沿海民众的重要生存空间，海洋神灵不再虚无缥缈，人们将海洋世界构建成了一个与海洋生计密切相关的、严密和完善的人神共生的世界。拙文《宋代水上信仰的神灵体系及其新变》阐述了宋代包括海上神灵信仰在内的水上

---

① 《诸蕃志注补》卷上《三佛齐国》，第46—47页。

神灵信仰体系构成，以及在宋代出现的新变化。① 本文就福建和两浙路海上神灵信仰的特点作一补充论述。宋代福建和浙东沿海地区已成为海上神灵信仰最兴盛的地区，其特点一是东海神信仰中心从山东向浙东转移，二是福建妈祖信仰向北传播及兴盛，三是海上神灵的新增。东海神灵南下浙东、福建与福建地方神妈祖的北上，以及沿海地区海上神灵信仰不断新生三种趋势共同构成宋代浙东和福建海上神灵信仰的图景。

东海神是四海神信仰之一，北宋时其本庙设于莱州，"在莱州府东门外十五里，下瞰海咫尺"②，祭祀由莱州地方负责。北宋前期官方的东海神祭祀主要还是在天下神灵体系中的政治象征意义，未见与海上航行直接关联。北宋几次从明州出发的出使高丽航海推动了东海神信仰中心向浙东的转移。元丰元年（1078）安焘奉使高丽回国后建议下于明州建东海神行祠，"往来商旅听助营葺"，推动了官民航海活动与东海神信仰的联系。大观四年（1110）及宣和五年（1123）出使高丽使团回国也奏请加封东海神，进一步巩固了东海神在浙东的影响。宋高宗从海道成功脱险，下旨将东海神封爵加"佑圣"二字③，言其有护驾之功。绍兴十三年（1143）对东海神尚实行望祭，乾道五年（1169）正式在明州设东海神本庙祭祀，东海神信仰中心完全转移到明州，而且强调不仅莱州一带是东海封域，"通、泰、明、越、温、台、泉、福皆东海分界也"，"东海之祠，本朝累加崇奉，皆在明州，不必泥于莱州矣"。④ 南宋时东海神地位也大为提高。北宋沿袭唐代，将岳镇海渎置于中祀，宋理宗朝正式升"海神为大祀"⑤，成为与天地宗庙神灵同列的最高层次神灵。

妈祖信仰产生于宋代海上贸易最繁荣的福建。妈祖由一个乡土之神、公务之神，转向为一个海商之神⑥，随着福建海商的足迹而传播。妈祖信

---

① 载《史学集刊》2016 年第 6 期。
② 朱彧撰，李国强点校：《萍洲可谈》卷二，《全宋笔记》第二编第六册，大象出版社 2013 年版，第 159 页。
③ 《宝庆四明志》卷一九《定海县志第二》，第 5239 页。
④ 《文献通考》卷八三《郊社考十六》，第 2560—2561 页。
⑤ 潜说友：《咸淳临安志》卷三《海神坛》，第 3379 页；《宋史》卷四三《理宗三》，第 847 页。
⑥ 李伯重：《"乡土之神"、"公务之神"与"海商之神"——简论妈祖形象的演变》，《中国社会经济史研究》1997 年第 2 期，第 47—58 页。

仰会被福建商人带到他们活跃的广南沿海乃至东南亚地区,但妈祖信仰作为地方淫祀向获得国家赐额加封的正祀的身份转变是因为向北的传播。妈祖信仰的重要转折是宣和五年路允迪使团出使高丽回国的奏请。路允迪使团雇用了六艘福建商船,梢工水手都是福建人。船队海上遇险,福建船员祈求妈祖,"神降于樯,获安济"。路允迪等奏于朝,获赐庙额曰顺济。南宋时期,由于国家的推动,妈祖信仰迅速升温。绍兴二十六年(1156)以郊典,封灵惠夫人。此后,妈祖的灵迹不断上奏于朝廷。绍兴三十年(1160)帮助平定海盗,加封昭应。后因为福州百姓指点甘泉,加封崇福。淳熙十一年(1184)又因帮助平寇,加封善利。淳熙年间因在福建屡次救旱,"易爵以妃,号惠灵",获得了宋代女性神灵的最高爵。此后因开禧北伐时护佑宋军、帮助平定海寇等功绩多次获封。天妃已经变成无所不能之神,广泛传播于闽、广、江、浙、淮甸①,而其主要职能则是"多于海洋之中佑护船舶"②,"凡航海之人仰恃以为司命"③,"贾客入海,必致祷祠下"④。其转变的关键点是向北传播中进入正祀体系。

宋代原有海上神灵新增护航职能和新创护航神灵的现象在浙东和福建沿海数量最多,表现最为突出。拙文《宋代水上信仰的神灵体系及其新变》论及宋代温州人将唐代宰相李德裕首次作为海神信仰。此处对浙东和福建沿海海上神灵信仰略作补充。明州作为三大贸易港和贸易枢纽,海上神灵信仰十分兴盛。奉化县显佑庙祭祀唐代一仇姓神灵,南宋以前未见与护佑航行有关,"嘉定初民虑艰食,神招商人米舟踵至",始见其海上的灵迹。⑤ 昌国县洋山庙神宋朝始见"并海之民赖之,故久而不废"的记载。主山昭应庙神在宋代见当地饥荒,"濒海窘籴,忽有乘大舟抵岸者",乃昭应庙神所招。该神在建炎四年宋高宗南逃脱险后赐昭应庙额,并封侯,"舟舶往来必致祷焉"。⑥ 台州临海县灵康庙祭祀东汉赵炳,入宋朝后"迭显灵异","诱闽广之米商,扬神兵以殄寇,澄海波以济龙舟",与航

---

① 潜说友:《咸淳临安志》卷七三《祠祀三》,第4014页。
② 吴自牧:《梦粱录》卷一四《外郡行祠》,浙江人民出版社1980年版,第130页。
③ 真德秀:《西山文集》卷五四《圣妃宫祝文》,第858页。
④ 《夷坚支景》卷九《林夫人庙》,第950—951页。
⑤ 《宝庆四明志》卷一五《奉化县志卷第二》,第5192页。
⑥ 《宝庆四明志》卷二一《昌国县志全》,第5272、5273页。

海密切相关。台州黄岩县张太尉庙由宋朝海商由山东传播到此。天台县黄山庙所祀护国感应显庆王是宋朝新创神灵，相传为"海船系缆处"而建庙祭祀。① 武烈英护镇闽王庙所祀神灵汉已封王，南宋胶西海役"舟师祷战获捷，王加封英护"，成为与海上活动有关的神灵。② 有些神灵在宋代以前已有护佑航行的职能，宋代得到进一步发展。明州助海显灵侯庙祭祀象山县孔姓人，五代时就有护佑航海的灵迹，宋高宗海路脱险后赐号显灵。宋高宗脱险后加封的还有洋山庙神、觉海威显侯庙神、陈山忠应侯庙神，说明这些神灵都与航海有关。宣和五年路允迪等使高丽获昭利庙神护佑而奏请建庙。③ 昌国县冲应真人祠祀陶弘景，梁朝时就有护佑航海的灵迹，宋真宗朝开封建昭应宫，自温州海运巨木，获陶真人护佑。④ 台州黄岩县穿石庙祭祀隋朝航海遇难的商人，宋朝新修其庙。⑤

同时需指出，宋代福建和浙东沿海地区绝非单一的工商业经济或海洋型经济。尽管如上所述，福建和浙东沿海工商业盛于农业，但在农耕社会文化和制度环境下，即使是濒海地区，官员们也以劝农为首务，陈造《定海劝农文》写道"国家务农重谷，凡张官莅政无非劝课之意"⑥。温州"以海濒逐末者众，首劝民务本业"⑦，官员仍重视劝农，而且劝农有成效，"东瓯之俗，率趋渔盐，少事农作。今则海滨广斥，其耕泽泽，无不耕之田矣"⑧。因而沿海地区是多种经济形态和生计方式并存。如定海县既是"蛮舶之贾于明，明舟之贩于他郡率由此出入"，也"鱼盐富衍，士习相承，皆诗书礼义之训，而山谷之民耕桑乐业"⑨，贸易、渔盐和耕

---

① 《嘉定赤城志》卷三一《祠庙门》，第7519、7532页。
② 《淳熙三山志》卷八《祠庙》，第7859页。
③ 《宝庆四明志》卷一一《郡志卷第十一》、卷一八《定海县志卷第一》，第5134、5231页。
④ 《宝庆四明志》卷二一《昌国县志全》，第5272页。
⑤ 《嘉定赤城志》卷三一《祠庙门》，第7523页。
⑥ 陈造：《江湖长翁集》卷三〇《定海劝农文》，文渊阁《四库全书》，第1166册，第377页。
⑦ 洪咨夔：《平斋集》卷三一《吏部巩公（嵘）墓志铭》，文渊阁《四库全书》，第1175册，第319页。
⑧ 吴泳：《鹤林集》卷三九《温州劝农文》，文渊阁《四库全书》，第1176册，第382页。
⑨ 《宝庆四明志》卷一八《定海县志卷第一》，第5226页。

读并存。昌国县"鱼盐虽富而亦轻财,岩谷之民有老死不识城郭者"①。楼钥谈到温州"永嘉县有田产船户"②,船户海上谋生与农田兼营。刘克庄曾说"闽人务本亦知书,若不耕樵必业儒。唯有刺桐南廓外,朝为原宪暮陶朱"③,既有耕读也有商贸。甚至商业繁盛的浙东和福建沿海文化也领先于全国。有人说"邹鲁多儒,古所同也。至于宋朝则移在闽浙之间"④,甚至温州"文风为两浙最"⑤。沿海普通百姓若不经营工商业,因耕作半径所限⑥,离海岸稍远的居民并不能以渔盐为生,必有从事传统农业者。但也并非仅沿海地区与海上贸易相关,繁荣的海上贸易将远离海岸乃至内陆地区都吸纳到海上贸易网络之中。如福建内陆所产铁"商贾通贩于浙间",不产铁的两浙路依赖"漳、泉、福等州转海兴贩"。⑦ 福建的瓷器、茶叶等产品都通过海路贸易远销各地。浙东路北部的"良材兴贩自处过温以入于海者众"⑧,龙泉瓷也是如此。因而福建和浙东沿海的海洋性地域特征并非单一的经济结构,而是指其表现出来的经济结构、生计方式、观念习俗等相互衍生而形成的有别于其他地区的、具有的整体性的地域特征。

四 海洋性地域特征形成的原因

宋代福建和浙东沿海地区生成与其他地区不同的海洋性地域特征是其特殊的地理环境和宋代历史因素共同作用的结果。福建和浙东基本地形都是背山面海,可通航的河流都发源于山区,流入大海,除了明州余姚江可转驳连通运河外,没有一条可航行河流通向内地。黄英湖指出,福建

---

① 《宝庆四明志》卷二〇《昌国县志全》,第5244页。
② 楼钥:《攻媿集》卷二一《乞罢温州船场》,第505页。
③ 刘克庄:《后村集》卷一二《泉州南郭二首》,第23页。
④ 章如愚编:《群书考索》续集卷五一《舆地门》,文渊阁《四库全书》,第938册,第624页。
⑤ 弘治《温州府志》卷一《风俗》,天一阁藏明代方志选刊续编本,上海书店1990年版,第47页。
⑥ "耕作半径"见李埏《"耕作半径"浅说》,《云南日报》1986年8月15日第3版。
⑦ 《淳熙三山志》卷四一《土俗类》,第8252页。
⑧ 楼钥:《攻媿集》卷二一《乞罢温州船场》,第505页。

"三面背山，一面向海"，闽江、九龙江、汀江和晋江等主要河流都从北部山区流向大海，"迫使福建人只能东向大海，向海洋发展"。① 宋代从福建北上有越仙霞岭，或过喻杉关而入信州的陆路，并设有递铺，而实际上山路艰险，"福建纲运多由海道"，陆路铺兵"仅成虚设"。② 闽北所产瓷器都顺晋江到泉州，或通过闽江运至福州外销③，闽北诸州的其他物资也通过这些河流运到福州和泉州。

宋人称"温、台、处、徽不通水路，其二税物帛，许依折法以银折输"④，所指是温、台、处没有可连通内地的漕运河流。应云进指出，温州地势自西向东呈梯状倾斜，有雁荡等三大山脉，瓯江、飞云江、鳌江三大水系由西向东流入东海，对内交通闭塞，与外界最好的通道就是海洋。⑤ 台州也如此。临海县灵江、仙居、永安三江，黄岩有永宁江，仙居县永安溪、曹溪，宁海县淮河，皆源出北部山区，而南流入海。⑥ 明州除鄞县、定海可通过运河连接内地外，奉化、象山等也需从海路对外联通。

另一方面，宋代是浙东和福建移民高峰，人地关系从地多人少向人稠地狭状况转变。汉武帝时将温州一带"土著粤人徙于江淮间，其地遂虚。后虽置县，尚荒寂也"⑦。晋代以后有移民逐步迁入而人口尚未充实，五代到宋才真正人口繁盛。唐朝前期，温州山区人烟稀少，土地开发缓慢。南宋时，移民涌入，人口骤增，出现人多地少的矛盾。⑧ 刘红玉指出，宋代温州移民一股来自中原，一股来自以垦荒为主的福建移民。⑨ 隋唐五代

---

① 黄英湖：《福建人的海洋性特征及其原因探讨》，《福建省首届海洋文化学术研讨会论文集》，2007 年，第 26—32 页。
② 《宋会要辑稿》方域一〇，第 9488 页。
③ 林忠干等：《闽北宋元瓷器的生产与外销》，《海交史研究》1987 年第 2 期，第 12—19 页。
④ 《宋史》卷一七四《食货上二》，第 4217 页。
⑤ 应云进：《论自然环境与温州人的生存出路》，《中共宁波市委党校学报》2001 年第 4 期。
⑥ 《嘉定赤城志》卷二三《山水门五》、卷二四《山水门六》、卷二五《山水门七》，第 7451、7460、7466 页。
⑦ 《（嘉靖）温州府志》卷一《风俗》，天一阁藏明代方志选刊本，上海古籍书店 1964 年版，第 4 页。
⑧ 应云进：《论自然环境与温州人的生存出路》，《中共宁波市委党校学报》2001 年第 4 期。
⑨ 刘红玉：《论宋代温州移民与杨府爷信仰的关系》，《学理论》2012 年第 21 期。

以前福建也是人口稀少，文化落后，五代以后因北方移民的迁入，经济繁荣、文化发达，"闽文化的基本特点是移民文化"，"宋代闽人的主体已经是汉人"。① 唐天宝元年福建地区著籍户口仅 90686 户，人口密度每平方公里只有 0.8 户；北宋初的太平兴国年间福建路著籍户数达 468 万户，较唐天宝元年增加了 416%，人口密度达每平方公里 41 户。靖康之乱以后，北方民众更是大量迁入，使得福建在宋代成为人稠地狭最严重的地区。②

宋代福建和浙东出现了严重的人稠地狭。"泉州人稠山谷瘠，虽欲就耕无地力"，"土地迫狭，生籍繁伙，虽硗确之地，耕耨殆尽"。③ 福建都如此，"七闽地狭人稠，为生艰难，非他处比"④。福建沿海地区没有"江、浙家以万计、以千计者皆米也"的粮食大户，有粮之家也不过"有二三百石甚可数，且半是糠粃"。⑤ 泉州一州"苗额不及江浙一大县"⑥，而《（雍正）福建通志》卷三〇《名宦二》载嘉熙二年张友知兴化军时该军"赋入不敌江浙一大户"。宋代二税按亩征收，福建沿海一州赋入不及江浙一县，甚至不如一大户，说明其耕地十分匮乏。明州"所谓大户者其田多不过百亩，少者至不满百亩"，折为浅则不过一二百贯⑦，土地也十分短缺。而且沿海地多咸卤，不适合农耕，"负山滨海，沃土少而瘠地多。民生其间，转侧以谋衣食"⑧。郑学檬等将历史上福建沿海田地分为五类：平暖沃衍的洋田，依山疮薄的山田，积沙填河的洲田，筑堤引灌的埭田和滨海咸卤的海田，其中湖田最少，大量土地是瘠薄的山田、洲田和海田，要经过反复耕作治理才能成为熟田。⑨ 宋人反复说到福建土地贫

---

① 徐晓望：《论隋唐五代福建的开发及其文化特征的形成》，《东南学术》2003 年第 5 期。
② 吴松弟：《宋代福建人口研究》，《中国史研究》1995 年第 2 期。
③ 祝穆：《方舆胜览》卷一二《泉州》，第 214 页。
④ 廖刚：《高峰文集》卷一《投省论和买银札子》，文渊阁《四库全书》，第 1142 册，第 315 页。
⑤ 方大琮：《铁庵集》卷二一《与项卿守博书》，第 247 页。
⑥ 真德秀：《西山文集》卷一五《申尚书省乞拨降度牒添助宗子请给》，第 233 页。
⑦ 王安石撰，赵惠俊等整理：《临川先生文集》卷七六《上运使孙司谏书》，《王安石全集》第七册，复旦大学出版社 2016 年版，第 1364 页。
⑧ 《嘉定赤城志》卷一三《版籍门一》，第 7389 页。
⑨ 洪沼、郑学檬：《宋代福建沿海地区农业经济的发展》，《中国社会经济史研究》1985 年第 4 期。

瘠，"可耕之地皆崎岖崖谷间，岁有所收，不偿所费"①，特别是滨海地区："嗟哉濒海邦，半是硗埆地。三时劳耕耘，收获尚无几。"②

福建和浙东沿海地区都是渔盐资源丰富，海上交通便利。方勺说"水性以润下为咸，其势不曲折则终不可成盐"，"唯隈奥多处则盐多"，而浙东沿海"海水隈奥曲折，故可成盐"，故"二浙产盐尤盛他路。自温州界东南止闽、广，盐升五钱，比淮浙贱数倍，盖以东南最逼海"。浙东沿海盐业生产条件较浙西沿海优越。浙西"水势稍淡"，产盐能力弱，而浙东沿海"自（明州）岱山及（温州）二天富，皆取海水炼盐"，产盐能力强。③福建盐产更不少于浙东。舍农耕而事渔盐工商是福建和浙东沿海百姓因地制宜的结果，也是人趋利本性使然。宋人说"浙东诸郡，濒海则有贩鬻私盐之利，居山则有趁逐坑场之利。利之所在，民争趋之"④。明州定海县管下四乡"系是濒海鱼盐之地"，"泥土极咸，不系耕种"，"逐处人户不务农作，久来在上占据煎盐私自卖与客人"⑤，以至于"海旁之盐虽日杀人而禁之，势不止也"⑥。福建濒海居民也是"子孙生长其间，未免以渔采为业"⑦。福州"南望交广，北睨淮浙，渺若一尘，乘风转柁顾不过三数日"⑧。泉州更是号称"闽粤领袖"⑨。温州"通海道，商舶往来其间"⑩。出海贸易有着更为广阔的空间。

福建和浙东沿海特殊的地理环境在宋代人口压力下产生了向海洋发展的巨大推力，而另一个使福建和浙东沿海民众能够相对自由地向海上发展的重要因素是宋朝实行积极开放的贸易政策和空前繁荣的海上贸易。宋代

---

① 韩元吉：《南涧甲乙稿》卷一八《建宁劝农文》，第283页。
② 真德秀：《西山文集》卷四〇《泉州劝农文》，第631页。
③ 方勺撰，许沛藻等点校：《泊宅编》卷三，中华书局1983年版，第14页。
④ 《宋会要辑稿》兵三，第8674页。
⑤ 《宋会要辑稿》食货二六，第6560页。
⑥ 王安石撰，赵惠俊等整理：《临川先生文集》卷七六《上运使孙司谏书》，第1364页。
⑦ 真德秀：《西山文集》卷八《申枢密院措置沿海事宜状》，第127页。
⑧ 《淳熙三山志》卷六《江潮》，第7835页。
⑨ 《方舆胜览》卷一二《泉州》，第208页。
⑩ 吴泳：《鹤林集》卷二三《与马光祖互奏状》，文渊阁《四库全书》，第1176册，第221页。

前所未有地实行了鼓励本国民众出海贸易的开放政策①。宋代沿海民众得以史无前例地自由从事海洋活动，特别是远洋贸易。福建和浙东是宋代海上贸易条件最好的地区。明州是最早设置市舶司的港口之一，而且在元丰以后规定为唯一可发放往高丽和日本贸易公凭的港口。明州作为经济最发达的两浙地区联系海洋的孔道，是海上进口品最重要的集散地。② 泉州北宋前期就有发达的海上贸易，元祐二年（1087）设市舶司，可发放南海诸国贸易公凭。泉州处于北通内陆、高丽、日本，南联南海诸国的有利位置，可兼营南北贸易且是广州商品转销内地的必经之地。南宋时泉州已超过广州成为全国乃至世界最大贸易港。宋代近海贸易和远洋贸易空前发展的大背景下，浙东和福建沿海较其他地区显示了更为优越的贸易条件。

使宋代福建和浙东成为海上贸易中心地带的另一重要因素是其海船制造的最重要中心地位。浙东和福建海岸曲折，港澳丰富，北部山区有丰富的木材资源，是淮南、京东和河北不具备的造船条件。明州和温州是海船制造基地。宋神宗和宋徽宗朝曾两次令明州造出使高丽的座船"神舟"，是宋代史籍所见最大的海船。神宗朝所造"神舟"一曰凌虚致远安济神舟，二曰灵飞顺济神舟。③ 徽宗朝所造"神舟"，一曰鼎新利涉怀远康济神舟，二曰循流安逸通济神舟。④ 南宋因海防需要明州和温州成为战船重要制造地。宋高宗曾令"温、福诸郡造海舟"，"用平阳莆门寨所造巡船为式，每舟阔二丈有八尺"。⑤ 宋孝宗也令"明、温州各造平底海船十艘"、令"温州打造海船一百只"。⑥ 宋理宗也令给温州"降下船样二本"，"各做海船二十五只"。⑦ 南宋时浙东的海船数量巨大。淳熙年间，

---

① 宋代积极鼓励本国民众从事海上贸易，通过发放公凭和抽解、博买等制度实行管理，该方面已有丰富的研究，如藤田丰八《宋代之市舶司与市舶条例》（商务印书馆1936年版）、陈高华、吴泰《宋元时期的海外贸易》（天津人民出版社1981年版）、黄纯艳《宋代海外贸易》（社会科学文献出版社2003年版）等作了系统的论述。
② 黄纯艳：《论宋代进口品的营销》，《云南教育学院学报》1999年第3期，第29—35页。
③ 《续资治通鉴长编》卷二八七，元丰元年闰正月甲午，第7023页。
④ 徐兢：《宣和奉使高丽图经》卷三四《海道一》，第129页。
⑤ 《建炎以来系年要录》卷一九一，绍兴三十一年七月癸酉，第3703页。
⑥ 《宋会要辑稿》职官七二，第4982页。
⑦ 《宋会要辑稿》食货五〇，第7139页。

范成大在明州"将海船五千八百八十七只结甲"①。南宋对民间海船数量最多的浙东和福建两路实行分番征调（这也可见其他路海船数量不及此两路），用于海防，其中福建征调梁宽一丈二尺以上，浙东征调梁宽一丈以上。按此规定，这只是明州民间梁宽一丈以上可用于海防的海船。南宋嘉熙年间浙东明、温、台三州民间海船共有19287艘，其中一丈以上的有3833艘，一丈以下的有15454艘。②福建在海船制造上地位更重于浙东，当时人称"海舟以福建船为上，广东西船次之，温、明州船又次之"③。福建近海航道较明州一带深阔，"明州上下浅海去处，风涛低小"，而"福建、广南海道深阔，非明海洋之比"，福建左翼水军配置的尖底海船"面阔三丈、底阔三尺，约载二千料"，比明州水军配置的鲂鱼船大一倍。④福建海船总数无明确记载，但综合相关数据可知，福建海船数量应不少于浙东沿海三州，民间海船数量不少于20000艘。南宋时浙东和福建两路民间大小海船合计当超过40000艘。⑤这反映了两浙和福建海上贸易的兴盛状况，而海上贸易是牵动浙东、福建沿海地区海洋性地域特征形成的最重要因素或纲绳。

五　结论

宋代福建和浙东沿海地区社会经济发生了显著变革，经济结构由农业为主转向以工商业为主，社会经济的发展路径由陆地为重心转为以海洋为取向。福建和浙东沿海地区特殊的地理环境有着向海洋发展的内在基础和需求，而宋代移民大量涌入浙东和福建沿海，造成人稠地狭的内在压力，政府积极实行鼓励民众从事海上贸易，造船航海和海上贸易空前发展，推动了外向型工商业和农业商品化的发展，粮食生产严重萎缩和短缺，形成了工商业为主的经济结构。催生了沿海百姓向海谋生的生计方式，与海洋

---

① 黄震撰，张伟等整理：《黄氏日抄》卷六七《范石湖文》，《黄震全集》第六册，浙江大学出版社2013年版，第1996页。
② 黄纯艳：《宋代船舶的数量与价格》，《云南社会科学》2017年第1期。
③ 吕颐浩：《忠穆集》卷二《论舟楫之利》，文渊阁《四库全书》，第1131册，第273页。
④ 《宋会要辑稿》食货五〇，上海古籍出版社2014年版，第7130页。
⑤ 参见黄纯艳《宋代船舶的数量与价格》，《云南社会科学》2017年第1期。

有关的渔盐和贸易成为沿海百姓的主要生计，远离海洋的地区甚至内陆也被带入海洋贸易网络之中。海洋成了沿海民众现实的生存空间，人们的海洋观念变得更为具体、现实和功利。福建和浙东沿海地区表现了综合和整体的海洋性地域特征。作为福建和浙东沿海主要人口的内陆移民既是海洋性地域特征的推动者，也在海洋性地域特征的生成过程中实现了由"内陆人"向"沿海人"的转变。

宋朝与交趾的贸易

宋朝积极鼓励海外贸易，大力发展市舶贸易，与海外各国的贸易几乎都达到了前所未有的高潮。但由于宋朝与交趾特殊的关系及宋朝对交趾的特殊政策，宋朝与交趾间的贸易表现出与其他国家不同的特点，前后经历了较大变化。目前对宋朝与交趾贸易的专门讨论还很不够①，涉及这一问题的论著对两国贸易还存在着一些不当的认识，比较典型的问题是将其与一般的市舶贸易等同、不辨析史料的时间限定性、对两国贸易变化的忽视或片面概括。② 概括而言，问题在于在时段上泛用了史籍，以及未能结合两国外交关系变化考察其贸易关系。本文拟对两国贸易关系的变化过程及其原因作一探讨。

一 《岭外代答》所载宋朝与交趾的贸易

《岭外代答》卷五《邕州永平寨博易场》和《钦州博易场》记载了

---

① 目前研究主要关注宋朝与交趾的政治关系和朝贡贸易，如陈双燕《中越宗藩关系的历史发展述论》，《南洋问题研究》2000年第4期；戴可来《略论古代宋朝和越南之间的宗藩关系》，《中国边疆史地研究》2004年第1期；粟冠昌、魏火贤《宋王朝与交趾关系叙论》，《中国边疆史地研究》1991年第2期；郭振铎、张笑梅《论宋代侬智高事件和安南李朝与北宋之战》，《河南大学学报》1999年第5期；郑琪《浅议两宋之间的战事》，《河南社会科学》2005年第3期；董利江、杨春雨《略论北宋时期的中越关系》，《河南工业大学学报》2005年第2期；李富森、董利江《宋朝与交趾的朝贡贸易》，《新乡教育学院学报》2005年第1期，等等。

② 如，陈高华、吴泰概言包括交趾在内的国家商人来宋贸易络绎不绝，另提出南宋时两国不通商，只有走私贸易（见《宋元时期的海外贸易》，天津人民出版社1981年版，第34页）、郭振铎等将《岭外代答》等史料视为两国贸易普遍性史料（见《越南通史》，中国人民大学出版社2001年版，第302—303页）。

宋朝与交趾在邕州永平寨和钦州城外江东驿博易场进行的贸易①。从商人的数量、商品的种类、贸易的规模都可见贸易的繁盛景象。

前来钦州贸易的交趾商人有"其国富商",这类来博易者规模当然不少,需事先由交趾边境"永安州移牒于钦(州)",履行入境申报手续,但他们只能"谓之小纲"。另有交趾官府组织的贸易团队,即"其国遣使来钦,因以博易,谓之大纲"。同时也有做小买卖的交趾边民,"谓之交趾蜑"。邕州永平寨贸易的交趾人"皆峒落交人,遵陆而来",更多是边民,而非国际贸易职业商人。宋朝与之交易的商人有富商也有小商。"富商自蜀贩锦至钦,自钦易香至蜀,岁一往返",所进行的是远距离贸易。小商则是"近贩纸、笔、米、布之属,日与交人少少博易""斗米尺布",规模较小,"亦无足言"。

贸易的商品有日用品,如交趾商人贩易的食盐,"二十五斤为一箩",还有鱼蚌等产品。"交趾生生之具,悉仰于钦",宋朝商人贩易的日用品有米、布、纸、笔等,如永平寨贸易的布主要是"邕州武缘县所产狭幅者"。纸笔以外还有墨,交趾人喜好笔墨,"交人以墨与角砚、鸡笔并垂腰间"。广西所产墨"佳者一笏不盈百钱,其下则一斤止直钱二百,商人举数则搭卖之"。而"交趾墨虽不甚佳,亦不至甚腐"。②

两国间更主要的还是奢侈品的贸易,规模稍小的永平寨,交趾商人"所赍必贵细",主要是名香、犀象、金银、钱,宋朝商人与之交换的主要是绫、棉、罗,也主要贩易贵重商品。钦州的贸易则更是如此。交趾富商"所赍乃金银、铜钱、沉香、光香、熟香、生香、真珠、象齿、犀角"。来自四川的宋朝富商贩易的则是蜀锦。钦州博易场卖给交趾商人的商品还有琥珀,钦州人"持以往博易场,卖之交趾,骤致大富"③。另据范成大《桂海虞衡志》记载,两国贸易中交趾的商品还有香珠、思劳香、槟榔苔。有些商品是交趾自产,如光香、黄金,"光香,出海北及交趾,与笺香同,多聚于钦州"。"交趾金坑之利,遂买吾民为奴。"有的是交趾

---

① 以下出自《岭外代答》卷五《邕州永平寨博易场》和《钦州博易场》(中华书局点校本1999年版,第195—197页),不另出注。
② 《岭外代答》卷六《墨》,第202页。
③ 《岭外代答》卷七《琥珀》,第264页。

转贩的其他国家产品，如沉香是真腊最上，占城次之，"凡交趾沉香至钦，皆占城（沉香）也"。① 富商贩易奢侈品的交易规模很大，"每博易动数千缗"。

笔者曾统计了交趾致宋朝朝贡品②，这些商品有的是特制的贡品，如御象用品和动物，但有的除了在朝贡贸易中交换以外，也可能成为广西博易场上的商品：

交趾、占城对宋朝贡物品表

种类	品名
香药	沉香、熟香、笺香、桂皮
珠宝	象牙、犀角、翠羽、真珠、孔雀尾、金、银
手工品	金龟鹤、生金圣寿山、装宝金酒注、金装真珠劝寿杯并盘、金香炉、金香匣、金花瓶、金大果子碟并罩笼、间宝金七星匣子、金盘龙大匣盛、金盘龙沙锣、御马金鞍辔、金瓶、金厮罗、银厮罗、金银纱罗、七宝装金瓶、龙头金银裹木胎象钩、朱装缠象藤条、御乘罗我、装象牙鞘、装象额、金银裹象钩连同心带、金间银装象额、金银装缠象藤条、金镀铜装象脚铃、装象铜释连铁索、装象犀牛花朵、御乘象朱带、御乘象罗我龙头同心带、御乘象罗戴、绣龙凤伞、绣坐簟、大绢、绸布、绫绢
动物	象、犀、马、独角兽、异兽（麒麟）

钦州的博易场上，不仅商品结构稳定，而且是充满了商业博弈，甚至欺诈，已然是发展很成熟的市场。首先是双方关于价值的心理战，"各以其货互缄，逾时而价始定。既缄之后，不得与他商议。其始议价，天地之不相侔。吾之富商，又日遣其徒为小商以自给，而筑室反耕以老之。彼之富商，顽然不动，亦以持久困我。二商相遇，相与为杯酒欢，久而降心相从"。双方在价格上大打持久战，甚至屯驻相耗。市场上还有撮合交易的中介人"侩者"，他们的任务是使交易双方达成互相接受的价格，"左右渐加抑扬，其价相去不远，然后两平焉。"最后交易在官府的监督下完

---

① 《岭外代答》卷七《沉香》、《众香》、《生金》，第241、245、270页。
② 《转折与变迁：宋朝、交趾、占城间的朝贡贸易与国家关系》，《宋朝海洋发展史论文集（第十辑）》，台北"中央研究院"人文社会科学研究中心2008年版。

成,"官为之秤香交锦,以成其事"。官府只按"实钱一缗征三十"的比例收取宋朝商人的交易税,而不向交趾商人征税,有别于对所有商人进行抽解和博买的市舶贸易。在交易过程中除了价格较量,还时有相互的欺诈。宋朝的商人"诈之于权衡低昂之间",交趾的对策是"三遣使较定博易场秤"。长期的较量,使原本"淳朴"的交趾人也变得"狡特甚"。宋朝商人"诈彼也率以生药之伪。彼则以金银杂以铜,至不可辨,香则渍以盐,使之能沉水,或铸铅于香窍以沉之",精明的宋朝"商人率堕其数中矣"。只有后来开放的邕州永平寨,来贸易的交趾人"亦淳朴,非若永安州交人至钦者之狡"。

广西进行的宋朝与交趾贸易的管理不同于广州、泉州,以及温州、江阴,或较小的上海、澉浦等港口贸易,专置市舶官员管理的办法,其特点是在边防军事官员下管理进行的边境互市。邕州"永平寨与交趾为境隔一涧",博易场设在辖内交趾驿和宣和亭,由"永平知寨主管博易"。就驿置博易场的做法已见于元丰二年(1079),朝廷根据时任广南西路经略使曾布的建议,在"钦、廉州宜各刱驿,安泊交人,就驿置博易场,委州监押、沿海巡检兼管勾"①。邕州以边防军事长官管理,钦州的贸易也应该沿袭了元丰的做法。在邕州、钦州以外,与交趾苏茂州为邻的右江湳江栅"亦时有少博易",也是由"湳江巡防主之"。

《岭外代答》的记载反映出宋朝与交趾在钦州江东驿和邕州永平寨贸易的繁盛景象,这一景象代表了两国贸易最繁盛时的状态,但只是反映了北宋后期特别是政和以后的情形,其以边防军事长官管理本身也说明了两国贸易的特殊性。要完整考察两国贸易的变化,则需要结合两国外交关系和政策的探讨。

二 政和前后两国贸易关系的变化

北宋前期交趾来华贸易被严格限制在廉州和钦州如洪寨。大中祥符二年(1009)十二月交州黎至忠遣使来贡,"且求互市于邕州"。宋朝认为:"濒海之民数患交州侵寇。承前止许廉州及如洪寨互市,盖为边隅控扼之

---

① 《续资治通鉴长编》卷二九八,元丰二年六月癸亥,中华书局点校本,第7260页。

所。今或直趋内地,事颇非便",于是"诏令本道以旧制谕之"。① 这一"旧制"未见始于何时,但可知一定得到了严格执行。三年后,即大中祥符五年交州李公蕴又"乞发人船直趋邕州互市"。宋朝回答得更明白,"承前止令互市于廉州及如洪镇。盖海隅有控扼之所","令本司谨守旧制"。②

同时,有关广州贸易的史籍记载中未见交趾商人的活动。北宋开始设置市舶机构,与交趾的贸易就未纳入市舶的管理体制,《宋会要辑稿》职官四四之一载:"市舶司掌市易南蕃诸国物货航舶而至者……凡大食、古逻、阇婆、占城、勃泥、麻逸、三佛齐、宾同胧、沙里亭、丹流眉,并通货易。"近在咫尺的交趾未列入市舶贸易国家之中。交趾的朝贡也是由广西入境,由广西入湖南赴京,所以广州的朝贡规定中也无交趾。大中祥符九年,宋朝规定自广州入贡的国家,"每国使副、判官各一人,其防援官,大食、注辇、三佛齐、阇婆等国勿过二十人,占城、丹流眉、勃泥、古逻、摩逸等国勿过十人"③。南宋时,交趾人仍不见于广州贸易。洪适曾说,"岭以南。广为一都会。大贾自占城、真腊、三佛齐、阇婆涉海而至"④,亦不言及交趾。

也有前往交趾贸易的海外诸国商人转而自交趾到广州。如天禧二年(1018),朱正臣报告他在广州通判任上时所见的情况:"窃见蕃商多往交州贸易,赍黎字及砂镴钱至州,颇紊宋朝之法。望自今犯者决杖配牢城,随行赀货尽没入官。"朝廷对此很重视,下令广南转运使和广州方面复查。广州报告说:"本州海路与交州、占城相接,蕃商乘舟,多为海风所漂,因至外国,本非故往贸易。"⑤ 以"本非故往贸易"的理由减轻处罚,也说明故意前往是不被允许的。

但记载中,我们还是能见到北宋前期宋朝商人前往交趾贸易的情况。

---

① 《续资治通鉴长编》卷七二,大中祥符二年十二月癸未,第1644页。
② 《续资治通鉴长编》卷七八,大中祥符五年六月甲子,第1772页。又,"止令互市于廉州及如洪镇"一句之"廉州",北京中华书局点校本为"广州",台北世界书局影印本《续资治通鉴长编》为"廉州"。结合卷七二记载,此处径改为廉州。
③ 《续资治通鉴长编》卷八七,大中祥符九年七月庚戌,第1998页。
④ (宋)洪适:《盘洲文集》卷三一《师吴堂记》,文渊阁《四库全书》影印本。
⑤ 《宋会要辑稿》刑法二之一三,中华书局1957年影印本。

如熙宁年间，广西人徐伯祥致书交趾国王称"大王先世本闽人，闻今交趾公卿贵人多闽人也"；宋神宗也说"福建、广南人因商贾至交趾，或闻有留于彼用事者"。① 南宋末，蒙古人入侵交趾，宋朝高度戒备，但苦于无法准确了解交趾的战事，于是下令"选择三山仕于湖广者，遣之往安南觇探近事"。最后选得南剑人廖扬孙，一番面授机宜后派往了交趾。"福建士人在彼间者"不仅为廖扬孙提供了诸多情报，而且还向宋朝提出处理交趾问题的意见。这也印证了宋神宗所言不虚。② 这些商人不可能从广州市舶司获得前往交趾的公凭，所以他们只有两个途径，一是持往他国贸易公凭而实则往交趾，如上文所称借口漂风；二是从广西前往。如至道元年广西转运使张观报告黎桓已死，宋朝廷派员前往核查，也如是说，但"未几，有大贾自交趾回，具言桓为帅如故"③。

史籍极少见北宋前期宋朝商人前往交趾贸易的记载，而《诸蕃志》卷上记载了宋朝商人在东南亚诸国占城、真腊、三佛齐、单马令、凌牙斯、佛啰安、蓝无里、阇婆、苏吉丹等国的贸易，独称置于卷首"以此（交趾）首题，言自近者始也"的交趾"岁有进贡。其国不通商"。意指没有宋朝商人前往贸易。元代汪大渊在《岛夷志略》"交趾"条仍然说道："舶人不贩其地。惟偷贩之舟止于断山上下，不得至其官场。"《诸蕃志》和《岛夷志略》的记载反映了两国在政策规定上都不鼓励商人进入交趾贸易。两宋时期，《大越史记全书》仅见四条有关外国商人入交趾贸易的记载，有爪哇、三佛齐、路貉、暹罗等国商人，并不见宋朝商人入境的记载。④ 这与《高丽史》记载动辄数以百计的宋朝商人前来贸易的情况迥然不同。当时，宋朝、占城、真腊三国对其国安全影响最大，所以也不

---

① 《续资治通鉴长编》卷二七三，熙宁九年三月壬申、丁丑，第6692、6693页。另关于李氏为闽人宋朝国内有此传闻，见于沈括的记载。他在《梦溪笔谈》卷二五《杂志二》中称黎威（桓）死后，"安南大乱，久无酋长。其后国人共立闽人李公蕴为主"。这一记载至少有黎桓之名及桓死后无酋长两处错误，大概也风闻而来。黎崱认为不是事实。他在《安南志略》卷一二《李氏世家》说，李公蕴为交州人，"或谓闽人，非也"。

② （宋）李曾伯：《可斋杂稿·续稿》后卷五《缴印经略书安南奏》、后卷六《回宣谕奏》，文渊阁《四库全书》影印本。

③ 《宋史》卷四八八《交趾传》，中华书局点校本，第14062页。

④ 分见《大越史记全书·本纪全书》卷一《丁纪》、卷三《李纪》、卷四《李纪》，日本明治十七年植山堂刻本。

见与其毗邻的占城和真腊商人的身影。在宋朝的记载中还见到，"（大中祥符元年）真腊商贾二人为交州所逐，迷道至（高）州境"①。综合以上，可以看到，北宋前期两国间的贸易规模是有限的。

但是，熙宁以后宋朝逐步放松与交趾的贸易限制。上引元丰二年，朝廷根据时任广南西路经略使曾布的建议，在"钦、廉州宜各刱驿，安泊交人。就驿置博易场，委州监押沿海巡检兼管勾"。开设了专门供商人贸易的场所，其中钦州的改变影响尤大。以钦州城外江东驿取代以前需要溯如洪江而上才能到达的如洪寨作为博易场更加有利于贸易的发展。

政和八年以后，两国的贸易进一步发展。政和八年十月，"燕瑛乞委官措置交趾和市，稍宽其禁，以昭仁不异远之意"。朝廷以为"交人自熙宁以来，全不生事，良用嘉尚，可依所奏"，并"差燕瑛兼广西转运副使，（同）王蕃措置。通其交易，务得其心，毋或阻抑。速具闻奏。燕瑛候了日罢。仍先谕交人知委，不得别致惊疑"②。《宋史》卷一八六《食货下八》记载此事则曰："燕瑛言交人服顺久，毋令阻其贸易。初广西帅曾布请即钦、廉州各创驿，令交人就驿博买，至是即用瑛兼广西转运副使，同王蕃计划焉。"曾布的建议已得朝廷"从之"，付诸实施，所以燕瑛的措施当然是在曾布的基础上进一步放松两国间的贸易限制。

曾布的建议较以前更为宽松之处在于将钦州的贸易从如洪寨转移到州城下的江东驿，不仅大大改善了贸易环境，也将廉州的贸易吸引到了钦州。燕瑛措施的主要变化应该就如《岭外代答》所反映的，在钦州、廉州、邕州广西沿边全面开放了两国贸易。"通其交易，务得其心，毋或阻抑"反映了这次措置是将经济贸易作为处理和发展两国关系的政策重心。

南宋时，广西沿边与交趾的贸易有了更大的发展。绍兴三年十月，广南东西路宣谕明橐谈二广边郡透露生口、铜钱事时说道："邕、钦、廉三州与交趾海道相连，逐年规利之徒贸易金、香。"③邕、钦、廉三州都开放了与交趾的贸易。绍兴二十八年二月，知钦州戴万言："邕、钦、廉州

---

① 《宋会要辑稿》蕃夷四之二八。
② 《宋会要辑稿》蕃夷四之四一。
③ 《建炎以来系年要录》卷六九，绍兴三年十月戊戌，文渊阁《四库全书》影印本。

与交趾接,自守倅以下所积俸余,悉皆博易。"① 反映出三州贸易已蔚然成风,形成了《岭外代答》所记载的景象。

边境贸易这种由规模微而著的变化同样发生在两国间的朝贡贸易领域。北宋时,交趾向宋朝朝贡次数多而规模小,从开宝四年至靖康元年(971—1126)的155年间,交阯入贡宋朝共75次。大多数朝贡集中在景祐三年(1036)以前,开宝四年至景祐三年(971—1036)的65年间,进贡43次,平均每一年半一次,频繁时每年一贡。后90年朝贡频率明显下降。宋仁宗时开始频繁出现5年以上的长时间朝贡中断。南宋152年间交阯入贡宋朝共计29次,平均每五年一次。朝贡比较集中的高宗、孝宗两朝62年中,共入贡17次,近4年一贡,也未达到北宋平均数。宋光宗以后甚至连续38年未朝贡。最后的10次朝贡则集中在宋蒙战争爆发及蒙古攻陷云南以后。即使在贡赐活动相对集中的高宗、孝宗两朝,大部分朝贡并未赴阙,仅在广西交割。从规模而言,北宋时交阯进贡价值一般在5000贯以下。南宋时交阯朝贡规模大幅上升,双方进入以经济关系为主的时代,朝贡品价值有超过5万贯者。对宋朝政府而言,南宋比北宋更多地考虑贡赐的成本,多次令交阯朝贡只于界首交割,不许赴阙,并一再限制朝贡品数量,以减少回赐。②

三 两国贸易关系变化的原因

宋朝以承继唐朝德运自诩,而汉唐以来交趾一直是中朝郡县,所以北宋建国之初将收复交趾作为战略目标,在外交上不承认交趾是"国",长期对其实行交趾郡王、南平王、南越王依次册封的制度,并实行联合占城抑制交趾的策略。宋朝还寻机发动了太平兴国战争和熙宁战争两次意在收复交趾,重新实行郡县制的统一战争。而交趾已走上独立建国的道路,并且在国内行皇帝制度,努力摆脱宋朝控制,确立自己在东南亚半岛东部的霸主地位。③ 这就决定了两国虽然有贡赐往来,但基本关系处于对立状态。

---

① 《宋会要辑稿》刑法二之一四七、食货三八之三七。
② 参前引拙文《转折与变迁:宋朝、交趾、占城间的朝贡贸易与国家关系》。
③ 同上。

在这一关系架构下，北宋前期以边境军事防卫作为处理与交趾关系的重心，不仅将交趾排斥在市舶贸易体制之外，而且在边境互市的地点选择上也以便于控扼为目的，将贸易限制在廉州和钦州如洪寨就表现出这样的意图。如洪寨与如昔寨、咄步寨是钦州沿海三大军寨，如洪寨沿如洪江上溯而至，有利于控扼。而廉州虽然与交趾海路相连，"廉之海直通交趾"，但是"自广州而西其海难行"，"广西海岸皆砂土，无多港澳，暴风卒起，无所逃匿"。交趾至钦州航线"去岸数里，其碛乃阔数丈，以通风帆，不然钦殆不得而水运矣"，尚可通行，廉州就十分困难，所以交趾"正使至廉，必越钦港，乱流之际，风涛多恶"，至廉州贸易并非易事。但是在严格限制交趾贸易的情况下，"异时安南舟楫多至廉（州）"。这主要的原因应该是北宋前期钦州设治于钦江上游的灵山，如洪寨作为一个远离州、县治所的兵寨，贸易条件当然不如廉州。从元丰、政和以后的情况也可以反观这一点。天圣元年钦州治所南移钦江入海口的安远，并在州城下安东驿设博易场后，钦州与交趾航路更为便捷。"交人之来，率用小舟。既出港，遵崖而行，不半里即入钦港"，"交人之至钦也，自其境永安州朝发暮到"。钦州与交趾"舟楫日通"。廉州就没有吸引力了，由于前往廉州舟船多被溺，交人"乃更来钦"。① 所以《岭外代答》就只记载了钦州的贸易，而对廉州忽略不记。

在北宋前期出于国家安全的考虑将交趾贸易限制在钦州如洪寨和廉州有其必要性。当时确实出现了来钦州贸易的交趾商人夹杂间谍的情况。宋仁宗朝，李师中任职广西，当时"蛮贾入，乘舟贸易，多抵钦、廉等州。公阴察疑有奸，戒所在善伺之。公去未几，交人寇边，果以舟入自钦、廉"②。熙宁战争中，交趾掩袭邕、钦、廉三州，进退自如，很大程度得益于对宋朝情报的掌握。交趾对宋朝的动息始终了如指掌。例如，太平兴国战争时，宋朝煞费苦心地隐匿战争意图，制订了"出其不意，用兵袭击"，"水陆并进讨"的计划，以期达到"疾雷不及掩耳"的奇袭效果。但实际上侯仁宝六月上书，七月宋朝任命将领，黎桓已知消息，借机

---

① 《岭外代答》卷一《并边》、《钦廉溪峒都巡检使》、《象鼻砂》，第4、37、53页。
② （宋）刘挚：《忠肃集》卷一二《右司郎中李公（师中）墓志铭》，文渊阁《四库全书》影印本。

黄袍加身。① 而宋朝则逊色得多，至道元年张观误报黎桓死讯，熙宁战争前宋朝认为交趾兵不满万，又新败于占城等情报都严重失实。熙宁战争中，交趾袭击钦州前，宋朝虽未掌握情报，但有"交人谓钦人曰：'吾国且袭取尔州'"。宋朝知州陈永泰"弗信"。交趾兵船抵达钦州城下，陈永泰方设宴饮酒，"复弗顾"。② 直到南宋末蒙古入交趾，宋朝还是为不能及时掌握情报而苦恼。情报的获得使节当然是一个渠道，但商人往往更为有效。如李曾伯所说："若随朝廷赐赍而往则为有名间，寻常邕、钦峒丁商贾与之往来却自无间"③，在交趾福建商人最多，所以宋朝要特意挑选福建人廖扬孙去刺探情报，而且应该是化装成商人前往交趾的。黎桓死讯之误也是自交趾回来的商人辨明的。

在对立的基本关系下，通商对双方来说都是双刃剑。统一目标的确立，使双方必有一场战争，因而宋朝希望最大限度控制两国贸易规模。熙宁战争以前，宋朝还"禁止州县与交人贸易"④，停止了两国间的贸易。李师中对交趾商人的戒备代表宋朝的顾虑和政策倾向。同时，交趾也抱有同样的顾虑和倾向。汪大渊在《岛夷志略》"交趾"条解释"舶人不贩其地"时说："恐宋朝人窥见其国之虚实也。" 在对立状况更为严峻的北宋，交趾的顾虑当然更深。这实际上就使得双方贸易难以大规模发展。

熙宁战争以后，宋朝事实上放弃了收复交趾的目标，双方勘定边界，表示了和平相处的愿望。因而元丰二年，宋朝在钦、廉州设驿，就驿置博易场。在广西边防上，邕州最为重要，"南边紧要邕重于钦"，"若邕固则钦亦有恃"。⑤ 所以大中祥符年间黎至忠和李公蕴请求开放邕州贸易，宋朝都予以拒绝。元丰二年进一步开放廉州和钦州时也未开放邕州。政和八年两国关系完全转向以经济贸易为主，宋朝向交趾全面开放了广西沿边的贸易，不仅钦州的贸易得到更大发展，邕州的贸易也发展起来。《岭外代答》关于邕州永平寨贸易的记载就反映了政和以后的情形。周密在《齐东野语》卷一九《安南国王》也谈及永年（平）寨"每博易，则其国贵

---

① 《大越史记全书·本纪全书》卷一《丁纪》。
② 《岭外代答》卷一〇《转智大王》，第 438 页。
③ （宋）李曾伯：《可斋杂稿·续稿》后卷五《缴印经略书安南奏》、后卷六《回宣谕奏》。
④ （宋）陈均：《九朝编年备要》卷二〇《神宗皇帝》，文渊阁四库全书影印本。
⑤ 《可斋杂稿·续稿》后卷五《至静江回宣谕》。

人皆出为市"。《宋史》卷四八八《交趾传》称政和八年的政策转变是因为"交人自熙宁以来全不生事，特宽和市之禁"。两国和平局面的确立，才出现了广西沿边的全面开放。

南宋由于面临北方更大的压力，而且金朝和刘齐政权也试图通好交趾，以牵制宋朝。绍兴三年金朝和刘齐派出70余人的联合使团，"自登州泛海入交趾，册交趾郡王李阳焕为广王，且结连诸溪洞酋长"①。这必然促使南宋政府不得不以更为宽松的政策笼络交趾。淳熙元年，宋朝正式承认交趾为"国"，"封以安南国"，次年又赐"安南国王之印"。② 这就为两国进一步发展经济贸易奠定了基础。淳祐六年宋朝"与交趾约五事：一无犯边、二归我侵地、三还卤掠生口、四奉正朔、五通贸易"③。保持宗藩关系及展开和平贸易成为南宋对交趾的基本政策。另一方面，与宋朝关系的转变也使交趾采取了更为积极的贸易政策。绍兴十九年，交趾"于海岛等处立庄，名云屯，买卖宝货，上进方物"，作为爪哇、路貉、暹罗等国商人居住贩卖之所。淳熙十一年暹罗、三佛齐商人也"入云屯"进行买卖。④ 与外交关系变化的相适应，两国间朝贡贸易也转向趋利务实，贸易规模较北宋的很大增长就是在这一背景下出现的。⑤

但是，由于交趾与宋朝直接接壤，而且是一个与宋朝有着特殊历史文化关系的地区强国，元丰政和以后，两国贸易仍然与东南亚其他国家不同。元丰二年，设就驿置博易场，就是"委州监押沿海巡检兼管勾"⑥，纳入边防管理体制。南宋时沿海贸易仍由钦州钦廉溪峒都巡检使管辖。钦州还在"港口置抵棹寨，以谁何之"，加以管理。即使政和以后廉州贸易萎缩，仍然有备安南的职责："今廉州不管溪峒，犹带溪峒职事者，盖为安南备尔。"⑦ 上文说到邕州永平寨和湳江栅的贸易也分别由永平知寨和湳江巡防主管。

---

① 《建炎以来系年要录》卷六八，绍兴三年九月乙卯。
② 《宋会要辑稿》蕃夷四之四九、五一；《文献通考》卷三三〇《交趾》。
③ 《宋史》卷四一四《董槐传》，第12430页。
④ 《大越史记全书·本纪全书》卷四《李纪》。
⑤ 笔者已在前引《转折与变迁：宋朝、交趾、占城间的朝贡贸易与国家关系》中对两国朝贡贸易作了分析，此不赘述。
⑥ 《续资治通鉴长编》卷二九八，元丰二年六月癸亥，第7260页。
⑦ 《岭外代答》卷一《钦廉溪峒都巡检使》，第53页。

这一方面是两国的直接接壤使走私贸易更易发生，如绍兴十年广南宣谕明橐奏："邕州之地南邻交趾，其左右江诸峒多有亡赖之徒略卖人口，贩入其国。又闻邕、钦、廉三州与交趾海道相连，逐年规利之徒贸易金香，必以小平钱为约。而又下令其国小平钱许入而不许出。"二广沿边巡捕、镇寨官、县令、知通、监司、帅臣等对透漏生口铜钱都负有责任。①走私贸易的防范是长期的，如绍兴三十年臣僚又报告："邕州管下官吏受贿，停留贩生口之人，诱略良口，卖入深溪洞"；"诸夷国所产生金、杂香、朱砂等物繁多，易博买。平民一入蛮洞，非惟用为奴婢，又且杀以祭鬼。其贩卖交易，每名致有得生金五七两者，以是良民横死，实可怜恻"。②而如钦州管下白皮村"接连交趾，结集兴贩（私盐）"③ 这样的行为就更时有发生。所以即使政和以后两国确立了以经济贸易为主的基本关系，贸易的管理仍然置于边防管理体制之下，而有别于市舶贸易。

---

① 《建炎以来系年要录》卷六九，绍兴三年十月戊戌。
② 《宋会要辑稿》刑法二之一五五。
③ 《宋会要辑稿》食货二七之三二。

中国古代官方海洋知识的生成与演变

——以唐宋为中心

海洋知识包括关于海洋的自然知识、技术知识和人文知识及其解释体系。今天流行的是基于近代科学和西方认知而形成和传播的海洋知识体系。而中国古代海洋知识有其自身的生成路径和话语解说，遵循着与西方不同的逻辑和观念。其中又长期存在官方和民间两套不同的海洋知识体系。对此未见学界论述。本文试图以唐宋时期为中心，探讨中国古代官方海洋知识如何生成、怎样选择和书写等问题，试图从这一角度揭示中国古代海洋知识的生成路径及其特点。

一 "天下"秩序与"四海"想象

本文所讨论的官方海洋知识是指官方有意选择、构建和书写后呈现于世、体现官方目的和意图的海洋知识，民间海洋知识是指民间在海洋实践中获得和总结的海洋知识。现存中国古代最早的海洋知识的文献记载是体现官方意识的，对海洋的认识是从想象开始的。华夏文明起于三河之地，深处内陆，在"天下"空间中展开对"海"的想象，其核心是对九州和四海构成的"天下"的建构。"海"作为"天下"的边沿而存在，"四海"因其处"天下"极边，而在地理空间上与"天下"同义。《史记·孟子列传》记载了邹衍对"天下"的设想："所谓中国者，于天下乃八十一分居其一分耳"，即"天下"有神州内的小九州、八十一个如神州的大九州、环绕每个大九州（包括神州）的裨海和环绕八十一个大九州的大瀛海组成。① 实际被广泛接受，特别是官方作为"天下"话语的是"九州—四海"的"天下"格局，即《礼记·王制》所说"凡四海之内九州"。在地理空间上"四海"就等于"天下"，如《礼记·中庸》《尚书·大禹谟》和《尚书·禹贡》所言"尊为天子，富有四海之内"，"奄有四海，为天下君"，"东渐于海，西被于流沙，朔南暨声教，讫于四海"。《尔雅·释地》又称"九夷、八狄、七戎、六蛮，谓之四海"，《博物志》解释说"七戎、六蛮、九夷、八狄，经总而言之，谓之四海，言皆近海"②，即四夷居九州之边，是自然地理和民族地理意义上的"四海"。"天下"是一个兼具政治、地理和民族（华夷）的概念，因而"四海"也是一个兼具人文地理观、政治地理观和民族地理观的概念③，而且始终如一。作为自然地理的海，被描述为天下的边缘。《初学记》引《博物志》称"天地四方皆海水相通，地在其中盖无几也"④。也就是顾颉刚和童书业所说的"最古的人实在是把海看做世界的边际的"⑤。环绕陆地的四海被分别称为南海、东海、北海和西海，并构想了四海之神。《初学记》引《太公伏符·阴谋》曰："南海神名祝融，北海神名玄冥，东海神名勾芒，西海神名蓐收。"⑥

但是，直到秦朝开岭南，华夏世界中只有东方一面临海，地理上"四海"是在舆地九州和华夷天下的观念和逻辑下构建的，所以东、南、西、北四海的地理空间也是虚实并存，不断变化的。春秋战国时期，诸国范围如《礼记·王制》所言，"西不尽流沙，南不尽衡山，东不尽东海，北不尽恒山。凡四海之内，断长补短，方三千里"。因而南、西、北三海都无实指。《荀子·王制篇》概言"北海则有走马吠犬焉，然而中国得而畜使之。南海则有羽翮、齿革、曾青、丹干焉，然而中国得而财之。东海则有紫紶、鱼盐焉，然而中国得而衣食之。西海则有皮革、文旄焉，然而

---

① 《史记》卷七四《孟子列传》，中华书局1959年版，第2433页。
② 张华撰，张根林等校点：《博物志》卷一，上海古籍出版社2012年版，第9页。
③ 王子今：《上古地理意识中的"中原"与"四海"》，《中原文化研究》2014年第1期。
④ 徐坚：《初学记》卷六《地部中》，中华书局2004年版，第114页。
⑤ 顾颉刚、童书业：《汉代以前中国人的世界观与域外交通的故事》，《禹贡半月刊》第五卷第三四合期。
⑥ 徐坚：《初学记》卷二《天部下》，第28页。

中国得而用之"。南、北、西海都不实指海域,只有出鱼盐的东海指渤海一带海域。《左传》说:"赫赫楚国,而君临之。抚有蛮夷,奄征南海,以属诸夏。"楚国统治地域就是诸夏的南海,非指实际的海域,而指诸夏的南边。楚国君曾对齐国君说"君处北海,寡人处南海,唯是风马牛不相及也"①,"南海""北海"也非实指海域。先秦人的地理视域"西不尽流沙","西海"当然也是虚指了。孟子说:"太公辟纣,居东海之滨。"②此"东海"则指齐地的渤海。渤海是春秋战国时人了解最直接的海洋。但对东海海域的地理空间构成仍然知之甚少。列子《汤问》说"渤海之东不知几亿万里,有大壑焉",《山海经》"大荒东经"说"东海之外大壑",都认为渤海之外是东海的尽头。而且春秋战国时期已经将渤海以南吴越一带的海域称东海。越国国君勾践向吴国自称"东海役臣勾践"或"东海贱臣勾践",指其地僻处东海。

汉代设置东海郡,包括今山东南部和淮北沿海。③《释名》解释东海郡道"海在其东也"④。明确地把鲁南和淮北海域称为东海。汉惠帝"立(东越首领)摇为东海王,都东瓯"⑤。即把东瓯所居的今温州一带海域视为东海。颜师古注该条称"今泉州是其地"⑥。宋人梁克家已经指出了颜师古的错误:"(摇所都东瓯)即今永嘉。师古曰今泉州盖指福州。非也。"⑦

秦始皇开岭南,"南海"作为实际的海域进入了秦人的视域。秦置日南郡、南海郡。日南郡在今越南南部。颜师古解释日南郡说"言其在日之南"⑧,即南方太阳所出处,也就是南海之极。汉武帝时期对南海的认识进一步拓展。《汉书》记载了自日南障塞、徐闻、合浦船行到黄支国

---

① 《春秋左传注疏》僖公四年、襄公十三年,文渊阁《四库全书》,第 144 册第 75 页、第 143 册第 256 页。
② 《孟子集注》卷七《离娄章句上》,上海古籍出版社 1987 年版,第 55 页。
③ 《汉书》卷二八上《地理上》,中华书局 1964 年版,第 1588 页。
④ 《释名》卷一《释州国第七》,文渊阁《四库全书》,第 221 册,第 392 页。
⑤ 《汉书》卷九五《闽粤王传》,第 3859 页。
⑥ 《汉书》卷二《惠帝本纪》,第 89 页。
⑦ 《淳熙三山志》卷一《地理类一》,中华书局 1990 年版,第 7792 页。
⑧ 《汉书》卷二八下《地理下》,第 1630 页。

(今印度南部）的航线。① 至少汉代人们认知的南海已经扩展到印度。贾耽《皇华四达记》所记"广州通海夷道"已经到达波斯湾。②

但对于"南海"与"东海"的分野在哪里，宋代以前并未见明确的看法。秦朝的南海郡北到今广东与福建交界处的揭阳县。清人据此推测"至此始为南海，而揭阳以北犹为东海"③。但并无直接证据证明秦人有此观念。今浙东、福建一带的瓯越、闽越之地秦朝尚未建立直接的统治，秦人对该段海域还没有明确认识。《史记》载，秦始皇"上会稽，祭大禹，望于南海，而立石刻"④。把会稽以南的瓯越、闽越所居近台州、温州和福建海域视为南海。说明当时对东海和南海范围的认识还不稳定。

汉代到唐初，官方所关注的海洋知识中浙江、福建直到广东海域的地理空间关系仍是比较模糊的。《后汉书》称倭国"其地大较在会稽、东冶之东，与朱崖、儋耳相近"⑤。《隋书》仍照录《后汉书》关于日本"在会稽之东，与儋耳相近"的记载⑥。南北朝到唐初，与日本、新罗海上交往日益频繁，对渤海海域认识已十分清晰，但对东海和南海海域地理空间的整体认识仍然不够清晰。唐代随着交州、广州、泉州和扬州成为海上贸易的四大港，商船从南海到泉州，入扬州贸易，对该段海域的认识应逐步清楚。鉴真欲东渡日本，而漂风到朱崖、儋耳所在的海南岛，对日本与南海岛的地理差异应该有直接的认识了。⑦ 抑或许一再出现东渡日本的船只漂风到朱崖和儋耳的情况，使人们误以为日本与朱崖、儋耳相近。

到南宋，明确指出了"东海"的海域范围，以及东海与南海的地理分野。乾道五年太常少卿林栗奏书中说到"国家驻跸东南，东海、南海实在封域之内……殊不知通、泰、明、越、温、台、泉、福，皆东海分界

---

① 《汉书》卷二八下《地理下》，第671页。
② 《新唐书》卷四三下《地理志》，中华书局1975年版，第1146页。
③ 秦蕙田：《五礼通考》卷二〇二《嘉礼七十五》，文渊阁《四库全书》，第140册第36页。
④ 《史记》卷六《秦始皇本纪》，第260页。
⑤ 《后汉书》卷八五《倭传》，中华书局1965年版，第2820页。
⑥ 《隋书》卷八一《倭国传》，中华书局1973年版，第1825页。
⑦ ［日］真人元开著，汪向荣校注：《唐大和尚东征传》，中华书局1979年版，第67页。鉴真第五次东渡遇风，从舟山漂至海南岛崖县。

也"。虽然他表达的是应移东海神本庙于明州祭祀，不必拘泥于莱州祭祀①，但也明确指出了东海海域的地理范围，同时也就明确划分了东海和南海的地理分野。

宋代同时也明确指出了西海和北海的虚指。汉唐时期曾把李陵牧羊及霍去病远征匈奴所至"瀚海"（今贝加尔湖）称为北海，也把中国人西到的地中海或里海称为西海，试图坐实西海和北海的所指，但并非确定的看法，皆为附会"四海"。洪迈解释四海道："北至于青、沧，则云北海。南至于交、广，则云南海。东渐吴、越，则云东海，无有所谓西海者。"②其实宋人很清楚，不仅西海无有实指，青州、沧州之北当然也没有实际海域的北海。也就如宋人所说"其西、北海远在夷貊，独即方州行二时望祭之礼"③。宋人望祭西海和北海神就是表明了西海和北海的虚指。

以上所言四海的虚实观念和东海、南海地理分野的明确是唐宋时期的一大变化。另外，唐宋稳定时期四海神的祭祀和册封，将四海正式纳入本王朝的天下秩序也是一个显著变化。唐代天宝十载（751）正式册封四海神为王，"封东海为广德王，南海为广利王，西海为广润王，北海为广泽王"，并派"太子中允李随祭东海广德王，义王府长史张九章祭南海广利王，太子中允柳奕祭西海广润王，太子洗马李齐荣祭北海广泽王"。④ 将"四海"纳入"中国"天子的统治版图。宋代是中国航海活动空前发展的时期，官方的海洋知识一方面仍然坚持"四海"观念，另一方面对东海和南海的认知大为丰富。宋代继承隋唐制度，册封四海神，并举行祭祀。立春日于莱州祀东海，立夏日于广州祀南海，立秋日于河中府祀西海，立冬日于孟州祀北海。因西海和北海皆无实指，因而分别就河渎庙和济渎庙望祭。⑤ 祭祀是为了显示宋朝"布润施泽，功均迩遐。我秩祀典，四海一家"⑥。

---

① 《文献通考》卷八三《郊社考十六》，中华书局2011年版，第2560—2561页。
② 洪迈撰，孔凡礼点校：《容斋随笔》卷三《四海一也》，中华书局2005年版，第31页。
③ 《文献通考》卷八三《郊社考十六》，第2559页。
④ 《唐会要》卷四七《封诸岳渎》，上海古籍出版社2006年版，第977页；《旧唐书》卷二四《礼仪四》，中华书局1975年版，第934页。
⑤ 《宋史》卷一〇二《礼五》，中华书局1977年版，第2485页。
⑥ 《宋史》卷一三六《乐十一》，第3202页。

南宋莱州陷入金朝境，宋高宗朝祭岳镇海渎时，对东海神实行望祭。① 另外，金朝于大定四年（1164）举行岳镇海渎之祀，各"就本庙致祭，其在他界者遥祀"，其中立春日祭东海于莱州，立夏日望祭南海于莱州，立秋日望祭西海于河中府，立冬日望祭北海于孟州。"其封爵并仍唐、宋之旧"。② 金朝的目的显然是宣称自居正统。这是南宋不能坐视的。于是乾道五年（1169）正式在明州设东海神本庙，举行祭祀③，不再称望祭。这有将"东海"纳入南宋辖域的重要政治意义。

宋代沿袭册封四海王的做法，将四海王置于宋朝天子的政治体制内，以表示宋朝统驭四海。宋太祖朝封东海神为广德王，平南汉后，遣官祭南海神，但将刘䶮所封南海神的昭明帝降为王。④ 康定元年（1040），加东海为渊圣广德王，南海为洪圣广利王，西海为通圣广润王，北海为冲圣广泽王。⑤ 东海是宋朝官方航海活动涉及最多的海域。元丰元年安焘奉使高丽成功，奏请在明州建东海神行祠，大观四年及宣和五年又因遣使高丽成功，加封东海神助顺显灵四字，建炎四年宋高宗从海道脱险后封东海神为助顺佑圣渊德显灵王，已封至最高的八字王。乾道五年改封为助顺孚圣广德威济王。⑥ 南海神加封进度慢于东海神。皇祐五年加封南海神为洪圣广利招顺王⑦，绍兴七年加封至最高的八字王，即洪圣广利昭顺威显王。⑧ 因为西海和北海无实指，加封较东海和南海更慢，到乾道六年西海神和北海王都还是北宋康定元年所封的四字王，即通圣广顺（润）王和冲圣广泽王。⑨

---

① 《宋会要辑稿》礼二，上海古籍出版社2014年版，第525页。
② 《金史》卷三四《礼七》，中华书局1975年版，第810页；《大金集礼》卷三四《岳镇海渎》，文渊阁《四库全书》，第648册，第259页。
③ 《文献通考》卷八三《郊社考十六》，第2560页；罗濬：《宝庆四明志》卷一九《定海县志第二·神庙》，中华书局1990年版，第5239页。
④ 《文献通考》卷八三《郊社考十六》，第2551、2556页。
⑤ 《宋史》卷一〇二《礼五》，第2485页。
⑥ 罗濬：《宝庆四明志》卷一九《定海县志第二·神庙》，第5239页；《宋会要辑稿》礼二一，第1085页。
⑦ 《宋史》卷一〇二《礼五》，第2488页。
⑧ 《建炎以来系年要录》卷一一四，绍兴七年九月戊子，中华书局2013年版，第2141页。
⑨ 周必大：《文忠集》卷一一七《郊祀大礼礼毕祭谢五岳四海四渎祝文》，文渊阁《四库全书》，第1148册，第298页。

虽然宋代已经对四海虚实和分野有了明确的认识和区分，但作为"天下"构建的四海信仰在宋代以后仍长期存在。元代以后仍祭祀四海神，并沿袭金朝之制在莱州祭祀东海神的做法。元代尚未灭宋以前即开始祭祀四海神。元世祖即位次年的中统二年（1261）举行了岳镇海渎代祀，包括东海、南海、北海、西海。此时尚未灭宋，祭祀四海神无疑是申明四海之内皆其封域。至元三年（1266）正式"定岁祀岳镇海渎之制"，立春日祀东海于莱州界，立夏日遥祭南海于莱州界，立秋日遥祭西海于河中府界，立冬日遥祭北海于登州界。统一南宋后，包括在宋朝疆域的岳渎海神都罢望祭，"既有江南，乃罢遥祭"。① 但并未采用南宋在明州祭祀东海的做法，而仍在莱州。

元代中统年间祭祀四海神时回到唐代对四海神所封的二字王爵，如东海神为广德王。② 至元二十八年（1291）加封东海神为广德灵会王，南海神为广利灵孚王，西海神为广润灵通王，北海神为广泽灵佑王。③ 册封四海神的政治意义如元世祖加封圣旨所称："朕惟名山大川，国之秩祀。今岳渎四海皆在封宇之内。"④ 明清仍沿袭着元代的祭祀和册封制度，此不一一论述。

二 官方海洋知识的实践生成

（一）官方航海实践

官方海洋知识的生成途径除了基于"天下"和华夷的想象以外，也有来自航海实践的海洋知识。上述对"四海"认识的变化主要原因是航海实践知识对想象知识的修正和补充。官方海洋知识实践主要有两个途径：中国官方组织的航海和海外来华使节。官方很早就有近海的航海实践⑤，但其知识积累并未进入官方着意书写的海洋知识。先秦秦汉的远洋航海实践还很有限。秦始皇和汉武帝东海求仙就是很好的证明。东海有仙

---

① 《元史》卷七六《岳镇海渎》，中华书局1976年版，第1900页。
② 《元史》卷四《世祖一》，第75页。
③ 《元史》卷七六《祭祀五》，第1900页。
④ 陈垣编纂，陈智超等校补：《道家金石略》，文物出版社1988年版，第670页。
⑤ 王子今：《秦汉时期的近海航运》，《福建论坛》1991年第5期。

山，可求不老药，自先秦即有此传说。秦始皇曾多次到渤海边，并派人入海求仙药。《史记》载："自威、宣、燕昭使人入海求蓬莱、方丈、瀛洲。此三神山者，其传在渤海中，去人不远"，"诸仙人及不死之药皆在焉"，"及至秦始皇并天下，至海上，则方士言之不可胜数。始皇自以为至海上而恐不及矣，使人乃赍童男女入海求之。船交海中，皆以风为解，曰未能至，望见之焉。其明年，始皇复游海上，至琅邪，过恒山，从上党归。后三年，游碣石，考入海方士，从上郡归。后五年，始皇南至湘山，遂登会稽，并海上，冀遇海中三神山之奇药。不得，还至沙丘崩"。汉武帝时，术士李少君再次蛊惑汉武帝，称"海中蓬莱仙者乃可见，见之以封禅则不死……安期生仙者，通蓬莱中，合则见人，不合则隐"。于是汉武帝东巡海上，"遣方士入海求蓬莱安期生之属……求蓬莱安期生莫能得，而海上燕齐怪迂之方士多更来言神事矣"。① 秦始皇和汉武帝海上求仙都是亲临东海，郑重其事，精心策划。以皇帝之威，可以获得关于东海的最全面的知识，包括民间海洋知识。求仙活动说明秦及西汉初民间和官方关于东海海域的实践知识还十分贫乏，不足以否定神仙世界的想象。

中国历代官方组织的航海活动都屈指可数，但也是获取海洋知识的重要途径。如隋炀帝朝曾"遣文林郎裴清使于倭国"，经百济、竹岛、聃罗国、都斯麻国等十余国，达于倭国；记录了倭王迎接隋使的仪仗、郊劳、相见、宴享，以及倭国王与隋使的对话。对话主要是体现隋与倭的华夷秩序。如，其王曰："我闻海西有大隋，礼义之国，故遣朝贡。我夷人，僻在海隅，不闻礼义，是以稽留境内，不即相见。今故清道饰馆，以待大使，冀闻大国惟新之化。"裴清答曰："皇帝德并二仪，泽流四海，以王慕化，故遣行人来此宣谕。"隋炀帝还曾"募能通绝域者"，派常骏等出使位于南海的赤土国。《隋书·赤土传》比较详细地记载了常骏等人出使见闻，包括航程、风土、馆待、宴享等情况，详细地记载了其国王迎接隋使的仪仗和赤土国遣使随常骏入隋朝贡事。②

唐代贞元元年（785）派宦官杨良瑶从广州出发，从海路出使黑衣大食。荣新江推测其出使时间是贞元元年，即 785 年 6 月从长安出发，10

---

① 《史记》卷二八《封禅书》，第 1369、1370、1385、1386 页。
② 《隋书》卷八一《倭国传》、卷八二《赤土传》，第 1827—1828、1385—1386 页。

月从广州出海,次年5月到达巴格达,787年5月回到广州,7月回到长安。他还指出,作《皇华四达记》的贾耽与杨良瑶有很深的关系,其记载广州航海到巴格达的"广州通海夷道"可能来自杨良瑶使团的报告,或杨良瑶本人的讲述。① 贾耽所作的"广州通海夷道"是现存关于广州经南海和印度洋到巴格达航路最早的详细记载。

宋代官方向海上诸国遣使活动较少。往南海诸国仅见雍熙四年(987)"遣内侍八人,赍敕书、金帛,分四纲,各往海南诸蕃国勾招进奉,博买香药、犀牙、真珠、龙脑。每纲赍空名诏书三道,于所至处赐之"②。除上述文字,未留下其他信息。官方出使留下航海记录最多的是宣和五年徐兢随使团出使高丽所撰《宣和奉使高丽图经》。该书序言说,"天子元正大朝会毕列四海图籍于庭",故"使邦国者,其于图籍固所先务","用以复命于王,俾得以周知天下之故",使其"深居高拱于九重,而察四方万里之远如指诸掌"。所以徐兢通过一切途径了解海道、政情、风俗等信息,"凡三百余条,厘为四十卷,物图其形,事为之说,名曰《宣和奉使高丽图经》"。该书"有诏,上之御府",供皇帝和史官阅览。③

外国来华使节是官方海洋知识的重要来源。汉代第一次记载倭就是因为使节。《汉书》记载"乐浪海中有倭人,分为百余国,以岁时来献见云"④。《后汉书》对倭的记载更为详细,也是因为"武帝灭朝鲜,使驿通于汉者三十许国",得到的信息更多。⑤ 向境外使节采集诸国信息是历代传统。萧齐时扶南国王派那伽仙来使,"诣京师,言其国俗事"⑥。隋朝时倭国遣使来华,"上令所司访其风俗"⑦。唐代规定"凡蕃客至,鸿胪讯

---

① 杨良瑶航海出使黑衣大食事因1984年《杨良瑶神道碑》出土而发现,最早由张世民撰《杨良瑶:中国最早航海下西洋的外交使节》(《咸阳师范学院学报》2005年第3期)。荣新江对碑文和史事作了进一步考证,见氏著《唐朝与黑衣大食关系史新证》,载《丝绸之路与东西文化交流》,北京大学出版社2015年版,第91—95页。
② 《宋会要辑稿》职官四四,第4204页
③ 徐兢:《宣和奉使高丽图经》"原序",大象出版社2008年版,《全宋笔记》第三编第八册,第7、8页。
④ 《汉书》卷二八下《地理下》,第1658页。
⑤ 《后汉书》卷八五《倭传》,第2820页。
⑥ 《南齐书》卷五八《扶南国传》,中华书局1972年版,第1016页。
⑦ 《隋书》卷八一《倭国传》,第1826页。

其国山川、风土，为图奏之，副上于职方。殊俗入朝者，图其容状、衣服以闻"①。鸿胪寺负责向外国使节搜集境外信息。

宋朝也"如先朝故事"，相关礼宾机构的官员的重要职责之一向使节搜集海外信息，当外夷朝贡使节至，则"委馆伴使询其道路、风俗及绘人物衣冠以上史官"②，"图其衣冠，书其山川风俗"③，"询问国邑、风俗、道途远近，及图画衣冠、人物两本，一进内，一送史馆"④。沿边有关机构和市舶司也有此职责。宋哲宗朝令，对诸蕃初入贡者"合属安抚、钤辖、转运等司体问其国所在远近大小，与见今入贡何国为比"⑤。宋徽宗朝规定，使节入宋，"市舶司自合依《政和令》询问其国远近、大小强弱，与已入贡何国"⑥。官方从境外使节获得的其国道里远近、风俗政情等信息会进入史馆，成为修纂《国史》的材料来源。

（二）搜集民间航海知识

民间航海活动为官方提供了大量的海洋知识。两晋南北朝时期南海诸国与中国已有较多商贸往来，如《南齐书》史臣所说"商舶远届，委输南州，故交、广富实，牣积王府"。晋朝日南夷帅范稚奴文多次到中国贸易，根据其了解的晋朝制度"教林邑王范逸起城池楼殿"。⑦ 当然，他们也会将海外的信息带到中国。直到唐代，南海贸易主要是海外商人，即"南海舶，外国船也，每岁至安南、广州"。广州、泉州和扬州都居住着大量的蕃商，"有蕃长为主领"。⑧ 唐文宗曾令"南海蕃舶本以慕化而来……其岭南、福建及扬州蕃客宜委节度观察使常加存问"⑨。可见唐朝对蕃商有严密管理，也会详细了解蕃商的情况。现存有法显、鉴真和圆仁

---

① 《新唐书》卷四六《百官一》，第1198页。
② 《续资治通鉴长编》卷一一〇，天圣九年正月庚申，中华书局2004年版，第2552页。
③ 《宋史》卷一六三《职官三》，第3854页。
④ 《宋会要辑稿》蕃夷七，第9951页。
⑤ 《续资治通鉴长编》卷四四一，元祐五年四月丙辰载"转运"为"安抚"，第9962页。
⑥ 《宋会要辑稿》蕃夷四，第9814页。
⑦ 《南齐书》卷五八《扶南国传》，第1013、1018页。
⑧ 李肇：《唐国史补》卷下，上海古籍出版社1979年版，第63页。
⑨ 《唐大诏令集》卷一〇《太和八年疾愈德音》，文渊阁《四库全书》，第426册，第99页。

记载其航海活动的文献《法显传》《唐大和尚东征传》和《入唐求法巡礼行记》,记载了海上航路、航海技术等知识,都是搭载外国商人或使团的船只,但未见其所记海洋知识进入官方的视野。

徐兢出使所撰《宣和奉使高丽图经》则上呈了朝廷。使团所乘八艘船中除两艘"神舟"外,六艘是雇用的福建"客舟"即商船。《宣和奉使高丽图经》卷三四至卷三九记载了从明州到高丽的航路、水情、航行方式,包括导航方式、帆舵操作方式、风浪应对办法等知识。有的海洋知识在一次航海活动中即可通过目睹获得,有些知识则需要长期航海实践的积累。该书对明州到高丽礼成江口的航路作了详细的记载,从明州港—定海招宝山、虎头山、蛟门—昌国沈家门、梅岑、海驴焦、蓬莱山,出大洋,经半洋焦—白水洋—黄水洋—黑水洋—夹界山—五屿等直到高丽礼成港的航路,徐兢虽亲身经历,但具体地点和名称都听闻于舟人,如篙工指为五屿、舟人谓之槟榔焦等。特别是航海技术的知识更是民间航海长期积累的结果。徐兢记载船队的导航技术,即"夜洋中不可住维,视星斗前迈";观察航路沿线岛屿标识;铅锤探查海水深浅,观察其水清浊;"若晦冥,则用指南浮针以揆南北"。风帆和桨橹的使用也十分复杂,"每舟十橹",有布帆五十幅、左右利篷、野狐帆十幅,"风有八面,唯当头不可行",其他风向皆可通过对不同风帆的配合使用航行。船队的联络方式也是长期形成的经验。使团船队出大洋,"八舟鸣金鼓,张旗帜,以次解发","入夜举火,八舟皆应"。船队返回时在竹岛遭遇风暴和巨浪,"舟侧欲倾,人大恐惧,即鸣鼓招众舟复还",船队应命返回竹岛。船队在长期航行中的形成了应对危险的办法。船上"首领熟识海道,善料天时人事而得众情",在他的指挥下,"有仓卒之虞,首尾相应如一人"。船队过五屿夹界山,"北风大作,低篷以杀其势"。① 上述可见,民间航海经验是官方获得航海技术知识的主要途径。

民间航海也是官方获得海外诸国的物产、市场等知识的重要途径。虽然官方可通过官方航海,特别是使节介绍,获得海外社情、商情的知识,但官方航海在系统性和深入程度上都不及民间航海,特别是宋代中国海商

---

① 徐兢撰,虞云国等整理:《宣和奉使高丽图经》卷三四《海道一》至卷三九《海道六》,第129—149页。

大量参加南海贸易,民间航海在海外社会和商业信息的获得方面表现出官方航海不能比拟的优势。

如上所说,宋代市舶司搜集海外信息的职责。赵汝适担任福建提举市舶时十分重视向海商了解信息,"询诸贾胡,俾列其国名,道其风土,与夫道里之联属、山泽之蓄产,译以华言,删其秽渫,存其事实",综合史传典籍,写成《诸蕃志》。① 可知该书主要反映了民间海商的海洋意识和海洋知识,关注的主要是航路、物产、市场、风土、货物等与商业贸易直接相关的海外诸国信息,记录中国往各国的航路、季风;中国商人在海外能购买的诸国出产商品;各国贸易政策和商品市场状况;各国政治制度、社会风俗;中国商人到各国可出售的商品。皆为中国海商到各国贸易必需的商业知识。如记"三佛齐国":"在泉之正南。冬月顺风,月余方至","土地所产,玳瑁、脑子、沉速暂香、粗熟香、降真香、丁香、檀香……""其国在海中,扼诸番舟车往来之咽喉……若商舶过不入,即出船合战","番商兴贩用金银、瓷器、锦绫、缬绢、糖、铁、酒、米、乾良姜、大黄、樟脑等物博易"等。② 可以说,《诸蕃志》就是一部海外贸易的商业指导书。《诸蕃志》作为市舶司向民间海商搜集的海外信息,定被官方机构收录,成为官方海洋知识的来源。陈振孙《直斋书录解题》和马端临《文献通考·经籍考》都著录了《诸蕃志》。该书的记载成为官方海洋知识的重要来源。

民间对海洋季风、洋流、潮汐,以及近海航路等方面的知识经验积累也成为官方海洋知识的来源。宋人对海洋潮汐已有深刻认识。《宣和奉使高丽图经》《咸淳临安志》《淳祐临安志》都记载了对潮汐规律的观察,并用阴阳学说对潮候规律加以解释。③ 此以近海航路为主要事例。宋代对山东至广东的近海航路已有明确记载。而密州到长江口的近海航路,颇多暗沙,须用平底船,准确掌握潮候和航道才能航行。宋人

---

① 赵汝适撰,杨博文校释:《诸蕃志校释》赵汝适序,中华书局1996年版,第1页。
② 赵汝适撰,韩振华注补:《诸蕃志注补》卷上《三佛齐国》,香港大学亚洲研究中心2000年版,第46—47页。
③ 徐兢撰,虞云国等整理:《宣和奉使高丽图经》卷三四《海道一》,第127—128页;《咸淳临安志》卷三一《山川十》,中华书局1990年版,第3644—3645页;《淳祐临安志》卷一〇《江潮》,中华书局1990年版,第3315—3316页。

总结了海州到两浙的三条近海航路:"自旧海发舟,直入赣口羊家寨,迤逦转料,至青龙江、扬子江,此里洋也";"自旧海发舟,直出海际,缘赣口之东杜、苗沙、野沙、外沙、姚、刘诸沙,以至徘徊头、金山、澉浦,此外洋也";"自旧海放舟由新海界,分东陬山之表,望东行,使复转而南,直达昌国县之石衢、关岙,然后经岱山、岑江、三姑以至定海,此大洋也"。① 大洋、外洋航路径直,但有"风涛不测之危"。里洋航路沿海岸航行,"旷日持久,迂回缓行"②,且需"缘趁西北大岸,寻觅洪道而行,每于五六月间南风潮长四分行船,至潮长九分即便抛泊,留此一分长潮以避沙浅,此路每日止可行半潮期程"。"一失水道,则舟必沦溺,必得沙上水手,方能转棹"。③ 必需经验丰富的民间水手才能航行。

这些航道知识成为南宋海防设置的重要参考。南宋人分析了金人从海路南下的可能航路选择,根据航路特点设置了海防兵寨,即金人若"由转料从里洋而窥扬子江,则有许浦水军";若"由外洋而窥浙江,则有澉浦、金山水军"。④ 元代能够实行长江口到京师的海运,与宋代积累了丰富的长江口以北的近海航路知识密切相关。《元史·海运志》载:"至元十九年,伯颜追忆海道载宋图籍之事,以为海运可行,于是请于朝廷","造平底海船六十艘,运粮四万六千余石,从海道至京师"。元代海运交替使用了宋人所言里洋、外洋和大洋三条航路。⑤

从汉至唐,来自于官民的航海实践已经逐步消解了对海洋神仙世界的想象。东汉已认识到东海并非神仙居所,而居住着与诸夏一样的人类,大海中的倭人耕织养殖为生计,习俗虽异,但与"中国"人一样都需养生奉死,衣食住行。⑥ 唐代官方公开否定了秦汉神仙世界的想象。唐太宗曾说秦始皇遣徐福入海求仙药,汉武帝遣人求仙都是虚妄无验之事。⑦ 宋代

---

① 《开庆四明续志》卷五《九寨巡检》,中华书局1990年版,第5989页。
② 《开庆四明续志》卷第五《九寨巡检》,第5989、5990页。
③ 《建炎以来系年要录》卷五四,绍兴二年五月癸未,第1116页。
④ 《开庆四明续志》卷五《新建诸寨》、《探望》,第5989—590页。
⑤ 《元史》卷九三《海运志》,第2364页。
⑥ 《后汉书》卷八五《倭传》,第1820—2821页。
⑦ 《旧唐书》卷二《太宗上》,第33页。

海洋实践知识的积累已经对南海和东海各国地理方位有了比较清晰的认识。①

三 海洋知识的选择与书写

随着使节往来和民间商贸等航海实践的发展，东汉以后官方从多个途径逐渐获得丰富的海洋知识。这些知识在国家编撰公诸世人的史籍时会出于构建华夷关系和朝贡秩序的需要进行选择和书写。

官方修撰正史时会选取民间因其航海实用目的而记录的、较官方更为翔实的技术知识、商业知识、社会风俗、风讯洋流、航路知识等。以《宋史·阇婆国传》为例。该传全文可分两部分。前部分叙述阇婆国社会风俗，后部分叙述其国朝贡。社会风俗部分共513字，其中442字直接取自《诸蕃志》。70个与《诸蕃志》不同的文字中"方言谓真珠为'没爹暇罗'，谓牙为'家罗'谓香为'昆燉卢林'，谓犀为'低密'"27字出自庞元英《文昌杂录》。《文昌杂录》记载了"主客所掌诸番"，包括阇婆、三佛齐、占城等南海诸国信息，是庞元英元丰五年任主客郎中且"掌《朝贡录》"时所见《朝贡录》记载的使节供述。②"阇婆国，在南海中"、"剪银叶为钱博易，官以粟一斛二斗博金一钱"25字出自《三朝国史》。《钱通》称"《三朝国史》曰：'阇婆国，在南海中。其国剪银叶为钱博易，官以粟一斛二斗博金一钱'"。③《三朝国史》是王旦、吕夷简等先后撰修完成的宋太祖、太宗、真宗三朝正史。资料来源应是礼部机构交给史馆的阇婆国使节采访。阇婆国在庞元英任客省郎中的元丰五年就曾遣使朝贡。如上所述，庞元英作为客省官员向使节采集的信息需要送交史馆，成为史官编撰《国史》的材料来源。此外的"目为秀才，掌文簿，总计财货。又有卑官殆千员"18字出处无从查考，但与《文献通考》同。④或都取自宋朝《国史》。

---

① 黄纯艳：《宋代海洋知识的传播与海洋意象的构建》，《学术月刊》2015年第11期。
② 庞元英：《文昌杂录》卷一，另如《宋史·三佛齐国传》中"三佛齐国，盖南蛮之别种，与占城为邻"一句也出自《文昌杂录》，中华书局1985年版，第9页。
③ （明）胡我琨：《钱通》卷七《杂品》，文渊阁《四库全书》，第662、481页。
④ 《文献通考》卷三三二《四裔考九·阇婆》，第9149页。

《宋史》的《渤泥国传》《三佛齐国传》，乃至与宋朝交往相对较为频繁的占城的传都不同程度地存在《阇婆国传》的现象。这一方面说明元代修《宋史》时从民间吸收了官方记载不足的大量关于海外诸国社会风俗的知识，另一方面也说明宋代官方通过使节和官方航海获取海洋知识时主要关注朝贡活动的记载而对社会风俗的采集重视不够。而且反映到正史撰写的官方海洋知识搜集和选择几乎完全忽略航海技术知识，而这对官方和民间航海都是十分重要的基本知识。但是社会风俗知识与"天下"和华夷秩序的建构也有重要关系。

如果说，社会风俗知识的选择可以显示华夷比较下的夷狄的落后，而朝贡活动的选择才是官方撰述正史关注的主要重点。唐初所修"八史"对海外诸国材料的选择就是如此。最早为南海诸国列传的《南齐书》之《扶南国传》大篇幅载录扶南国的国书和南齐的诏书内容，占据了全传一半左右的篇幅，国书不仅称臣，而且充斥着"邻境士庶，万国归心"，"陛下临万民，四海共归心"等烘托华夷君臣秩序的话语。① 南北朝及隋唐是日本（倭）与中国官方交往十分频繁的时期。《梁书》"倭传"除了记载中国到倭国的航程、其国风俗外，主要内容就是朝贡和册封，如齐和梁封倭国王武为持节、督倭新罗任那伽罗秦韩慕韩六国诸军事、镇东大将军，梁进号征东将军。②《梁书》还载干陁利国国王梦见一僧对他说："中国今有圣主，十年之后，佛法大兴。汝若遣使贡奉敬礼，则土地丰乐，商旅百倍；若不信我，则境土不得自安。""乃于梦中来至中国，拜观天子。"狼牙脩国国书称梁朝皇帝"譬如梵王，世界之主，人天一切，莫不归依"。③ 可以推知，这些用词和话语是中国王朝为烘托华夷秩序，自己修润，甚至杜撰的。如《南齐书》和《隋书》的史臣所说：记录这些制度、风俗、语言不同、邈处山海的夷狄，体现的是"诸国朝正奉贡，无阙于岁时"，"圣人因时设教"，"威振殊俗"，"用德以怀远"。④ 这些选择既体现了南北朝和隋朝官方记录海外信息时的选择，更显示了唐代修史时

---

① 《南齐书》卷五八《扶南国传》，第 1015、1016 页。
② 《梁书》卷五四《东夷传》，中华书局 1973 年版，第 804 页。
③ 《梁书》卷五四《海南诸国传》，第 794、796 页。
④ 《南齐书》卷五八《东南夷传》，第 1018 页；《隋书》卷八一《东夷传》，第 1828、1829、1838 页。

的观念。

五代和宋代修唐史也是如此。《旧唐书·日本传》主要记载了两个方面的内容：一是其国国名由来、地理概况；二是遣使唐朝及其使在唐朝的活动，占据了四分之三以上的篇幅。① 主要体现日本和唐朝的朝贡关系。欧阳修撰《新唐书》，特别注重华夷之辨，将日本、新罗等东方诸国列入《东夷传》，环王、真腊、诃陵、室利佛逝等南海诸国列入《南蛮传》。《新唐书·日本传》全传共994字，除146字叙述其国地理、风俗，35字叙述周边部族或"国"外，主要内容是日本国君世次和与唐朝朝贡往来。② 《新唐书·南蛮传》立传的海上诸国有环王、盘盘、扶南、真腊、诃陵、投和、瞻博、室利佛逝、名蔑、单单，皆曾向唐朝朝贡。③ 唐人姚思廉谈了他修《梁书·海南诸国传》的选择标准，汉晋时期南海诸国"通中国者盖鲜，故不载史官。及宋、齐，至者有十余国，始为之传。自梁革运，其奉正朔，修贡职，航海岁至，逾于前代矣。今采其风俗粗著者，缀为《海南传》云"。④ 主要的选择标准是与中国有朝贡关系。

《宋史》列传的南海诸国有占城、真腊、蒲甘、邈黎、三佛齐、阇婆、勃泥、注辇和丹眉流。所载大部分内容是诸国与宋朝的朝贡关系。如篇幅最大的占城国，有三分之二的内容是占城与宋朝的朝贡活动，而且大篇幅载录占城国的贡表，以凸显两国的君臣关系及宋朝君临夷狄的华夷共主地位。如景德四年的贡表中有："臣闻二帝封疆，南止届于湘、楚；三王境界，北不及于幽、燕"，夸赞宋真宗"业茂前王，功芳祖后"，"无方不是生灵，有土并为臣妾"，称自己"部署土毛，远充岁贡。虽表楚茅之礼，实怀鲁酒之忧"。注辇国的贡表也是同样的话语，如大中祥符八年其国贡表有"钜宋之有天下也，二帝开基，圣人继统，登封太岳，礼祀汾阴，至德升闻，上穹眷命"等歌颂宋真宗东封西祀的话语，而又自贬道"窃念臣微类醯鸡，贱如刍狗，世居夷落，地远华风"。宋人还用注辇国

---

① 《旧唐书》卷一九九上《日本传》，第5339—5341页。
② 《新唐书》卷二二〇《日本传》，第6207—6209页。
③ 《新唐书》卷二二二下《南蛮下》，第6297—6306页。
④ 《梁书》卷五四《海南诸国传》，第783页。

听闻"十年来海无风涛，古老传云如此则中国有圣人，故遣三文等入贡"来解说其朝贡。① 注辇国位于印度南部，是印度和东南亚海域的强国，加之文化差异，其国书遣词用典所见浓厚的中国文化内涵是其国不具备的，当然其国也不可能自贬为醯鸡鸟狗。

占城和注辇的贡表无疑是经过宋朝修润甚至改写的文本。《宋会要辑稿》所载皇祐二年占城贡表就称宋朝为"大朝"，称宋朝皇帝为"大朝官家"，自称"我"。② 虽然也是君臣朝贡的用语，但并非如上举景德四年贡表那样严格的君臣华夷话语。周煇曾说，外国贡表"藩服自有格式"，"外国表章类不应律令，必先经有司点视，方许进御"。③ 必须经过修润和改写才能呈现在宋朝国内的政治场域中。这类事例颇多。如《宋会要辑稿》所载庆历八年塗渤国贡表的译者初译稿及修润稿。前者称宋朝皇帝为"大朝官家"，自称"我"，后者则自称"臣"，宋朝皇帝为"大宋皇帝陛下"。修润的目的就是显示两国的华夷君臣关系。国书的修润、代写成为宋朝的常例。④

而最直观地体现官方对海洋知识的选择就是华夷图和职贡图。唐德宗朝宰相贾耽曾作《海内华夷图》，图已佚失，但从现有记载可知：该图"四夷"的信息主要来自向朝贡使节的采访，即"四方之使，乃是蕃虏来者，而与之坐，问其土地山川之所终始。凡三十年，所闻既备，因撰《海内华夷图》"⑤。也即贾耽自己所说"梯山献琛之路，乘舶来朝之人，咸究竟其源流，访求其居处"⑥；该图是其奉命而作，完成后上呈皇帝，贞元十一年撰成《海内华夷图》，献表中说"兴元元年，伏奉进止，令臣修撰国图"⑦；该图是包括了海上的诸夷的、表现华夷尊卑的"天下"图，如曹松《观华夷图》所述"中华属贵分，远裔占何星。分寸辨诸岳，斗

---

① 《宋史》卷四八九《外国五》，第 14098 页。
② 《宋会要辑稿》蕃夷七，第 9953 页。
③ 周煇：《清波杂志校注》卷六《外国表章》，中华书局 1994 年版，第 250 页。
④ 黄纯艳：《多样形态与通用话语：宋朝在朝贡活动中对"四夷怀服"的营造》，《思想战线》2013 年第 5 期。
⑤ 《太平广记》卷一九七《贾耽》，中华书局 1961 年版，第 1480 页。
⑥ 《旧唐书》卷一三八《贾耽传》，第 3784 页。
⑦ 同上。

升观四溟"①，"四溟"即"四海"。

宋代的华夷图也是如此。宋孝宗选德殿御坐后有金漆大屏，"其背是《华夷图》"②。西安碑林博物馆藏有南宋《华夷图》石刻。都是显示皇帝为天下共主的舆地九州图。现存清晰标注海上诸国地理方位的宋代地理全图是南宋《古今华夷区域总要图》。该图中日本位于苏州正东海中，流求（台湾岛）位于明州正东海中，本在苏门答腊岛、爪哇岛和印度南部的三佛齐、阇婆国和注辇位于漳州、泉州、潮州正东，而且是仅用一个小点标识而已。③该图并不能反映宋代海洋知识的客观状况。综合宋代关于南海海域的知识，宋人完全可以画出新发现的鲍德林图书馆所藏对南海地区地理描述基本准确的《雪尔登地图》。④唐宋"华夷图"构图的目的主要是体现重华轻夷的华夷观和舆地九州的天下观。

四　结论

中国古代始终存在着官方和民间两套海洋知识体系，具有不同的生成路径和目的，同时又交错互动。"九州—四海"的想象是官方海洋知识生成的第一个源头。目的是构建体现九州中心和华夷秩序的"天下"格局。"四海"中东海最早进入"中国"人的视域，秦开岭南，南海也进入"中国"人视域。到宋代，东海与南海海域的分野最终明确。西海和北海则没有实指的海域，虽然汉代曾有人试图坐实西海和北海所指，但也仅是出于对"四海"想象的印证。宋代已经明确指出西海和北海的虚指，但此后仍通过祭祀和册封坚守着"四海"的想象。

官方海洋知识生成的另一个重要途径是官方航海实践，包括向海外使节搜集海外信息和"中国"王朝组织的航海活动。礼宾机构的重要职责之一就是向使节搜集海外信息。此外，民间航海活动为官方提供了大量的

---

① 《全唐诗》卷七一六曹松《观华夷图》，中华书局1980年版，第8225页。
② 汪圣铎点校：《宋史全文》卷二四下，乾道元年五月癸丑，中华书局2016年版，第2024页。
③ 税安礼：《历代地理指掌图》，《续修四库全书》，上海古籍出版社2013年版，第585册，第473—474页。
④ 黄纯艳：《宋代海洋知识的传播与海洋意向的构建》，《学术月刊》2015年第11期。

海洋知识。民间航海具有鲜明的实用目的，主要关注海洋航路、航海技术、商情民俗等与商业贸易密切相关的知识，弥补了官方海洋知识的不足，且为官方的航海提供了技术支撑。航海实践消解了关于海上神仙世界的想象，同时积累了海外诸国的大量信息。

官方通过多种途径获得了丰富多样的海洋知识，但在修撰正史、绘制"天下图"时向公众发布的海洋知识则按照九州中心观和华夷秩序进行了选择和书写。一方面选择反映海外诸国社会风俗的知识，其中很大部分采自民间海洋知识，显示华与夷的文明对照，而更主要内容则是海外诸国朝贡信息。既主要选择与中国有"朝贡"往来的国家，也主要记载朝贡活动，同时对海外诸国外交文书、来华目的进行有意修润和制造，以体现中国与诸国的华夷君臣关系。

官方和民间海洋知识共同构成了中国古代的海洋知识体系。以华夷观念和阴阳五行理论为基本逻辑的中国古代海洋知识体系有着独特的生成路径和解释话语。面对近代以来在全球化背景下传播的以西方知识和观念为主的海洋话语，深入梳理中国古代海洋知识的生成与演变，具有十分重要的意义。

宋元海洋意识的新变与
海洋贸易时代的确立

16世纪以后中国逐步融入海洋贸易为主导的世界贸易体系，但中国的海洋贸易时代并非被西方带入。中国海洋贸易时代始于何时并无直接的讨论，但相关研究有不同看法。滨下武志认为15、16世纪随着中国朝贡贸易和互市贸易发展而形成以中国为中心的亚洲经济圈。安东尼·瑞德把1405年郑和下西洋作为东南亚"贸易时代"的开始，意味着此举对中国海洋贸易有特殊意义。葛金芳认为晚唐开始脱离内陆帝国轨道，表现出海洋发展路向。[①] 笔者以为宋元时期国家和民间同时出现海洋意识的新变化，推动了海洋贸易时代的最终确立。

一 由驭戎到趋利的海洋贸易政策取向

从汉通西域到唐代，西北陆上贸易一直占据对外贸易的主导地位。从国家政策而言，陆上贸易主要作为控驭戎狄之术，政治目的远大于经济追求。从汉到唐，大部分中原王朝建都于长安洛阳之间，其威胁主要来自北方草原。联通西域具有遏制草原游牧势力的战略意义。汉武帝通西域就并

---

① ［日］滨下武志：《近代中国的国际契机：朝贡贸易体系与近代亚洲经济圈》，中国社会科学出版社2004年版，第10、36页；［澳］安东尼·瑞德：《东南亚的贸易时代：1450—1680年》第1卷《季风吹拂下的土地》，吴小安、孙来臣译，商务印书馆2010年版；葛金芳：《大陆帝国与海洋帝国》，《光明日报》2004年12月28日。

非为贸易，而是"通西域，以断匈奴右臂"①。唐朝开拓西域，设安西、北庭都护府也是为了钳制打击突厥。《新五代史》史家说，宋代以前"史之所纪，其西北颇详而东南尤略。盖其远而罕至，且不为中国利害"②。西域的交通事关中原王朝的安危。

因而，鼓励蕃商来华贸易主要目的并非微不足道的关市之征和宫廷所需珍宝，而是显示王朝的强大富足，吸引各国臣服。如汉武帝利用西域诸国"贵汉财物"，"以赂遗设利朝"。③ 裴矩在河西走廊召集西域27国首领朝见隋炀帝，在洛阳市中为蕃人大摆龙须宴，既迎合隋炀帝之好大，也显示隋朝的国力。从国家的角度，中原王朝对外交往所求并非物质利益，主要是政治目的。

宋代陆上对外贸易仍是控驭戎狄的手段。宋朝很清楚西北诸国"以中国交易为利，来称入贡"④，乃以此吸引诸国朝贡，作为与辽朝和西夏争夺西北诸国的手段。宋向西南诸夷买马也"非以取利"，而是"羁縻之术"⑤，使其"通互市，奉职贡"，为"西南一蕃篱"⑥。而限定时地的榷场贸易更非纯粹的经济贸易，而是处理与辽、夏、金朝关系的手段。也有人谈到榷场收益可补岁币，而数十万之数财政意义甚微。

直到唐代，海洋贸易还处于对外贸易的次要地位，更没有财政意义。而宋朝鼓励海洋贸易，设立市舶司，实行抽解和博买，一开始就主要追求经济利益，获取市舶收入。宋高宗就反复强调"国家之利莫盛于市舶"，"于国计诚非小补"，乃"富国裕民之本"，"市舶之利最厚，若措置合宜，所得动以百万计"。⑦

元朝继承了宋朝追求经济利益的态度，大力发展海洋贸易，把市舶收

---

① 《汉书》卷九六下《西域传下》，中华书局1964年版，第3928页。
② 《新五代史》卷七四《四夷附录第三》，中华书局1974年版，第922页。
③ 《汉书》卷六一《张骞传》，第2690页。
④ 李复：《潏水集》卷一《乞置榷场》，文渊阁《四库全书》影印本。
⑤ 《续资治通鉴长编》卷一五三，庆历四年十一月壬午，中华书局2004年版，第3721页；《宋会要辑稿》蕃夷五，上海古籍出版社2014年版，第9862页。
⑥ 《文献通考》卷三三〇《四裔考七》，中华书局2011年版，第9089页；《宋史》卷四九六《蛮夷四》，中华书局1977年版，第14235页。
⑦ 《建炎以来系年要录》卷一一六绍兴七年闰十月辛酉、卷一八六绍兴三十年十月己酉，第2158、3614页。

入作为国家财政收入，认为市舶与赋税、盐法、商税等一样，乃"军国之所资"①。元世祖认识到"市舶司的勾当哏是国家大得济的勾当有"，"市舶司的勾当亡宋时分哏大得济来，如今坏了"，下令召集"亡宋时分理会市舶司勾当的人"，因宋旧制，恢复抽解、博买等市舶制度。② 元朝还曾实行官本船贸易制度，"造船给本，令人商贩，官有其利七，商有其三"，禁止民间私自贸易③，同时由泉官府发放低息贷款给贸易商人，并提供食宿和防卫，鼓励其出海贸易④，目的是官方最大限度地占有海洋贸易利益。宋元两朝已完全不同于汉唐对外贸易以控驭戎狄为主要目的，而追求海洋贸易经济利益，第一次以经济眼光和趋利态度看待海洋贸易。

二　民间海洋意识的新变化

海洋意识就是人类对海洋及其与人类关系的认识和观念。中国先秦时期就留下了人们对海洋认识和想象的记载。海洋更多的是作为构成"天下"组成部分的虚渺空间。邹衍提出的"中国"有九州，其外又有九州，裨海环之，如此者九，有大瀛海环之。而最盛行的是《礼记·王制》所说"四海之内九州"，即四海环绕九州。孔子说"乘桴浮于海"。"海"是不同于人间的虚静缥缈的世界。秦汉时期，最高统治者也认为海洋是神仙世界。秦始皇和汉武帝都曾临东海，求仙药。秦始皇东临于海，还有并一海内，探索海洋的政治意义。⑤

同时说明当时的航海实践还十分有限，可聚合最丰富信息的皇帝获得的海洋知识也是如此。民间海洋知识积累也主要限于获取近海鱼盐之利，广袤的海洋世界同样是缥缈神秘的。这种情况直到唐代并无根本改变。唐代海洋交通虽有很大发展，但所追求的主要是四夷怀服的政治解说。⑥ 外

---

① 《元史》卷一六九《贾昔剌传》，中华书局1976年版，第3972页。
② 《元典章》卷二二《市舶》，中国书店2011年版，第393页。
③ 《元史》卷二〇五《卢世荣传》，第4566页。
④ 喻常森：《元代官本船贸易制度》，《海交史研究》1991年第2期。
⑤ 王子今：《论秦始皇的海洋意识》，《光明日报》2012年12月13日。
⑥ 王赛时：《唐朝人的海洋意识与海洋活动》，《唐史论丛》第八辑，三秦出版社2006年版。

国人来华颇多而中国人出海外绝少。鉴真东渡就搭乘了日本遣唐使船。南海也都是"蛮舶之利"①。1998 年在印尼发现和打捞的唐代商船"黑石号"运载了 67000 余件唐代瓷器、金银等货，就是一艘从中国返航的阿拉伯商船②，印证了文献"蛮舶之利"的记载。

宋元两朝鼓励本国民众出海贸易，民众的海洋意识有了根本改变。从南宋《诸蕃志》和元朝《岛夷志略》两书可以看到民间追求贸易利益的海洋意识。《诸蕃志》是赵汝适任福建提举市舶时访问海商所写，反映了民间海商的海洋意识，关注的主要是航路、物产、市场、风土、货物等与商业贸易直接相关海外诸国信息。"航路"记录中国往各国的航线、风讯等；"物产"记录中国商人能购买的各国所产商品；"市场"记录各国贸易政策和商品交换状况；"风土"记录各国政治、社会信息；"货物"专记中国商人可销售商品。都是商人到各国贸易必需的商业信息。如记"三佛齐国"："在泉之正南。冬月顺风，月余方至"，"土地所产，玳瑁、脑子、沉速暂香、粗熟香、降真香、丁香、檀香……""其国在海中，扼诸番舟车往来之咽喉……若商舶过不入，即出船合战"，"番商兴贩用金银、瓷器、锦绫、缬绢、糖、铁、酒、米、乾良姜、大黄、樟脑等物博易"等。③

汪大渊两次随商船游历东南亚和印度洋沿岸各国，远到摩洛哥，所撰《岛夷志略》也体现了海商的视角，与《诸蕃志》基本相同。如记三佛齐："自龙牙门去五昼夜至其国"，"地产梅花脑、中等降真香、槟榔、木绵布、细花木"，"贸易之货，用色绢、红硝珠、丝布、花布、铜铁锅之属"等。④ 可以说《诸蕃志》和《岛夷志略》就是海外贸易的商业指导书。可见宋元时期中国民间已十分熟悉海外市场，海洋不再是神仙世界，而是可贸易生财的生计空间。这种海洋意识催生了沿海民众向海谋生的潮流。

---

① 《旧唐书》卷一一七《卢均传》，中华书局 1975 年版，第 4591 页。
② 黄启臣：《阿拉伯沉船的唐代商货文物实证海上丝路繁荣发展》，《岭南文史》2015 年第 3 期。
③ 《诸蕃志注补》卷上《三佛齐国》，香港大学亚洲研究中心 2000 年版，第 46—47 页。
④ 汪大渊：《岛夷志略校释》，中华书局 1981 年版，第 33 页。

三 海洋大国地位的初显

今天中国有1.8万公里的大陆海岸线。自秦朝统一到唐代，疆域海岸线大体如此，甚或过之，但从航海实践而言，尚不能称为海洋大国。中外贸易的主角是外国商人，民间远洋贸易不被鼓励，甚至被禁止。中原王朝基本上没有海防意识，未建立专门的海防力量。宋元有了根本改变，海洋活动全面领先于亚洲沿海各国，开始显现海洋大国的地位。

北宋以西北陆防为主，虽出于防辽的目的而设"刀鱼战棹司""澄海水军"等，但未建立海防体系。南宋背海立国，重视海防建设，设立了专门的海防水军，浙西、明州和淮东沿海的海防体系以拱卫临安为主要职责，台州、温州、福建和广南沿海的海防体系以保障沿海社会和海洋贸易为主要职责。南宋海防水军最多时浙西路有14000人、明州4000人、福建左翼军水军3000人、广东摧锋军水军2000人，加之温州、台州、广西、淮东海防水军，当不少于25000人。① 何锋认为12世纪60年代南宋沿海战船应有18000艘②。这样的海防力量当时各国不可能具有，堪称无可匹敌，曾在明州海战和胶西海战中大败金朝水军。

元朝在海上追剿南宋势力中积累了强大的海上力量，并最终在海上灭亡南宋。其海上力量在海外的展示一是1274年和1281年两征日本，第一次以1.5万军队，第二次出动14万人的庞大舰队。1292年又派出2万人的舰队远征爪哇。这是中国首次大规模海洋远征，为元朝注入了部分海洋帝国的元素。③ 元朝征讨爪哇，震慑了海外各国，"自时厥后，唐人之商贩者，外蕃率待之以命使之礼"④。可见元朝海上实力之强大。但宋元海洋实力表现主要并非在军事力量，而是经济贸易上的地位。

宋元与海上诸国交往的主要方式是经济贸易。宋元海商数量巨大，商品结构、造船技术和航海技术具有绝对优势，在亚洲海洋贸易中具有发动

---

① 黄纯艳：《南宋的海防体系及其职能》，《海洋文明研究》（第一辑），中西书局2016年版。
② 何锋：《12世纪南宋沿海地区舰船数量考察》，《中国社会经济史研究》2005年第3期。
③ 李治安：《元史十八讲》，中华书局2014年版，第151、154页。
④ 《岛夷志略校释》"吴鉴序"，第5页。

机的作用。宋代沿海民众出海贸易之风盛行，贩海之商"江、淮、闽、浙处处有之"①。特别是"福建一路，多以海商为业"②。有学者推测南宋东南沿海常年有近 10 万人涉足外贸，南宋民间海船总数保守估计应有七八万艘③，10 万人涉足海洋贸易并非夸大。宋代鼓励商人出海与穆斯林商人在东南亚和印度洋沿海带动的早期伊斯兰化两股潮流相互激荡，开创了亚洲海洋贸易的新格局。④ 元代进一步鼓励民众出海贸易，海商继续壮大，既有朱清、张瑄这样的官僚巨商，也有众多依附于大商贸易的小商。⑤ 东南亚和印度洋沿海也开始了全面伊斯兰化。13 世纪末伊斯兰教在东南亚海洋地区得到发展。13—18 世纪当地统治者纷纷皈依伊斯兰教以吸引穆斯林商人，东南亚伊斯兰文化圈初步形成。伊斯兰帝国和中华帝国"推动了海洋贸易的发展和扩展"，"改变了海洋贸易的节奏"。⑥

宋代南海贸易体系的商品结构是以中国瓷器和丝绸为主的手工业品与东南亚、印度洋沿岸地区的香药、珠宝为主的资源性商品相交换，因技术水平和自然环境的差异而构成了供需稳定、利润丰厚的互补性市场关系。⑦ 前引陈高华文指出，元代海洋贸易的商品结构依然是中国输出纺织品、陶瓷、金属器具等手工业品，且质量和数量均超过宋代，主要输入珍宝和香药，仍具有互补性特点。这一商品结构中国商品技术含量高，与社会生活关系密切，而珠宝、香药等主要用于奢侈消费和宗教、医药等领域，与日常生活关系相对不密切。

中国造船技术和航海技术也有明显优势。宋代海船数量之巨已如上述，造船技术也领先于各国。《梦粱录》记载，海商船舶大者五千料，中

---

① 包恢：《敝帚稿略》卷一《禁铜钱申省状》，文渊阁《四库全书》影印本。
② 苏轼：《苏轼文集》卷三〇《论高丽进奉状》，中华书局 1986 年版，847 页。
③ 葛金芳认为南宋中后期沿海 13 州会有七八万艘船，黄纯艳通过对浙东和福建民间海船的计算，认为此数据是偏于保守的。参见葛金芳《南宋海商群体的构成、规模及其营性质考述》，《中华文史论丛》2013 年第 4 期；《南宋手工业史》，上海古籍出版社 2008 年版，第 153 页；黄纯艳《宋代船舶的数量与价格》，《云南社会科学》2017 年第 1 期。
④ 黄纯艳：《变革与衍生：宋代海上丝路的新格局》，《南国学术》2017 年第 1 期。
⑤ 陈高华：《元代的海外贸易》，《历史研究》1978 年第 3 期。
⑥ [英]蒂贝茨：《东南亚早期的穆斯林贸易商》，《南洋资料译丛》1991 年第 1 期；范若兰：《移植与适应：13—18 世纪东南亚伊斯兰社会的特征》，《南洋问题研究》2006 年第 3 期；[澳]肯尼斯·麦克弗森：《印度洋史》，商务印书馆 2015 年版，第 78 页。
⑦ 前引黄纯艳《变革与衍生：宋代海上丝路的新格局》。

等二千料至一千料。① 徐兢使团出使高丽雇用的"客舟"就"可载二千斛粟",而座船"神舟""三倍于客舟"。② 前引陈高华文认为元代海船与宋朝相去不远,二千料船载重约 120 吨,五千料约 300 吨。经验丰富的爪哇人精湛娴熟的航海术也是由中国传入,而且贸易时代(1450—1680)东南亚商船只是载重 4 吨至 40 吨不等的帆船。③ 宋元海船多层板和水密隔舱技术在当时也处于领先地位。宋元首次把指南针运用于航海,并不断完善。宋徽宗初广州海船已见运用指南针,吴兢使团也使用了指南针。南宋海船有专司指南针"针盘"即罗盘的"火长"④。元代指南罗盘已是海船必备之物,对"行丁未针""行坤申针"等"针路"的掌握比宋代更进一步。⑤

宋元激发出的沿海百姓贸易求利的海洋意识及中国在海洋贸易中的优势,使中国对外贸易真正进入海洋贸易时代,并成为亚洲海域的南海贸易体系中发挥主导作用的海洋大国。这一地位直到西方殖民者控制亚洲海域以前一直延续。同时需要看到的一是宋元海洋贸易时代与经济重心南移的大背景密切相关,二是宋元及其后中国整体社会经济对海洋贸易的依存度和市舶收入在国家财政中的比重始终十分微小,尚称不上是海洋路径的外向型经济。

---

① 吴自牧:《梦粱录》卷一二《江海船舰》,浙江人民出版社 1980 年版,第 111 页。
② 徐兢:《宣和奉使高丽图经》卷三四《海道一》,大象出版社 2008 年版,第 129 页。
③ [澳]安东尼·瑞德:《东南亚的贸易时代:1450—1680 年》第 1 卷《季风吹拂下的土地》,商务印书馆 2010 年版。
④ 朱彧:《萍洲可谈》卷二,大象出版社 2013 年版,第 149 页;徐兢:《宣和奉使高丽图经》卷三四《海道》,第 134 页;吴自牧:《梦粱录》卷一二《江海船舰》,第 111—112 页。
⑤ 周达观:《真腊风土记·总叙》,中华书局 1981 年版,第 15 页。

后　　记

本书结集了2008年至今撰写的关于宋代东亚秩序和海上丝路研究的16篇论文。除《于阗与北宋的关系》和《宋朝搜集境外信息的途径》作了增补外，其他各篇都按发表时原文照录。《于阗与北宋的关系》刊载于《上海市哲学社会科学界第七届年会论文集》时根据编委会要求删节为4000字，现在恢复原稿。《宋朝搜集境外信息的途径》送《北京大学学报》刊载前考虑字数太多，删除了第五部分，现也恢复原稿。感谢刊载了本书各篇论文的期刊和论文集，谨附刊发信息如后。

1. 《"汉唐旧疆"话语下的宋神宗开边》，载《历史研究》2016年第1期。

2. 《宋神宗开边的战争责任与政治解说——兼谈古代东亚国际关系研究中的历史逻辑与现代话语》，《厦门大学学报》2016年第6期。

3. 《北宋东亚多国体系下的外交博弈——以外交谈判为中心》，《中国边疆史地研究》2017年第1期。

4. 《朝贡体系与宋朝国家安全》，《暨南学报》2018年第2期。

5. 《雍熙战争与东北亚政治格局的演变》，《史林》2010年第6期。

6. 《于阗与北宋的关系》，《上海市哲学社会科学界第七届年会论文集》（2009年度哲学·历史·文学学科卷），上海人民出版社2009年版。

7. 《宋朝对西南少数民族的基本政策与控制手段》，《方国瑜诞辰一百一十周年纪念文集》，云南大学出版社2013年版。

8. 《宋朝搜集境外信息的途径》，《北京大学学报》2011年第2期。

9. 《从家训看儒家文化在韩国的传播》，《历史文献与史学方法论》，黄山书社2008年版。

10.《中国中古社会力量替嬗与国家应对》,《古代文明》2015 年第 3 期。

11.《"富民"阶层:解构唐宋以来中国社会发展与变迁的一把钥匙》,《中国经济史研究》2009 年第 1 期。

12.《变革与衍生:宋代海上丝路的新格局》,《南国学术》2017 年第 1 期。

13.《从"内陆人"到"沿海人":宋代福建和浙东沿海地区海洋性地域特征的形成》,应约为(日本)《中国史学》2017 年经济史专号所撰。

14.《宋朝与交趾的贸易》,《中国社会经济史研究》2009 年第 2 期。

15.《中国古代官方海洋知识的生成与演变——以唐宋为中心》,《学术月刊》2018 年第 1 期。

16.《宋元海洋意识的新变与海洋贸易时代的确立》,《思想战线》2017 年第 6 期。

黄纯艳

2018 年 1 月 16 日